쉽고 빠르게 익히는 CSS3
CSS3 Visual Quickstart Guide

제이슨 크랜포드 티그 지음 / 유윤선 옮김

Peachpit Press   위키북스

쉽고 빠르게 익히는 CSS3

지은이 **제이슨 크랜포드 티그**

옮긴이 **유윤선**

펴낸이 **박찬규** | 엮은이 **이대엽** | 표지디자인 **아로와 & 아로와나**

펴낸곳 **위키북스** | 주소 경기도 파주시 교하읍 문발리 파주출판도시 535-7

전화 031-955-3658, 3659 | 팩스 031-955-3660

초판발행 2011년 04월 15일

등록번호 제406-2006-000036호 | 등록일자 2006년 05월 19일

홈페이지 wikibook.co.kr | 전자우편 wikibook@wikibook.co.kr

ISBN 978-89-92939-71-3

CSS3 : Visual QuickStart Guide
Original English language edition published by Peachpit Press.
1249 Eighth Street, Berkeley, CA 94710, USA.
Copyright © 2010 by Pearson Education, Inc.
Korean language edition copyright © 2011 by WIKIBOOKS.
All rights reserved.

이 책의 판권은 원서 출판사와의 독점 계약으로 위키북스가 소유합니다.
신 저작권법에 의해 한국 내에서 보호를 받는 저작물이므로 무단 전재와 복제를 금합니다.
이 책의 내용에 대한 추가 지원과 문의는 위키북스 출판사 홈페이지 wikibook.co.kr이나
이메일 wikibook@wikibook.co.kr을 이용해 주세요.

「이 도서의 국립중앙도서관 출판시도서목록 CIP는 e-CIP 홈페이지 | http://www.nl.go.kr/cip.php에서 이용하실 수 있습니다.
CIP제어번호: CIP2011001309」

쉽고 빠르게
익히는
CSS3

내 삶의 가장 큰 힘이 돼주는 아내 조슬린과 아들 다시엘에게 이 책을 바칩니다.

도움을 주신 분들 :

나의 소울 메이트이자 최고의 비평을 아끼지 않는 **타라**.

나를 낳아주신 **아버지와 어머니**.

끊임 없이 나를 지원해주시는 **존 삼촌**.

나의 가장 열렬한 팬을 자처하는 **팻과 레드**.

책 집필 전 과정을 이끌어준 **낸시**.

책의 오탈자와 교정을 담당해준 **밥과 앤 마리**.

모든 코드 검증을 담당해준 **크리스**.

책의 전체 편집과 디자인을 담당해준 **다니엘과 코리**.

필요할 때마다 도움을 아끼지 않은 **토마스**.

가장 필요한 시점에 내게 기회를 준 **해더**.

주디 선생님, 보이드 선생님, G 박사님 등 저를 아껴주시는 선생님들.

이상한 나라의 앨리스 원작을 쓴 **찰스 더슨**(루이스 캐롤).

이상한 나라의 앨리스 삽화를 멋지게 그려준 **존 테니엘**.

매일 내게 영감을 주는 글의 저자인 **더글라스 아담스, 닐 개먼, 필립 K. 딕, 칼 세이건**.

이 책을 집필하는 동안 내 정신을 온전케 지켜준
BBC 6 Music, The Craig Charles Funk and Soul Show, Rasputina, Stricken City, Groove Armada, Electrocute, Twisted Tongue, Bat for Lashes, Cake, Client, Jonathan Coulton, Cracker, Nine Inch Nails, 8mm, KMFDM, Nizlopi, the Pogues, Ramones, New Model Army, Cocteau Twins, the Sisters of Mercy, the Smiths, Mojo Nixon, Bauhaus, Lady Tron, David Bowie, Falco, T. R ex, Bad Religion, The National, Dr. Rubberfunk, Smoove and Turell, JET, Depechee Mode, Ian Dury, The Kinks, This Mortal Coil, Rancid, Monty Python, the Dead Milkmen, New Order, Regina Spektor, The Sex Pistols, Dead Can Dance, Beethoven, Bach, Brahms, Handel, Mozart, Liszt, Vivaldi, Holst, Synergy, Garrison Keillor.

· 차 례 ·

소개 xv

01장　**CSS 이해** 1
　　　스타일이란? 2
　　　CSS란? 3
　　　　- CSS의 동작 방식 .4
　　　CSS의 발전 과정 6
　　　　- CSS 레벨 1 (CSS1) 6
　　　　- CSS 레벨 2 (CSS2) 6
　　　　- CSS 레벨 3 (CSS3) 6
　　　CSS 규칙의 종류 9
　　　CSS 규칙의 구성요소 11
　　　　- 브라우저의 CSS 확장 속성 11
　　　CSS3의 새 기능 13

02장　**HTML5 기초** 15
　　　HTML이란? 16
　　　　- 기본 HTML 문서 구조 17
　　　　- HTML 속성 17
　　　　- HTML과 CSS 18
　　　HTML 엘리먼트의 종류 19
　　　HTML5의 발전 과정 22
　　　　- 그런 다음 XHTML이 등장한다 22
　　　　- XHTML2의 문제점 23
　　　　- 그때 HTML5가 등장했다 23

		– HTML5인가 XHTML5인가?	24
		HTML5의 새 기능	25
		HTML5 구조의 동작 원리	26
		HTML5 구조 사용하기	27
		– 인터넷 익스플로러에서의 HTML5 보완	30
03장	**CSS 기초**	33
		기본 CSS 선택자	34
		인라인 스타일 – HTML 태그 내의 스타일 추가	35
		– 개별 HTML 태그 내에서의 스타일 속성 설정 . . .	35
		페이지 내 스타일 – 웹 페이지에서의 스타일 추가 . .	38
		– HTML 문서 내에서의 태그 스타일 설정	38
		외부 스타일 – 전체 웹 사이트 차원의 스타일 추가 .	41
		– 외부 스타일 시트 생성	41
		– 외부 CSS 파일의 설정	42
		– 외부 CSS 파일 링크	44
		– 스타일 시트 불러오기	46
		– 외부 CSS 파일 불러오기	46
		HTML 태그 (재)정의	48
		– HTML 선택자 정의	48
		재사용 가능한 클래스의 정의	51
		– 클래스 선택자 정의	51
		고유 ID 정의	55
		– ID 선택자 정의	55
		– 공통 선택자의 적용	59
		그룹 지정 – 동일 스타일을 사용하는 엘리먼트 정의	62
		– 선택자 그룹 지정	62
		CSS에 주석 추가	66
		– 스타일 시트에서의 주석 추가	66

04장   선택적 스타일 적용 69

엘리먼트 가계도. 70
문맥에 따른 스타일 정의 71
   – 자손 엘리먼트의 스타일 적용 71
   – 자손의 전체 스타일 적용 73
   – 자식 엘리먼트에만 스타일 적용 74
   – 형제 엘리먼트의 스타일 적용 76
   – 인접 형제 선택자의 정의 76
의사 클래스의 사용 80
   – 링크의 스타일 적용 82
   – 서로 구분된 링크 스타일 설정. 82
   – 사용자 상호작용에 대한 스타일 적용 86
   – 동적 의사 클래스의 정의 86
   – CSS3의 새 기능 – 의사 클래스를 지닌 특정 자식에 대한
      스타일 적용 ★ 88
   – 엘리먼트의 자식 스타일 적용 89
   – 특정 언어에 대한 스타일 적용 89
   – 특정 언어에 대한 스타일 설정 90
   – CSS3의 새 기능 – 엘리먼트에 대한 스타일 부정 ★ . . . 91
   – 특정 엘리먼트에 대한 스타일 부정 91
의사 엘리먼트의 사용 92
   – 첫 글자 및 첫 줄 의사 엘리먼트의 사용 92
   – 아티클의 시작 부분 강조 92
   – 엘리먼트 전, 후 콘텐츠 설정. 94
   – 엘리먼트 전, 후 콘텐츠 추가. 94
태그 어트리뷰트 기반 스타일 정의. 96
   – 엘리먼트 어트리뷰트를 기반으로 한 스타일 설정. 96
CSS3의 새 기능 – 미디어 쿼리 ★ 100
   – 미디어 쿼리. 100
   – 미디어 쿼리를 사용한 스타일 지정 103
   – @media 규칙 사용법 106
   – @media를 사용한 스타일 지정 106

	부모로부터의 속성 상속	109
	- 기존 속성값과 상속한 속성값의 관리	110
	!important 선언 지정	111
	- 강제로 선언 적용하기	111
	캐스케이딩 순서의 판단	113
	- 엘리먼트의 캐스케이딩 우선순위 판단	113
05장	**폰트 속성**	**117**
	웹 타이포그래피의 이해	119
	- 캐릭터셋 지정	119
	- 일반 폰트 패밀리	120
	- 딩뱃	122
	- HTML 캐릭터 엔티티	123
	폰트 스택 설정	124
	- 엘리먼트에 대한 폰트 패밀리 정의	124
	폰트 선택	126
	- 웹 안전 폰트	126
	- 다운로드 가능한 웹폰트	127
	- 더 나은 폰트 스택 설정	128
	- 엘리먼트에 대한 웹 안전 폰트 또는 웹폰트 정의	128
	폰트 크기 설정	133
	- 엘리먼트의 폰트 크기 정의	133
	CSS3 새 기능 – 대체 폰트의 크기 조절 ★	136
	- 엘리먼트에 대한 폰트 크기 조절	136
	텍스트의 이탤릭체 설정	139
	- 엘리먼트의 폰트 스타일 설정	139
	볼드체 설정	142
	- CSS 규칙에서의 볼드 텍스트 정의	142
	소형 대문자 설정	144
	- 엘리먼트에 대한 소형 대문자 설정	144
	여러 폰트 값 일괄 설정	146
	- 단일 규칙 내에서의 여러 폰트 어트리뷰트 동시 정의	146

06장 텍스트 속성 151

- 텍스트 간격 조절 153
  - 글자 사이의 간격 조절(트래킹) 153
  - 자간의 설정 153
  - 단어 사이의 간격 조절 155
  - 어간의 설정 155
  - 텍스트 줄 간격 조절(행간) 156
  - 행간의 설정 156
- 텍스트 대소문자 설정 158
  - 텍스트 대소문자 정의 158
- CSS3 새 기능 - 텍스트 드롭 섀도우 추가 ★ 160
  - 텍스트 섀도우 정의 160
- 텍스트 가로 정렬 162
  - 텍스트 정렬 정의 162
- 텍스트 세로 정렬 164
  - 세로 정렬 정의 164
- 단락 들여쓰기 167
  - 텍스트 들여쓰기 정의 167
- 공백 제어 169
  - 공백 간격 정의 170
- 텍스트 장식 172
  - 텍스트 장식(장식 제거) 172
- 곧 추가될 기능 175

07장 색상과 배경 속성 179

- 색상값 선택 181
  - 색상 키워드 181
  - RGB 16진수 값 182
  - RGB 10진수 값 182
  - 퍼센트 값 183
  - CSS3의 새 기능 - HSL 값 ★ 183

– CSS3의 새 기능 – 색상 알파 값 ★	183
CSS3의 새 기능 – 배경색 그라디언트 ★	187
– 인터넷 익스플로러 그라디언트	187
– 모질라 그라디언트	188
– 웹킷 그라디언트	189
색상 팔레트 선택	191
– 온라인 색상 스키마 툴	195
텍스트 색상 설정	196
– 텍스트 색상 정의하기	196
배경색 설정	198
– 엘리먼트의 배경색 정의	198
– 배경 이미지 정의	201
배경 단축 속성의 활용	208
– 배경 정의	208

08장   리스트와 테이블 속성 213

불릿 스타일 설정	216
– 불릿 스타일 정의	216
커스텀 불릿 생성	217
– 커스텀 그래픽 불릿 정의	217
불릿 위치 설정	218
– 리스트 항목에서 줄바꿈 텍스트의 줄 위치 정의	218
여러 리스트 스타일 설정	219
– 여러 리스트 스타일 속성 정의	219
테이블 레이아웃 설정	220
– 테이블 레이아웃 설정	220
테이블 셀 사이 간격 설정	222
테이블 셀 사이의 보더 병합	223
– 테이블 보더 병합	223
테이블 설명 위치 설정	226

09장　사용자 인터페이스 및 동적 생성 콘텐츠 속성　229

마우스 포인터의 모양 수정　232
CSS를 사용한 콘텐츠 추가　234
카운터 적용 방식 지정　236
인용 스타일 지정　238

10장　박스 속성　241

엘리먼트 박스의 이해　245
　- 박스의 구성요소　246
엘리먼트 보여주기　248
엘리먼트의 너비 및 높이 설정　251
　- 엘리먼트의 너비 정의　251
　- 엘리먼트의 높이 정의　252
　- 최대 및 최소 너비 설정　253
콘텐츠 오버플로우 제어　254
　- 오버플로우 제어 정의　254
창 내에서의 플로팅 엘리먼트　257
　- 엘리먼트의 플로팅 방지　258
　- 엘리먼트 플로팅 방지　259
엘리먼트 마진 설정　260
　- 엘리먼트의 마진 정의　260
엘리먼트의 외곽선 설정　263
　- 박스 외곽선 설정　263
엘리먼트 보더 설정　265
　- 보더 설정　265
CSS3의 새 기능 – 보더 모서리 둥글게 만들기 ★　268
　- 둥근 모서리 설정　268
CSS3의 새 기능 – 보더 이미지 설정 ★　271
　- 보더 배경 이미지 정의　271
엘리먼트 패딩 설정　274
　- 패딩 설정　274
곧 추가될 기능　276

11장   시각 형태 속성 279

- 창과 문서 이해 283
- 위치 유형 설정 285
  - 정적 위치 지정 285
  - 상대 위치 지정 286
  - 절대 위치 지정 286
  - 고정 위치 지정 287
- 엘리먼트의 위치 설정 290
- 객체의 3D 스택 292
- 엘리먼트의 가시성 설정 294
- 엘리먼트의 가시 영역 잘라내기 296
- CSS3의 새 기능 – 엘리먼트의 불투명도 설정 ★ . . . 298
  - 엘리먼트의 불투명도 설정 298
- CSS3의 새 기능 – 엘리먼트 섀도우 설정 ★ 300
  - 엘리먼트 섀도우 설정 300

12장   변형 및 트랜지션 속성 303

- CSS3의 새 기능 – 엘리먼트 변형 ★ 307
  - 2D 변형 308
  - 3D 변형 311
- CSS3의 새 기능 – 엘리먼트 상태 간의 트랜지션 추가 ★ . . . 316
  - 어떤 것을 트랜지션할 수 있나? 316

13장   CSS 문제 해결 323

- 인터넷 익스플로러 관련 CSS 조정 324
  - 밑줄 핵 325
- 인터넷 익스플로러 박스 모델 문제 해결 . . . 333
- CSS 리셋 335
  - 간단한 CSS 리셋 336
  - YUI2: 리셋 CSS 337
  - 에릭 메이어의 리셋 338

	플로팅 문제 해결	340
	– 줄바꿈 태그를 사용하면 모든 문제가 해결된다.	340
	– 오버플로우 해결책	342

14장 핵심 CSS 기법 343

플로팅을 사용한 멀티컬럼 레이아웃 생성 346
– CSS를 사용한 멀티컬럼 레이아웃 설정 346
링크 스타일과 내비게이션 350
– 내비게이션과 링크에 스타일 적용 350
CSS 스프라이트의 활용 354
– CSS 이미지 롤오버 추가 354
CSS 드롭다운 메뉴의 생성 357
– 순수 CSS 드롭다운 메뉴 만들기 357

15장 스타일 시트 관리 361

읽기 쉬운 스타일 시트 작성 362
– 소개 및 목차를 작성한다 362
– 색상, 폰트, 기타 상수를 정의한다 362
– @rule을 상단에 둔다 364
– 조직 스키마를 선택한다 365
– CSS 구체성을 활용한 계층구조 적용 366
CSS 라이브러리와 프레임워크 367
스타일 시트 전략 368
– 전체 통합 방식 368
– 분할 정복 방식 369
– 합체 방식 370
– 동적 방식 371
CSS 코드 문제 해결 372
– 다음과 같은 질문을 자문해보자 372
– 여기까지 했는데도 여전히 문제가 해결되지 않는다면
  다음과 같은 방법을 시도해 보자 375

	파이어버그와 웹 인스펙터를 활용한 CSS 디버깅	376
	– 파이어폭스의 파이어버그	377
	– 파이어버그 시작하기	377
	– 사파리와 크롬의 웹 인스펙터	379
	– 웹 인스펙터 시작하기	379
	CSS 코드의 유효성 검증	381
	– W3C의 CSS 유효성 검증기 활용	381
	CSS 최소화	382
	– CSS 최소화	383
	32가지 모범 개발 방식	385
부록A	**CSS 빠른 참조표**	393
	기본 선택자	394
	의사 클래스	395
	의사 엘리먼트	395
	텍스트 속성	396
	폰트 속성	397
	색상 및 배경 속성	398
	리스트 속성	399
	테이블 속성	399
	UI 및 동적 콘텐츠 속성	400
	박스 속성	401
	시각 형태 속성	404
	변형 속성 (-webkit-, -moz-, -o-)	405
	트랜지션 속성 (-webkit-, -moz-, -o-)	406
부록B	**HTML과 UTF 문자 인코딩**	407
	HTML과 UTF 문자 인코딩	408

· 옮긴이 글 ·

이 책은 CSS3를 스타일 있게 배울 수 있는 최고의 지침서다. 이 책의 저자인 제이슨 크랜포드는 『스타일로 말해요!(위키북스, 2010)』라는 이전 저서의 책 제목에서 볼 수 있듯이 스타일 넘치는 편집과 직관적이고 군더더기 없는 설명, 디자이너의 눈높이에 맞춘 쉬운 표현으로 CSS3의 맥을 잘 짚어준다. 이 책을 읽다 보면 옆에서 CSS3의 대가가 그림을 그려 가면서 CSS3를 설명해주는 듯한 느낌을 받는다. 단순히 책을 빠르게 훑어보는 것만으로도 CSS3를 이해할 수 있을 정도로 책의 요소 요소마다 핵심만 잘 정리한 책이다.

CSS를 말 그대로 '잘' 구현하기란 생각보다 쉽지 않다. 물론 지원할 브라우저가 하나뿐이라면 CSS 디자인이 조금 덜 어렵겠지만, 그렇다 하더라도 고려해야 할 요소가 여전히 많다. 이전 브라우저 버전과의 호환성, 인쇄용 페이지에 사용할 스타일, 다른 기기(휴대용 기기)에 대한 스타일 지원 등은 이런 여러 고려 사항 중 하나일 뿐이다. 이 책에서는 CSS 디자이너가 이런 문제들을 해결할 때 직접적인 도움을 줄 수 있는 여러 자료를 제공한다. 일례로 새로운 CSS 속성이 나올 때마다 속성을 표로 정리해 CSS 호환성을 보여준다. 독자들은 이 표만 가지고도 디자인 대상이 되는 브라우저에서 해당 스타일을 쓸 수 있는지 여부를 쉽게 판단할 수 있다. 또 두세 페이지에 걸쳐 한 번 꼴로 등장하는 저자의 팁은 CSS 디자이너들이 더 나은 디자인을 하기 위해 참고해야 할 내용으로 가득 차 있다.

이 책은 CSS3뿐 아니라 CSS를 전반적으로 다루는 책이다. 이 책은 단순히 CSS를 설명하는 데 그치는 것이 아니라 어떻게 하면 CSS를 더 잘 활용할 수 있고 어떻게 하면 디자이너들이 좀 더 쉽게 CSS를 '잘' 구현할 수 있는지 오랫동안 고민한 저자의 흔적을 여실히 보여준다. CSS 디자이너이자 책의 저자로 오랫동안 활약한 저자의 경험에서 우러나온 팁과 혜안은 새로운 CSS 지식을 배우는 것보다 더 큰 자산을 이 책의 독자에게 물려줄 것이다. 이 책을 통해 CSS3를 어려워하는 디자이너들이 좀 더 쉽고 편하게 CSS3를 배울 수 있게 되기를 바란다.

이 책의 대상 독자

이 책은 CSS 디자이너와 웹 개발자를 위한 책이다. HTML을 잘 알고 있는 CSS 디자이너라면 더욱 좋겠지만, HTML을 몰라도 책의 내용을 이해하는 데는 아무런 문제가 없다. 이 책은 CSS3뿐 아니라 CSS 전반을 다루므로 CSS를 처음 시작하는 디자이너가 CSS를 처음부터 배우기에도 적합하며, 웹 개발자가 CSS를 배우는 용도로도 적합하다. CSS3를 배우려고 하는 기존 웹 디자이너, CSS를 처음 접하는 웹 디자이너, 새로운 웹 환경에 맞는 최신 CSS 지식을 익히고자 하는 웹 개발자 모두에게 이 책을 추천한다.

감사의 글

먼저 이 책의 번역을 맡겨주신 위키북스의 박찬규 사장님, 김윤래 편집장님께 감사드린다. 또 책의 교정을 담당해주신 이대엽 님, 책의 베타리더로 참여해준 성종천 님과 공인식 님께도 감사드린다. 또 좋은 책을 집필해 준 저자 제이슨 크랜포드와 책의 편집 디자인을 원서만큼이나 훌륭하게 만들어 주신 편집자 분들께도 감사를 드린다. 그리고 사랑하는 내 가족과 이 책을 번역하느라 수고한 나 자신, 그리고 하나님께도 감사를 드린다.

소개

요즘은 누구나가 웹 디자이너다. 페이스북 페이지에 댓글을 추가하든 블로그를 만들든 포천 50 웹 사이트를 개발하든, 웹 디자인은 항상 들어가기 마련이다.

웹이 발전함에 따라 학부모 교사 연합회 회장에서부터 다국적 기업의 사장에 이르기까지 모든 사람들이 웹을 사용해 메시지를 외부 세계에 전달하고 있다. 웹이 여러분 주변의 사람들과 외부 세상에 메시지를 전달하는 가장 좋은 수단이 됐기 때문이다.

꼭 전체 웹 사이트를 디자인하는 것만이 웹 디자인은 아니다. 많은 사람들이 경매 사이트나 자신의 사진 앨범 또는 블로그를 만들고 있다. 따라서 기업 웹 사이트를 재디자인할 생각이든 아이의 온라인 졸업 사진 앨범을 만들 생각이든 더 큰 웹 디자인 세계로 나아가려면 CSS를 배워야 한다.

이 책에서 다루는 내용

HTML은 웹 페이지의 골격을 만들고 CSS는 웹 페이지의 디자인을 만든다. 이 책에서는 CSS를 사용해 웹 페이지의 HTML 구조 위에 시각적인 레이어를 추가하는 법을 주로 다룬다.

CSS는 스타일 시트 언어다. 이 말은 CSS가 프로그래밍 언어가 아니라는 뜻이다. CSS는 파일 내의 콘텐츠가 어떻게 보일지를 기기(주로 웹 브라우저)에게 전달해주는 코드다. CSS는 '컴퓨터 전문가'뿐 아니라 모든 사람이 쉽게 이해할 수 있도록 작성됐다. CSS의 구문은 쉽고 화면에 있는 요소가 어떻게 보여질지를 알려주는 규칙들로 구성된다.

이 책에서는 CSS 언어의 가장 최신 버전인 CSS3(또는 CSS 레벨 3)를 다룬다. CSS3는 기존 CSS 버전을 기반으로 확장된 버전이다. 지금 시점에서는 한동안 이런 CSS3에 새로 추가된 내용을 이해하는 게 중요하다. 일부 브라우저(특히 인터넷 익스플로러)에서는 이러한 신기능에 대한 지원이 부족하거나 아예 지원하지 않기 때문이다.

『쉽고 빠르게 익히는 CSS3』는 아래의 세 부분으로 구성된다.

- **CSS 소개 및 구문 (1-4장)** - 여기서는 기본 스타일 시트를 구성하고 이를 웹 페이지에 적용하는 데 필요한 기초를 쌓는다. 아울러 HTML5를 단기 속성으로 배우는 과정도 함께 제공한다.
- **CSS 속성들 (5-12장)** - 여기서는 웹 페이지를 구성하는 모든 요소에 적용할 수 있는 스타일과 값을 다룬다.
- **CSS 다루기 (13-15장)** - 여기서는 CSS를 사용해 웹 페이지를 만들고 웹 사이트를 개발할 때 필요한 조언과 모범 개발 방식을 다룬다.

이 책의 예상 독자층

이 책을 이해하려면 HTML(하이퍼텍스트 마크업 언어)을 알고 있어야 한다. 굳이 HTML의 전문가일 필요는 없지만 <p> 엘리먼트와
 태그의 차이 정도는 알고 있어야 한다. 하지만 HTML 지식을 알면 알수록 이 책을 통해 더 많은 내용을 건질 수 있을 것이다.

2장에서는 HTML5를 간단히 다루면서 가장 최근의 변경사항들을 학습한다. HTML에 이미 익숙한 독자라면 이 책을 읽어나가는 데 추가로 필요한 지식은 2장에서 모두 다룬다.

이 책에 필요한 도구

CSS와 DHTML의 장점은 HTML과 마찬가지로 특수한 소프트웨어나 값비싼 프로그램이 필요 없다는 점이다. 책에 사용하는 코드는 단순 텍스트이므로 TextEdit(맥 OS)나 메모장(윈도우) 같은 간단한 프로그램을 사용하더라도 쉽게 편집할 수 있다.

왜 표준이 (여전히) 문제일까?

인터넷상에서 표준 방식을 통해 의사를 전달한다는 개념은 월드 와이드 웹 출현의 근간이 된 원칙이다. 사람들은 누구나 전 세계 어디에 있는 컴퓨터로도 정보를 전달해 본래 의도한 대로 정보를 보여주기를 원한다. 초기에는 HTML 형식이 하나만 있었고 웹에 있는 모든 사용자가 이 형식을 사용했다. 이 상황에서는 거의 모든 사람이 모자이크라는 최초의 그래픽 기반 인기 브라우저를 사용했기 때문에 표준과 관련한 문제가 전혀 없었다. 모자이크 자체가 그냥 표준이었다. 하지만 이 시절은 말 그대로 옛 시절이 돼 버렸다.

이후 넷스케이프 내비게이터와 함께 첫 번째 HTML 확장 버전이 나왔다. 하지만 이 확장 버전은 넷스케이프에서만 동작했으므로 넷스케이프를 사용하지 않는 사용자에게는 무용지물이었다. 넷스케이프 확장 버전은 월드와이드 웹 컨소시움(W3C)의 표준을 무시했지만 이 중 대부분은(적어도 일부 버전은) 결국 표준으로 통합됐다. 어떤 사람들은 이때부터 웹 표준이 내리막길을 걷게 됐다고 말하기도 한다.

웹은 공개된 대화의 장이다. 웹은 예전에 마을 사람들이 캠프파이어 주변에 옹기종기 모여서 밤새 이야기꽃을 피우던 시절 이후 처음 등장한 전에 없는 대화의 장이다. 문제는 표준 없이는 지구촌에 있는 사람들이 웹이라는 캠프파이어 옆에서 모두 다 불을 쬘 수는 없다는 점이다. 여러분은 얼마든지 원하는 최신 기술을 사용해도 된다. 이런 최신 기술에는 플래시, 자바스크립트, 퀵타임 동영상, Ajax, HTML5, CSS3 등이 있다. 하지만 일부 브라우저에서만 이런 기술이 동작한다면 지구촌의 많은 사람들은 캠프파이어 밖에서 추위에 떨게 될 것이다.

이 책의 코드를 작성할 때 필자는 인터넷 익스플로러, 파이어폭스(및 관련 모질라 브라우저), 오페라, 사파리, 크롬 모두에서 매끄럽게 동작하는 코드를 작성하기 위해 전체 집필 시간 중 35~45 백분율을 할애했다. 필자는 웹 프로젝트 작업을 할 때도 대부분 이런 시간 배분을 거의 일정하게 적용한다. 즉, 상당한 코딩 시간을 브라우저 사이의 호환성 문제를 처리하는 데 할애하는 것이다. 따라서 디자이너인 여러분이 할 수 있는 최선은 웹 표준을 이해하고 가능한 한 표준을 사용하려고 노력하는 동시에 브라우저 제조사들도 이러한 표준을 받아들이도록 요구하는 것이다.

이 책에 사용된 값과 단위

이 책에서는 속성을 정의할 때 다양한 값을 입력한다. 이러한 값은 속성에 따라 서로 다른 형태로 돼 있다. 어떤 값들은 이해하기 쉽지만(숫자는 숫자일 뿐이니까) 어떤 값들은 값과 관련한 특수 단위를 갖고 있다.

꺾쇠 괄호(<>) 안에 있는 <length> (12px 같은 길이 값)나 <color> (색상값) 같은 값은 선택할 값의 한 종류(표 i.1)를 나타낸다. normal, italic, bold처럼 코드 폰트를 사용한 단어들은 문자 자체가 값이므로 책에 나온 대로 표기해야 한다.

길이 값

길이 값에는 두 종류가 있다.

- 상댓값은 사용하는 컴퓨터에 따라 달라진다(표 i.2).
- 절댓값은 사용하는 하드웨어나 소프트웨어와 상관없이 일정한 값이다(표 i.3).

운영체제와 브라우저 사이의 가장 안정적인 호환성을 위해서는 폰트 크기를 지정할 때 em 단위를 사용할 것을 권장한다.

표 i.1 값 종류

값 종류	설명	예제
<number>	숫자	1, 2, 3
<length>	거리나 크기의 측정값	1in
<color>	색상 표현	red
<percentage>	백분율	35%
<URL>	인터넷상에 있는 파일에 대한 절대 또는 상대 경로	http://www.mySite.net/images/01.jpg

표 i.2 상대 길이 값

단위	명칭	설명	예제
em	Em	현재 폰트 크기에 대한 상댓값(백분율과 유사)	3em
ex	x-height	폰트의 소문자 크기에 대한 상댓값	5ex
px	픽셀	모니터 해상도에 대한 상댓값	125px

표 i.3 절대 길이 값

단위	명칭	설명	예제
pt	포인트	72pt = 1inch	12pt
pc	파이카	1pc = 12pt	3pc
mm	밀리미터	1mm = .24pc	25mm
cm	센티미터	1cm = 10mm	5.1cm
in	인치	1in = 2.54cm	8.25in

색상값

화면에서 색상값은 다양한 방식으로 표현할 수 있지만 대부분 특정 색상에 적, 녹, 청색이 얼마나 들어 있는지 서로 다른 방식으로 알려주는 것에 지나지 않는다.

색상값은 7장에서 자세히 설명한다.

브라우저에서 안전한 색상이란?

특정 색상은 모든 모니터에서 제대로 보인다. 이러한 색상은 브라우저에서 안전한 색상이라고 부른다. 이들 색상은 일관된 값을 가지므로 기억하기가 쉽다. 16진수 값을 사용할 때는 00, 33, 66, 99, CC, FF를 임의로 조합한 값을 사용하면 된다. 숫자 값을 사용할 때는 0, 51, 102, 153, 204, 255를 사용하면 된다. 퍼센트 값으로는 0, 20, 40, 60, 80, 100을 사용한다.

백분율

이 책에 나온 속성들은 주로 백분율을 값으로 사용한다. 각 퍼센트 값의 적용 결과는 사용하는 속성에 따라 달라진다.

URL

URL은 웹상의 고유 주소를 나타낸다. 이때 사용되는 리소스는 HTML 문서, 그래픽, CSS 파일, CGI 스크립트, 기타 다른 파일 타입이 될 수 있다. URL은 현재 문서에 대한 상대 경로를 나타내는 로컬 URL일 수도 있고 웹상의 절대 경로를 나타내고 http://로 시작하는 글로벌 URL일 수도 있다.

책의 표기 관례

책에 사용한 문자와 표, 그림, 코드, 예제는 대부분 그 자체로 이해할 수 있도록 작성했다. 하지만 이 책을 제대로 이해하려면 일부 표기 관례를 먼저 이해해야 한다.

CSS 값 참고표

각 절에는 속성에서 사용할 수 있는 값과 더불어 해당 값과 관련한 브라우저 및 CSS 호환성을 정리한 CSS 속성 참고표가 들어 있다 Ⓐ. 호환성 컬럼은 해당 값 타입을 지원한 첫 번째 브라우저 버전을 보여준다. 표 i.4에는 이 책에 사용된 브라우저의 약어가 정리돼 있다. 이때 주의할 점은 브라우저의 특정 버전에서 해당 값을 사용할 수 있더라도 모든 운영체제와 호환되지는 않을 수도 있다는 점이다.

표 i.4 브라우저 약어

약어	브라우저
IE	마이크로소프트 인터넷 익스플로러
FF*	모질라 파이어폭스
O	오페라
S	애플 사파리
C	구글 크롬

* 카미노(Camino)와 플록(Flock) 같은 다른 모질라 기반 브라우저도 포함한다.

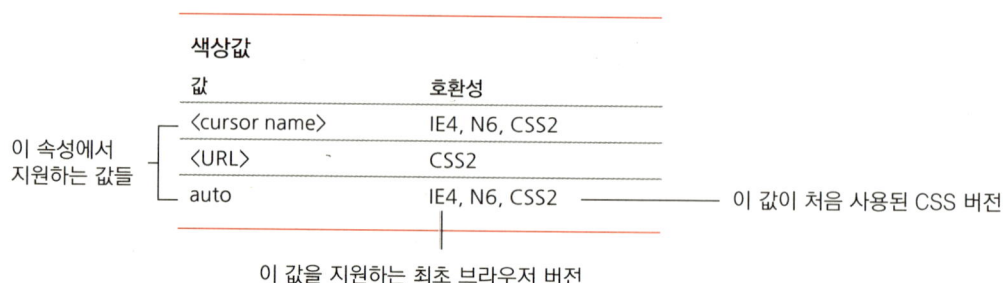

Ⓐ 이 책의 1부에서 제공하는 속성 참고표에는 속성에서 사용할 수 있는 값과 해당 속성을 처음 지원한 브라우저 버전, 해당 값이 처음 소개된 CSS 버전을 모두 보여준다.

코드

간결하고 정확한 표기를 위해 이 책에서는 몇 가지 편집 기법을 활용해 책의 내용과 코드를 독자들이 쉽게 구분할 수 있게 했다.

코드는 다음과 같이 표기한다.

```
<style>
p { font-size: 12pt; }
</style>
```

이 책의 모든 코드는 소문자로 표기한다. 추가로 코드의 인용 부호는 항상 구부러진 따옴표(" 또는 ')가 아니라 곧은 따옴표(" 또는 ')로 표시한다. 이렇게 표기하는 데는 이유가 있다. 구부러진 따옴표(또는 지능형 따옴표-시작 따옴표와 마침 따옴표가 구분되는 것)를 사용하면 코드가 제대로 동작하지 않기 때문이다.

코드를 한 줄로 작성하더라도 컴퓨터는 필요한 만큼 코드 라인을 실행할 수 있다. 하지만 이 책에서는 페이지에 맞춰 코드를 여러 줄로 나눴다. 코드 라인을 분기할 때는 회색 화살표(→)를 사용했다. 이때는 다음 예제처럼 코드가 위에서부터 계속 이어진다는 뜻이다.

```
.title { font: bold 28pt/26pt times,
→ serif; color: #FFF; background
→ color: #000; background-image:
→ url(bg_title.gif); }
```

여러 단계로 설명을 진행할 때 주 코드 블록에 한 줄로 된 붉은색 코드를 사용하기도 한다.

```
p { color: red; }
```

이런 표기는 전체 코드 블록에서 현재 진행 중인 단계를 쉽게 파악할 수 있게 하기 위한 것이다. 이런 코드는 더 쉽게 알아볼 수 있도록 붉은색으로 강조한다.

책의 웹 사이트

필자는 독자들이 웹 페이지에서 내려 받을 수 있는 이 책의 코드를 많이 활용하길 바란다. 독자들은 필자의 허락을 구하지 않고도 책의 코드를 마음껏 사용할 수 있다(물론 이 책도 언급해 준다면 고맙겠다).

하지만 책에 있는 내용을 직접 키보드로 입력할 때는 에러가 나기 쉬우므로 주의해야 한다. 일부 책에서는 책의 전체 소스 코드를 담은 CD를 부록으로 주고 독자들이 책의 소스를 바로 복사할 수 있게 해준다. 하지만 결국 CD 값은 독자들의 주머니에서 나가게 돼 있다. 그리고 CD 값이 마냥 저렴한 것도 아니다.

이 책을 구매한 독자라면 모두 전에 없는 지식의 보고인 웹에 접근할 수 있을 것이다. 이 책의 소스 코드를 확인할 수 있는 곳도 바로 웹이다.

필자가 운영하는 이 책의 독자 지원 사이트는 www.speaking-in-styles.com/css3vqs이다.

이 사이트에는 책에 있는 모든 소스 코드와 참고표가 들어 있다. 이 사이트에서는 소스 코드를 다운로드하고 최신 수정 사항이나 오탈자도 확인할 수 있다.

아래 위키북스 홈페이지에서도 소스코드를 내려 받을 수 있다.

www.wikibook.co.kr

1

CSS3 이해

CSS는 웹 페이지의 시각적인 모습을 지정하는 데 사용하는 언어다. 이에 반해 HTML은 웹에서 배포할 문서의 골격을 정의하는 마크업 언어다. HTML이 웹 페이지의 콘텐츠가 어떻게 구성되는지 웹 브라우저에게 알려준다면 CSS는 어떻게 콘텐츠를 보여줄지를 브라우저에게 알려준다.

CSS 레벨 3의 약어인 CSS3는 몇 가지 새로운 기능을 추가한 차세대 스타일 언어다. 아직 W3C(월드 와이드 웹 컨소시움)에서 개발 중이기는 하지만 이미 CSS3는 HTML5와 더불어 최신 웹 디자인의 선두주자로 발돋움했다.

이 장에서 다루는 내용

스타일이란?	2
CSS란?	3
CSS의 발전 과정	6
CSS와 HTML	8
CSS 규칙의 종류	9
CSS 규칙의 구성요소	11
CSS3의 새로운 기능	13

스타일이란?

워드 프로세서를 사용하면 스타일을 통해 단어나 문단, 전체 문서 단위로 글의 외양을 바꿀 수 있다.

스타일에는 제목, 머리글, 주석 등에 적용할 폰트 두께, 폰트 종류, 이탤릭체 여부, 색상, 크기 등 여러 가지 속성이 조합되며 이들 속성은 하나의 이름을 지정해 그룹처럼 사용할 수 있다.

예를 들어 각 장마다 제목을 Georgia 폰트, 볼드체, 이탤릭, 붉은색, 16포인트로 지정한다고 가정해 보자. 이러한 속성들은 Chapter Title(장 제목)이라는 하나의 스타일로 묶을 수 있다 **A**.

이렇게 하고 나면 장 제목을 쓸 때마다 Chapter Title 스타일을 적용해 한 번에 모든 스타일 속성을 제목에 반영할 수 있다. 아울러 나중에 제목을 16포인트 대신 18포인트로 수정하더라도 Chapter Title 스타일의 정의만 간단히 수정하면 되므로 훨씬 편리하다. 워드 프로세서에서 해당 스타일이 사용된 문서의 모든 텍스트 외양을 자동으로 수정해주기 때문이다.

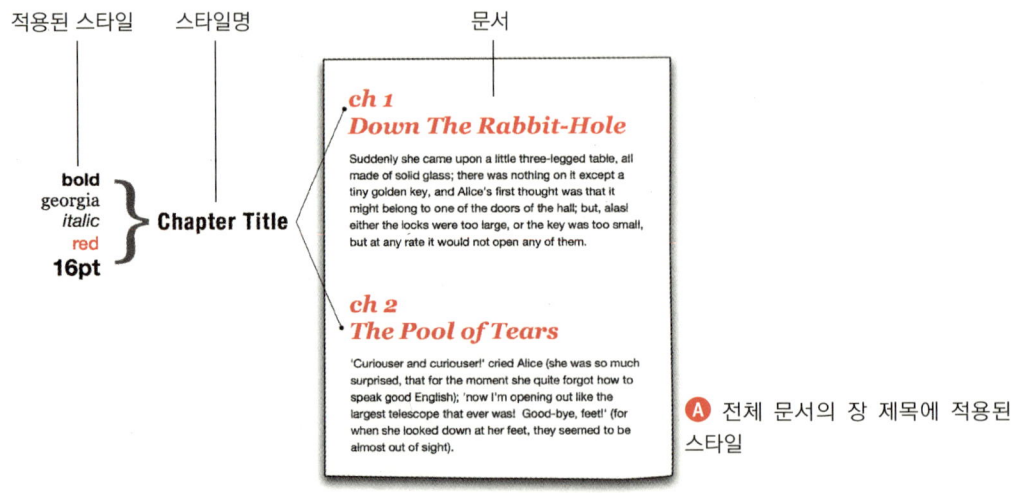

A 전체 문서의 장 제목에 적용된 스타일

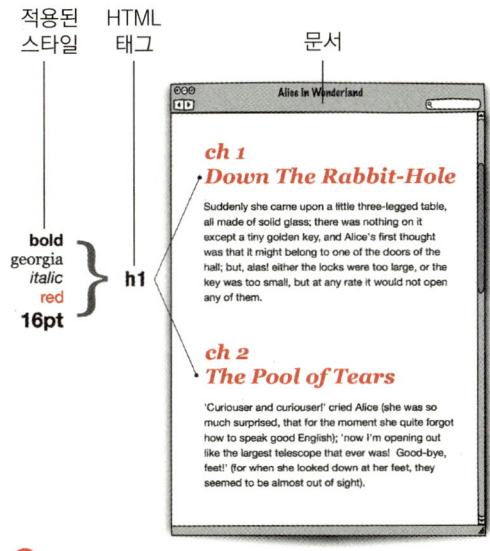

Ⓐ HTML 태그에 적용된 스타일

CSS란?

CSS(Cascading Style Sheets)는 대부분의 워드 프로세서에서 사용하는 편리한 스타일 기능을 웹으로 가져온 것이다. CSS를 한 곳에 설정하면 특정 HTML 태그, 단일 웹 페이지, 전체 웹 사이트에 걸쳐 문서 외양에 스타일이 적용된다.

CSS는 HTML과 함께 사용되지만 HTML은 아니다. CSS는 기존 태그가 콘텐츠를 보여주는 방식을 재정의해 (마크업 언어인) HTML의 기능을 개선하는 별도의 스타일시트 언어다.

예를 들어 1레벨 헤더 태그 컨테이너인 <h1>...</h1>을 사용하면 HTML 텍스트 영역에 스타일을 적용해 텍스트를 헤더로 바꿀 수 있다. 하지만 이때 헤더를 표시하는 방식은 HTML 코드가 아니라 사용자의 브라우저가 판단한다.

CSS를 사용하면 헤더 태그의 특성을 원하는 대로 바꿀 수 있다. 예를 들어 헤더 태그가 볼드체 Georgia 폰트, 이탤릭, 붉은색, 16포인트로 보이게 할 수 있다 Ⓐ.

워드프로세서 스타일과 마찬가지로 <h1> 태그의 스타일도(예를 들어 텍스트 크기를 18pt로 바꾸는 등) 바꿀 수 있다. 이렇게 하면 스타일의 영향을 받는 웹 페이지에서 h1 엘리먼트가 사용된 모든 텍스트의 크기가 자동으로 바뀐다.

표 1.1에는 CSS로 할 수 있는 일과 이 책에서 관련 내용을 찾아볼 수 있는 위치가 정리돼 있다.

CSS의 동작 방식

방문자가 주소창에 주소를 입력하거나 링크를 클릭해 웹 페이지를 열면 (웹 페이지가 저장된 컴퓨터인) 서버는 HTML 파일과 연결되거나 HTML 파일에 포함된 다른 파일과 함께 HTML 파일을 방문자의 컴퓨터로 전송한다. CSS 코드의 위치와 상관없이 방문자의 브라우저는 CSS를 해석하고 이를 HTML에 적용한다. 이후 브라우저는 특정 렌더링 엔진을 사용해 웹 페이지를 렌더링하고 이를 브라우저 창에 보여준다 ❶.

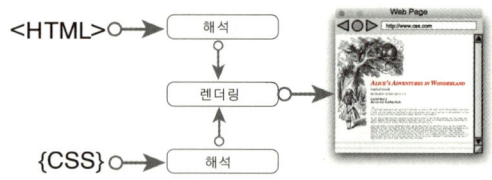

❶ 웹 페이지 생성에 사용한 코드는 다운로드 후 해석을 거쳐 브라우저 렌더링을 통해 최종 결과물을 생성한다.

표 1.1 CSS 속성

속성	제어할 수 있는 요소	관련 자료
배경	페이지 배경 또는 페이지 내의 단일 엘리먼트의 배경이 되는 색상 또는 이미지	7장
박스	마진, 패딩, 외곽선, 보더, 너비, 높이	10장
색상	텍스트 색상	7장
폰트	글자 형태, 크기, 볼드체, 이탤릭체	5장
동적 생성 콘텐츠	개수 및 인용 방식	8장
목록	불릿 및 번호 지정	8장
테이블	테이블 보더, 마진, 설명	8장
텍스트	자간, 줄 간격, 정렬, 대소문자	6장
변형	위치 이동, 회전, 왜곡	12장
트랜지션	시간에 따른 스타일 변화	12장
UI	커서	9장
시각적 효과	가시성 여부, 가시 영역, 투명도	11장
시각적 포맷	위치 및 자리 지정	11장

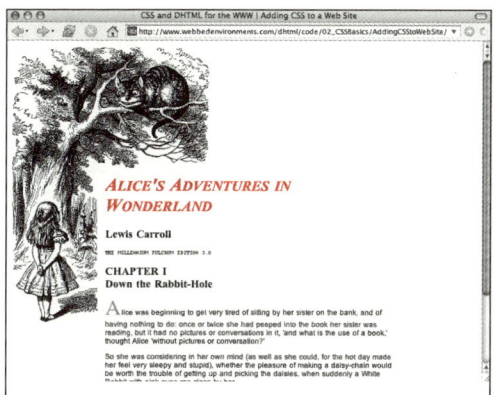

🅒 CSS를 사용해 배경에 이미지를 추가한 HTML 페이지. 콘텐츠를 우측 하단에 배치하고 텍스트에 서식을 지정했다.

🅓 CSS가 없는 동일 페이지. 🅒에서 보인 스타일을 적용하지 않더라도 페이지가 여전히 잘 보인다.

제일 골치 아픈 부분은 바로 브라우저의 렌더링 엔진이 해석하는 부분이다. W3C에서는 브라우저 개발 업체들이 웹 코드를 렌더링할 때 준수할 상세 명세서를 작성했다. 그럼에도 버그, 누락, 표준에 대한 잘못된 이해 때문에 어떠한 두 브라우저에서도 웹 페이지를 완전히 똑같이 보여주지 못하고 있다. 대부분 이러한 차이는 사용자들이 놓치고 지나칠 정도로 미미하지만 때로는 두드러진 차이로 인해 여러 브라우저에서 올바르게 보여주기 위한 추가 작업이 필요한 경우도 있다.

TIP 에러로 인한 것이든 아니면 휴대폰 브라우저처럼 사용 중인 기기가 CSS를 지원하지 않아서이든 페이지가 CSS 없이 렌더링될 가능성은 항상 있다. 따라서 CSS 스타일이 없을 때 페이지가 어떻게 보일지를 늘 염두에 두고 🅒와 🅓에 나온 것처럼 CSS 없이도 페이지 구조에 문제가 없도록 페이지를 작성해야 한다.

CSS의 발전 과정

CSS는 W3C의 지도 아래 수년에 걸쳐 현재 형식으로 발전했다. 하지만 종종 이 발전 속도가 조금 더뎠다. CSS는 W3C의 CSS 작업 그룹에서 작성한 표준이지만 이 표준을 해석하고 구현하는 것은 각 브라우저의 몫이다. 그 결과 구현 범위가 브라우저마다 달라졌고 일부 브라우저는 다른 브라우저보다 훨씬 앞서게 됐다 Ⓐ.

더 큰 문제는 가급적 명확하고 구체적으로 표준이 작성되는 반면 각 브라우저는 표준 명세서를 조금씩 다르게 구현한다는 점이다.

모든 현대 브라우저(인터넷 익스플로러, 파이어폭스, 사파리, 오페라)는 CSS2를 지원한다(CSS2는 CSS1과 CSS 위치 지정을 포함한다). 하지만 수년 동안 개발이 진행되고 있음에도 CSS3는 아직 일부 브라우저(파이어폭스, 사파리, 오페라)에서만 지원하고 여전히 다른 브라우저들(인터넷 익스플로러)에서는 개발 중에 있다.

TIP (옮긴이) 인터넷 익스플로러 9 정식 버전에서는 CSS3를 공식 지원한다. 인터넷 익스플로러의 각 버전별 CSS 지원 정보는 http://msdn.microsoft.com/en-us/library/cc351024(v=vs.85).aspx에서 확인할 수 있다.

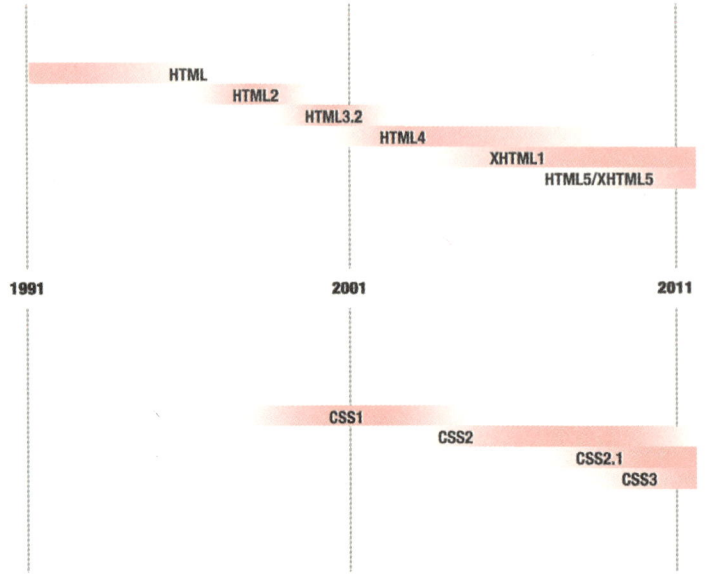

Ⓐ HTML과 CSS는 지난 수년 동안 균등한 속도로 함께 발전하지 못했다. 이 타임라인은 정확한 차트를 보여주기 위한 것은 아니지만 각 표준 버전의 전성기를 개략적으로 보여준다.

CSS 레벨 1 (CSS1)

W3C는 1996년에 첫 번째 CSS 공식 버전을 발표했다. 이 버전에는 텍스트 서식, 폰트 설정, 마진 설정 같은 CSS와 관련한 핵심 기능이 포함돼 있다. 넷스케이프 4와 인터넷 익스플로러 3, 4가 CSS1을 지원했다.

웹 디자이너들은 화면에 엘리먼트를 위치시킬 방법이 필요했다. CSS1은 이미 발표된 상태였고 CSS 레벨 2는 발표되기까지 아직 시간이 많이 남았으므로 W3C에서는 CSS 위치 지정(CSS-Positioning)이라는 임시방편을 내놓았다. 이 표준에서는 CSS-P 표준이 공식적으로 채택되기 전까지 관련 당사자들이 서로 논의를 거쳐 표준에 기여할 수 있도록 제안했다. 이 과정에서 넷스케이프와 마이크로소프트가 참여했고 자신들의 4번째 브라우저 버전에 이와 관련한 기본적인 표준을 도입했다.

CSS 레벨 2 (CSS2)

CSS2 명세서는 1998년에 나왔고 현대 브라우저에서 가장 많이 채택돼 사용되고 있다. CSS2는 앞의 두 버전에 들어 있는 모든 속성을 포함하고 국제적인 접근성 및 미디어 관련 CSS를 지정하는 데 초점을 두었다.

2006년에 W3C는 CSS 레벨 2.1이라는 수정 버전을 발표했다. 이 버전에서는 일부 에러가 수정되고 몇 가지 이슈를 명확히 정리했으며 다른 브라우저에서 이미 구현한 기능에 대한 명세를 추가했다. CSS 2.1은 CSS 2를 완전히 대체했다.

CSS 레벨 3 (CSS3)

CSS1, 2와 달리 모든 명세를 포함한 단일 형태의 CSS3는 존재하지 않는다. CSS 작업 그룹에서는 한 번에 전체 명세를 발표하는 대신 일련의 모듈로 명세를 분할했다. 아울러 이러한 각 모듈은 각자 별도의 개발 일정을 가지고 개발을 진행하고 있다(http://www.w3.org/Style/CSS/current-work참고).

TIP CSS 버전 간의 차이점을 배우는 게 재미있기는 하지만 웹에서 스타일을 사용할 때는 이런 지식이 필요 없다. 여러분은 대상 브라우저에서 지원하는 스타일이 무엇인지만 알고 있으면 된다. 물론 모든 현대 브라우저가 CSS2를 지원하지만 과거 브라우저는 이전 버전의 CSS 조합을 지원하기도 한다. 부록 A에는 각 브라우저에서 지원하는 CSS 속성에 대한 상세 내용이 정리돼 있다.

CSS와 HTML

HTML이 처음 나왔을 때는 스타일 속성을 코드에 바로 정의했다. 하지만 단순히 HTML에 태그를 계속 추가하는 대신 W3C('월드 와이드 웹 컨소시움이란?'사이드바를 참고하자)에서는 CSS를 통해 HTML에 있는 디자인 공백을 메우게 해서 더 의미 있는 웹 구조를 갖추게 했다.

예를 들어 <strong> 태그를 살펴보자. HTML에서는 이 태그가 한 가지 일밖에 하지 못한다. 단순히 텍스트를 볼드체로 만들어 더 '강하게' 해줄 뿐이다. 하지만 CSS를 사용하면 <strong> 태그를 '재정의'해서 텍스트를 볼드체로 만들 뿐 아니라 모두 대문자로 표시하거나 특정 폰트를 사용해 더 강조할 수도 있다. 심지어 <strong> 태그를 사용해 텍스트를 볼드체로 만들지 않게 할 수도 있다.

물론 HTML과 CSS 모두 지난 수년간 발전했지만 이 둘은 더불어 발전하지 못하고 서로 다른 표준의 길을 걸었다. 하지만 CSS3와 HTML5는 앞으로 몇 년간 현대 웹 사이트의 새로운 토대와 프레임워크로서 전성기를 맞이하게 될 것이다.

CSS의 위력은 서로 다른 소스로부터 규칙을 섞고 조합해 웹 페이지 레이아웃을 원하는 대로 만들어줄 수 있다는 점이다. 어떤 면에서 CSS는 컴퓨터 프로그래밍과 닮았다. 사실 디자이너가 아니라 프로그래머가 CSS를 만든 점을 생각하면 이 점은 그리 놀랍지 않다. 하지만 일단 CSS에 익숙해지고 나면 CSS를 구사하는 일은 문장을 구성하는 것만큼이나 자연스러워진다 Ⓐ.

Ⓐ 웹 기술의 세 가지 핵심 요소(HTML, CSS, 자바스크립트)는 언어의 구성 요소와 비슷한 측면이 있다. HTML은 명사와 유사하고, CSS는 형용사 및 부사, 자바스크립트는 동사와 비슷하다.

CSS 규칙의 종류

CSS의 가장 큰 장점은 설정하기가 무척 쉽다는 점이다. CSS는 플러그인이나 소프트웨어가 필요 없다. CSS는 그냥 규칙으로 이뤄진 텍스트 파일일 뿐이다.

CSS 규칙에서는 HTML이 어떻게 보이고 브라우저 창에서 HTML이 어떻게 동작해야 하는지를 정의한다.

CSS 규칙에는 세 가지 종류가 있으며 각 규칙에는 고유한 용도가 있다.

- **HTML 선택자**. HTML 태그의 텍스트 영역은 선택자라고 한다. 예를 들어 h1은 <h1> 태그에 대한 선택자다. HTML 선택자는 CSS 규칙에서 태그가 보이는 방식을 재정의한다(3장의 'HTML 태그 (재)정의'를 참고하자). 예를 들어

    h1 { color: red; }

    는

    <h1>...</h1>에 스타일을 적용한다.

- **클래스**. 클래스는 원하는 HTML 태그에 모두 적용할 수 있는 '자유 계약 선수'와도 같은 규칙이다. 클래스명에는 원하는 이름을 거의 모두 사용할 수 있다. 클래스는 여러 HTML 태그에 적용할 수 있으므로 클래스 선택자는 선택자 중에서 가장 다용도로 사용할 수 있다(3장에서 '재사용 가능한 클래스의 정의'를 참고하자). 예를 들어

    .myClass { font: bold 1.25em times; }

    는

    <h1 class="myClass">...</h1>

    에 스타일을 적용한다.

- **ID.** 클래스 선택자와 비슷하게 ID 규칙은 모든 HTML 태그에 적용할 수 있다. 하지만 ID 선택자는 자바스크립트 함수에서 객체를 사용할 수 있도록 특정 페이지상에서 특정 HTML 태그에 한 번만 적용해야 한다. 예를 들어

    ```
    #myObject1 { position: absolute;
      top: '10px; }
    ```

    는

    ```
    <h1 id="myObject1">...</h1>
    ```

    에 적용한다.

월드 와이드 웹 컨소시움이란?

월드 와이드 웹 컨소시움(www.w3.org)은 브라우저 개발업체들이 HTML, CSS 등을 포함한 자사의 제품을 만드는 데 사용할 많은 표준을 제정하는 기관이다(한 가지 특이한 점은 자바스크립트는 여기에 해당하지 않는다는 것이다).

1994년에 설립된 W3C의 설립 의도는 '발전을 촉진하고 호환성을 보장하는 공통 프로토콜을 개발함으로써 월드 와이드 웹의 가능성을 최대한 이끌어내는 것'이다.

W3C는 전세계 400개 이상의 소속 기관으로 구성된다. 이들 기관에는 기술 제품과 서비스의 판매자, 콘텐츠 제공자, 기업 사용자, 연구소, 표준화 단체 정부 기관 등이 포함된다.

W3C의 웹 사이트에 따르면 W3C의 목표는 다음 네 가지다.

- **모든 사람을 위한 웹.** 모든 대륙에 있는 사용자들의 문화, 교육, 능력, 물질적인 자원, 육체적인 제약 간의 다양한 차이를 고려한 기술을 촉진함으로써 모든 사람이 웹에 접근할 수 있게 한다.
- **모든 것에 대한 웹.** 모든 기기들이 웹에 쉽게 접근할 수 있게 한다. 아직까지 대부분의 웹 접근은 데스크톱이나 노트북 컴퓨터를 통해 이뤄지지만 웹에 접근하는 기기의 수는 점점 더 늘어날 것이다.
- **지식 기반.** 각 사용자가 웹상에 있는 자원을 최대한 활용할 수 있는 환경을 개발한다.
- **신뢰와 확신.** 기술로 인해 제기되는 새로운 법적, 상업적, 사회적 문제에 대한 신중한 고려를 통해 웹 개발을 이끈다.

```
      HTML,
      클래스, ID            선언
      ┌──┴──┐          ┌────┴────┐
      selector { property: value; }
      └──────────────┬──────────────┘
                    규칙
```

A CSS 규칙의 기본 구문. CSS 규칙은 선택자(HTML, 클래스, ID)로 시작한다. 이어서 속성을 나타내고, 속성에 대한 값을 지정한 다음 세미콜론을 사용해 정의를 완성한다. 세미콜론으로 구분하면 원하는 개수만큼 얼마든지 정의를 추가할 수 있다.

CSS 규칙의 구성요소

위치 또는 종류와 상관없이 모든 CSS 규칙은 다음과 같은 구성요소를 갖고 있다.

- **선택자**는 규칙을 식별하는 알파벳과 숫자로 된 문자다. 선택자는 HTML 태그 선택자, 클래스 선택자, ID 선택자, 공통 선택자(3장에서 설명) 또는 맥락 기반 스타일 생성을 위해 이들 기본 선택자를 조합한 선택자(4장에서 설명)를 사용할 수 있다.

- **속성**은 정의하는 내용을 나타낸다. 사용할 수 있는 속성에는 수십 가지가 있다. 각 속성은 페이지 콘텐츠의 동작 방식 및 외양을 책임진다.

- **값**은 속성에 대입해 속성의 성질을 나타낸다. 값은 'red' 같은 키워드가 될 수도 있고 숫자, 퍼센트 값이 될 수도 있다. 사용하는 값의 종류는 값을 대입하는 속성에 전적으로 의존한다.

CSS 규칙에서 선택자 다음에는 **A** 속성과 값으로 이루어진 선언이 나온다. 하나의 CSS 규칙에 세미콜론(;)으로 구분해 여러 개를 선언할 수도 있다.

브라우저의 CSS 확장 속성

W3C에서 정한 CSS 속성을 지원할 뿐 아니라 브라우저 개발 업체는 종종 브라우저 관련 속성을 지원하기도 한다. 이런 속성을 지원하는 데는 한두 가지 이유가 있다.

- W3C에서 표준 명세서를 아직 개발 중이지만 브라우저 개발 업체에서 당장 스타일을 사용하려는 경우

- 브라우저 개발 업체가 새로운 아이디어를 시도하고 싶은데 W3C에서 이 아이디어를 받아들여 표준화하기까지(통상 몇 년이 걸린다) 기다리기 싫은 경우.

때로는 공식 CSS 명세서의 정확한 구문이 특정 브라우저에서 규정한 '샌드박스' 버전과 조금 다를 수도 있다.

혼란을 피하고 CSS 코드의 지속적인 호환성을 보장하기 위해 각 렌더링 엔진에서는 해당 브라우저에서만 사용하는 확장 CSS 속성에 고유 접두어를 사용했다. 각 브라우저의 이러한 접두어는 표 1.2에 나와 있다.

이러한 CSS 확장 속성은 때로는 서로 다른 브라우저가 각자 해결책을 발전시키는 과정에서 중복되고 서로 충돌을 일으키기도 한다. 다행히 CSS의 특성상 개별 브라우저에 대한 속성 버전을 모두 포함시키면 특정 브라우저에 적합한 버전을 사용할 수 있다 **B**. 이 책에서는 적절한 부분에 브라우저 CSS 확장 속성을 포함시킴으로써 스타일과 관련한 호환성을 최대한 보장할 수 있게 했다.

TIP 마지막 정의에는 꼭 세미콜론을 포함시키지 않아도 되지만 경험상 나중에 생길 문제를 방지하기 위해서라도 세미콜론을 포함시키는 게 좋다. 예를 들어 CSS 규칙에 새로운 정의를 추가하기로 나중에 결정하고 앞에 세미콜론을 추가하는 걸 빼먹으면 CSS 규칙이 전부 동작하지 않게 된다. 아울러 이 정의만 사용할 수 없는 게 아니라 CSS 규칙에 포함된 모든 정의를 사용할 수 없게 될 수도 있다.

```
selector { -moz-property: value;
           -webkit-property: value;
           -o-property: value;
           -ms-property: value;
           property: value;  }
```

B 브라우저 CSS 확장 속성을 모두 포함시키면 특정 브라우저에 맞게 항상 스타일을 적용할 수 있다.

TIP 대부분의 브라우저 제조사들은 공식 버전에 브라우저 확장 속성이 채택된 다음 브라우저 버전을 두 번 정도 더 발표할 때까지 기존 확장 속성을 지원한다. 이러한 관행은 브라우저에서 특정 스타일 시트 지원을 멈추기 전까지 디자이너들이 새로운 CSS 표준을 배울 수 있는 충분한 시간을 주기 위한 배려 차원에서 시행된다.

TIP HTML 태그의 선택자와 어트리뷰트를 혼동하지 말자. 예를 들어 다음 태그에서 img는 선택자고 src는 어트리뷰트다.

```
<img src="picture.gif">
```

표 1.2 CSS 브라우저 확장 속성

확장 속성	렌더링 엔진	브라우저	예제
-moz-	모질라	파이어폭스, 카미노	-moz-border-radius
-ms-	트라이던트	인터넷 익스플로러	-ms-layout-grid
-o-	프레스토	오페라	-o-border-radius
-webkit-	웹킷	크롬, 사파리	-webkit-border-radius

Ⓐ 'CSS3의 새 기능' 표시

CSS3의 새 기능

요즘 같으면 웹 디자이너를 해볼 만하다. 완전히 새로운 도구들이 등장할 준비를 하고 있기 때문이다. CSS3의 각종 새 기능은 여러분의 창의성에 불을 붙일 준비를 모두 끝냈다.

이 책에서는 CSS3를 폭넓게 다루지만 CSS3의 내용 중에는 CSS2/2.1 이후 바뀌지 않은 부분도 많이 있다. 여러분이 기존 CSS 디자이너라면 좋은 정보를 빨리 찾을 수 있게 도와주는 'CSS3의 새 기능' 표시를 주의해서 보자 Ⓐ.

CSS3의 새 기능을 간략히 살펴보면 다음과 같다.

- **보더** – 측면, 보더 이미지, 라운드 코너에 사용할 수 있는 여러 개의 보더 색상
- **배경** – 단일 엘리먼트에 여러 배경을 추가할 수 있고 배경을 더 정확히 위치시킬 수 있으며 배경을 확장하거나 보더 안팎에서 배경을 자를 수 있고 배경 크기를 조절할 수 있다.
- **색상** – 색상 투명 설정, 배경의 그라디언트, HSL 색상값
- **텍스트** – 텍스트 섀도우, 텍스트 오버플로우, 워드랩
- **변형** – 2D, 3D 공간상에서의 엘리먼트의 스케일, 왜곡, 이동, 회전.
- **트랜지션** – 단순한 동적 스타일 트랜지션
- **박스** – 드롭 섀도우 추가, 사용자가 크기를 조절할 수 있는 박스 배치, 가로/세로 방향으로 오버플로우 별도 설정, 외곽선과 보더 사이의 간격 설정을 위한 외곽선 위치 조절값(offset) 사용, 박스에 적용할 너비와 높이를 설정하기 위한 박스 모델 명세 적용.

- **콘텐츠** – 스타일을 사용해 엘리먼트에 콘텐츠 추가 가능
- **불투명도** – 엘리먼트 투명 처리 가능
- **미디어** – 뷰포트 크기, 색상, 화면 비율, 해상도, 기타 주요 디자인 고려사항을 기반으로 한 스타일 시트 적용
- **웹 폰트** – 디자인에 사용된 폰트를 링크할 수 있는 기능 업데이트 및 확장

하지만 CSS3 명세서에 있는 모든 내용을 바로 사용할 수 있는 것은 아니다('CSS3와 인터넷 익스플로러 9의 약속'을 참고하자). 지금 당장 사용할 수 없는 새 기능에 관해서는 각 장의 끝에 '곧 사용 가능'이라는 설명과 함께 나중에 사용 가능한 기능에 대해 간단히 전망했다.

CSS3와 인터넷 익스플로러 9의 약속

현재 인터넷 익스플로러는 전체 브라우저 사용량의 70%를 점유하고 있다. 이들 브라우저 중 대부분은 IE8이다. IE7 사용자의 수는 IE8보다는 조금 적고, IE6 사용자의 수는 적지만 여전히 많이 있다.

이들 중 어떤 브라우저도 CSS3를 지원하지 않는다.

물론 꼼수를 쓸 수도 있다. 때로는 IE에서만 쓰이는 코드를 이용해 CSS3 코드와 유사한 기능을 할 수 있고 흔치 않은 경우이긴 하지만 나온 지 오래된 CSS3 속성 중 일부는 IE8에서도 지원한다. 하지만 대부분의 경우 인터넷 익스플로러 사용자들은 CSS3의 혜택을 제대로 누리지 못하게 될 것이다.

그렇지만 이제 IE9가 출시를 앞두고 있다. 마이크로소프트는 IE9에서 CSS3 명세의 모든 기능을 완전히 지원하고 최소한 주요 기능들은 모두 지원하기로 굳게 약속했다. 물론 이 소식은 희소식이지만 이 책을 쓰고 있는 현 시점 기준으로 IE9는 아직 베타 버전이고 언제 출시될지 명확하지 않다. 아울러 IE9 출시 이후에도 IE6, 7, 8이 사라지기 전까지는 꽤 오랜 시간이 걸릴 것이다.

현재로서는 아이폰 앱을 개발할 때처럼 사용자가 인터넷 익스플로러를 사용하지 않는 게 확실한 경우를 제외하고는 CSS3를 디자인 개선 사항으로만 사용할 것을 권장한다. 디자인 개선에 대한 내용은 12장에서 자세히 설명한다.

2

HTML5 기초

HTML5는 앞 단의 웹 개발과 관련된 차세대 기술이다. 아직 개발 중이고 일부 브라우저(특히 인터넷 익스플로러)에서 아직 구현이 필요하지만 HTML5의 일부 기능은 이미 사용할 수 있고 이전 버전과의 호환성도 잘 지원한다. 몇 가지 트릭만 잘 활용하면 HTML5를 구현하는 동시에 이전 브라우저와의 호환성도 담보할 수 있다.

이제 HTML5를 구성하는 내용을 살펴보고 새로운 세계 질서에 HTML5가 어떻게 편입되는지 살펴보자.

이 장에서 다루는 내용

HTML이란?	16
HTML 엘리먼트의 종류	19
HTML5의 발전 과정	22
HTML5의 새 기능	25
HTML5 구조의 동작 원리	26
HTML5 구조 사용하기	27
정리하며...	32

HTML이란?

하이퍼텍스트 마크업 언어(HTML, HyperText Markup Language)는 페이지 내 엘리먼트를 정의해 웹에서 사용하는 문서의 구조를 생성하는 태그 시스템이다. 예를 들어 텍스트 블록 Ⓐ에 HTML 태그를 추가하면 다음과 같다.

```
<h1>Alice In Wonderland</h1>
```

여기서 <h1> 태그는 페이지의 가장 중요한 헤더 엘리먼트인 1 레벨 헤더를 생성하는 데 사용하는 태그다. 엘리먼트마다 사용하는 태그가 다르고 태그를 다른 태그 안에 포함시킬 수도 있다. 예를 들어 다음과 같은 태그도 가능하다.

```
<p>I wonder if I shall fall right
 <em>through</em> the earth!</p>
```

이 태그는 텍스트가 단락에 속하며 'through'라는 단어는 이탤릭체로 보여줘서 강조해야 함을 브라우저에게 알려준다.

Ⓐ 마크업 없이 사용된 일반 텍스트

Ⓑ HTML 태그를 적용한 동일 텍스트 콘텐츠

> **마크업 언어란?**
>
> HTML은 웹 페이지의 구조를 마크업하는 데 사용하지만 웹을 비롯해 다른 곳에서 사용하는 다른 마크업 언어도 있다.
>
> 표준 일반 마크업 언어(SGML, Standard Generalized Markup Language)는 인쇄 및 인터넷에 주로 사용되는 마크업 언어의 할아버지뻘이 되는 언어다. SGML은 문서의 구조와 외양을 정의하는 데 사용하는 국제 표준이다. 물리학, 회계, 화학 등 다양한 전문 분야와 관련한 여러 유형의 문서를 작성하기 위해 다양한 SGML이 작성됐다. 이 가운데 HTML과 XHTML은 웹에서 사용하는 주요 SGML 버전이다.

기본 HTML 문서 구조

모든 HTML 문서의 기본 구조는 비슷하다. 이런 기본 구조에는 다음과 같은 내용이 포함된다.

- **DocType**(<!DOCTYPE>)은 문서에서 사용하는 마크업 언어의 종류를 설정한다(표 2.4). 브라우저가 HTML 코드를 빠르고 정확하게 해석하려면 이런 DocType을 포함하는 것이 중요하다.
- **헤드**(<head>)는 제목, 메타 태그 같은 페이지 관련 정보를 포함한다. 외부 CSS와 자바스크립트 파일에 대한 링크도 헤드에 위치시킨다. 헤드를 페이지 헤더와 혼동해서는 안 된다. 페이지의 헤드에 있는 내용은 아무 것도 페이지 바디에 그대로 보이지 않는다.
- **바디**(<body>)는 웹 브라우저 창에 실제 보이는 엘리먼트들을 포함한다. 내비게이션, 헤더, 단락, 리스트, 테이블, 이미지 등이 여기에 해당한다.

HTML 속성

HTML 엘리먼트는 태그 내에 HTML 속성을 지정해 수정할 수 있다. 일부 속성은 선택 속성이고, 일부 속성은 엘리먼트의 성능을 개선하며, 일부 속성은 엘리먼트가 제대로 동작하는 데 꼭 필요하다. 예를 들어 앵커 태그(<a>)는 href 속성을 사용해 링크가 가리키는 위치를 지정한다.

```
<a href="http://www.jasonspeaking.com">
    Jason
</a>
```

속성은 스타일, 클래스 또는 id 속성을 사용해 HTML 엘리먼트를 스타일로 연결할 때도 사용한다.

```
<p style="color: red;">Alice</a>
<p class="hilight char names">Alice
</a>
<p id="name01">Alice</a>
```

모든 태그는 태그에 적용되는 하나 이상의 속성을 갖고 있다. 이러한 속성은 4장에서 속성값에 기반을 둔 CSS 스타일 태그를 적용할 때 특히 중요하다.

HTML과 CSS

HTML 태그에는 대부분 상속한 브라우저 스타일이 있다. 이러한 기본 스타일은 사실 웹 브라우저 개발 업체에서 지정한다. 브라우저 개발 업체에서 이런 기본 스타일을 추가했으므로 여러분은 이런 스타일이 디자인에 영향을 미친다는 사실을 항상 기억해야 한다. 예를 들어 <em> 태그는 대부분의 브라우저에서 텍스트를 이탤릭체로 만든다. 물론 <em> 태그를 사용한 강조 텍스트를 꼭 이탤릭체로 만들어야 한다는 법칙 같은 건 없다. 다만 브라우저를 개발한 개발자들이 그렇게 결정했을 뿐이다. 좋은 소식은 CSS를 활용하면 이러한 브라우저 스타일을 재정의할 수 있다는 것이다.

대부분의 기본 스타일은 브라우저마다 일관되게 적용되지만 마진이나 폰트 크기와 관련해서는 두드러진 차이를 보이기도 한다. 이로 인해 많은 디자이너들은 CSS 리셋(14장 참고)을 활용해 기본 스타일을 최대한 리셋하고 '원점에서부터' 디자인을 시작한다.

SVG란?

크기 조정이 가능한 벡터 그래픽(SVG, Scalable Vector Graphics) 포맷인 SVG는 웹상에서 벡터 그래픽을 생성하기 위한 포맷이다(w3.org/Graphics/SVG/). 플래시처럼 그래픽을 사용해 각 점을 표시하는 대신 SVG 데이터는 두 점을 표시하고 직선 또는 곡선을 사용해 두 점 사이의 경로를 그린다.

아직까지는 플래시에 비해 브라우저에 사용하는 비중이 떨어지지만 SVG는 파이어폭스, 사파리, 크롬 브라우저 자체에서 지원한다. 문제는 마이크로소프트의 인터넷 익스플로러로인데, 익스플로러는 9 버전부터 SVG를 지원한다(어도비에서는 www.adobe.com/svg에서 IE 플러그인을 제공한다).

편집툴을 사용해 파일을 생성하고 대부분의 그래픽 코드를 숨기는 플래시와는 달리 SVG는 누구든지 읽을 수 있는 마크업 언어로 돼 있다.

HTML 엘리먼트의 종류

HTML에는 문서의 구조를 구성하는 고유 태그와 사용법을 지닌 수많은 엘리먼트가 들어 있다. 이러한 엘리먼트는 크게 두 가지 범주로 나눌 수 있다.

- **인라인 엘리먼트**는 엘리먼트와 관련된 줄바꿈이 없다 Ⓐ.

  표 2.1은 CSS에서 사용할 수 있는 인라인 태그 선택자의 목록을 보여준다.

Ⓐ 인라인 엘리먼트는 부모 엘리먼트의 모서리에 닿을 때 부드럽게 줄바꿈되는 방식으로 가로로 배치된다.

표 2.1 인라인 엘리먼트의 HTML 선택자

선택자	HTML에서의 용도	선택자	HTML에서의 용도
a	앵커 링크	label	폼 엘리먼트의 라벨
abbr	줄임말	legend	필드셋 제목
address	물리적인 주소	link	리소스 참조
area	이미지 맵의 영역	mark*	마크 텍스트
audio*	사운드 콘텐츠	meter*	측정 범위
bm	볼드 텍스트	nav*	내비게이션 링크
cite	짧은 인용	optgroup	드롭다운 리스트 옵션
code	코드 텍스트	q	짧은 인용
del	삭제된 텍스트	small	소형 인쇄
details*	엘리먼트의 상세정보	select	선택 가능 목록
dfn	정의된 용어	source*	미디어 리소스
command*	명령 버튼	span	지역화 적용 서식
em	강조	strong	굵은 강조
font	폰트 외양	sub	아래 첨자
i	이탤릭	summary*	상세정보 헤더
iframe	인라인 하위 윈도우	sup	위 첨자
img	이미지 임베딩	tbody	테이블 바디
input	입력 필드	td	테이블 데이터
ins	입력된 텍스트	time*	날짜/시간
keygen*	폼에서 생성된 키	var	변수
kbd	키보드 텍스트		

* HTML5에서 추가된 기능

- **블록 레벨 엘리먼트**는 엘리먼트 전, 후에 줄바꿈을 둔다 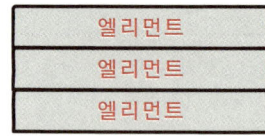.

표 2-2에는 CSS에서 사용할 수 있는 블록 레벨 엘리먼트 선택자가 정리돼 있다.

 블록 레벨 엘리먼트는 각 엘리먼트 위에 세로로 쌓인다.

표 2.2 블록 레벨 엘리먼트의 HTML 선택자들

선택자	HTML 사용 용도	선택자	HTML 사용 용도
article*	아티클 콘텐츠	header*	섹션 또는 페이지 헤더
aside*	어사이드 콘텐츠	hgroup*	그룹 헤더 정보
blockquote	긴 인용	hr	가로줄
body	페이지 바디	li	리스트 아이템
br	줄바꿈	map	이미지 맵
button	푸시 버튼	object	개체 임베딩
canvas*	드로잉 영역	ol	순서 지정 리스트
caption	테이블 설명	output*	폼 결과
col	테이블 컬럼	p	단락
colgroup	테이블 컬럼 그룹	pre	미리 서식을 지정한 텍스트
dd	설명 정의	progress*	시간 소요 작업의 진행율 표시
div	분할 영역	section*	웹 페이지 영역
dl	정의 목록	table	테이블
dt	정의 용어	tbody	테이블 바디
embed	외부 콘텐츠	textarea	텍스트 입력 폼
fieldset	필드셋 라벨	tfoot	테이블 푸터
figcaption	이미지 설명	th	테이블 헤더
figure*	그룹 미디어 콘텐츠 및 설명	thead	테이블 헤더
footer*	영역 또는 페이지 푸터	tr	테이블 행
form	입력 폼	ul	순서 없는 리스트
h1-6	레벨 1-6의 헤더	video*	동영상 재생기
head	페이지 관련 정보		

* HTML5의 새로운 기능

모든 CSS 정의를 모든 HTML 엘리먼트에 적용할 수 있는 것은 아니다. 특정 CSS 속성을 적용할 수 있는지 여부는 엘리먼트의 성격에 따라 달라진다. 특정 속성을 적용할 수 있는지 여부는 대부분 엘리먼트를 보고 쉽게 알 수 있다.

예를 들어 단락의 첫 번째 줄을 들여 쓰는 text-indent 속성은 <b> 같은 인라인 태그에는 적용할 수 없다는 것을 쉽게 짐작할 수 있다. 실제로 이 속성은 <b> 태그에 적용할 수 없다. 적용 범위와 관련해 도움이 필요하다면 특정 HTML 엘리먼트에 적용할 수 있는 CSS 속성을 수록한 부록 A를 참고하자.

HTML5의 발전 과정

HTML5는 차세대 웹 마크업으로 XHTML을 대신할 언어다. XHTML2가 이미 8년째 개발 중이었지만 XHTML2는 HTML5로 인해 2009년에 개발이 중단됐다.

어떻게 이런 일이 일어났는지 이해하기 위해 먼저 20세기 말, 정확히는 1997년으로 돌아가는 짧은 시간 여행을 해보자. 당시는 아직 웹 1.0 시절이었다. 물론 그 당시에는 이런 용어를 사용하지 않았지만 말이다. 닷컴 버블이 점차 커지고 있었고 웹 서핑을 하는 사람들은 모두 넷스케이프 내비게이터를 사용했다. 이런 환경에서 W3C는 HTML 4.0(HTML4)을 소개한다.

HTML4는 웹 페이지가 브라우저를 막론하고 모두 동일하게 보여야 한다는 생각을 한 표준 기관에서 최초로 작성했다는 점에서 장족의 발전이었다.

그런 다음 XHTML이 등장한다

(2001년에 출시된) XHTML 1은 XML을 사용해 HTML 4.01 표준을 재작성한 것으로 XML의 위력을 웹 페이지 개발 과정에 적용하려는 의도로 개발됐다. XHTML은 XML Doctype을 사용한다. XHTML은 HTML과 완전히 동일한 태그를 사용하지만 XML을 해석하지 못하는 브라우저에서도 코드가 동작한다.

원래 XHTML2는 처음부터 전혀 새로운 웹 기술로 가기 위한 과도기적 기술이 목적이었다. 사실 이런 목적은 완전히 잘못된 것이라 할 수 있다.

XHTML2의 문제점

사람들은 이내 XHTML1만 가지고 비교적 정적인 '페이지' 성격을 완전한 상호작용이 가능하고 애플리케이션의 보편적인 환경에 부합한 성격으로 개조하기란 어렵다는 사실을 깨달았다. XHTML2는 이런 문제를 해결하기 위해 고안됐다. 2002년 8월을 기점으로 XHTML 표준 작성자들은 21세기에 적합한 웹 마크업 틀을 완전히 바꾸는 새로운 언어를 고안하는 일에 착수했다. 이들이 생각한 21세기는 시맨틱 웹 페이지, 사용자 상호작용, 지역화, 기기 독립성 등을 모두 갖춘 웹의 황금기였다. 하지만 이들은 한 가지를 간과했다. 바로 XHTML2가 이전 웹 마크업 언어와 호환되도록 만들지 않은 것이다. 결국 기존 브라우저들은 이런 새로운 마크업 언어를 실행할 수 없는 상황에 놓였다. 이로써 웹 개발자들은 기존 브라우저에서 사용할 수 있는 버전과 XHTML2 표준에 사용할 버전을 별도로 개발해야 했다.

그때 HTML5가 등장했다

2003년 6월, HTML5는 웹 하이퍼텍스트 응용 기술 작업 그룹(WHATWG, Web HyperText Application Technology Working Group)에 의해 웹 애플리케이션 1.0이라는 모습으로 처음 등장한다. WHATWG는 W3C와는 관련 없는 조직이다. WHATWG는 독립 그룹으로서 XHTML2의 더딘 진행 속도와 잘못된 방향에 반대해 기존 버전과의 호환성을 지원하고 애플리케이션 및 페이지 작성에 더 적합하며 웹 개발자들이 부딪치는 실질적인 문제들을 해결해 줄 대체 표준 작성에 착수했다.

수년 동안 두 언어는 같이 개발됐다. 하지만 2007년 웹 애플리케이션 1.0이 XHTML2보다 앞서면서 W3C는 이를 채택해 HTML5 표준에 대한 시발점으로 삼았고, 2008년 1월 22일 HTML5 명세에 대한 '첫 번째 공개 작업 초안'을 공표했다. HTML5에 집중하기 위해 W3C에서는 더는 XHTML 작업 그룹의 인가를 갱신하지 않았고 이후 XHTML2도 역사 속으로 사라졌다.

HTML5인가 XHTML5인가?

XHTML2가 없어진 것은 맞지만 XML과 HTML을 통합할 필요까지 함께 사라진 것은 아니다. 따라서 XHTML5를 만들려는 시도는 여전히 병행되고 있다. 정확히 말하자면 XHTML5는 새로운 언어나 다른 마크업 언어가 아니다. 단순히 XML 규칙을 사용해 작성한 HTML5로서, XHTML과 유사한 언어일 뿐이다.

XHTML을 아는 독자라면 XHTML5도 어렵지 않을 것이다. 둘 사이의 주된 차이점은 태그를 처리하는 방식에 있다. 두 언어 사이의 주요 차이점을 표 2.3에 정리했다.

HTML5를 사용하든 XHTML5을 사용하든 여러분 마음이다. 하지만 필자는 개인적으로 HTML5의 관용적인 태도가 마음에 들기 때문에 이 책의 코드에서도 HTML5를 사용하고 있다.

표 2.3 2.3 HTML5와 XHTML5 비교

	XHTML5	HTML5
태그 대소문자	소문자	대문자 또는 소문자
닫힘 태그	필수	선택
태그 내 닫힘 태그	필수	선택
MIME 타입	application/xml 또는 application/xhtml+xml	text/html
문서 구조 정의 에러	치명적	치명적이지 않음

HTML5에 없는 것?

HTML5에는 몇 가지 바뀐 부분이 있다. 하지만 오늘 당장 HTML5를 사용할 생각이라면 HTML5에서 더는 사용할 수 없는 사항에 대해서도 알아둬야 한다. 프레임 태그(frameset, frame, noframes)는 모두 제거됐지만 iframe은 여전히 사용 가능하다. basefont, big, center, font, s, strike, tt, u 같은 대부분의 표현 태그들은 제거됐지만 b(볼드체), i(이탤릭체)는 여전히 포함됐다. 이런 결정에 대해서는 아직도 논의가 진행 중이다.

또 XHTML과는 달리 <img>,
 같은 단독 태그를 태그 내에서 바로 닫지 않아도 된다. 따라서
을 사용하는 대신
만 써도 된다. 이로 인해 태그 사용이 한결 단순해졌다.

HTML5의 새 기능

HTML5는 웹 페이지에 중요한 구조 변화를 가져왔다. 예를 들어 HTML5에서는 헤더, 푸터, 아티클, 어사이드 같은 공통 엘리먼트를 지정할 수 있다. 아울러 새로운 엘리먼트와 API 형태로 과거 플러그인을 통해 제공한 많은 기능들을 브라우저 차원에서 지원한다(즉, 브라우저 자체에 기능이 내장돼 있다).

- **캔버스 엘리먼트**는 스크립트를 사용한 비트맵 편집 기능을 제공한다.
- **문서 편집** 기능은 사용자가 웹 페이지 콘텐츠를 직접 수정할 수 있게 해 준다.
- **웹 폼**은 자체적으로 유효성을 검증하고 더 많은 입력 유형을 제공한다.
- **드래그앤드롭**은 스크립트 없이도 엘리먼트를 제어할 수 있게 해 준다.
- **오디오** 및 **비디오 미디어 재생기**는 플러그인 없이도 미디어 파일을 브라우저 차원에서 제어할 수 있게 해 준다.
- **새로운 구조적 엘리먼트**는 <div> 태그를 생성하는 부담을 없애주고 클래스와 ID를 사용해 헤더와 푸터 같은 공통 엘리먼트를 생성할 수 있게 해 준다.

HTML5는 웹 디자인과 웹 개발이 향하는 방향이다. 아직 완전한 표준이 나오지 않았음에도 많은 브라우저에서 이미 HTML5의 기능을 지원하기 시작했다. 하지만 이런 노력과는 별개로 여전히 인터넷 익스플로러는 유독 지원이 소홀하다. 그러나 마이크로소프트도 IE 9 버전에서는 HTML5 지원 기능을 도입하기로 약속했다.

HTML5 구조의 동작 원리

작은 비밀을 하나 알려주겠다. 지금 당장 HTML5 구문을 사용해 웹 페이지 구조를 작성하고 이와 함께 CSS3(또는 기존 CSS 버전)를 사용할 수 있다는 것이다. HTML5의 동작 방식을 실제로 살펴보면서 원리를 이해해 보자.

HTML5의 가장 큰 변화 중 하나는 웹 마크업의 배경에 있는 시맨틱 철학을 크게 발전시킨 구조적 엘리먼트의 추가를 들 수 있다 ⓐ. 새로 추가된 구조 태그는 대부분 태그 자체로 설명이 되지만 일부 태그는 부연 설명이 필요하다.

- `<header>`는 페이지 헤더, 영역 헤더, 아티클 헤더, 어사이드 헤더에 사용할 수 있다.
- `<nav>`는 헤더 및/또는 푸터 일부 또는 이와 상관없이 포함될 수 있다.
- `<section>`은 페이지의 주요 영역, 주로 아티클을 포함한 영역을 정의한다.
- `<article>`은 개별 블로그 엔트리나 블로그 엔트리를 추상화한 것이다.
- `<figure>`는 페이지에 임베드한 이미지, 오디오, 동영상을 포함한다.
- `<dialog>`는 대화를 나타내는 `<dl>` 엘리먼트를 대체한다.
- `<aside>`는 관련 링크, 2차적인 페이지 이동, 광고 같은 페이지의 보조 콘텐츠에 사용된다.
- `<footer>`는 헤더와 비슷하지만 다른 엘리먼트의 바닥에 놓을 수 있다.

하지만 아쉽게도 모든 브라우저가 개발자의 도움 없이도 HTML5를 바로 이해할 수 있는 것은 아니다.

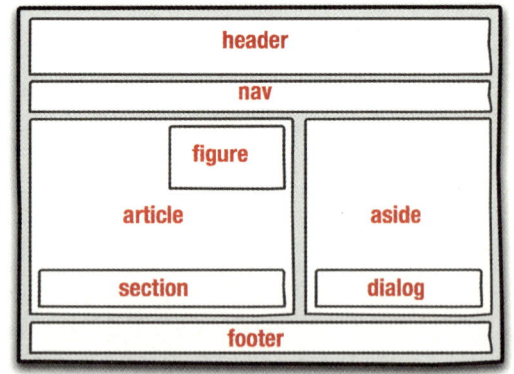

ⓐ HTML5 문서의 구조

코드 2.1 HTML5page.html : 헤더, 내비게이션, 아티클, 어사이드, 푸터 레이아웃을 적용한 기본적인 HTML5 구조.

```html
<!DOCTYPE html>
<html dir="ltr" lang="en-US">
  <head>
    <meta charset="utf-8">
    <title>HTML5</title>
  </head>
  <body>
    <header>
      <nav></nav>
    </header>
    <section>
      <article>
        <header></header>
          <figure></figure>
        <footer></footer>
      </article>
      <dialog><dialog>
    </section>
    <aside></aside>
    <footer></footer>
  </body>
</html>
```

HTML5 구조 사용하기

HTML5는 현재 사용 중인 대부분의 브라우저에서 아직 구현되지 않았지만 (아울러 구현까지 시간이 좀 걸릴 수 있다) 다음 단계를 따르면 미래에 충분히 대비할 수 있다.

CSS는 현재 사용 중인 모든 HTML 버전(XHTML1 및 HTML 4.01 포함)에 적용할 수 있지만 이 책 전체에서는 HTML5를 사용한다. 물론 이 책은 HTML5에 대한 내용을 **빠짐없이** 다루는 책이 아니다. 여기서는 이어질 장에서 참고할 기본 웹 문서를 설정하는 법을 설명하겠다.

기본 HTML5 문서 구성

1. 먼저 HTML5 doctype을 추가한다(표 2.4). HTML5의 새로운 !DOCTYPE 독타입은 복잡하고 이해하기 어려웠던 HTML 및 XHTML의 독타입과 비교해 훨씬 단순하다(코드 2.1). 새로운 독타입은 브라우저에게 HTML을 사용하라고 지정하는 단순한 형태로 돼 있다.

   `<!DOCTYPE html>`

표 2.4 독타입

마크업 언어	독타입 코드
느슨한 HTML 4.01	`<!DOCTYPE HTML PUBLIC "-//W3C//DTD HTML 4.01 Transitional//EN" "http://www.w3.org/TR/html4/loose.dtd">`
엄격한 HTML 4.01	`<!DOCTYPE HTML PUBLIC "-//W3C//DTD HTML 4.01//EN" "http://www.w3.org/TR/html4/strict.dtd">`
과도기적 XHTML1	`<!DOCTYPE html PUBLIC "-//W3C//DTD XHTML 1.0 Transitional//EN" "http://www.w3.org/TR/xhtml1/DTD/xhtml1-transitional.dtd">`
엄격한 XHTML1	`<!DOCTYPE html PUBLIC "-//W3C//DTD XHTML 1.0 Strict//EN" "http://www.w3.org/TR/xhtml1/DTD/xhtml1-strict.dtd">`
XHTML1 프레임셋	`<!DOCTYPE html PUBLIC "-//W3C//DTD XHTML 1.0 Frameset//EN" "http://www.w3.org/TR/xhtml1/DTD/xhtml1-frameset.dtd">`
HTML5/XHTML5	`<!DOCTYPE html>`

2. 원하는 언어 및 언어 진행 방향(보통 왼쪽에서 오른쪽으로 쓰는 텍스트에는 ltr을 적용)을 지정해 HTML 태그를 추가한다.

   `<html dir="ltr" lang="en-US">...`
   `→ </html>`

3. 제목, 텍스트에 사용할 캐릭터셋 등 문서에 대한 정보를 지정할 헤드를 추가한다. 이때 UTF-8을 사용하는 것을 권장한다.

   `<head>...</head>`

4. 문서에 바디를 추가한다. 바디는 보여줄 모든 콘텐츠가 추가되는 영역이다. 필자는 사이트에 있는 모든 바디 엘리먼트에 적어도 하나 이상의 클래스명을 지정해 사이트에서 해당 엘리먼트의 위치를 식별할 것을 권장한다. 이렇게 하면 여러 CSS 파일을 포함시키지 않고도 페이지나 영역 단위로 스타일을 추가할 수 있다.

   `<body class="section Name pageName">...</body>`

5. 페이지에 헤더 태그를 추가한다. 이 태그는 3단계에서 추가한 헤드 태그와 다르다. 이 태그는 웹 페이지 헤더에 보여줄 모든 콘텐츠를 위치시키는 태그다. 디자인 목적에 따라 이 위치에 내비게이션을 두거나 이 위치가 아닌 다른 곳에 내비게이션을 따로 둘 수 있다.

   `<header>...</header>`

6. 내비게이션 태그를 추가하고 사이트의 상위 레벨 페이지에 대한 링크를 포함시킨다.

   `<nav>...</nav>`

HTML5는 언제 모든 준비가 끝날까?

아직까지 많은 사람들이 HTML5가 여전히 '작업 중인 초안'이라는 점을 걱정한다는 사실을 지적하지 않을 수 없다. HTML5가 폭넓게 사용되려면 2012년까지는 기다려야 한다는 전망이고 최종 '권고안'은 2022년에 비로소 완성될 예정이다(그렇다. 아직 10년도 더 넘게 남았다). 회의론자들은 이런 현실에 비관적으로 반응하며 HTML5가 널리 사용되기까지는 꽤 오랜 시간이 걸릴 것이라고 전망한다. 하지만 이러한 전망은 다소 오해의 소지가 있다.

많은 브라우저들은 현재 주요 HTML5 속성을 지원하며 2012년이라는 전망치는 실제로 기존 표준의 채택 기간과 비교해 상당히 빠른 수치다. 물론 2022년은 아직 멀어 보이지만 이 연도는 모든 브라우저가 HTML5의 모든 속성을 적용할 것으로 예상되는 연도를 전망한 것이다.

현실적으로 말하자면 HTML5는 이미 우리 곁에 와 있으며 불과 1~2년 내에 웹에서 주로 사용될 것이다.

여러분이 사용할 준비만 돼 있다면 HTML5는 이미 전성기를 목전에 두고 있다.

7. 하나 이상의 아티클 태그를 추가한다. 이 태그에는 페이지 내 주요 콘텐츠가 들어간다. 많은 웹 브라우저와 RSS 뉴스 리더는 앞으로 사용자가 페이지의 주요 콘텐츠를 바로 확인할 수 있도록 아티클에 집중하는 기능을 제공할 것이다. 그림 또는 섹션이 이 영역에 속한다.

    `<article>...</article>`

8. 아티클에 대한 보조 콘텐츠를 놓을 어사이드 태그를 추가한다. 어사이드는 종종 사이드바 또는 레일이라고도 부른다. 어사이드에는 원하는 내용을 얼마든지 포함시킬 수 있지만 필자는 주석 또는 대화상자를 이 곳에 놓는 것을 좋아한다.

    `<aside>...</aside>`

9. 마지막으로 페이지의 하단에 푸터 태그를 추가한다. 푸터에는 상단 레벨 내비게이션과 같은 내비게이션, 저작권, 기타 작은 글씨들이 포함된다.

    `<footer>...</footer>`

이것으로 끝이다. 이제 HTML5 태그를 사용할 모든 준비를 마쳤다. 바로 HTML5의 세계에 빠져 보자. 하지만 그 전에 한 가지 주의할 점이 있다. 이유야 어찌 됐든 HTML5는 전체 브라우저 시장에서 주요 브라우저가 돼 버린 인터넷 익스플로러만 빼고 모든 곳에서 동작한다는 점이다. 그런 인터넷 익스플로러에서는 어떻게 해야 할까?

인터넷 익스플로러에서의 HTML5 보완

인터넷 익스플로러에서는 HTML5 태그를 해석하지 못하지만 자바스크립트를 사용해 HTML5 엘리먼트를 생성하면 이를 부분적으로 보완할 수 있다.

```
document.createElement('header');
```

'HTML5 쉬바'라고 하는 이 기법을 사용하면 인터넷 익스플로러 6(및 이후 버전)에 특정 엘리먼트가 존재하고 특정 엘리먼트를 HTML 태그로 처리해야 한다는 사실을 알려줄 수 있다. 이 경우 사용하려는 HTML5 엘리먼트 각각에 대해 이러한 자바스크립트를 추가하면 된다.

이러한 태그 추가를 간단히 하려면 외부 자바스크립트 파일(코드 2.2)을 생성하고 IE 조건문(코드 2.3)을 사용해 스크립트를 HTML 문서에 링크하는 게 좋다. 이 내용은 13장에서 좀 더 자세히 살펴보겠다.

코드 2.2 HTML5forIE.js 인터넷 익스플로러에서 지원하지 않는 각 HTML 5 태그에 대해 빈 HTML 태그를 생성하는 스크립트.

```
/*** CSS VQS - Chapter 2 - HTML5forIE.js ***/
document.createElement('abbr');
document.createElement('article');
document.createElement('aside');
document.createElement('audio');
document.createElement('bb');
document.createElement('canvas');
document.createElement('datagrid');
document.createElement('datalist');
document.createElement('details');
document.createElement('dialog');
document.createElement('eventsource');
document.createElement('figure');
document.createElement('footer');
document.createElement('header');
document.createElement('hgroup');
document.createElement('mark');
document.createElement('menu');
document.createElement('meter');
document.createElement('nav');
document.createElement('output');
document.createElement('progress');
document.createElement('section');
document.createElement('time');
document.createElement('video');
```

왜 독타입을 사용할까?

독타입을 사용하지 않으면 현대 브라우저는 쿼크 모드로 강제 실행된다. 이때는 코드 해석이 전적으로 브라우저 마음대로 이뤄지므로 새로운 웹 페이지를 생성할 때 보이는 결과가 서로 일치하지 않는 등 좋지 못한 결과가 생긴다.

웹 페이지에 독타입을 포함시키지 않으면 최신 브라우저에서는 전체 코드를 제대로 인식하지 못할 수도 있다.

코드 2.3 HTML5page.html : 코드 2.2의 자바스크립트에 대한 링크를 포함한 페이지.

```
<!DOCTYPE html>
<html dir="ltr" lang="en-US">
  <head>
    <meta charset="utf-8">
    <title>HTML5</title>

<!--[if IE ]>
    <script src="_script/HTML5forIE.js"
    → type="text/javascript"></script>
<![endif]-->

  </head>
  <body class="pageName">
    <header></header>
    <nav></nav>
    <article>
      <figure></figure>
      <section></section>
    </article>
    <aside>
      <dialog></dialog>
    </aside>
    <footer></footer>
  </body>
</html>
```

코드 2.4 HTML5forIE.js : 코드 2.2와 같은 일을 하지만 자바스크립트 순환문을 사용해 코드가 더 간결해졌다.

```
/*** CSS VQS - Chapter 2 - HTML5forIE.js ***/
(function(){if(!/*@cc_on!@*/0)return;var e =
→ "abbr,article,aside,audio,bb,canvas,
→ datagrid,datalist,details,dialog,
→ eventsource,figure,footer,header,hgroup,
→ mark,menu,meter,nav,output,progress,
→ section,time,video".split(',');
→ for(var i=0;i<e.length;i++)
→ {document.createElement(e[i])}})()
```

> **TIP** 코드 2.4에 나와 있는 자바스크립트 순환문을 사용해 코드 2.2를 수정해 좀 더 멋진 코드를 만들어 보자.

> **TIP** 이 예제의 문서는 필자의 필요에 따라 만든 것이므로 태그의 위치나 중첩 구조를 꼭 이대로 따르지 않아도 된다. 예를 들어 내비게이션은 헤더, 푸터, 아티클 또는 어사이드 등 어디에도 둘 수 있다. 마찬가지로 그림은 어사이드 또는 헤드 등 어디에도 들어갈 수 있다. 앞의 예제는 단순히 기본 웹 페이지 구조를 보여주기 위한 예제일 뿐이다.

정리하며...

1. 새로운 HTML 파일을 생성한다. 맥에서는 TextEdit, 윈도우에서는 심플텍스트(SimpleText)를 사용할 것을 권장한다. 마이크로소프트의 워드는 보이지 않는 코드를 생성해 문제를 일으킬 수 있으므로 권장하지 않는다.

2. 독타입을 추가한다. 예제에서는 HTML5 독타입을 사용했다.

3. `<html>...</html>` 태그를 추가한다. 선택적으로 언어 및 언어 방향 속성을 추가할 수 있다.

4. `<head>...</head>` 태그를 추가한다. 헤드는 모든 페이지 관련 정보가 놓이는 곳이다.

5. `<title>...</title>` 태그를 추가한다. 이 부분은 창 제목 표시줄에 보일 웹 페이지 제목을 놓는 곳이다.

6. 필요한 `<meta>` 태그를 헤드에 놓는다. 메타 태그는 페이지 작성자, 언어, 저작권 등 페이지에 대한 정보를 제공한다.

7. IE용 HTML5 쉬바 자바스크립트에 대한 링크를 추가한다. 이 파일은 외부 파일로 생성하고 링크하는 게 좋다. 코드가 필요하다면 www.speaking-in-styles.com/ie5shiv에서 내려 받는다.

8. `<body>...</body>` 태그를 추가한다. 바디는 웹 페이지에서 보이는 모든 콘텐츠가 들어가는 곳이다. 이어지는 장에서는 사이트에 있는 다른 페이지와 구별하기 위해 태그에 클래스 및/또는 ID를 추가하는 법을 배운다.

9. `index.html`로 파일을 저장한다. 이제 빈 HTML5 웹 문서가 완성됐고 바로 CSS3를 적용할 수 있다.

3

CSS 기초

CSS를 사용하면 문서의 외양에 속하는 폰트, 텍스트, 색상, 배경, 크기, 보더, 간격, 위치, 시각 효과, 테이블, 리스트 등 모든 요소를 제어할 수 있다. 하지만 CSS를 사용한 스타일의 진정한 위력은 CSS 코드를 일부만 수정해도 웹 사이트의 모든 외양이 달라진다는 점에 있다.

CSS를 잘 활용하면 텍스트로 구성된 평범한 페이지부터 시작해 시각 디자인과 사용자 상호작용을 추가해 웹 환경에 걸맞는 페이지를 만들 수 있다.

이 장에서 다루는 내용

기본 CSS 선택자	34
인라인 스타일 – HTML 태그 내의 스타일 추가	35
페이지 내 스타일 – 웹 페이지에서의 스타일 추가	38
외부 스타일 – 전체 웹 사이트 차원의 스타일 추가	41
HTML 태그 (재)정의	48
재사용 가능한 클래스의 정의	51
고유 ID 정의	55
공통 스타일 정의	59
그룹 지정 – 동일 스타일을 사용하는 엘리먼트 정의	62
CSS에 주석 추가	66
정리하며...	68

기본 CSS 선택자

CSS는 CSS 규칙을 토대로 웹 페이지상의 엘리먼트 스타일을 정의하는 식으로 작동한다. CSS 규칙은 세 가지 형태의 선택자를 사용해 적용한다. HTML 선택자는 특정 태그를 참조하는 데 사용한다. 클래스 선택자는 엘리먼트에 개별적으로 적용된다. 마지막으로 ID 선택자는 페이지 내 단일 엘리먼트에 적용된다(표 3.1). 이들 세 선택자는 앞으로 계속 사용해야 하므로 선택자부터 살펴보면 CSS를 배우기가 쉽다. 4장에서는 스타일을 더 선택적으로 적용할 수 있는 다른 선택자에 대해 설명한다.

표 3.1 기본 선택자

형식	선택자명	스타일이 적용되는 엘리먼트	호환성
a	HTML	지정된 모든 HTML 태그	IE4, FF1, S1, C1, O3.5, CSS1
.myClass	클래스	클래스가 적용된 모든 HTML 태그	IE4, FF1, S1, C1, O3.5, CSS1
a.myClass	의존 클래스	클래스가 적용된 특정 HTML 태그	IE4, FF1, S1, C1, O3.5, CSS1
#myID	ID	ID가 적용된 모든 HTML 태그	IE4, FF1, S1, C1, O3.5, CSS1
a#myID	의존 ID	ID가 적용된 특정 HTML 태그	IE4, FF1, S1, C1, O3.5, CSS1
*	공통	모든 HTML 태그	IE7, FF1, S1, C1, O3.5, CSS2

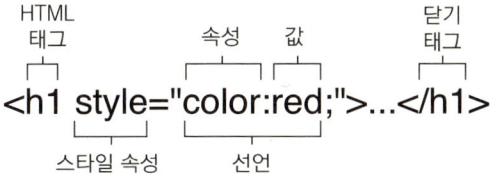

A HTML 태그에 직접 스타일을 지정하는 일반적인 구문

인라인 스타일 – HTML 태그 내의 스타일 추가

CSS를 사용한다는 말은 개별 태그의 외양을 일일이 설정할 필요가 없다는 뜻이기는 하지만 개별 태그 내에서 스타일을 설정하는 것도 얼마든지 가능하다. 이러한 스타일 설정을 인라인 스타일이라고 한다 A.

이 스타일 방식은 헤드나 외부 스타일 시트에 스타일을 설정한 다음 개별 태그에 한해 스타일을 재정의할 때 유용하게 활용할 수 있다. 하지만 이 방식은 항상 최후의 수단으로만 사용해야 한다. 인라인 스타일은 스타일을 적용할 때 우선 순위가 가장 높으므로 사실상 재정의가 불가능하기 때문이다

개별 HTML 태그 내에서의 스타일 속성 설정

1. HTML 태그에 style 속성을 추가한다. 스타일을 적용할 HTML 태그에서 style=을 입력한다 (코드 3.1).

   ```
   <h1 style=
   ```

2. 콤마로 구분한 목록을 사용해 CSS 선언을 추가한다. 따옴표 안에 스타일 선언을 '속성: 값' 형태로 선언하고 세미콜론(;)을 사용해 개별 선언을 분리한다. 이때 선언 목록은 항상 따옴표로 끝마쳐야 한다.

   ```
   font:italic bold small-caps
   → 3em/.9 Constantia, Georgia,
   → Times, 'Times New Roman',
   → Serif; color:red"
   ```

3. HTML 태그를 닫고 내용을 추가한다. 태그를 닫은 다음 스타일을 적용할 내용을 추가한다. 이어서 시작 태그와 짝을 이루는 닫기 태그를 사용해 태그를 닫는다.

   ```
   >Alice&#8217;s Adventures In
   → Wonderland</h1>
   ```

CSS 기초 35

코드 3.1 h1 태그에 인라인 스타일을 적용해 폰트 속성과 색상을 정의한 코드 B.

```
<!-- HTML5 -->
<!DOCTYPE html>
<html lang="en">
<head>
<meta http-equiv="Content-Type" content="text/html; charset=UTF-8">
<title>Alice's Adventures in Wonderland</title>
</head>
<body>
<h1 style="font:italic bold small-caps 3em/.9 Constantia, Georgia, Times, 'Times New Roman', Serif;
→ color:red">Alice&#8217;s Adventures In Wonderland</h1>
<p class="byline">by <span class="author">Lewis Carroll</span></p>
<article>
<header>
<h2><strong>Chapter I.</strong> Down the Rabbit-Hole</h2>
</header>
<p>Alice was beginning to get very tired of sitting by her sister on the
bank,...</p>
</article>
</body>
</html>
```

ALICE'S ADVENTURES IN WONDERLAND

by Lewis Carroll

Chapter I. Down the Rabbit-Hole

Alice was beginning to get very tired of sitting by her sister on the bank, and of having nothing to do: once or twice she had peeped into the book her sister was reading, but it had no pictures or conversations in it, 'and what is the use of a book,' thought Alice 'without pictures or conversation?'

So she was considering in her own mind (as well as she could, for the hot day made her feel very sleepy and stupid), whether the pleasure of making a daisy-chain would be worth the trouble of getting up and picking the daisies, when suddenly a White Rabbit with pink eyes ran close by her.

There was nothing so **very** remarkable in that; nor did Alice think it so **very** much out of the way to hear the Rabbit say to itself, 'Oh dear! Oh dear! I shall be late!' (when she thought it over afterwards, it occurred to her that she ought to have wondered at this, but at the time it all seemed quite natural); but when the Rabbit actually **took a watch out of its waistcoat-pocket**, and looked at it, and then hurried on, Alice started to her feet, for it flashed across her mind that she had never before seen a rabbit with either a waistcoat-pocket, or a watch to take out of it, and burning with curiosity, she ran across the field after it, and fortunately was just in time to see it pop down a large rabbit-hole under the hedge.

B 코드 3.1의 결과. 헤더 레벨 1을 사용해 볼드, 이탤릭, 작은 대문자 버전의 본래 크기보다 3배 큰(3em) Constantia 폰트를 적용했다.

TIP 최종 웹 사이트에서는 절대 인라인 스타일을 사용해서는 안 된다. 아래 '왜 최종 웹 사이트에서 인라인 스타일을 사용하지 말아야 하나?' 사이드바를 참고하자.

TIP 브라우저가 스타일 선언을 혼동하지 않게 하려면 큰따옴표("...")를 선언 목록에 사용하고 작은따옴표('...')를 공백이 들어간 폰트명 같은 선언 목록의 값에 사용하는 게 가장 좋다.

TIP 폰트 이름이 두 단어보다 길 때는 스타일을 적용할 때 폰트 이름에 작은따옴표('폰트 이름')를 사용한다.

TIP 마이크로소프트 워드 같은 응용프로그램에서 코드를 복사해 어도비 드림위버 같은 웹 편집 프로그램에 붙여넣을 때는 모든 구부러진 따옴표("…")를 곧은 따옴표("…")로 변환해야 한다.

TIP 흔히 등호 기호(=)를 콜론(:)과 혼동하는 실수를 자주 한다. 태그 내의 스타일 어트리뷰트는 등호 기호를 사용하지만 CSS 선언에서는 항상 콜론을 사용한다는 사실을 기억하자.

왜 최종 웹 사이트에서 인라인 스타일을 사용하지 말아야 하나?

그 이유는 인라인 스타일은 가장 마지막에 적용되는 스타일로 임베드한 스타일 시트나 외부 스타일 시트에서 재정의할 수 없기 때문이다. 결과적으로 인라인 스타일을 사용하면 스타일을 영구적으로 적용하거나 직접 수정해야 한다. 하지만 이렇게 스타일을 직접 수정할 수 없는 경우가 생길 수도 있다. 대규모 웹 사이트를 작업한다면 HTML 코드가 스타일과 무관하게 설정되는 경우가 많으므로 디자이너들이 이런 코드에 접근해 스타일을 수정하기가 쉽지 않다.

필자는 주요 인터넷 기업의 위젯 스타일을 수정해 보려고 3일을 보낸 적이 있다. 3일 동안의 작업 끝에 개발자가 인라인 스타일을 사용해서 스타일이 수정되지 않는다는 사실을 알게 됐다. 필자가 직접 HTML 코드를 수정할 수 있는 상황이 아니었으므로 말 그대로 속수무책이었다.

인라인 스타일은 스타일을 빠르게 테스트할 때 유용하다. 하지만 나중에 설명하겠지만, 최대한 유연한 스타일을 적용하기 위해서는 항상 최종 스타일을 외부 스타일 시트로 분리할 것을 권장한다.

하지만 이런 원칙과는 상관없이 때로는 개발자들이 인라인 스타일을 직접 추가해 디자인을 제어하는 모습을 보게 될 것이다. 이런 모습은 특히 워드프레스나 드루팔같은 콘텐츠 관리 시스템(CMS)에서 자주 볼 수 있다.

페이지 내 스타일 – 웹 페이지에서의 스타일 추가

단일 엘리먼트(인라인)나 전체 웹 사이트(외부 스타일)가 아니라 단일 웹 페이지에 적용할 스타일을 추가하려면 <style> 태그를 사용해 웹 페이지에 스타일 규칙을 직접 기입한다. 이때는 <style> 태그 안에 모든 스타일 규칙이 들어간다 .

Ⓐ HTML 문서 내에 위치한 CSS 스타일 태그의 일반 구문

이 방식으로 스타일을 추가하더라도 (앞 절에서 본) HTML 태그에 스타일을 직접 추가할 때와 보이는 내용은 같다. 하지만 공통된 위치(주로 문서의 <head>에 놓는 게 좋다)에 스타일을 두면 문서의 전체 스타일을 변경할 때도 쉽게 작업할 수 있다. 예를 들어 개별 <h1> 태그마다 스타일을 지정하는 대신 페이지 내 전체 <h1> 태그의 스타일을 지정한 다음 페이지의 레벨 1 헤더의 외양을 한 곳에서 수정하는 것이다.

HTML 문서 내에서의 태그 스타일 설정

1. 문서의 헤드에서 style 태그를 입력한다(코드 3.2). type 어트리뷰트를 "text/css"로 정의해 임의의 스타일이 아니라 CSS를 따르도록 스타일을 정의한다. 아울러 media 타입의 값으로 all을 지정한다. 이렇게 하면 페이지 결과를 렌더링하는 기기의 종류에 상관없이 스타일 시트가 페이지에 적용된다. 이렇게 한 다음 style 태그를 닫는다.

   ```
   <style type="text/css"
   → media="all">...</style>
   ```

2. CSS 규칙을 추가한다. 1단계의 style 컨테이너 내에 스타일을 추가할 선택자를 입력하고 이어서 여는 중괄호와 닫는 중괄호({})를 입력한다.

(HTML, 클래스, ID와 공통 선택자 같은 기본 선택자는 앞에서 설명했고 문맥 선택자는 4장에서 설명한다).

`h1 {...}`

CSS 규칙의 중괄호 내에 세미콜론(;)을 사용해 선언 목록의 각 선언을 분리해 이 규칙에 적용할 선언을 (속성:값 형태로) 입력한다.

3. 정의하려는 모든 CSS 규칙을 추가한다. 이러한 CSS 규칙은 캐스케이딩 순서를 따른다(5장에서 설명한다). 하지만 보통 스타일 목록 하단에서 스타일을 다시 작성하면 대다수 스타일을 새롭게 적용할 수 있다.

`h2 {...}`

TIP CSS 규칙의 가독성을 높이기 위해 코드에 영향을 주지 않는 선에서 선언 다음에 줄바꿈, 공백 또는 탭을 사용할 수 있다.

TIP 페이지 내 스타일은 HTML 문서 어디에도 둘 수 있지만 <head> 내의 문서 상단에 둘 것을 권장한다. 이렇게 하지 않으면 처음에는 스타일 없이 페이지가 보이다가 화면이 깜박이면서 스타일이 적용된 페이지가 다시 보이게 된다.

TIP 필자는 최종 웹 페이지에 페이지 내 스타일을 두는 방식을 권장하지 않는다. 페이지 내 스타일이 인라인 스타일만큼 재정의하기가 어려운 것은 아니지만 나중에 페이지 스타일을 수정할 때 여러 가지 혼란을 초래한다. 모든 스타일은 전체 스타일을 수정하기 쉽게 항상 외부 스타일 시트(다음 절에서 설명한다)에 보관하는 게 좋다.

Code 3.2 `<style>` 태그 내에 추가한 스타일 규칙. 레벨 1 헤더에 대해 색상을 설정하도록 추가한 규칙은 `<h1>` 태그에서 스타일을 재정의하고 있어서 효과가 없다 ⓑ. 최종 코드에서 인라인 스타일을 사용하면 안 되는 이유가 바로 여기에 있다.

```html
<!-- HTML5 -->
<!DOCTYPE html>
<html lang="en">
<head>
<meta http-equiv="Content-Type" content="text/html; charset=UTF-8">
<title>Alice's Adventures in Wonderland</title>
<style type="text/css" media="all">
  h1 {
    color: gray; }
  h2 {
    font-size: normal lighter small-caps 2em;
    color: darkred; }
</style>
</head>
<body>
<h1 style="font:italic bold small-caps 3em/.9 Constantia, Georgia, Times, 'Times New Roman', Serif;
 color:red">Alice&#8217;s Adventures In Wonderland</h1>
<p class="byline">by <span class="author">Lewis Carroll</span></p>
<article>
<header>
<h2><strong>Chapter I.</strong> Down the Rabbit-Hole</h2>
</header>
<p>Alice was beginning to get very tired of sitting by her sister on the bank,...
</p>
</article>
</body>
</html>
```

ⓑ 코드 3.2의 결과 화면. `<style>` 태그에서 `<h1>` 태그의 색상을 회색으로 지정했지만 인라인 스타일이 이 스타일을 재정의한다. 이로 인해 `<h2>` 태그만 제대로 적용돼 장 제목이 어두운 적색으로 표시된다.

외부 스타일 – 전체 웹 사이트 차원의 스타일 추가

CSS에는 한번 만들어둔 스타일 시트를 단일 웹 페이지나 전체 웹 사이트에서 재활용할 수 있다는 큰 장점이 있다. 이러한 장점을 활용하려면 HTML 문서와 별도로 CSS 코드만 담고 있는 외부 CSS 파일을 생성해야 한다. 이러한 CSS 파일에는 HTML이나 자바스크립트 등 다른 코드는 일절 들어가지 않는다.

외부 CSS 파일을 적용하는 과정은 두 단계로 진행된다. 먼저 CSS 규칙을 텍스트 파일에 설정해야 한다. 두 번째로 <link> 태그나 @import 규칙을 사용해 HTML 문서에서 이 파일을 링크하거나 불러와야 한다 A.

외부 스타일 시트 생성

웹 사이트에서 전체적으로 외부 스타일 시트를 사용하려면 먼저 모든 CSS 코드가 들어 있는 외부 파일을 생성해야 한다. 하지만 이때는 페이지 내 스타일과는 달리 <style> 태그를 외부 CSS 파일에서 사용해서는 안 된다. 이렇게 하면 외부 스타일 시트가 제대로 인식되지 않는다.

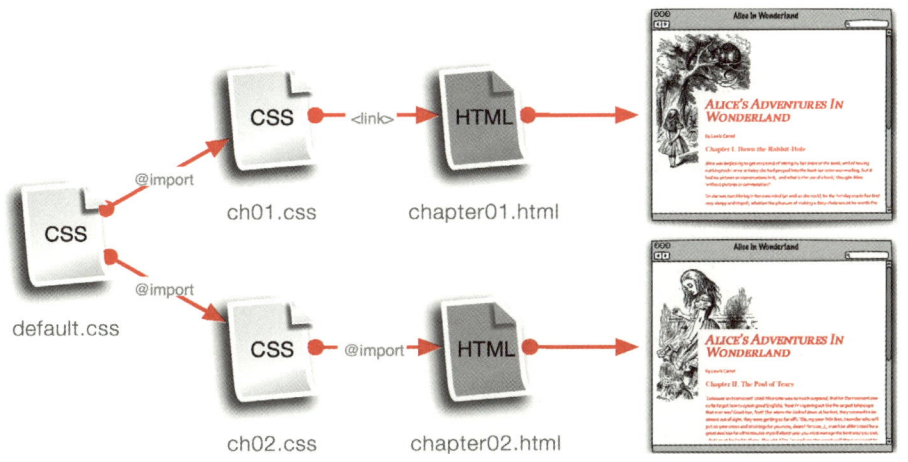

A 외부 CSS 파일을 사용할 때는 CSS 파일을 직접 링크하거나 불러올 수 있다. 외부 CSS 파일은 스타일을 병합한 후 전체 스타일을 HTML 문서에 적용하도록 CSS 파일 내에서 서로 불러올 수도 있다.

이 예제에서는 default.css, ch01.css, ch02.css로 세 개의 CSS 파일을 설정했다.

외부 CSS 파일의 설정

1. 새 텍스트 파일을 만든다. 이때는 텍스트 편집기나 웹 편집 소프트웨어를 사용하면 된다. 파일을 저장할 때는 확장자로 .css 를 지정한다. 예를 들어 default.css처럼 저장하면 된다.

   메모장이나 SimpleText로도 충분하지만 코다(Coda)나 비비에디트(BBedit)같은 전문 코드 편집 프로그램이 더 익숙한 독자도 있을 것이다.

   이때 마이크로소프트 워드는 사용하지 않는다. 워드를 사용하면 CSS 코드를 망치는 자체 마크업 코드가 추가된다.

2. CSS 파일을 불러온다. 선택 사항이기는 하지만 이때 원하는 만큼 스타일 시트를 불러와 스타일을 다른 스타일과 병합할 수 있다(코드 3.4 및 코드 3.5). 하지만 외부 스타일 시트에서 불러오기 규칙을 지정할 때는 이 규칙이 다른 모든 CSS 코드보다 상단에 위치해야 한다. 자세한 내용은 이 장의 '스타일 시트 불러오기'를 참고하자.

   `@import{default.css}`

3. CSS 규칙을 텍스트 파일에 추가한다(코드 3.3). 이때는 HTML이나 자바스크립트 같은 다른 유형의 코드를 전혀 포함하지 말아야 한다.

   새로운 규칙을 시작할 때는 스타일을 추가할 선택자를 입력한 다음 열고 닫는 중괄호({})를 입력하면 된다(HTML, 클래스, ID, 공통 선택자에 해당하는 기본 선택자는 이 장에서 설명했고, 문맥 선택자는 4장에서 설명한다).

   `body { padding: 200px 0 0 175px; }`

CSS 규칙의 중괄호 안에서는 (속성:값 형태로) 규칙에 대입할 선언을 입력한다. 이때 각 선언은 세미콜론(;)을 사용해 서로 분리한다(이 장에서 나중에 설명하겠지만 이때 주석도 추가할 수 있다).

이제 아래 두 방식 중 하나로 이 파일을 웹 페이지에 연결할 수 있다.

- **링크**. `<link>` 태그를 사용해 외부 CSS 파일을 HTML 파일로 연결한다.
- **불러오기**. `@import`를 사용해 외부 CSS 파일을 HTML 파일로 불러온다.

TIP 외부 CSS 파일은 어떤 이름으로 지정해도 상관없지만 스타일과 관련한 이름으로 지정하는 게 좋다. 예를 들어 "navigation.css"라는 스타일 시트명이 "657nm87gp.css"보다는 이해하기가 쉬울 것이다.

TIP CSS 파일에는 HTML 태그(특히 `<style>` 태그)나 기타 내용이 전혀 들어가지 않아야 한다. 이때 CSS 주석이나 임포트한 스타일은 예외다.

코드 3.3 default.css : 웹 사이트 관련 기본 스타일은 모두 기본 외부 스타일 시트에 들어 있다.

```
body {
  padding: 200px 0 0 175px; }
h1 {
  color: black; }
h2 {
  color: gray; }
p {
  font: normal 100%/1.5 Corbel, Helvetica, Arial, Sans-serif;
  color: red;}
```

코드 3.4 ch01.css : default.css로부터 기본 스타일을 불러오고 1장에만 해당하는 특정 스타일을 추가한다.

```
@import url('default.css');
body {
  background: white url('../_images/AAIW-illos/alice23a.gif') no-repeat 0 0; }
```

코드 3.5 ch02.css : default.css로부터 기본 스타일을 불러오고 2장에만 해당하는 특정 스타일을 추가한다.

```
@import url('default.css');
body {
  background: white url('../_images/AAIW-illos/alice40b.gif') no-repeat 0 0; }
```

스타일 시트 링크

외부 스타일 시트 파일은 <link> 태그 ⓑ를 사용해 모든 HTML 파일에 적용할 수 있다. CSS 파일을 링크하면 문서 헤드에 스타일을 직접 임베드할 때처럼 문서에 스타일이 적용된다. 하지만 이때는 스타일이 외부 파일에 존재하므로 여러 웹 페이지에서 코드를 재사용하고 한 파일에서 스타일을 수정해 여러 페이지에 영향을 줄 수 있다.

외부 CSS 파일 링크

1. HTML 문서에 link 태그를 추가한다. HTML 문서의 <head>...</head> 안에서(코드 3.6) <link> 태그를 열고 공백을 입력한다.

   `<link`

2. HTML 문서에 대한 링크 관계를 스타일시트(stylesheet)로 지정한다. link 태그는 다른 파일 타입을 추가할 때도 사용할 수 있으므로 이 부분이 중요하다. 이 부분을 빼먹으면 많은 브라우저에서 코드를 제대로 불러오지 못한다.

   `rel="stylesheet"`

3. 사용할 CSS 파일의 위치를 전역 또는 로컬로 지정한다. 예를 들어 ch01.css처럼 지정하면 된다. 이 경로는 외부 CSS 문서의 전체 경로와 이름(확장자 포함)이 돼야 한다. HTML 문서와 관련해 외부 스타일 시트를 적용하는 다양한 전략은 15장에서 자세히 설명한다.

   `href="ch01.css"`

4. 링크할 정보의 타입을 지정한다. 예제에서는 CSS가 들어 있는 텍스트 파일이다.

   `type="text/css"`

5. 스타일 시트를 적용할 미디어 타입을 지정한다. 이에 대한 자세한 내용은 4장에서 '미디어 쿼리'를 참고한다.

   `media="all">`

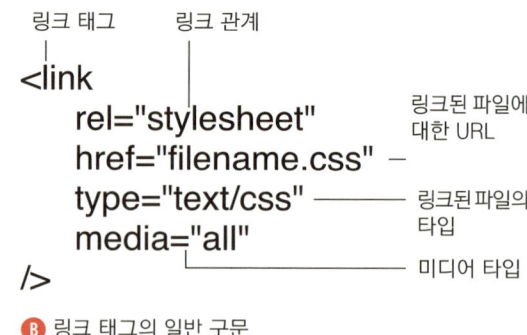

ⓑ 링크 태그의 일반 구문

TIP <link> 태그를 사용하면 원하는 만큼 페이지에 스타일 시트를 추가할 수 있다.

TIP 스타일 시트를 더 많이 링크할수록 서버에서 웹 페이지를 호출하는 부담이 늘어나 페이지 로딩이 느려진다는 사실을 기억하자. 필요한 개수만큼 링크하되 가능하면 파일을 병합해 스타일 링크를 최소한으로 유지하는 게 좋다.

코드 3.6 chapter01.html : default.css(코드 3.3)를 포함하는 ch01.css(코드 3.4) 외부 스타일 시트에 대한 링크 ⓒ

```
<!-- HTML5 -->
<!DOCTYPE html>
<html lang="en">
<head>
<meta http-equiv="Content-Type" content="text/html; charset=UTF-8">
<title>Alice's Adventures in Wonderland</title>
<link href="ch01.css" type="text/css" rel="stylesheet" media="all">
<style type="text/css" media="all">
  h1 {
    color: gray; }
  h2 {
    font-size: normal lighter small-caps 2em;
    color: darkred; }
</style>
</head>
<body>
<h1 style="font:italic bold small-caps 3em/.9 Constantia, Georgia, Times, 'Times New Roman', Serif;
  color:red">Alice&#8217;s Adventures In Wonderland</h1>
<p class="byline">by <span class="author">Lewis Carroll</span></p>
<article>
<header>
<h2><strong>Chapter I.</strong> Down the Rabbit-Hole</h2>
</header>
<p>Alice was beginning to get very tired of sitting by her sister on the
bank,...</p>
</article>
</body>
</html>
```

ⓒ 코드 3.6의 결과 화면. 예제 페이지에 기본 스타일과 더불어 1장에만 해당하는 스타일이 모두 적용됐다.

CSS 기초 45

스타일 시트 불러오기

문서에서 외부 스타일을 가져오는 또 다른 방법으로 @import 규칙을 사용하는 방식 D 이 있다. 스타일 시트를 불러올 때의 장점은 HTML 문서 파일 내에서 스타일을 불러올 수 있을 뿐 아니라 외부 CSS 파일 자체에서도 다른 스타일 시트를 불러올 수 있다는 점이다.

외부 CSS 파일 불러오기

1. HTML 문서 내의 헤드에 style 엘리먼트를 추가한다(코드 3.7). 이 부분은 앞에서 설명한 것과 내용이 같다.

   ```
   <style type="text/css"
   → media="all">...</style>
   ```

2. @import 규칙을 추가한다. <style> 태그 내에서 다른 CSS 코드를 포함하기 전에 @import()를 입력하고 괄호 사이에 임포트할 CSS 문서의 URL을 입력한다. URL은 http://로 시작하는 전역 URL일 수도 있고 같은 도메인상의 다른 파일을 가리키는 로컬 경로일 수도 있다.

   ```
   @import url(ch02.css);
   ```

   이때 원하는 개수만큼 불러올 수 있지만 임포트 규칙은 모두 <style> 태그 내에 임베드한 CSS 코드보다 앞에 와야 한다.

3. 나머지 임베드 CSS를 추가한다. 필요에 따라 추가 임베드 CSS 규칙을 포함시킬 수도 있다(이 장의 '페이지 내 스타일 - 웹 페이지에서의 스타일 추가'를 참고하자).

TIP 다른 외부 스타일 시트에 @import를 직접 지정할 수도 있다. 이렇게 하면 한 스타일 시트를 불러오면서 다른 스타일 시트도 함께 불러올 수 있으므로 HTML 페이지에서 한 스타일 시트가 링크하거나 불러오면 다른 스타일 시트도 함께 포함된다.

규칙명   외부 파일의 URL

@import url(filename.css);

D @import 규칙의 일반 구문

코드 3.7 chapter02.html : default.css(코드 3.3) 내의 스타일도 포함하는 ch02.css(코드 3.5) 외부 스타일 시트에 대한 링크 **E**.

```html
<!-- HTML5 -->
<!DOCTYPE html>
<html lang="en">
<head>
<meta http-equiv="Content-Type" content="text/html; charset=UTF-8">
<title>Alice's Adventures in Wonderland</title>
<style type="text/css" media="all">
  @import url('ch02.css');
  h1 {
    color: gray; }
  h2 {
    font-size: normal lighter small-caps 2em;
    color: darkred; }
</style>
</head>
<body>
<h1 style="font:italic bold small-caps 3em/.9 Constantia, Georgia, Times, 'Times New Roman', Serif;
 color:red">Alice&#8217;s Adventures In Wonderland</h1>
<p class="byline">by <span class="author">Lewis Carroll</span></p>
<article>
<header>
<h2><strong>Chapter II.</strong> The Pool of Tears</h2>
</header>
<p>'Curiouser and curiouser!' cried Alice,</p>
</article>
</body>
</html>
```

E 코드 3.7의 결과 화면. 기본 스타일과 2장에만 해당하는 스타일이 예제 페이지에 모두 적용됐다.

HTML 태그 (재)정의

거의 모든 HTML 태그는 태그와 연관된 기본 브라우저 스타일을 갖고 있다. 예를 들어 <strong> 태그를 보자. 이 태그는 font-weight: bold와 동등한 스타일 선언을 갖고 있다.

새로운 CSS 선언을 <strong> HTML 선택자에 추가하면 <strong> 태그를 사용한 모든 엘리먼트를 원하는 대로 바꿀 수 있다ⓐ. 예를 들어 모두 이탤릭체의 볼드체 텍스트로 만들거나 텍스트가 볼드체가 되지 않도록 font-weight: normal로 지정하는 것도 가능하다.

ⓐ HTML 태그의 스타일을 정의하는 데 사용하는 기본 구문.

HTML 선택자 정의

1. 속성을 정의할 HTML 선택자부터 정한다. 중괄호를 추가해 CSS 규칙을 시작한다(코드 3.8). 이때 선언 목록은 항상 중괄호(})로 닫는다. 이렇게 하지 않으면 하루 종일 작업한 내용이 하나도 제대로 반영되지 않을 수도 있다.

   strong {...}

   CSS 규칙은 문서의 헤드 내의 <style> 태그나 문서에서 링크하거나 불러온 외부 CSS 파일에 정의한다('페이지 내 스타일 - 웹 페이지에서의 스타일 추가' 참고).

코드 3.8 Chapter01.html : 볼드체가 아닌 회색의 조금 작은 글씨로 보이도록 <strong> 태그에 새로운 스타일을 추가한 코드. 추가로 블록 레벨 엘리먼트 스타일을 적용해 이어지는 태그가 새로운 줄에서 시작하게 한다 Ⓑ.

```html
<!-- HTML5 -->
<!DOCTYPE html>
<html lang="en">
<head>
<meta http-equiv="Content-Type" content="text/html; charset=UTF-8">
<title>Alice's Adventures in Wonderland</title>
<style type="text/css" media="all">
  @import url('ch01.css');
  h1 {
    color: gray; }
  h2 {
    font-size: normal lighter small-caps 2em;
    color: darkred; }
  strong {
    color: gray;
    font-size: .75em;
    font-weight: normal;
    display: block; }
</style>
</head>
<body>
<h1 style="font:italic bold small-caps 3em/.9 Constantia, Georgia, Times, 'Times New Roman', Serif;
 color:red">Alice&#8217;s Adventures In Wonderland</h1>
<p class="byline">by <span class="author">Lewis Carroll</span></p>
<article>
<header>
<h2><strong>Chapter I.</strong> Down the Rabbit-Hole</h2>
</header>
<p>Alice was beginning to get very tired of sitting by her sister on the
bank,...</p>
</article>
</body>
</html>
```

Ⓑ **코드 3.8의 결과 화면.** 이제 장 제목의 나머지 부분과는 다른 스타일이 장 번호에 적용됐다.

CSS 기초 **49**

2. 스타일 선언을 추가한다. 중괄호 내에 HTML 태그에 적용할 스타일 선언을 (속성:값 형태로) 입력하고 세미콜론(;)을 사용해 개별 선언을 목록 내에서 분리한다. 이때 가독성을 높이기 위해 코드에 영향을 주지 않는 수준에서 줄바꿈, 공백, 탭을 선언 다음에 사용할 수 있다.

    `color: gray;`

    원하는 개수만큼 선언을 추가할 수 있지만 지정하는 속성이 해당 HTML 태그에서 사용할 수 있는 속성인지 항상 확인한다. 예를 들어 (블록 엘리먼트에만 적용되는) text-indent 속성은 (인라인 엘리먼트인) <b> 태그를 지정하는 데 사용할 수 없다. 특정 선택자에 적용할 수 있는 속성을 확인하려면 부록 A를 참고하자.

TIP 태그를 재정의하더라도 태그의 기존 속성이 암시적으로 재정의되지는 않는다. 따라서 <strong> 태그는 명시적으로 font-weight: normal을 통해 볼드체를 사용하지 않도록 지정하는 경우를 제외하고 여전히 텍스트를 볼드체로 만들어 준다.

TIP body 태그도 재정의할 수 있지만 바디 태그는 블록 레벨 태그처럼 동작하는 점에 유의한다(2장의 'HTML 엘리먼트의 종류'을 참고하자). 바디 태그를 재정의하면 상속한 속성이 페이지 전체에 영향을 준다. 이러한 특성을 잘 활용하면 4장, '부모로부터의 속성 상속'에서 설명하는 것처럼 기본 페이지 스타일을 설정할 수 있다.

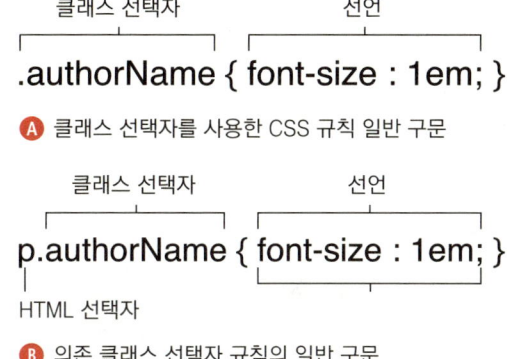

Ⓐ 클래스 선택자를 사용한 CSS 규칙 일반 구문

Ⓑ 의존 클래스 선택자 규칙의 일반 구문

재사용 가능한 클래스의 정의

클래스 선택자를 사용하면 모든 HTML 태그에 적용할 수 있는 독립적인 스타일을 설정할 수 있다Ⓐ. 특정 태그에 자동으로 적용되는 HTML 선택자와는 달리 클래스 선택자는 고유한 이름을 사용해 HTML 태그나 기타 스타일을 사용할 태그에서 style 어트리뷰트에 지정한 클래스명을 사용해 스타일을 적용한다. 클래스를 활용하면 특정 HTML 태그에만 스타일을 적용하는 의존적인 클래스를 만들 수도 있다Ⓑ.

클래스 선택자 정의

1. 클래스에 이름을 지정한다. 마침표(.)를 입력하고 지정할 클래스명을 입력한다. 그런 다음 중괄호({})를 사용해 선언 블록을 열고 닫는다(코드 3.9).

    .author {...}

    CSS 클래스는 문서 헤드의 style 태그나 HTML 문서에서 불러오거나 연결한 외부 CSS 파일에 지정하면 된다.

클래스명은 원하는 대로 지정해도 되지만 다음 사항에 주의해야 한다.

- 글자와 숫자만 사용한다. 하이픈이나 밑줄을 사용할 수는 있지만 클래스명의 처음에는 사용하면 안 된다.
- 첫 글자로 숫자, 밑줄, 하이픈을 사용할 수 없다.
- 공백을 사용하지 않는다.

author는 독립적인 클래스이므로 클래스를 사용한 태그 타입에서 해당 클래스의 속성을 지원하는지 여부만 주의하면 원하는 HTML 태그에 마음대로 사용할 수 있다.

2. 규칙에 선언을 추가한다. 중괄호 내에 클래스에 적용할 선언을 (속성:값 형태로) 입력하고 각 선언을 세미콜론(;)을 사용해 분리한다. 가독성을 높이기 위해 코드에 영향을 주지 않는 수준에서 줄바꿈, 공백, 탭을 선언 다음에 추가할 수도 있다.

font-size: 1.25em;

3. CSS에 의존 클래스를 추가한다. 특정 HTML 태그와 관련한 의존 클래스 선언은 HTML 선택자를 클래스 앞에 선언해 추가할 수 있다.

p.byline {...}

이때 byline은 의존 클래스이므로 class="byline"을 사용한 <p> 태그에 적용된다.

같은 문서 내에서 서로 다른 태그에 대해 서로 다른 버전의 (같은 이름을 사용한) 의존 클래스를 작성할 수도 있고, 1단계에서 본 것 같은 (클래스를 사용한 모든 태그에 적용되는) 독립 클래스를 함께 지정할 수도 있다.

⊙ 코드 3.9의 결과 화면. 저자명 위에 'by' 글자가 위로 올라간 것을 주의해서 보자.

코드 3.9 chapter01.html : (단락 내에 있다면) 클래스를 추가해서 byline과 저자명에 스타일을 모두 적용한다 C.

```html
<!-- HTML5 -->
<!DOCTYPE html>
<html lang="en">
<head>
<meta http-equiv="Content-Type" content="text/html; charset=UTF-8">
<title>Alice's Adventures in Wonderland</title>
<style type="text/css" media="all">
  @import url('ch01.css');
  h1 {
    color: gray; }
  h2 {
    font-size: normal lighter small-caps 2em;
    color: darkred; }
  strong {
    font-weight: normal;
    color: black; }
  p.byline {
    font-size: 1.25em;
    font-style: normal;
    font-weight: bold;
    word-spacing: -.3em;
    text-align: right;
    color: rgba(255, 0, 0,.75); }
  .author {
    font-size: 1.25em;
    font-style: normal;
    font-weight: bold;
    color: rgba(255, 0, 0,1);
    word-spacing: 0em;
    text-transform: uppercase;
    vertical-align: -.6em; }
</style>
</head>
<body>
<h1 style="font:italic bold small-caps 3em/.9 Constantia, Georgia, Times, 'Times New Roman', Serif;
 color:red">Alice&#8217;s Adventures In Wonderland</h1>
<p class="byline">by <span class="author">Lewis Carroll</span></p>
<article>
<header>
<h2><strong>Chapter I.</strong> Down the Rabbit-Hole</h2>
</header>
<figure id="gallery">
<img src="../_images/AAIW-illos/alice26a.png" alt="alice15a">
<figcaption>
"Twinkle, twinkle, little bat!<br/>
How I wonder what you're at!"
</figcaption>
</figure>
<p>
Alice was beginning to get very tired of sitting by her sister on the
bank,...</p>
</article>
</body>
</html>
```

4. 스타일을 적용할 HTML 태그에 class 어트리뷰트를 추가한다.

   ```
   <p class="byline"><span
   → class="author">...</span></p>
   ```

   클래스명을 공백으로 구분해 단일 HTML 태그에 추가적인 클래스명을 여러 개 지정할 수도 있다.
   `class="name1 name2 name3"`

   CSS에서 클래스를 정의할 때 클래스를 마침표(.)로 시작했던 사실을 기억할 것이다. 하지만 HTML 태그에서 클래스명을 참조할 때는 마침표를 사용하지 않는다. 이때 마침표를 사용하면 클래스를 제대로 인식할 수 없다.

TIP HTML 태그 내에서 클래스를 ID 및/또는 인라인 CSS 규칙과 병행해 사용할 수도 있다(이 장의 '인라인 스타일 - HTML 태그 내의 스타일 추가'와 '고유 ID 정의'를 참고하자).

TIP <div>와 <span> 태그는 기존 속성이 없기 때문에 클래스를 추가해 커스텀 HTML 태그를 쉽게 만들 수 있다. 하지만 한번 이런 관계를 설정하고 나면 특정 위치에서는 특정 클래스만 사용해야 하므로 이런 방식은 꼭 필요할 때만 사용해야 한다.

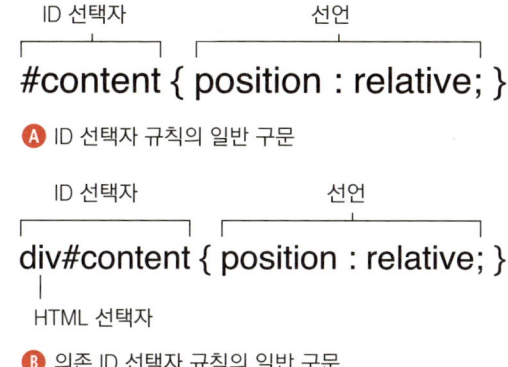

A ID 선택자 규칙의 일반 구문

B 의존 ID 선택자 규칙의 일반 구문

고유 ID 정의

클래스 선택자와 마찬가지로 ID 선택자도 특정 HTML 태그와 무관한 고유 스타일을 만드는 데 사용할 수 있다 **A**. 이런 ID 선택자는 모든 HTML 태그에 적용할 수 있다. ID는 HTML에서 페이지 레이아웃 구조를 구성하고 코드상의 고유 엘리먼트를 식별해 특정 엘리먼트를 별도 처리하는 데 사용한다. 또한 CSS나 자바스크립트에서의 위치 지정에도 사용한다.

ID 선택자 정의

1. CSS에 ID 선택자를 추가한다. ID 규칙은 항상 숫자 기호(#)로 시작하고 이어서 ID명을 입력해야 한다(코드 3.10).

   `#gallery {...}`

   이때 ID명에는 임의의 단어나 숫자 조합을 사용할 수 있지만 다음과 같은 점에 주의해야 한다.

   - 문자와 숫자만 사용한다. 하이픈과 밑줄을 사용할 수는 있지만 주의해서 사용해야 한다. 일부 과거 브라우저에서는 이러한 기호를 받아들이지 못한다.

   - 첫 글자로 숫자, 하이픈, 밑줄을 사용할 수 없다.

   - 공백을 사용하지 않는다.

   CSS 규칙은 문서의 헤드 내의 <style> 태그에 정의하거나 HTML 문서에서 불러오거나 연결한 외부 CSS 파일에 정의할 수 있다.

2. ID에 선언을 추가한다. 중괄호 안에 ID에 적용할 선언을 (속성:값 형태로) 입력하고 각 선언을 세미콜론(;)으로 분리한다. 가독성을 높이기 위해 코드를 방해하지 않는 수준에서 줄바꿈, 공백, 탭을 선언 다음에 사용할 수 있다.

   `position:relative;`

3. 원하는 HTML 태그에 id 어트리뷰트를 추가하고 값으로 앞의 ID명을 입력한다.

   `<figure id="gallery">...</figure>`

   이때 ID 선택자를 정의하면서 숫자 기호(#)를 사용하는 것과는 달리 HTML 태그에서 ID를 참조할 때는 숫자 기호를 포함하지 않는다는 데 주의하자. 숫자 기호를 추가하면 CSS 규칙이 제대로 동작하지 않는다.

> **TIP** 특정 HTML 태그에 대해서만 ID 선언을 사용하는 의존 ID도 만들 수 있다 ⓑ. 하지만 필자는 개인적으로 이런 ID를 한 번도 사용해 본 적이 없다. ID를 사용하는 목적 자체가 페이지당 한 번만 ID를 사용하겠다는 뜻이기 때문이다.

> **TIP** 클래스와 ID에 같은 이름을 사용할 수도 있지만 이런 방식은 지양해야 한다. 결과적으로 혼란만 초래할 뿐이다.

> **TIP** HTML 태그에서 ID를 클래스 및/또는 인라인 규칙과 병행해 사용할 수도 있다.

> **TIP** ID는 각 화면 엘리먼트에 고유명과 식별성을 부여한다. ID를 문서 내의 단일 엘리먼트에 한해 한 번만 사용하는 것도 이 때문이며 이렇게 할 경우 자바스크립트도 관련 객체를 쉽게 제어할 수 있다.

코드 3.10 chapter01.html : 그림이 들어 있는 이미지 블록의 위치 지정을 위해 gallery ID를 추가했다 C.

```html
<!-- HTML5 -->
<!DOCTYPE html>
<html lang="en">
<head>
<meta http-equiv="Content-Type" content="text/html; charset=UTF-8">
<title>Alice's Adventures in Wonderland</title>
<style type="text/css" media="all">
 @import url('ch01.css');
 h1 {
   color: gray; }
 h2 {
   font-size: normal lighter small-caps 2em;
   color: darkred; }
 strong {
   font-weight: normal;
   color: black; }
 p.byline {
   font-size: 1.25em;
   font-style: normal;
   font-weight: bold;
   word-spacing: -.3em;
   text-align: right;
   color: rgba(255, 0, 0,.75); }
 .author {
   font-size: 1.25em;
   font-style: normal;
   font-weight: bold;
   color: rgba(255, 0, 0,1);
   word-spacing: 0em;
   text-transform: uppercase;
   vertical-align: -.6em; }
 #gallery {
   position: relative;
   bottom: 10px;
   right: 10px;
   display: block;
   font-style: italic;
   width: 300px;
   float: left;
   margin: 0 20px 20px 0;
   border: 6px double rgba(142, 137, 129,.5); }
</style>
</head>
<body>
<h1 style="font:italic bold small-caps 3em/.9 Constantia, Georgia, Times, 'Times New Roman', Serif;
↪ color:red">Alice&#8217;s Adventures In Wonderland</h1>
<p class="byline">by <span class="author">Lewis Carroll</span></p>
```

코드 3.10 계속

```
<article>
<header>
<h2><strong>Chapter I.</strong> Down the Rabbit-Hole</h2>
</header>
<figure id="gallery">
<img src="../_images/AAIW-illos/alice26a.png" alt="alice15a">
<figcaption>
"Twinkle, twinkle, little bat!<br/>
How I wonder what you're at!"
</figcaption>
</figure>
<p>
Alice was beginning to get very tired of sitting by her sister on the bank,...</p>
</article>
</body>
</html>
```

🄲 코드 3.10의 결과 화면. 갤러리 그림이 페이지 안으로 들어와 있고 약간 간격이 떨어진 것을 볼 수 있다.

```
* { margin: 0; }
```
별표 / 선언

A 공통 선택자 규칙의 일반 구문

공통 스타일 정의

공통 선택자는 특정 자리에 오는 모든 HTML 타입 선택자를 나타내는 데 사용하는 와일드카드 문자를 말한다 **A**.

이때 기억해야 할 점은 공통 선택자는 단순히 이 절에 나온 것처럼 독립 선택자뿐 아니라 모든 HTML 선택자에 사용할 수 있다는 것이다. 이러한 공통 선택자의 장점은 다음 장에서 실제 스타일을 적용하는 상황을 접할 때 더 분명히 알 수 있다.

공통 선택자의 적용

1. 공통 선택자를 추가한다. 별표(*)를 입력한 다음 중괄호를 연다(코드 3.11). 이렇게 하면 이 선택자는 모든 HTML 태그에 적용될 수 있는 와일드카드가 된다.

   ```
   * {...}
   ```

2. 공통 선택자 규칙에 선언을 추가한다. 중괄호 안에 이 ID에 적용할 스타일 선언을 속성:값 형태로 입력하고 각 선언을 세미콜론으로 분리한다. 이때 가독성을 높이기 위해 코드에 영향을 주지 않는 수준에서 줄바꿈, 공백, 탭을 선언 다음에 추가할 수 있다.

   ```
   margin: 0;
   ```

   이와 같이 선언하면 페이지 내 모든 엘리먼트에 이 스타일이 적용된다.

TIP 공통 선택자는 IE6에서 동작하지 않는다.

TIP 공통 선택자를 사용하면 13장에서 설명하는 CSS 리셋을 쉽게 만들 수 있다.

TIP html이나 바디 엘리먼트에 스타일을 적용해 하위 엘리먼트가 스타일을 상속하게 할 수도 있지만 모든 자식 엘리먼트가 부모의 스타일을 상속하는 것은 아니다. 하지만 공통 선택자를 사용하면 모든 엘리먼트에 스타일을 직접 적용할 수 있다.

코드 3.11 chapter01.html : 공통 선택자를 사용해 모든 엘리먼트의 마진과 패딩을 0으로 재설정해 브라우저의 기본 스타일을 모두 재정의한다 **B**.

```html
<!-- HTML5 -->
<!DOCTYPE html>
<html lang="en">
<head>
<meta http-equiv="Content-Type" content="text/html; charset=UTF-8">
<title>Alice's Adventures in Wonderland</title>
<style type="text/css" media="all">
 @import url('ch01.css');
 * {
  margin: 0;
  padding: 0; }
 h1 {
  color: gray; }
 h2 {
  font-size: normal lighter small-caps 2em;
  color: darkred; }
 strong {
  font-weight: normal;
  color: black; }
 p.byline {
  font-size: 1.25em;
  font-style: normal;
  font-weight: bold;
  word-spacing: -.3em;
  text-align: right;
  color: rgba(255, 0, 0,.75); }
 .author {
  font-size: 1.25em;
  font-style: normal;
  font-weight: bold;
  color: rgba(255, 0, 0,1);
  word-spacing: 0em;
  text-transform: uppercase;
  vertical-align: -.6em; }
 #gallery {
  position: relative;
  bottom: 10px;
  right: 10px;
  display: block;
  font-style: italic;
  width: 300px;
  float: left;
  margin: 0 20px 20px 0;
  border: 6px double rgba(142, 137, 129,.5); }
</style>
</head>
<body>
```

코드 3.11 계속

```
<h1 style="font:italic bold small-caps 3em/.9 Constantia, Georgia, Times, 'Times New Roman', Serif;
color:red">Alice&#8217;s Adventures In Wonderland</h1>
<p class="byline">by <span class="author">Lewis Carroll</span></p>
<article>
<header>
<h2><strong>Chapter I.</strong> Down the Rabbit-Hole</h2>
</header>
<figure id="gallery">
<img src="../_images/AAIW-illos/alice26a.png" alt="alice15a">
<figcaption>
"Twinkle, twinkle, little bat!<br/>
How I wonder what you're at!"
</figcaption>
</figure>
<p>
Alice was beginning to get very tired of sitting by her sister on the
bank,...</p>
</article>
</body>
</html>
```

Ⓑ 코드 3.11의 결과 화면. 모든 마진을 0으로 설정해 디자인 설정을 적용할 수 있는 깔끔한 상태를 마련했다.

그룹 지정 – 동일 스타일을 사용하는 엘리먼트 정의

둘 이상의 선택자가 동일 선언을 사용하게 하려면 콤마로 구분해 선택자를 그룹으로 지정할 수 있다 **Ⓐ**. 아울러 필요하다면 선언 블록에 공통 어트리뷰트를 정의한 다음 개별 선택자에 이를 보완할 추가 규칙을 지정할 수도 있다.

```
         콤마로 구분한
         선택자 목록              선언
h1,h2,.copy,#head { font-size : 1em; }
```

Ⓐ 모두 같은 선언 블록을 적용한 선택자 목록에 대한 일반 구문

선택자 그룹 지정

1. 콤마(,)로 구분해 그룹으로 지정할 선택자들을 추가한다. 선택자(HTML, 클래스, ID) 목록을 입력하고 각 선택자를 콤마로 구분한다(코드 3.12). 이때 가독성을 높이기 위해 코드를 방해하지 않는 수준에서 줄바꿈, 공백, 탭을 선언 다음에 사용할 수 있다.

   `h1, h2, .byline, #gallery {...}`

   이렇게 하면 선택자가 모두 같은 선언을 사용한다. CSS 규칙은 문서 헤드의 style 태그 안에 선언하거나 HTML 문서에서 불러오고 연결할 외부 CSS 파일에 선언하면 된다.

2. 선택자 그룹에 지정할 공통 선언을 추가한다. 중괄호 내에 나열한 선택자 모두에 공통으로 적용할 스타일 선언을 속성:값 형태로 입력하고 각 선언을 세미콜론으로 분리한다. 이때 가독성을 높이기 위해 각 선언 다음에 줄바꿈, 공백, 탭을 추가할 수도 있다.

   ```
   font-family: Constantia, Georgia,
   → Times, "Times New Roman", Serif;
   ```

3. 필요에 따라 공통 선언을 다듬는다. 필요에 따라 각 선택자에서 사용할 선언을 더 추가하거나 수정할 수 있다. 그룹 규칙에서 설정한 선언을 재정의할 때는 CSS에서 수정한 선언이 항상 그룹 규칙 이후에 오게 한다(4장의 '캐스케이딩 순서의 판단'을 참고하자).

   ```
   h1 {...}
   ```

TIP 이런 식으로 선택자를 그룹 지정하면 반복 작업으로 인한 시간을 많이 줄일 수 있다. 하지만 주의할 점도 있다. 그룹 지정한 CSS 선언을 수정하면 해당 목록에 나열한 모든 선택자의 스타일 값이 수정되기 때문이다.

TIP 선택자를 그룹 지정한다고 해서 캐스케이딩 순서가 영향을 받지는 않는다(4장에서 설명한다). 스타일을 그룹 지정하더라도 스타일은 마치 개별 선택자에 해당 스타일을 적용한 것처럼 처리된다.

코드 3.12 chapter01.html – 레벨 1, 레벨 2 헤더, byline 클래스, gallery ID에 대한 공통 스타일을 정의한다 **B**.

```
<!-- HTML5 -->
<!DOCTYPE html>
<html lang="en">
<head>
<meta http-equiv="Content-Type" content="text/html; charset=UTF-8">
<title>Alice's Adventures in Wonderland</title>
<style type="text/css" media="all">
 @import url('ch01.css');
 * {
   margin: 0;
   padding: 0;
 }
 h1, h2, .byline, #gallery {
   font-family: Constantia, Georgia, Times, "Times New Roman", Serif;
 }
 h1 {
   color: gray; }
 h2 {
   font-size: normal lighter small-caps 2em;
   color: darkred;
 }
 strong {
   font-weight: normal;
   color: black;
 }
 p.byline {
   font-size: 1.25em;
   font-style: normal;
   font-weight: bold;
   word-spacing: -.3em;
   text-align: right;
   color: rgba(255, 0, 0,.75);
 }
 .author {
   font-size: 1.25em;
   font-style: normal;
   font-weight: bold;
   color: rgba(255, 0, 0,1);
   word-spacing: 0em;
   text-transform: uppercase;
   vertical-align: -.6em;
 }
 #gallery {
   position: relative;
   bottom: 10px;
   right: 10px;
   display: block;
```

표 3.12 계속

```
        font-style: italic;
        width: 300px;
        float: left;
        margin: 0 20px 20px 0;
        border: 6px double rgba(142, 137, 129,.5);
    }
</style>
</head>
<body>
<h1 style="font:italic bold small-caps 3em/.9 Constantia, Georgia, Times, 'Times New Roman', Serif;
↪ color:red">Alice&#8217;s Adventures In Wonderland</h1>
<p class="byline">by <span class="author">Lewis Carroll</span></p>
<article>
<header>
<h2><strong>Chapter I.</strong> Down the Rabbit-Hole</h2>
</header>
<figure id="gallery">
<img src="../_images/AAIW-illos/alice26a.png" alt="alice15a">
<figcaption>
"Twinkle, twinkle, little bat!<br/>
How I wonder what you're at!"
</figcaption>
</figure>
<p>
Alice was beginning to get very tired of sitting by her sister on the
bank,...</p>
</article>
</body>
</html>
```

🅑 코드 3.12의 결과 화면. Constantia 폰트가 그룹 지정한 선택자에 모두 적용됐다.

CSS에 주석 추가

주석을 사용하면 나중에 작업한 내용을 기억하거나 다른 사람이 참고하기 좋은 내용을 코드에 추가할 수 있다. 주석은 코드에 영향을 주지 않는다. 주석은 그저 메모를 추가하거나 코드를 보는 법을 알려주기 위한 것이다. 주석은 <style> 태그 안이나 외부 CSS 파일에 입력하면 된다.

스타일 시트에서의 주석 추가

1. 주석 열기 표시를 추가한다. 스타일 시트에서 주석 영역을 시작하려면(코드 3.13) 슬래시(/)를 입력하고 별표(*)를 입력하면 된다.

    ```
    /*
    ```

코드 3.13 CSS 코드 내의 주석은 최종 결과물에 아무런 영향도 주지 않는다. 주석은 단순히 메모를 추가하는 용도일 뿐이다.

```
/*** CSS3 VQS | Chapter 3 | cssbasics-01.css ***/
body {
  background: white url(../_images/AAIW-illos/alice23a.gif) no-repeat 0 0;
  padding: 200px 0 0 175px; }
h1 {
  color: black; }
h2 {
  color: gray; }
p {
  font: normal 100%/1.5 Corbel, Helvetica, Arial, Sans-serif;
  color: red;}
```

2. 주석을 입력한다. 주석 안에는 모든 문자열, 숫자, 기호는 물론 엔터키로 줄바꿈 기호도 입력할 수 있다.
   CSS3 VQS | Chapter 3 |
   → cssbasics-01.css

3. 주석 닫기 표시를 추가한다. 주석을 닫을 때는 별표(*) 다음에 슬래시(/)를 입력하면 된다.
   */

TIP 슬래시와 별표 안에는 어떤 내용이든 입력할 수 있다.

TIP 중첩된 주석은 사용할 수 없다.

TIP 주석을 사용하면 코드를 다른 영역과 쉽게 분리해 주는 '헤더'를 추가해 코드를 더 조직적으로 관리할 수 있다.

TIP 필자는 색상값 같은 상수 값은 빨리 참고할 수 있게 CSS 코드의 주석 상단에 둘 것을 권장한다.

정리하며...

1. **HTML 파일에 콘텐츠를 추가한다.** 2장에서 생성한 HTML 파일을 사용해 텍스트와 이미지 콘텐츠를 추가한다. 필자는 이 책에서 이상한 나라의 앨리스를 페이지 콘텐츠로 사용하고 있지만 어떤 콘텐츠를 사용하더라도 상관 없다. 텍스트로 활용하기에 좋은 자료는 구텐베르크 프로젝트(www.gutenberg.org)에서 찾을 수 있다.

2. **콘텐츠를 마크업한다.** 스타일을 적용하려면 항상 웹 페이지에 마크업을 지정해 스타일을 적용할 대상을 알려줘야 한다. 이때 헤더와 단락에 태그를 사용한다.

3. **마크업에 클래스와 ID를 추가한다.** 클래스는 특정 엘리먼트에 특정 스타일을 적용할 수 있게 해주는 "연결 고리"다. 하지만 그렇다고 과도하게 사용해서는 안 된다. 클래스는 디자인상 엘리먼트를 꼭 구분해야 할 때만 사용하고 ID는 특정 엘리먼트를 별도로 식별해야 하는 경우에만 사용해야 한다.

4. **HTML, 클래스, ID 선언을 문서 헤드의 <style> 태그에 추가한다.** 이때 스타일 지정은 5장부터 12장까지 설명하는 스타일을 사용해 원하는 모양대로 지정할 수 있다.

5. **CSS 코드에 주석을 추가한다.** 주석에는 코드에 대한 정보나 문서 작성자(여러분)의 연락처 및 문의사항, 연락 방법 등을 추가할 수 있다.

6. **4 단계의 임베드 스타일을 외부 파일로 옮긴다.** 텍스트 파일을 생성하고 텍스트 파일에 CSS 코드를 복사해서 붙여넣는다(<style> 태그 자체를 제외한 태그 내의 모든 내용을 복사한다). 이때 텍스트 파일의 확장자는 반드시 .css여야 한다.

7. **외부 스타일 시트에서 <link>를 추가한다.** 브라우저에 웹 페이지를 테스트해 보면 4단계에서 보이는 것과 결과가 같을 것이다. 하지만 이제는 모든 웹 페이지에서 CSS에 접근할 수 있다.

4
선택적 스타일 적용

웹 페이지 엘리먼트에 단순히 스타일을 적용하는 것만으로는 부족하다. CSS의 미학은, 더불어 웹 디자인의 미학은 문맥에 따라 엘리먼트에 스타일을 적용할 수 있다는 데 있다. 이때는 엘리먼트가 문서 내 어느 곳에 위치하는지, 어떤 엘리먼트가 감싸고 있는지를 비롯해서 어트리뷰트, 콘텐츠, 동적 상태, 심지어 엘리먼트를 보여주는 플랫폼(모니터 화면, 휴대용 기기, TV 등)까지 고려해야 한다.

 선택적 스타일 기능은 조건에 부합할 때만 엘리먼트에 스타일을 적용할 수 있는 기능으로 CSS와 기존 컴퓨터 프로그래밍이 가장 닮아 있는 부분이다. 이러한 수준의 스타일 적용은 매우 복잡해질 여지가 많다. 따라서 적어도 이 장에서는 가능한 한 단순한 스타일 적용부터 시작해 이해의 폭을 조금씩 넓혀가기로 하겠다.

이 장에서 다룰 내용

엘리먼트 가계도	70
문맥에 따른 스타일 정의	71
의사 클래스의 사용	80
의사 엘리먼트의 사용	92
태그 어트리뷰트 기반 스타일 정의	96
CSS3의 새 기능 – 미디어 쿼리 ★	100
부모로부터의 속성 상속	109
!important 선언 지정	111
캐스케이딩 순서의 판단	113
정리하며...	116

엘리먼트 가계도

태그가 다른 태그에 둘러싸이면(한 태그가 다른 태그에 들어 있으면) 태그가 중첩된 것이다.

```
<h2><strong>Chapter 2</strong> The
Pool of Tears<h2>
```

이 예제에서처럼 중첩된 형태에서 바깥쪽 엘리먼트(<h2>)는 부모라고 하고 안쪽 엘리먼트(<strong>)는 자식이라고 한다. 자식 태그와 이 자식 태그의 자식들은 모두 부모의 자손이다. 같은 부모 밑에 있는 두 태그는 형제라고 하며 나란히 위치한 두 태그는 인접 형제라고 한다 Ⓐ.

- 부모 엘리먼트는 다른 엘리먼트들(자식들)을 포함한다. 자식 엘리먼트는 종종 부모 엘리먼트의 스타일을 상속한다.

- 자손 엘리먼트는 다른 엘리먼트 내의 모든 엘리먼트를 말한다.

- 자식 엘리먼트는 부모와 관련한 1세대 자손 엘리먼트다. 2세대 이상에 속하는 엘리먼트는 경우에 따라 손자라고 부르기도 한다.

- 인접 또는 이전 형제 엘리먼트는 같은 세대에 속하는 자식 엘리먼트로서 HTML 코드상에서 바로 옆에 나란히 있는 엘리먼트를 말한다.

3장에서는 HTML 코드상에서 개별 엘리먼트의 위치와 상관없이 스타일을 지정하는 법을 배웠다. 하지만 CSS를 사용하면 문맥에 따라 엘리먼트의 스타일을 지정할 수도 있다. 이러한 문맥 선택자를 사용하면 페이지 내의 다른 태그와 해당 태그 사이의 관계, 클래스, ID를 기준으로 스타일을 지정할 수 있다.

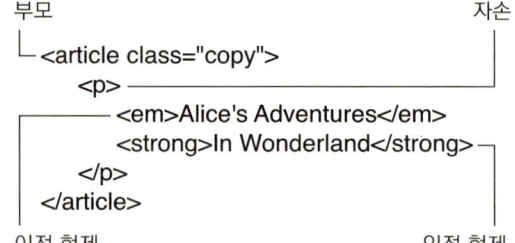

Ⓐ 이 아티클 엘리먼트는 자손에 해당하는 <p>, <strong>, <em> 태그로 구성된 엘리먼트의 부모 태그다. 이 중 <p> 태그만 직계 자식이다. <em> 엘리먼트와 <strong> 태그는 모두 <p> 태그의 자식이며 서로 형제 태그에 해당한다.

공백으로 구분한
선택자 목록　　　선언 목록

.copy h1 em { color: red; }

A 자손 선택자의 일반 구문

공백으로 구분한
선택자 목록　　　선언 목록

.copy * em { color: red; }

공통 선택자

B 공통 선택자를 사용한 자손 선택자의 구문

문맥에 따른 스타일 정의

문맥 스타일을 사용하면 부모 및 형제를 기준으로 특정 엘리먼트가 보이는 방식을 지정할 수 있다. 예를 들어 <em> 태그를 페이지 주 헤더와 하위 헤더에서 서로 다르게 보여줘야 하는 경우가 있을 수 있다. 또 텍스트 단락에는 다른 스타일을 적용하려고 할 때도 있다. 이러한 선택자 조합(표 4.1)은 CSS에서 가장 많이 사용되고 가장 유용한 선택자에 속한다.

자손 엘리먼트의 스타일 적용

부모 선택자나 공백 구분한 선택자 목록을 기준으로 자손 엘리먼트에 각기 다른 스타일을 적용할 수 있다. 이때 해당 자손 선택자는 기존 선택자의 자손이 될 때만 스타일을 적용받는다**A**.

특정 자식 레벨에서 정확한 선택자를 지정하지 않아도 될 때는 3장에서 배운 공통 선택자(*)를 사용하면 된다**B**.

표 4.1 조합 선택자

형식	선택자명	스타일 적용 조건	호환성
a b c	자손	c가 b의 자손, b가 a의 자손	IE4, FF1, O3.5, S1, C1, CSS1
a * b	공통	b가 b의 부모와 상관없이 a 내에 속함	IE7, FF1, O4, S1, C1, CSS2
a > b	직계 자식	b가 a의 직계 자식	IE7 FF1, O3.5, S1, C1, CSS1
a + b	인접 형제	형제 b가 a 바로 다음에 나옴	IE7, FF1, O5, S1, C1, CSS2
a ~ b	일반 형제	형제 b는 a 다음 어디에든 위치함	IE8, FF1, O5, S1, C1, CSS2

자손 엘리먼트의 스타일 적용

1. 자손 선택자 목록을 설정한다. 부모 태그의 HTML 선택자를 입력하고 공백을 입력한 다음 마지막 자식 또는 다른 부모를 입력한다(코드 4.1)

   `article.copy h1 em {...}`

   이때 원하는 개수만큼 HTML 선택자를 중첩된 태그의 부모로 지정할 수 있지만 목록의 마지막 선택자는 규칙의 모든 스타일을 적용할 선택자가 돼야 한다.

2. 부모가 일치하면 스타일이 사용된다.

   ```
   <article class="copy">
     <h1><em>...</em></h1></article>
   ```

   스타일은 마지막 선택자가 앞의 선택자 내에 중첩된 자손일 때만 적용된다.

Alice's Adventures in *Wonderland*

Chapter 2. The Pool of Tears

'Curiouser and curiouser!' *cried* Alice…

And she went on *planning*…

Poor *Alice!*

　　　ALICE'S RIGHT FOOT, *ESQ.*

Oh dear, what *nonsense* I'm talking!'…

ⓒ 코드 4.1의 결과 화면. 선택 조건에 부합하는 텍스트만 붉게 표시된다. 이 예제에서는 조건에 부합한 <h1> 태그 내의 <em> 태그에만 붉은 스타일이 적용됐다.

코드 4.1 부모가 <h1> 태그이고 copy 클래스를 사용한 <article> 태그일 때만 <em> 태그에 스타일을 설정한다 **ⓒ**.

```
<!-- HTML5 -->
<!DOCTYPE html>
<html lang="en">
<head>
<meta http-equiv="Content-Type" content="text/html; charset=UTF-8" />
<title>Alice's Adventures in Wonderland</title>
<style type="text/css" media="all">
  article.copy h1 em {
    color: red;
    font-weight: bold;
    font-style: italic; }
</style>
</head>
<body>
<article class="copy">
  <h1>Alice's Adventures in <em>Wonderland</em></h1>
  <h2><em>Chapter 2.</em> The Pool of Tears</h2>
  <p>'Curiouser and curiouser!' <em>cried</em> Alice,...</p>
  <p>And she went on <em>planning</em>,...</p>
  <p>Poor <em>Alice!</em></p>
  <blockquote>ALICE'S RIGHT FOOT, <em>ESQ.</em></blockquote>
  <p>Oh dear, what <em>nonsense</em> I'm talking!',...</p>
</article>
</body>
</html>
```

Alice's Adventures in *Wonderland*

***Chapter 2.* The Pool of Tears**

'Curiouser and curiouser!' *cried* Alice...

And she went on *planning*...

Poor *Alice!*

ALICE'S RIGHT FOOT, *ESQ.*

Oh dear, what *nonsense* I'm talking!'...

Ⓓ 코드 4.2의 결과 화면. 붉은 텍스트는 공통 선택자를 사용한 선택 기준과 일치한 텍스트다. 이 경우 모든 `<em>` 태그가 기준과 일치한다.

TIP 그룹 지정된 선택자처럼 문맥 선택자도 클래스 선택자(의존/독립 선택자 모두), ID 선택자, HTML 선택자를 포함할 수 있다.

자손의 전체 스타일 적용

1. 공통 선택자가 포함되도록 자손 선택자의 목록을 설정한다. 부모 태그의 HTML 선택자를 입력하고 공백을 입력한 다음 별표(*) 또는 기타 선택자를 입력한다(코드 4.2).

   `article.copy * {...}`

2. 패턴이 일치하면 스타일이 적용된다. 보통 공통 선택자는 부모의 모든 자식에 스타일을 적용하기 위해 선택자 목록의 끝에 사용한다.

   ```
   <article class="copy">
   ⋯<h1>Alice's Adventures in
   ⋯<em>Wonderland</em></h1>
   ⋯<h2><em>Chapter 2.</em> The Pool
   ⋯of Tears</h2>
   ⋯<p>...<em>...</em>...</p>
   ⋯</article>
   ```

코드 4.2 copy 클래스를 사용한 `<article>` 태그를 하나라도 부모로 갖고 있는 `<em>` 태그에 스타일을 적용한다 Ⓓ.

```
<!-- HTML5 -->
<!DOCTYPE html>
<html lang="en">
<head>
<meta http-equiv="Content-Type" content="text/html; charset=UTF-8" />
<title>Alice's Adventures in Wonderland</title>
<style type="text/css" media="all">
  article.copy * em {
    color: red;
    font-weight: bold; }
</style>
</head>
<body>
<article class="copy">
  <h1>Alice's Adventures in <em>Wonderland</em></h1>
  <h2><em>Chapter 2.</em> The Pool of Tears</h2>
  <p>'Curiouser and curiouser!' <em>cried</em> Alice,...</p>
  <p>And she went on <em>planning</em>,...</p>
  <p>Poor <em>Alice!</em></p>
  <blockquote>ALICE'S RIGHT FOOT, <em>ESQ.</em></blockquote>
  <p>Oh dear, what <em>nonsense</em> I'm talking!',...</p>
</article>
</body>
</html>
```

자식 엘리먼트에만 스타일 적용

부모의 자식 엘리먼트에만(자손 엘리먼트는 제외) 스타일을 적용하려면 닫는 꺾쇠 괄호(>)를 구분자로 사용해 부모 선택자와 자식 선택자를 꼭 명시해야 한다 **E**.

E 직계 자식 선택자의 일반 구문

자식 선택자 정의

1. 직계 자식 선택자의 목록을 설정한다. 부모 엘리먼트의 선택자(HTML, 클래스, ID)를 입력하고 오른쪽 꺾쇠 괄호(>)를 입력한 다음 자식 선택자(HTML, 클래스, ID)를 입력한다.

   `article.copy > p > em {...}`

   이러한 선택자 지정은 원하는 만큼 반복할 수 있지만 마지막 선택자는 항상 스타일을 적용할 대상 선택자가 돼야 한다(코드 4.3). 이때 선택자와 닫는 꺾쇠 괄호 사이에는 공백을 하나 두거나 두지 않아야 한다.

2. 패턴이 일치하면 스타일이 적용된다.

   `<article class="copy"><p>...`
   `↪<em>...</em>...</p></article>`

   1단계에서 지정한 스타일은 마지막 선택자가 앞 엘리먼트에 중첩된 직계 자식 엘리먼트일 때만 적용된다. 다른 HTML 태그 내에 이 태그를 두면 패턴과 불일치하게 된다.

코드 4.3 copy 클래스를 사용하는 `<article>` 태그의 자식 `<p>` 태그가 자식으로 갖고 있는 `<em>` 태그에만 스타일을 적용한다 **❻**.

```
<!-- HTML5 -->
<!DOCTYPE html>
<html lang="en">
<head>
<meta http-equiv="Content-Type" content="text/html; charset=UTF-8" />
<title>Alice's Adventures in Wonderland</title>
<style type="text/css" media="all">
  article.copy > p > em {
    color: red;
    font-weight: bold; }
</style>
</head>
<body>
<article class="copy">
  <h1>Alice's Adventures in <em>Wonderland</em></h1>
  <h2><em>Chapter 2.</em> The Pool of Tears</h2>
  <p>'Curiouser and curiouser!' <em>cried</em> Alice,...</p>
  <p>And she went on <em>planning</em>,...</p>
  <p>Poor <em>Alice!</em></p>
  <blockquote>ALICE'S RIGHT FOOT, <em>ESQ.</em></blockquote>
  <p>Oh dear, what <em>nonsense</em> I'm talking!',...</p>
</article>
</body>
</html>
```

Alice's Adventures in *Wonderland*

Chapter 2. The Pool of Tears

'Curiouser and curiouser!' *cried* Alice…

And she went on *planning*…

Poor *Alice!*

  ALICE'S RIGHT FOOT, *ESQ*.

Oh dear, what *nonsense* I'm talking!'…

❻ 코드 4.3의 결과 화면 화면. 직계 자식 스타일 기준과 일치한 텍스트가 붉은색으로 보인다. 이 예제에서는 헤더를 제외한 단락 내의 `<em>` 태그들이 조건에 부합한다.

형제 엘리먼트의 스타일 적용

형제는 부모가 같은 엘리먼트를 말한다. 형제 엘리먼트에 스타일을 적용할 때는 다른 형제에 인접한 엘리먼트 G나 다른 형제 뒤에 나오는 모든 형제 엘리먼트 H에 스타일을 적용할 수 있다.

인접 형제 선택자의 정의

1. 인접 형제 선택자 목록을 설정한다. 첫 번째 엘리먼트의 선택자(HTML, 클래스, ID)를 입력하고 더하기 기호(+), 이어서 스타일을 적용하려고 하는 인접 엘리먼트에 대한 선택자(HTML, 클래스, ID)를 입력한다(코드 4.4).

    p + p {...}

2. 패턴이 일치하면 스타일이 적용된다.

    <p>...</p><p>...</p><p>...</p>

    이때 스타일은 중간에 다른 선택자 없이 이전 선택자 바로 다음에 나오는 형제 엘리먼트에만 적용된다. 둘 사이에 다른 엘리먼트(심지어
 태그조차도)가 놓이면 패턴이 불일치하게 된다.

G 인접 형제 선택자의 일반 구문

H 일반 형제 선택자의 일반 구문

코드 4.4 다른 단락 바로 다음에 나오는 단락 내에 있는 <em> 태그에만 스타일이 적용된다 ❶.

```
<!-- HTML5 -->
<!DOCTYPE html>
<html lang="en">
<head>
<meta http-equiv="Content-Type" content="text/html; charset=UTF-8" />
<title>Alice's Adventures in Wonderland</title>
<style type="text/css" media="all">
  p + p em {
    color: red;
    font-weight: bold; }
</style>
</head>
<body>
<article class="copy">
  <h1>Alice's Adventures in <em>Wonderland</em></h1>
  <h2><em>Chapter 2.</em> The Pool of Tears</h2>
  <p>'Curiouser and curiouser!' <em>cried</em> Alice,...</p>
  <p>And she went on <em>planning</em>,...</p>
  <p>Poor <em>Alice!</em></p>
  <blockquote>ALICE'S RIGHT FOOT, <em>ESQ.</em></blockquote>
  <p>Oh dear, what <em>nonsense</em> I'm talking!',...</p>
</article>
</body>
</html>
```

Alice's Adventures in *Wonderland*

Chapter 2. The Pool of Tears

'Curiouser and curiouser!' *cried* Alice…

And she went on *planning*…

Poor *Alice!*

　　　ALICE'S RIGHT FOOT, *ESQ*.

Oh dear, what *nonsense* I'm talking!'…

❶ 코드 4.4의 결과 화면. 붉은색 텍스트는 인접 형제 기준에 부합한다(이 예제에서는 두 번째와 세 번째 단락에 있는 <em> 태그만 기준에 부합한다). 네 번째 단락에 있는 텍스트는 블록 인용구(<blockquote>)가 중간에 사용돼서 인접 형제 기준에 부합하지 않는다.

선택적 스타일 적용 77

일반 형제 선택자의 정의

1. 일반 형제 선택자의 목록을 설정한다. 첫 번째 형제 엘리먼트에 대한 선택자(HTML, 클래스, ID)를 입력하고 물결 기호(~) 다음에 또 다른 선택자(HTML, 클래스, ID)를 입력한다(코드 4.5).

    p ~ p {...}

    이 과정은 필요한 만큼 반복할 수 있지만 목록의 마지막 선택자는 항상 스타일을 적용할 대상 선택자가 돼야 한다.

2. 패턴이 일치하면 스타일이 적용된다.

    ```
    <p>...</p><p>...</p><p>...</p>
    → <blockquote>...</blockquote>
    → <p>...</p>
    ```

TIP 이때 스타일은 첫 번째 형제 선택자 다음에 나오는 첫 번째 형제뿐 아니라 다른 타입의 엘리먼트가 나오기 전까지 나오는 모든 형제 엘리먼트에 적용된다. 자식 형제는 IE6에서는 지원하지 않으므로 IE6에서는 별도로 스타일을 적용해야 한다. 인터넷 익스플로러 관련 스타일을 별도로 추가하는 내용은 13장을 참고하자.

TIP 이 절에서 설명한 공통 선택자는 조합 선택자와 함께 사용했지만 공통 선택자는 다른 선택자 타입과도 함께 사용할 수 있다. 표 4.2에는 이러한 공통 선택자의 적용 방식이 정리돼 있다.

표 4.2 공통 선택자 사용예

형식	스타일 적용 조건
a * b	b의 부모와 상관없이 b가 a 안에 있는 경우
a > * >b	b가 a의 직계 자식인 임의 엘리먼트의 직계 자식인 경우
a + * +b	형제 엘리먼트 b가 a 바로 다음에 나오는 임의 엘리먼트 바로 다음에 나오는 경우
*:hover	마우스 포인터가 엘리먼트 위에 있는 경우
*:disabled	비활성화된 모든 엘리먼트
*:first-child	모든 엘리먼트의 첫 번째 자식
*:lang()	지정된 언어 코드를 사용하는 모든 엘리먼트
*:not(s)	지정된 선택자를 사용하지 않는 모든 엘리먼트
*::first-letter	모든 엘리먼트의 첫 글자

코드 4.5 이전 형제가 단락 태그인 단락 태그 내의 em 태그에 스타일을 적용한다 ⓙ.

```html
<!-- HTML5 -->
<!DOCTYPE html>
<html lang="en">
<head>
<meta http-equiv="Content-Type" content="text/html; charset=UTF-8" />
<title>Alice's Adventures in Wonderland</title>
<style type="text/css" media="all">
  p ~ p em {
    color: red;
    font-weight: bold; }
</style>
</head>
<body>
<article class="copy">
  <h1>Alice's Adventures in <em>Wonderland</em></h1>
  <h2><em>Chapter 2.</em> The Pool of Tears</h2>
  <p>'Curiouser and curiouser!' <em>cried</em> Alice,...</p>
  <p>And she went on <em>planning</em>,...</p>
  <p>Poor <em>Alice!</em></p>
  <blockquote>ALICE'S RIGHT FOOT, <em>ESQ.</em></blockquote>
  <p>Oh dear, what <em>nonsense</em> I'm talking!',...</p>
</article>
</body>
</html>
```

Alice's Adventures in *Wonderland*

Chapter 2. The Pool of Tears

'Curiouser and curiouser!' *cried* Alice…

And she went on *planning*…

Poor *Alice!*

ALICE'S RIGHT FOOT, *ESQ*.

Oh dear, what *nonsense* I'm talking!'…

ⓙ **코드 4.5의 결과 화면.** 일반 형제 조건과 일치한 태그에 붉은 텍스트가 적용된다. 이 예제에서는 두 번째, 세 번째, 네 번째 단락 내의 <em> 태그가 조건에 부합한다.

의사 클래스의 사용

많은 HTML 엘리먼트는 독립적으로 스타일을 적용할 수 있는 특수 상태 또는 관련 사용법을 갖고 있다. 이런 예로 자주 볼 수 있는 게 링크 태그인 <a>다. 링크 태그는 (평상시에는) 링크 상태, (방문자가 이미 링크 페이지를 방문한) 방문 상태, (방문자가 링크에 마우스를 올려 놓은) 호버 상태, (방문자가 링크를 클릭한) 활성 상태 등을 갖는다. 이러한 네 가지 상태에는 모두 개별 스타일을 적용할 수 있다.

의사 클래스는 엘리먼트의 기본 상태와는 별도로 스타일을 적용할 수 있는 엘리먼트의 사전 정의 상태 또는 사용 방식을 말한다 **A**.

- **링크 의사 클래스** (표 4.3) - 의사 클래스는 앵커 태그의 최초 외양에 스타일을 적용할 때뿐 아니라 링크 방문 후, 사용자가 마우스를 올려 놓는 시점, 사용자의 링크 클릭 시점 모두에 스타일을 적용하는 데 사용할 수 있다.

- **동적 의사 클래스** (표 4.3) - 의사 클래스는 사용자의 마우스 오버, 클릭, 선택 시점에 적용할 스타일을 정의하기 위해 모든 엘리먼트에 사용할 수 있다.

- **구조적 의사 클래스** (표 4.4) - 형제 조합 선택자와 유사해 보이기는 하지만 의사 클래스를 사용하면 정확하고 계산된 순서에 따라 엘리먼트에 구체적인 스타일을 적용할 수 있다.

- **기타 의사 클래스** (표 4.4) - 의사 클래스를 사용하면 언어 또는 태그 해당 여부를 기준으로 엘리먼트에 스타일을 적용할 수 있다.

선택자 콜론   선언 목록

a:link { color: red; }

콜론   의사 클래스

A 의사 클래스의 일반 구문

표 4.3 링크 및 동적 의사 클래스

형식	이름	스타일 적용 엘리먼트	호환성
:link	링크	href의 값이 히스토리에 없는 경우	IE4, FF1, O3.5, S1, CSS1
:visited	방문 링크	href의 값이 히스토리에 있는 경우	IE4, FF1, O3.5, S1, CSS1
:target	대상 링크	대상 앵커 링크	FF1.3, S1.3, C1, O9.5 CSS3
:active	활성	엘리먼트를 클릭한 경우	IE7, FF1, O3.5, S1,CSS1
:hover	호버	마우스 포인트가 엘리먼트 위에 있는 경우	IE4*, FF1, O3.5,S1, CSS2
:focus	포커스	엘리먼트가 화면 포커스를 갖고 있는 경우	IE7, FF1, O7, S1,CSS2

*IE7 버전까지의 앵커 태그에만 사용 가능

표 4.4. 구조적/기타 의사 클래스

형식	이름	스타일 적용 엘리먼트	호환성
:root	루트	문서의 최상위 엘리먼트	FF1.5, O9.5, S3.1,C3, CSS3
:empty	공백	자식이 없는 엘리먼트	FF1.5, O9.5, S3.1,C3, CSS3
:only-child	유일 자식	형제가 없는 엘리먼트	FF1.5, O9.5, S3.1,C3, CSS3
:only-of-type	유일 타입	형제 가운데서 고유 선택자를 갖는 엘리먼트	FF1.5, O9.5, S3.1,C3, CSS3
:first-child	첫 번째 자식	다른 엘리먼트의 첫 번째 자식인 엘리먼트	FF1.5, O9.5, S3.1,C3, CSS2
:nth-of-type(n)	타입의 N번째	해당 선택자를 갖는 n번째 엘리먼트	FF1.5, O9.5, S3.1,C3, CSS3
:nth-last-of-type(n)	타입의 끝에서 N번째	해당 선택자를 갖는 마지막 엘리먼트로부터 시작해 같은 선택자를 갖는 n번째 엘리먼트	FF1.5, O9.5, S3.1,C3, CSS3
:last-child	마지막 자식	부모 엘리먼트의 마지막 자식 엘리먼트	FF1.5, O9.5, S3.1,C3, CSS3
:first-of-type	타입의 첫 번째	부모 엘리먼트에서 특정 선택자 타입을 갖는 첫 번째 자식 엘리먼트	FF1.5, O9.5, S3.1,C3, CSS3
:last-of-type	타입의 마지막	부모 엘리먼트에서 특정 선택자 타입을 갖는 마지막 자식 엘리먼트	FF1.5, O9.5, S3.1,C3, CSS3
:lang()	언어	지정한 언어 코드를 갖는 엘리먼트	IE8, FF1.5, O9.5,S3.1, C3, CSS2.1
:not(s)	부정	특정 선택자를 사용하지 않는 엘리먼트	FF1.5, O9.5, S3.1,C3, CSS3

링크의 스타일 적용

링크는 태그지만 링크의 개별 상태는 태그가 아니다. 링크의 상태 속성을 설정하려면 링크가 가질 수 있는 각 상태와 관련한 의사 클래스를 (다음 순서대로) 사용하면 된다.

- `:link`는 아직 선택하지 않은 하이퍼텍스트 링크의 모습을 선언할 때 사용한다.
- `:visited`는 사용자가 이미 선택한 링크의 모습을 설정할 때 사용한다. 사용자가 이미 선택했다는 말은 브라우저 히스토리에 태그의 `href` 어트리뷰트 URL이 등록된 상태를 말한다.
- `:hover`는 사용자의 마우스 포인터가 링크 위에 올라올 때의 링크 스타일을 설정할 때 사용한다.
- `:active`는 사용자가 클릭하거나 선택한 엘리먼트의 스타일을 설정할 때 사용한다.

링크에 어떤 스타일을 적용할지는 '링크 스타일 선택' 사이드바를 참고하자.

서로 구분된 링크 스타일 설정

1. 앵커 태그에 스타일을 지정한다.

   ```
   a {...}
   ```

   꼭 이렇게 해야 하는 것은 아니지만 일반적인 앵커 스타일을 먼저 정의하는 게 제일 좋다(코드 4.6). 이 설정은 스타일이 모든 링크 의사 클래스에 적용된다는 점에서 `:link` 의사 클래스를 설정하는 것과는 차이가 있다. 여기서는 일관된 스타일이나 특정 상태일 때만 바뀌는 공통 스타일을 선언한다.

Chapter 1.
Down The Rabbit-Hole
Chapter 2. The Pool of Tears —— 링크
Chapter 3. A Caucus-Race and a Long Tale —— 방문함
Chapter 4. The Rabbit Sends in a Little Bill —— 호버
Chapter 5. Advice from a Caterpillar —— 활성
Chapter 6. Pig and Pepper
Chapter 7. A Mad Tea-Party
Chapter 8. The Queen's Croquet-Ground
Chapter 9. The Mock Turtle's Story
Chapter 10. The Lobster Quadrille
Chapter 11. Who Stole The Tarts?
Chapter 12. Alice's Evidence

B 독자들이 현재 설명 중인 내용을 이해하기 쉽게 코드 4.6의 결과 화면에는 각 상태에 스타일을 적용한 화면이 나와 있다.

코드 4.6 기본 링크와 나머지 네 링크 상태에 스타일을 설정해 색상을 서로 구분했다 ⓑ. 이 예제에서는 텍스트의 밑줄을 제거하고 하단 보더를 사용해 밑줄 효과를 냈다.

```html
<!-- HTML5 -->
<!DOCTYPE html>
<html lang="en">
<head>
<meta http-equiv="Content-Type" content="text/html; charset=UTF-8" />
<title>Alice's Adventures in Wonderland</title>
<style type="text/css" media="all">
 a {
   display: block;
   text-decoration: none;
   padding: 5px;
   width: 200px; }
 a:link {
   color: rgb(255,102,102);
   border-bottom: 1px dotted rgb(255,51,5,51); }
 a:visited {
   color: rgb(255,153,153);
   border-bottom: 1px dotted rgb(255,235,235); }
 a:hover {
   color: rgb(255,0,0);
   border-bottom: 1px solid rgb(255,0,0); }
 a:active {
   color: rgb(0,0,255);
   border-bottom: 1px dotted rgb(102,102,102); }
</style>
</head>
<body>
<navigation>
  <a href=""><strong>Chapter 1. </strong>Down The Rabbit-Hole</a>
  <a href=""><strong>Chapter 2. </strong>The Pool of Tears</a>
  <a href=""><strong>Chapter 3. </strong>A Caucus-Race and a Long Tale</a>
  <a href=""><strong>Chapter 4. </strong>The Rabbit Sends in a Little Bill</a>
  <a href=""><strong>Chapter 5. </strong>Advice from a Caterpillar</a>
  <a href=""><strong>Chapter 6. </strong>Pig and Pepper</a>
  <a href=""><strong>Chapter 7. </strong>A Mad Tea-Party</a>
  <a href=""><strong>Chapter 8. </strong>The Queen's Croquet-Ground</a>
  <a href=""><strong>Chapter 9. </strong>The Mock Turtle's Story</a>
  <a href=""><strong>Chapter 10. </strong>The Lobster Quadrille</a>
  <a href=""><strong>Chapter 11. </strong>Who Stole The Tarts?</a>
  <a href=""><strong>Chapter 12. </strong>Alice's Evidence</a>
</navigation>
</body>
</html>
```

2. 기본 링크 상태의 스타일을 지정한다. 스타일을 적용할 엘리먼트의 선택자(앵커 태그, 클래스, ID)를 입력하고 콜론(:) 다음에 link를 입력한다.
   a:link {...}

   앵커 태그에 설정한 스타일은 재정의가 가능하지만 이 CSS 규칙은 :visited 의사 클래스보다 항상 앞에 와야 한다.

3. 방문한 링크의 스타일을 설정한다. 스타일을 적용할 엘리먼트의 선택자(앵커, 클래스, ID)를 입력하고 콜론(:), visited를 입력한다.
   a:visited {...}

4. 호버 링크 상태의 스타일을 설정한다. 스타일을 적용할 엘리먼트의 선택자(앵커, 클래스, ID)를 입력하고, 콜론(:), hover를 입력한다.
   a:hover {...}

5. 활성 링크 상태의 스타일을 설정한다. 스타일을 적용할 엘리먼트의 선택자(앵커, 클래스, ID)를 입력하고 콜론(:), active를 입력한다.
   a:active {...}

6. 링크 상태에 따라 스타일이 적용된다.
   `<a href="chapater01.html">...</a>`

   이제 페이지 내 모든 링크는 이렇게 지정한 여러 가지 상태 스타일 규칙을 따르게 된다. 이때 링크 유형을 구분하기 위해 선택적으로 스타일을 적용할 수 있으며 또한 이렇게 해야 한다.

링크 스타일 선택

대부분의 브라우저는 기본적으로 방문하지 않은 링크에 파란색, 이미 방문한 링크에 붉은색이나 보라색을 사용한다. 방문한 링크와 방문하지 않은 링크에 서로 다른 두 색상을 적용할 때의 문제점은 사용자들이 어떤 링크 유형에 어떤 색상이 적용되는지 기억하지 못할 수 있다는 것이다. 여러분이 선택하는 색상은 링크를 화면의 다른 텍스트와 구분하고 각 상태(링크, 방문, 호버, 활성)를 구분할 수 있는 색상임은 물론 화면에서 너무 튀거나 산만한 색상이 아니어야 한다.

필자는 방문하지 않은 링크에 페이지 배경색 및 텍스트 색상과 대조되는 색상을 사용할 것을 권장한다. 이 경우 방문한 링크에는 배경과 대조를 이루도록 방문하지 않은 링크 색상과 동일한 색상을 조금 더 어둡게 적용하면 된다. 이렇게 하면 방문하지 않은 링크가 어두운 방문 링크와 대비해 크게 부각되는 효과가 있다.

예를 들어 흰 배경에 검은 텍스트를 사용한 페이지라면 필자는 링크에 밝은 적색(rgb(255,0,0))을, 방문한 링크에는 어두운 적색(rgb(255,153,153))을 사용할 것이다. 이렇게 하면 밝은 링크 색상이 부각되고 어두운 링크 색상은 덜 눈에 띄지만 여전히 링크라는 사실을 알릴 수 있다.

TIP 이 예제에서는 앵커 태그에 의사 클래스를 바로 적용했지만 앵커 태그에는 다른 클래스나 ID를 사용할 수도 있다.

TIP hover, :active, :focus 같은 동적 의사 클래스는 링크뿐 아니라 모든 엘리먼트에 적용할 수 있다.

TIP 일반 앵커 링크 스타일은 다른 상태에서 상속한다. 예를 들어 :link에 설정한 폰트는 :active, :visited, :hover 상태에서 상속한다.

TIP 웹은 하이퍼텍스트 전달 수단이므로 사용자가 텍스트, 링크, 방문 링크를 쉽게 구분할 수 있어야 한다. 사용자가 항상 밑줄 링크 옵션을 사용하는 것은 아니므로 모든 HTML 문서에 대해 링크 스타일을 직접 설정하는 게 좋다.

TIP 지나치게 많은 색상을 사용하면 사용자가 어떤 단어가 링크고 어떤 단어가 링크가 아닌지 알기 어렵다.

TIP 이 예제에서는 링크 스타일을 전체 페이지에 설정했지만 링크는 다용도로 사용할 수 있다. 예를 들어 링크는 전역 내비게이션, 아티클 제목 목록 또는 동적인 UI 컨트롤로 사용할 수도 있다. 이때는 사용 용도에 따라 스타일을 적용하는 게 좋다.

```
nav a {...}
nav a:link {...}
nav a:visited {...}
```

이 스타일들은 모두 내비게이션 엘리먼트에 속한 링크에만 적용된다.

사용자 상호작용에 대한 스타일 적용

일단 로딩이 끝나면 웹 페이지는 정적인 페이지를 벗어난다. 사용자는 당장 페이지를 사용하려고 하고 화면에서 마우스를 움직이면서 이곳 저곳을 클릭해 본다. 동적 의사 클래스를 사용하면 사용자가 엘리먼트와 상호작용하는 도중에 엘리먼트에 스타일을 적용해 시각적인 피드백을 바로 전달할 수 있다.

- **:hover** - 링크에서와 마찬가지로 마우스 포인터가 엘리먼트 위에 올라온 경우 엘리먼트의 모습을 설정한다.
- **:focus** - 텍스트 필드처럼 포커스를 받을 수 있는 엘리먼트에 적용된다.
- **:active** - 링크에서와 마찬가지로 클릭 또는 선택 시 엘리먼트의 스타일을 설정한다.

동적 의사 클래스의 정의

1. 기본 엘리먼트 스타일을 지정한다.

   `input {...}`

   선택 사항이기는 하지만 일반적으로 동적 스타일을 적용할 엘리먼트에 대해 기본 (동적이지 않은) 스타일을 적용하는 게 좋다(코드 4.7).

2. 엘리먼트의 호버 상태 스타일을 선언한다. 선택자(HTML, 클래스, ID)를 입력하고 콜론(:)과 hover를 입력한다.

   `input:hover {...}`

   이렇게 하면 마우스 포인터가 엘리먼트 박스 영역으로 들어올 때(박스 모델에 대한 상세 내용은 10장을 참고하자) 스타일이 바뀐다.

코드 4.7 사용자 마우스 호버, 선택(포커스), 클릭(활성) 등 엘리먼트와의 상호작용에 따라 입력 엘리먼트의 스타일을 변경한다 **C**.

```
<!-- HTML5 -->
<!DOCTYPE html>
<html lang="en">
<head>
<meta http-equiv="Content-Type"
→ content="text/html; charset=UTF-8" />
<title>Alice's Adventures in Wonderland
→ </title>
<style type="text/css" media="all">
  input {
    border: 3px solid rgb(153,153,153);
    background-color: rgb(204,204,204);
    color: rgb(153,153,153);
    padding: 0 5px;
    font-size: 2em; }
  input:hover {
    border-color: rgb(204,153,153);
    color: rgb(102,102,102); }
  input:focus {
    border-color: rgb(255,0,0);
    background-color: rgb(255,255,255);
    color: rgb(0,0,0);
    outline: none; }
  input:active {
    color: rgb(255,0,0);
    border-color: rgb(255,0,0);
    background-color: rgb(0,0,0); }
</style>
</head>
<body>
<form>
  <input type="text" value="First Name">
  <input type="text" class="hover" value="Last
Name">
  <input type="text" class="focus"
  → value="eMail">
  <input type="button" class="active"
  → value="Search">
</form>
</body>
</html>
```

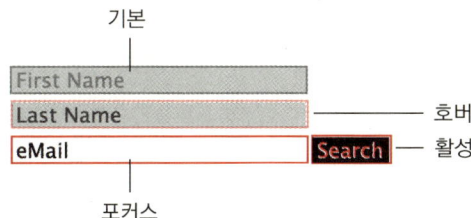

⊙ 코드 4.7의 결과 화면. 이 예제는 네 가지 동적 상태의 폼 필드를 보여준다. 이처럼 사용자에게 시각적인 피드백을 전달하면 사용자는 사용 가능한 폼 필드나 버튼 클릭 여부를 쉽게 알 수 있다.

TIP :hover를 설정할 생각이라면 항상 :focus를 설정하는 게 좋다. 그 이유는 호버는 키보드 상호작용이 아닌 (즉, 마우스) 상호작용 엘리먼트에만 적용되기 때문이다. 키보드만 사용할 수 있는 웹 사용자에게는 :focus 스타일이 적용된다.

TIP :hover 관련 어트리뷰트를 수정할 때는 주의해야 한다. 타입 페이스, 폰트 크기, 폰트 두께, 기타 속성을 수정할 경우 레이아웃에 예약된 공간보다 텍스트가 커지거나 작아지면서 전체 페이지 콘텐츠 레이아웃이 망가질 수 있고 사용자들은 이런 현상을 아주 싫어하기 때문이다.

TIP 이 예제에서는 input을 사용해 동적 상태를 보여주고 있다. input에는 모든 입력 유형이 동일한 태그를 사용해야 한다는 스타일 제약이 있다. 텍스트 필드와 버튼에 서로 다른 스타일을 설정하도록 태그 어트리뷰트를 사용해 스타일을 설정하는 방법은 이 장에서 살펴본다.

3. 엘리먼트의 포커스 상태 스타일을 지정한다. 선택자(HTML, 클래스, ID)를 입력하고 콜론(:), focus를 입력한다.

   `input:focus {...}`

   이제 엘리먼트가 포커스를 받게 되면(클릭 또는 탭 입력 시) 엘리먼트 스타일이 변경되고 포커스가 사라지면(블러라고 한다) 호버 또는 기본 스타일로 돌아간다.

4. 엘리먼트의 활성 상태 스타일을 지정한다. 선택자(HTML, 클래스, ID)를 입력하고 콜론(:), active를 차례로 입력한다.

   `input:active {...}`

   이제 사용자가 엘리먼트 박스(10장에서 설명) 안을 클릭하면 스타일이 변경되고 마우스 버튼에서 사용자가 손을 떼면 호버 또는 기본 스타일로 돌아간다.

5. 사용자 행동에 따라 엘리먼트 상태에 스타일이 적용된다.

   `<input type="button"`
   `→ value="Search">`

   이제 해당 선택자를 사용한 모든 태그 상태에 스타일이 적용된다.

TIP 링크와 동적 의사 클래스를 정의하는 순서에 따라 결과가 달라진다. 예를 들어 :hover 의사 클래스를 :visited 의사 클래스 앞에 두면 링크 방문 이후 :hover 의사 클래스가 동작하지 않는다. 결과물이 잘 나오려면 항상 link, visited, hover, focus, active 순서대로 지정하는 게 좋다.

TIP 의사 엘리먼트 순서를 기억할 때는 LoVe HAte(Link Visited Hover Active) 같은 문구를 외워두면 더 쉽다.

CSS3의 새 기능 - 의사 클래스를 지닌 특정 자식에 대한 스타일 적용★

종종 디자이너들은 부모의 첫 번째 자식처럼 다른 엘리먼트 내에서 첫 번째로 등장하는 엘리먼트에 스타일을 적용하고 싶어 한다.

first-child 의사 엘리먼트는 CSS2부터 사용할 수 있었다. 하지만 CSS3부터는 엘리먼트의 자식 엘리먼트에 정확히 스타일을 적용할 수 있는 새로운 구조적 의사 엘리먼트를 제공한다(표 4.4).

- `:first-child` - 부모의 첫 번째 자식이면서 해당 선택자 타입에 속하는 엘리먼트의 스타일을 설정한다.

- `:first-of-type` - 부모 내에서 처음으로 해당 선택자에 속하는 엘리먼트의 스타일을 설정한다.

- `:nth-child(#)` - 지정된 순서에 등장하는 자식 엘리먼트의 스타일을 설정한다. 예를 들어 단락의 세 번째 자식 엘리먼트 스타일을 설정하려면 p:nth-child(3)처럼 하면 된다.

- `:nth-of-type(#)` - 부모 내에서 지정된 순서에 등장하는 선택자 타입 엘리먼트의 스타일을 설정한다. 예를 들어 7번째 단락은 p:nth-of-type(7)처럼 설정한다.

- `:nth-last-of-type(#)` - 부모 내에서 지정된 순서에 등장하는 선택자 타입의 스타일을 설정하되, 밑에서부터 순서를 계산한다. 예를 들어 밑에서부터 세 번째 단락은 p:nth-last-of-type(3)처럼 설정한다.

- `:last-child` - 부모의 마지막 자식이면서 지정한 선택자에 속하는 엘리먼트의 스타일을 설정한다.

- `:last-of-type` - 부모 내에서 마지막으로 등장하는 특정 선택자 타입 엘리먼트의 스타일을 설정한다.

텍스트 장식 - 밑줄 사용 여부

밑줄은 웹에서 하이퍼텍스트 링크를 나타내는 표준 방식이다. 하지만 밑줄 링크를 많이 사용하다 보면 페이지가 이해하기 힘든 밑줄로 가득 차서 텍스트를 읽기가 어려워진다. 아울러 사용자가 밑줄 기능을 비활성화한 경우, 특히 링크와 텍스트에 같은 색상을 사용했다면 사용자가 링크를 알아볼 수 없게 된다.

CSS를 활용하면 사용자 환경설정을 재정의해 링크에 밑줄을 사용하지 않을 수 있다. 필자는 이처럼 밑줄을 사용하지 않는 설정을 권장한다. 대신 분명한 색상을 사용해 하이퍼텍스트 링크를 표시하거나 보다 하단을 활용한 밑줄 방식을 사용하면 밑줄 스타일을 더 섬세하게 제어할 수 있다. 더 자세한 내용은 14장을 참고하자.

코드 4.8 ⟨li⟩의 위치에 따라 ⟨li⟩에 서로 다른 스타일이 설정된다 **D**.

```
<!-- HTML5 -->
<!DOCTYPE html>
<html lang="en">
<head>
<meta http-equiv="Content-Type"
 content="text/html; charset=UTF-8" />
<title>Alice's Adventures in Wonderland
 </title>
<style type="text/css" media="all">
 li:first-child { font-size: .875em; }
 li:first-of-type { color: red; }
 li:nth-of-type(3) { font-size: 1.5em }
 li:nth-last-of-type(2)  { font-size: 2em; }
 li:last-of-type { color: red; }
 li:last-child { font-size: 2.5em; }
</style>
</head>
<body>
<ol>
 <li>Alice</li>
 <li>The White Rabbit</li>
 <li>The Mad Hatter</li>
 <li>The Queen of Hearts</li>
 <li>The Door Mouse</li>
</ol>
</body>
</html>
```

1. Alice
2. The White Rabbit
3. The Mad Hatter
4. The Queen of Hearts
5. The Door Mouse

D 코드 4.8의 결과를 보면 ⟨li⟩ 스타일이 개별적으로 설정된 것을 볼 수 있다. 이 예제에서는 첫 번째 자식 및 타입의 엘리먼트가 마지막 자식 및 타입과 같은 엘리먼트다.

엘리먼트의 자식 스타일 적용

1. 부모 내에서의 자식 위치를 기준으로 스타일을 지정한다. 스타일을 적용하려는 엘리먼트의 선택자(HTML, 클래스, ID)와 콜론(:)을 입력한 후 표 4.4에 나온 구조적 의사 엘리먼트 중 하나를 입력한다(코드 4.8).

   li:first-child {...}
   li:first-of-type {...}
   li:nth-of-type(3) {...}
   li:nth-last-of-type(2) {...}
   li:last-child {...}
   li:last-of-type {...}

2. 패턴과 일치한 엘리먼트에 스타일이 적용된다.
   <li>...</li>

   1단계의 선택자를 사용해 HTML을 설정한다.

특정 언어에 대한 스타일 적용

월드 와이드 웹은 말 그대로 전 세계를 대상으로 하는 웹이므로 모든 사람, 모든 장소에서 웹 페이지를 볼 수 있다. 이 말은 웹 페이지가 다양한 언어로 만들어진다는 뜻도 된다.

이때는 :lang() 의사 클래스를 사용해 특정 언어를 바탕으로 스타일을 지정할 수 있다.

특정 언어에 대한 스타일 설정

1. 언어 코드를 기반으로 엘리먼트에 스타일을 적용한다. 스타일을 적용할 엘리먼트의 선택자(HTML, 클래스, ID)를 입력하고 콜론(:), lang을 차례로 입력한 다음, 괄호 안에 정의할 언어에 대한 코드를 입력한다(코드 4.9).

   `p:lang(fr) {...}`

2. 언어 코드와 일치하면 엘리먼트에 스타일이 적용된다. 필요에 따라 HTML 내에 언어 어트리뷰트를 설정한다.

   `<p lang="fr">...</p>`

   지정한 선택자가 1단계에서 지정한 값과 같은 언어 어트리뷰트를 갖고 있으면 스타일이 적용된다.

TIP 언어 코드로는 HTML에 사용한 값과 일치하는 어떤 문자열도 사용할 수 있다. 하지만 W3C에서는 RFC 3066 또는 RFC 3066을 계승한 코드를 사용할 것을 권장한다. 언어 태그에 대한 상세 정보는 www.w3.org/International/articles/language-tags를 참고하자.

TIP 언어 스타일은 단순 색상이나 폰트 수준을 벗어나 훨씬 더 상세하게 설정할 수 있다. 많은 언어에는 인용 부호 및 구두점에 사용하는 지정 기호가 있는데 이러한 기호도 CSS를 사용해 추가할 수 있다. 9장에서는 특정 언어에 스타일 인용 부호를 적용하는 법을 배운다.

코드 4.9 단락이 프랑스어(fr)로 된 경우 단락에 붉은색 스타일에 설정된다 **E**.

```
<!-- HTML5 -->
<!DOCTYPE html>
<html lang="en">
<head>
<meta http-equiv="Content-Type"
→ content="text/html; charset=UTF-8" />
<title>Alice's Adventure's in Wonderland
→ </title>
<style type="text/css" media="all">
  p:lang(fr) {
    color: red;
    font-style: italic; }
</style>
</head>
<body>
  <p>It sounded an excellent plan,...</p>
  <p lang="fr">On aurait dit un excellent
  → plan,...</p>
</body>
</html>
```

It sounded an excellent plan, no doubt, and very neatly and simply arranged; the only difficulty was, that she had not the smallest idea how to set about it; and while she was peering about anxiously among the trees, a little sharp bark just over her head made her look up in a great hurry.

On aurait dit un excellent plan, sans doute, et fort proprement et simplement disposés, la seule difficulté, c'est qu'elle n'avait pas la moindre idée de comment s'y prendre, et tandis qu'elle regardait avec anxiété à propos parmi les arbres, une petite barque forte juste sur sa tête la faisait paraître en toute hâte.

E 코드 4.9의 결과를 보면 프랑스어로 지정한 단락이 붉게 설정된 것을 볼 수 있다(개인적으로 프랑스어를 엉망으로 옮겨놓은 것은 미안하다).

코드 4.10 dialog 클래스를 사용하지 않는 단락 엘리먼트에만 붉은색 이탤릭체로 엘리먼트를 표시한다 **F**.

```html
<!-- HTML5 -->
<!DOCTYPE html>
<html lang="en">
<head>
<meta http-equiv="Content-Type"
→ content="text/html; charset=UTF-8" />
<title>Alice's Adventures in Wonderland</
→ </title>
<style type="text/css" media="all">
  p:not(.dialog) {
    color: red;
    font-style: italic; }
</style>
</head>
<body>
<p class='dialog'>"Why?" said the
→ Caterpillar.</p>

<p>Here was another puzzling question,...</p>

<p class='dialog'>"Come back!" the
→ Caterpillar,..."</p>
</body>
</html>
```

CSS3의 새 기능 – 엘리먼트에 대한 스타일 부정 ★

지금까지는 특정 태그 조건에 해당할 때 태그에 스타일을 적용하는 방법을 살펴봤다. 하지만 부정 선택자인 :not을 사용하면 특정 선택자가 스타일을 적용하지 못하게 할 수 있다.

특정 엘리먼트에 대한 스타일 부정

1. 특정 선택자를 제외시키기 위한 엘리먼트 스타일을 지정한다. 스타일을 적용할 엘리먼트의 선택자(HTML, 클래스, ID)를 입력하고 콜론(:), not을 차례로 입력한 다음 이 CSS 규칙에서 제외시킬 선택자를 괄호 안에 입력한다(코드 4.10).

   p:not(.dialog) {...}

2. 지정한 선택자가 포함된 엘리먼트에는 스타일이 적용되지 않는다.

   <p class='dialog'>...</p>
   → <p>...</p>

   이때 스타일은 선택자의 앞부분과 일치하고 괄호 안에 있는 선택자와는 일치하지 않는 엘리먼트에만 적용된다.

"Why?" said the Caterpillar.

Here was another puzzling question; and as Alice could not think of any good reason, and as the Caterpillar seemed to be in a VERY unpleasant state of mind, she turned away.

"Come back!" the Caterpillar called after her. "I've something important to say!"

F 코드 4.10의 결과 화면. dialog 클래스를 사용한 단락은 스타일이 적용되지 않은 것을 볼 수 있다.

의사 엘리먼트의 사용

의사 엘리먼트는 엘리먼트의 나머지 부분과 상관없이 독립적으로 스타일을 적용할 수 있는 단락의 첫 글자 또는 첫 줄 같은 특정 영역을 말한다(의사 엘리먼트의 전체 목록은 표 4.5를 참고하자).

첫 글자 및 첫 줄 의사 엘리먼트의 사용

모든 텍스트 블록의 첫 글자는 :first-letter 의사 엘리먼트를 사용해 바로 접근할 수 있다. 아울러 모든 텍스트 블록의 첫 줄은 :first-line 의사 엘리먼트를 사용하면 별도의 스타일 처리를 할 수 있다.

아티클의 시작 부분 강조

1. 엘리먼트의 기본 스타일을 지정한다.

    article p {...}

    필수는 아니지만 보통 :first-letter 의사 엘리먼트를 적용할 선택자의 기본 스타일을 설정하는 게 좋다(코드 4.11).

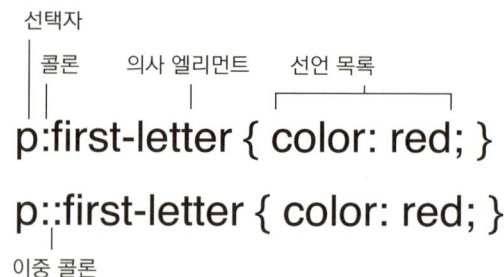

Ⓐ 의사 엘리먼트의 기본 구문. 의사 엘리먼트에는 콜론을 한 개 사용할 수도 있고 두 개 사용할 수도 있다. 하지만 여기서는 브라우저 호환성을 높이기 위해 콜론을 하나만 사용하기로 한다.

표 4.5 의사 엘리먼트

형식	이름	스타일 적용 엘리먼트	호환성
:first-letter, ::first-letter	첫 글자	텍스트 첫 글자	IE5.5, FF1, O3.5, S1, CSS1
:first-line, ::first-line	텍스트 첫 줄	텍스트 첫 줄	IE5.5, FF1, O3.5, S1, CSS1
:after, ::after	이후	엘리먼트 바로 전의 공백	IE8, FF1, O5, S1, CSS2
:before, ::before	이전	엘리먼트 바로 다음의 공백	IE8, FF1, O5, S1, CSS2

코드 4.11 아티클의 첫 단락의 첫 글자와 첫 줄에 스타일을 설정한다 ⓑ.

```
<!-- HTML5 -->
<!DOCTYPE html>
<html lang="en">
<head>
<meta http-equiv="Content-Type"
→ content="text/html; charset=UTF-8" />
<title>...</title>
<style type="text/css" media="all">
  article p {
    font-size: 16px;
    line-height: 24px;
    color: rgb(102,102,102) }
  article p:first-of-type:first-letter {
    color: red;
    font-size: 3em;
    float: left;
    margin-right: 5px; }
  article p:first-of-type:first-line {
    font-size: 1.25em;
    font-weight: bold;
    color: rgb(0,0,0); }
</style>
</head>
<body>
<article>
<h1>Alice's Adventures in Wonderland</h1>
  <p>The moment Alice appeared,...</p>
  <p>The executioner's argument was,...</p>
  <p>The King's argument was,...</p>
</article>
</body>
</html>
```

Alice's Adventures in Wonderland

The moment Alice appeared, she was appealed to by all three to settle the question, and they repeated their arguments to her, though, as they all spoke at once, she found it very hard indeed to make out exactly what they said.

The executioner's argument was, that you couldn't cut off a head unless there was a body to cut it off from: that he had never had to do such a thing before, and he wasn't going to begin at HIS time of life.

The King's argument was, that anything that had a head could be beheaded, and that you weren't to talk nonsense.

ⓑ 코드 4.11의 결과 화면. 독자의 시선을 단락 서두로 끌기 위해 사용하는 조판 기법 중 하나로 이 그림처럼 드롭 캡과 볼드체를 첫 줄 텍스트에 사용하는 방식이 있다.

2. 해당 타입의 첫 번째 엘리먼트의 첫 글자 스타일을 지정한다. 첫 글자에 적용할 선택자(article p)를 입력하고 콜론(:), first-letter를 차례로 입력한다.
   article p:first-of-type:
   → first-letter {...}

   아티클의 첫 단락에만 스타일을 적용하려면 예제와 같이 :first-of-type 의사 클래스를 사용하면 된다.

3. 해당 타입의 첫 엘리먼트의 첫 줄에 적용할 스타일을 지정한다. 첫 줄에 지정할 선택자(article p)를 입력하고 콜론(:), first-line을 차례로 입력한다.
   article p:first-of-type:
   → first-line {...}

   이 예제에서 first-of-type 의사 클래스는 아티클의 첫 단락에만 스타일을 적용하기 위해 사용했다.

4. 부모 엘리먼트에서 첫 번째 해당 타입에 속하는 엘리먼트의 첫 글자 및 첫 줄에 스타일이 적용된다. 관련 HTML 태그에 클래스 어트리뷰트를 추가한다.
   <p>...</p>

   꼭 클래스를 사용해야 하는 건 아니지만 전체적으로 스타일을 적용하는 것보다는 보통 엘리먼트의 첫 글자에 선택적으로 스타일을 적용하는 경우가 더 많다.

TIP 드롭 캡 스타일의 글자는 오랜 전통이 있는 스타일로서, 절 또는 장의 첫 글자나 단락을 다른 글자와 비교해 크게 만들고 글자가 들어갈 공간을 마련하기 위해 텍스트 줄을 일부 이동하는 방식이다. 중세 수도원 신부들은 필사본에 드롭 캡 스타일을 사용했다. 이제는 웹에서도 이런 스타일을 사용할 수 있다.

엘리먼트 전, 후 콘텐츠 설정

:before와 :after 의사 엘리먼트는 선택자 위아래에 보여줄 콘텐츠를 생성할 때 사용한다. 보통 이런 의사 엘리먼트는 content 속성과 함께 사용한다(9장의 'CSS를 사용한 콘텐츠 추가'를 참고). 의사 엘리먼트를 사용하면 반복되는 콘텐츠를 일관된 스타일로 페이지에 추가할 수 있다.

엘리먼트 전, 후 콘텐츠 추가

1. 엘리먼트 스타일을 설정한다.

   h1 {...}

   필수는 아니지만 보통 :before와 :after 의사 엘리먼트 스타일을 적용할 선택자의 기본 스타일을 지정하는 게 좋다(코드 4.12).

2. 엘리먼트 앞에 콘텐츠를 추가한다. 앞에 콘텐츠를 추가할 엘리먼트의 선택자(HTML, 클래스, ID)를 입력하고 콜론(:), before 키워드를 입력한다.

   h1:before { content:... }

   다음으로 content 속성을 선언하고 엘리먼트 앞에 들어갈 콘텐츠와 보여줄 스타일을 정의한다.

3. 엘리먼트 뒤에 콘텐츠를 추가한다. 뒤에 콘텐츠를 추가할 엘리먼트의 선택자(HTML, 클래스, ID)를 입력하고 콜론(:), after 키워드를 입력한다.

   h1:after { content:... }

   이어서 content 속성을 선언하고 엘리먼트 다음에 보여줄 콘텐츠와 스타일을 정의한다.

코드 4.12 :before와 :after 의사 엘리먼트를 사용해 페이지 헤더에 콘텐츠(예제에서는 이미지 C)를 추가한다 D.

```
<!-- HTML5 -->
<!DOCTYPE html>
<html lang="en">
<head>
<meta http-equiv="Content-Type"
→ content="text/html; charset=UTF-8" />
<title>...</title>
<style type="text/css" media="all">
  h1 {
    font-size: 2em;
    color: red;
    font-style: italic; }
  h1:before {
    content: url('../_images/bullet-01.png'); }
  h1:after {
    content: url('../_images/bullet-02.png'); }
</style>
</head>
<body>
<h1>Alice's Adventures in Wonderland</h1>
  <p>The moment Alice appeared,...</p>
  <p>The executioner's argument was,...</p>
  <p>The King's argument was,...</p>
</article>had a head could be beheaded,
→ and that you weren't to talk nonsense.</p>
</article>
</body>
</html>
```

ⓒ bullet-01.png와 bullet-02.png를 사용해 제목을 꾸민다.

ⓓ 이제 CSS를 사용해서 헤더를 좀 더 그럴 듯하게 꾸몄다. 이렇게 사용한 이미지는 실제 이미지 태그를 사용할 때처럼 공간을 차지하지만 HTML 코드상에는 나오지 않는다.

> **곧 추가될 기능!**
> **선택 영역 스타일 적용 기능**
>
> 아직까지는 충분히 많은 브라우저에서 구현되지 않았기 때문에 언급하기에 이른 감이 있긴 하지만 ::selection이라는 좋은 의사 엘리먼트가 CSS3에 추가될 예정이다. 이 의사 엘리먼트는 사용자가 선택한 모든 엘리먼트에 스타일을 적용하는 의사 엘리먼트다.

TIP CSS3의 의사 엘리먼트 구문은 CSS2의 구문에서 아주 조금 수정됐다. 이제 의사 엘리먼트에 이중 콜론을 사용해 의사 클래스와 의사 엘리먼트를 구분할 수 있다. 기존 의사 엘리먼트에는 단일 콜론, 이중 콜론을 모두 사용할 수 있다. 새로 추가된 의사 엘리먼트와 앞으로 나올 의사 엘리먼트는 이중 콜론을 사용해야 하지만 단일 콜론을 사용하더라도 동작한다.

TIP IE8에서는 CSS2 의사 엘리먼트에서 이중 콜론을 사용하는 것을 지원하지 않으므로 현재로서는 모든 브라우저에서 이 구문을 지원하기 전까지 단일 콜론을 사용하는 게 좋다.

TIP :before와 :after를 사용해 페이지에 콘텐츠를 추가할 때는 주의해야 한다. 이렇게 추가한 콘텐츠는 검색 엔진에 노출되지 않고 스크린 리더기가 읽지 못하므로 중요한 내용은 이런 식으로 추가하면 안 된다.

태그 어트리뷰트 기반 스타일 정의

스타일 어트리뷰트는 모두 CSS가 처리하는 게 맞지만 많은 HTML 태그에서는 여전히 스타일을 정의하는 어트리뷰트들을 갖고 있다. 예를 들어 이미지 태그인 img에는 항상 src 어트리뷰트를 통해 로드할 이미지 파일의 소스를 지정한다.

이러한 어트리뷰트나 어트리뷰트 값을 사용해 HTML 엘리먼트에 스타일을 적용할 수도 있다. 이렇게 하면 어트리뷰트가 설정된 경우 어트리뷰트 값이 특정 값인지 아닌지에 따라 스타일을 설정할 수 있다(표 4.6).

Ⓐ 어트리뷰트 선택자의 일반 구문

엘리먼트 어트리뷰트를 기반으로 한 스타일 설정

1. 엘리먼트가 특정 속성을 가질 경우 스타일을 설정한다. 어트리뷰트의 존재 여부에 따라 스타일을 설정하려면 스타일을 지정할 선택자(HTML, 클래스, ID)를 입력하고 왼쪽 대괄호([), 검사할 어트리뷰트명, 오른쪽 대괄호(])를 입력하면 된다(코드 4.13)Ⓐ.

   a[title] {...}

표 4.6 어트리뷰트 선택자

형식	이름	스타일 적용 엘리먼트	호환성
[attr]	어트리뷰트	지정한 어트리뷰트를 갖는 엘리먼트	IE7, FF1.5, O5, S2, CSS2
[attr="value"]	정확한 값	어트리뷰트 값이 지정 값과 정확히 일치하는 엘리먼트	IE7, FF1.5, O5, S2, CSS2
[attr~="value"]	공백 목록	어트리뷰트 값이 공백으로 구분한 목록 내의 값과 정확히 일치하는 엘리먼트	IE7, FF1.5, O5, S2, CSS2
[attrl="value"]	하이픈 목록	어트리뷰트 값이 하이픈으로 구분한 목록 내의 갑과 정확히 일치하는 엘리먼트	IE7, FF1.5, O5, S2, CSS2
[attr^="value"]	~로 시작	어트리뷰트의 시작 값이 지정 값과 정확히 일치하는 엘리먼트	CSS3
[attr$="value"]	~로 끝	어트리뷰트의 끝 값이 지정 값과 정확히 일치하는 엘리먼트	CSS3
[attr*="value"]	포함	어트리뷰트 값이 지정한 값 일부와 일치하는 엘리먼트	CSS3

코드 4.13 HTML 태그에 여러 어트리뷰트가 들어 있으면 특정 어트리뷰트를 기준으로 엘리먼트에 스타일을 설정할 수 있다 🅱.

```
<!-- HTML5 -->
<!DOCTYPE html>
<html lang="en">
<head>
<meta http-equiv="Content-Type"
→ content="text/html; charset=UTF-8" />
<title>Alice's Adventures in Wonderland</
→ title>
<style type="text/css" media="all">
  a[title] { display: block; color: rgb(0,0,0);
  → font-size: .8em; }
  a[title="Home"] {color: rgb(51,0,0);
  → font-size: 1em;}
  a[title~="email"] { color:rgb(102,0,0);
  → font-size: 1.2em; }
  a[title|="resume"] { color: rgb(153,0,0);
  → font-size: 1.4em;}
  a[href^="http://"] {color: rgb(204,0,0);
  vfont-size: 1.6em;}
  a[href$=".info"] {color: rgb(235,0,0);
  → font-size: 1.8em;}
  a[href*="speakinginstyles"]
  → {color: rgb(255,0,0); font-size: 2em;}
</style>
</head>
<body>
<navigation>
  <h2>About the Author</h2>
  <a href="" title="Portfolio">Portfolio</a>
  <a href="index.html" title="Home">Home
  → Page</a>
  <a href="" title="contact email
  → link">Email</a>
  <a href="" title="resume-link">R√©sum√©</a>
  <a href="http://www.jasonspeaking.com"
  → title="blog">JasonSpeaking</a>
  <a href="http://www.fluidwebtype.info"
  → title="book">Fluid Web Typography</a>
  <a href="http://www.speakinginstyles.com"
  → title="book">Speaking In Styles</a>
</navigation>
</body>
</html>
```

이렇게 하면 어트리뷰트 값과 상관없이 태그에 해당 어트리뷰트가 있는 경우 선언한 스타일이 적용된다.

2. 속성값과 문자열이 정확히 일치할 때 사용할 스타일을 지정한다. 어트리뷰트 값이 특정 값과 정확히 일치할 때 스타일을 설정하려면 스타일을 적용할 선택자(HTML, 클래스, ID)를 입력하고 왼쪽 대괄호([), 검사할 어트리뷰트명, 등호 기호(=), 인용 부호로 감싼 검색값('...'), 오른쪽 대괄호(])를 입력하면 된다. 이때 값은 대소문자를 구분한다.

a[title='home'] {...}

이렇게 하면 태그의 어트리뷰트 값이 지정한 값과 정확히 일치할 때만 스타일이 적용된다.

🅱 **코드 4.13의 결과 화면.** 속성에 따라 엘리먼트에 스타일이 적용되는 것을 볼 수 있다.

3. 공백으로 구분한 값 목록에 문자열이 있을 때 적용할 스타일을 지정한다. 어트리뷰트의 값이 공백으로 구분한 값 목록에 있을 때 스타일을 설정하려면 (예를 들어 문장 내의 특정 단어에 스타일을 설정하려면), 스타일을 적용할 선택자(HTML, 클래스, ID)를 입력하고 왼쪽 대괄호([), 검사할 어트리뷰트명, 물결 기호(~), 등호(=), 인용 부호로 감싼 값('...'), 오른쪽 대괄호(])를 차례로 입력하면 된다.

    a[title~="email"] {...}

    이렇게 하면 태그 어트리뷰트의 값이 공백으로 구분한 목록에 들어 있는 문자열 가운데 하나와 일치할 때만 지정한 스타일이 적용된다. 보통 이 스타일은 문장의 특정 단어에 스타일을 적용할 때 주로 사용한다. 이때 일부만 일치하는 단어는 대상에서 제외된다. 예를 들어 예제에서 'mail' 텍스트를 테스트해보면 스타일이 동작하지 않는다.

4. 어트리뷰트 값이 하이픈으로 구분한 목록의 문자열 중 하나와 일치할 때 적용할 스타일을 설정한다. 어트리뷰트 값이 하이픈으로 구분한 목록에 있을 때 스타일을 적용하려면 스타일을 적용할 선택자(HTML, 클래스, ID)를 입력하고 왼쪽 대괄호([), 검사할 어트리뷰트명, |, 등호 기호(=), 인용 부호로 감싼 값('...'), 오른쪽 대괄호(])를 차례로 입력하면 된다.

    a[title|="resume"]

    이렇게 하면 태그 어트리뷰트 값에 하이픈으로 구분한 목록의 문자열 값이 포함될 때만 스타일이 적용된다. 보통 이 방식은 언어 의사 클래스 대신 언어에 스타일을 적용할 때 주로 사용한다.

5. **CSS3의 새 기능** ★ - 어트리뷰트 값의 접두어가 특정 문자열일 때 적용할 스타일을 지정한다. 어트리뷰트 값의 첫 부분을 바탕으로 스타일을 설정하려면 스타일을 적용할 선택자(HTML, 클래스, ID)를 입력하고 왼쪽 대괄호([), 검사할 어트리뷰트명, 캐럿(^), 등호 기호(=), 인용 부호로 감싼 값('...'), 오른쪽 대괄호(])를 차례로 입력하면 된다.

   a[href^="http://"]

   이렇게 하면 따옴표 안의 문자열 값이 어트리뷰트 값의 첫 부분과 정확히 일치할 때만 스타일이 적용된다.

6. **CSS3의 새 기능** ★ - 어트리뷰트 값의 접미어가 특정 문자열일 때 적용할 스타일을 지정한다. 어트리뷰트 값의 끝 부분을 바탕으로 스타일을 설정하려면 스타일을 적용할 선택자(HTML, 클래스, ID)를 입력하고 왼쪽 대괄호([), 검사할 어트리뷰트명, 달러 기호($), 등호 기호(=), 인용 부호로 감싼 값('...'), 오른쪽 대괄호(])를 차례로 입력하면 된다.

   a[href$=".info"]

   이렇게 하면 지정한 값이 어트리뷰트 값의 마지막 부분과 일치할 때만 스타일이 적용된다.

7. 어트리뷰트 값 안에 특정 문자열이 포함될 때 적용할 스타일을 지정한다. 어트리뷰트 값에 특정 문자열이 포함될 때 스타일을 적용하려면 스타일을 적용할 선택자(HTML, 클래스, ID)를 입력하고 왼쪽 대괄호([), 검사할 어트리뷰트명, 별표(*), 등호 기호(=), 인용 부호로 감싼 값('...'), 오른쪽 대괄호(])를 차례로 입력한다.

   a[href*="speakinginstyles"]

   이렇게 하면 어트리뷰트 값 내에 지정한 문자열 값이 들어 있을 때만 스타일이 적용된다.

TIP 지정하는 값은 대소문자를 구분한다. 다시 말해서 'Alice'와 'alice'는 각기 다른 값이다.

CSS3의 새 기능 – 미디어 쿼리★

3장에서는 특정 미디어 타입에 따라 스타일을 지정하는 법을 배웠다. 이를 활용하면 HTML이 모니터 화면에서 보이는지, 아니면 인쇄물, TV, 또는 휴대용 기기나 기타 기기인지에 따라 스타일을 다르게 설정할 수 있다(표 4.7). CSS3에서는 너비, 높이, 화면 비율, 사용 가능한 색상수 같은 일반적인 UI 속성을 활용해 스타일을 설정하는 새로운 기능이 추가됐다.

이때 미디어를 조회해 @media 규칙을 사용하면 일반 기기 유형이 아니라 사이트 방문자가 이용하는 특정 기기에 딱 맞는 맞춤형 페이지를 보여줄 수 있다. 이때 맞춤형으로 보여줄 수 있는 사항에는 인쇄 크기, 모바일 기기 관련 크기, 최적화된 브라우저 창 크기 등이 있다.

미디어 쿼리

브라우저 창의 현재 크기를 알고 싶다면 브라우저에게 물어보면 되지 않을까? 자바스크립트를 사용하면 이런 크기를 알 수 있다. 하지만 이렇게 자바스크립트를 사용해 디자인을 적용할 웹 환경의 기본 정보를 파악하는 방식은 조금 귀찮은 면이 있다.

미디어 쿼리를 사용하면 테스트할 수 있는 공통 미디어 속성들을 쉽게 알 수 있고 Ⓐ 환경에 최적화된 스타일 시트를 적용할 수 있다.

미디어 쿼리에는 많은 속성이 있지만(표 4.8) 다섯 가지 형태로 요약할 수 있다.

- 화면 비율은 16:9 같은 화면 비율로 기기의 상대적인 크기를 나타낸다.
- 너비와 높이는 디스플레이 영역의 크기를 나타낸다. 이 값들은 최댓값 또는 최솟값으로 표현할 수도 있다.

표 4.7 미디어 쿼리값

값	적용 대상
screen	컴퓨터 디스플레이
tty	텔레타이프, 컴퓨터 터미널, 오래된 휴대용 기기
tv	텔레비전 디스플레이
projection	프로젝션
handheld	휴대용 전화기 및 PDA
print	종이
braille	점자 리더기
speech	음성 신디사이저
all	모든 기기

```
media="
    screen
    and (min-width: 600px)
    and (max-width: 980px)"
```

Ⓐ 미디어 쿼리의 일반 구문

표 4.8 미디어 쿼리 속성들

속성	속성값	호환성
aspect-ratio	<ratio>	FF3.5, S1, C1, O9.5, CSS3
max-aspect-ratio	<ratio>	FF3.5, S1, C1, O9.5, CSS3
min-aspect-ratio	<ratio>	FF3.5, S1, C1, O9.5, CSS3
device-aspect-ratio	<ratio>	FF3.5, S1, C1, O9.5, CSS3
max-device-aspect-ratio	<ratio>	FF3.5, S1, C1, O9.5, CSS3
min-device-aspect-ratio	<ratio>	FF3.5, S1, C1, O9.5, CSS3
color	<integer>	FF3.5, S1, C1, O10, CSS3
max-color	<integer>	FF3.5, S1, C1, O10, CSS3
min-color	<integer>	FF3.5, S1, C1, O10, CSS3
color-index	<integer>	FF3.5, S1, C1, O10, CSS3
max-color-index	<integer>	FF3.5, S1, C1, O10, CSS3
min-color-index	<integer>	FF3.5, S1, C1, O10, CSS3
device-height	<length>	FF3.5, S1, C1, O9.5, CSS3
max-device-height	<length>	FF3.5, S1, C1, O9.5, CSS3
min-device-height	<length>	FF3.5, S1, C1, O9.5, CSS3
height	<length>	FF3.5, S1, C1, O9.5, CSS3
max-height	<length>	FF3.5, S1, C1, O9.5, CSS3
min-height	<length>	FF3.5, S1, C1, O9.5, CSS3
monochrome	<integer>	FF3.5, S1, C1, O10, CSS3
max-monochrome	<integer>	FF3.5, S1, C1, O10, CSS3
min-monochrome	<integer>	FF3.5, S1, C1, O10, CSS3
orientation	portrait, landscape	FF3.5, S1, C1, CSS3
resolution	<resolution>	FF3.5, S1, C1, O10, CSS3
max-resolution	<resolution>	FF3.5, S1, C1, O10, CSS3
min-resolution	<resolution>	FF3.5, S1, C1, O10, CSS3
scan	progressive, interlaced	FF3.5, S1, C1, O10, CSS3
width	<length>	FF3.5, S1, C1, O9.5, CSS3
max-width	<length>	FF3.5, S1, C1, O9.5, CSS3
min-width	<length>	FF3.5, S1, C1, O9.5, CSS3
width	<length>	FF3.5, S1, C1, O9.5, CSS3
max-width	<length>	FF3.5, S1, C1, O9.5, CSS3
min-width	<length>	FF3.5, S1, C1, O9.5, CSS3

- 방향은 가로(너비가 높이보다 큼)와 세로(높이가 너비보다 큼) 레이아웃을 나타낸다. 방향을 알면 가로, 세로로 방향을 전환할 수 있는 기기에 디자인을 맞출 수 있다.
- 색상, 색상 인덱스, 모노크롬은 색상값 또는 색상 하나당 비트를 나타낸다. 이들 속성값을 알면 흑백 휴대용 기기에 디자인을 맞출 수 있다.
- 해상도는 결과물의 픽셀 밀도를 나타낸다. 이 속성은 특히 72dpi 이상의 디스플레이 기기를 사용할 때 유용하다.

기본적으로 미디어 쿼리는 device가 들어간 미디어 쿼리를 제외하고 모두 뷰포트(뷰포트는 11장에서 자세히 살펴본다)와 관련한 속성이다. 반면 device가 들어간 미디어 쿼리 속성에서는 속성이 전체 화면 또는 결과물 영역과 관련해 사용된다. 예를 들어 width는 화면에서 보이는 브라우저 뷰포트의 너비를 나타내는 반면, device-width는 전체 화면의 너비를 나타낸다.

코드 4.14 default.css : 미디어 타입과 상관없이 적용되는 스타일이다. sans-serif 폰트, 어두운 배경, 밝은 텍스트 등의 스타일이 들어 있다.

```css
/*** Default Styles ***/
body {
  background: black url('../_images/AAIW-illos/
  → alice23b.gif') no-repeat 0 0;
  margin: 0 0;
  padding: 200px 0 0 175px; }
h1 {
  color: white;
  font-style: italic; }
h2 {
  color: rgb(153,153,153); }
p {
  font: normal 100%/1.5 Corbel, Helvetica,
  → Arial, Sans-serif;
  color: rgb(204,204,204); }
```

코드 4.15 print.css : 인쇄 페이지를 위한 스타일 시트다. 배경을 흰색(흰 종이에 인쇄한다고 가정)으로 바꾸고 serif 폰트, 검은색 텍스트, 인쇄에 적합한 배경 이미지 스타일을 지정한다.

```css
/*** For Print ***/
body {
  background: white url('../_images/AAIW-illos/
  → alice23a.gif') no-repeat 0 0;
  padding: 200px 0 0 175px;
  }
h1 {
  color: black; }
p {
  font: normal 12pt/2 Constantia, palatino,
  → times, "times new roman", serif;
  color: rgb(0,0,0); }
```

미디어 쿼리를 사용한 스타일 지정

1. 스타일 시트를 생성한다. 디자인에 사용할 기본 스타일을 모두 포함한 기본 미디어 스타일 시트를 생성하고 저장한다. 필자는 이런 스타일 시트를 주로 default.css(코드 4.14)로 저장한다.

   디자인 대상으로 삼을 다양한 미디어 또는 기기 관련 스타일 시트를 생성한다. 이때 인쇄용 스타일 시트도 포함시키는 게 좋다(코드 4.15). 이 스타일 시트는 print.css라고 지정한다. 아울러 아이폰(iPhone) 같은 인기 있는 휴대용 기기와 관련한 별도 스타일 시트(코드 4.16)도 지정한다. 이 시트의 이름은 iphone.css로 한다.

코드 4.16 iphone.css : 아이폰에서 사용할 스타일 시트다. 아이폰의 외양과 느낌을 고려한 스타일을 지정한다.

```css
/*** iPhone Styles ***/
body {
  -webkit-text-size-adjust:none;
  background: rgb(102,102,102) url('../_images/
  → AAIW-illos/alice23c.gif') no-repeat
  → center 0;
  padding: 120px 20px 20px 20px; }
h1 { color: rgb(153,125,125);
  text-shadow: 0 0 5px rgb(0,0,0); }
p {
  font: normal 1em/1.25em "helvetica neue",
  → Helvetica, Arial, Sans-serif;
  color: rgb(255,255,255); }
```

2. **viewport 메타 태그를 추가한다.** HTML의 헤드 (코드 4.17)에 viewport라는 이름의 메타 태그를 추가하고 뷰포트의 내용을 다음과 같이 작성한다.

   <meta name="viewport"
   → content="width=device-width;
   → initial-scale=1.0;
   → maximum-scale=1.0;
   → user-scalable=0;">

   이렇게 하면 5단계에서 설정할 스타일을 재정의해서 아이폰처럼 작은 화면에서는 페이지 크기 조정이 불가능해진다.

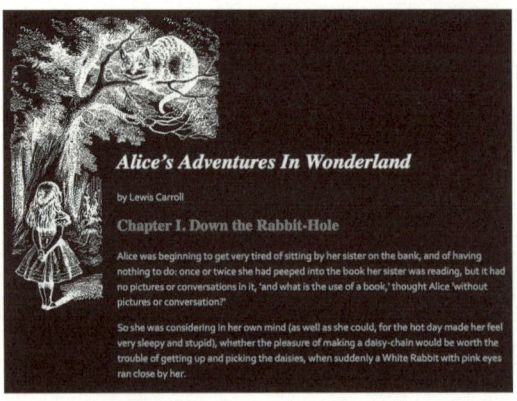

❷ 컴퓨터 화면에서 본 코드 4.17의 결과. 이 코드에서는 어두운 배경과 함께 이상한 나라의 앨리스 삽화가 반전된 스타일이 사용됐다. 실제 LCD 화면에서 보면 밝은색 텍스트가 잘 보인다.

코드 4.17 이 HTML 코드는 기본 ❷, 인쇄용 ❸, 아이폰용 ❹에 해당하는 세 스타일 시트를 모두 연결한다. 아이폰 스타일 시트에서는 미디어 쿼리를 사용해 기기의 너비를 아이폰에 맞게 설정한다. 아이폰에서는 스스로를 휴대용 기기가 아니라 화면으로 표시하므로 여기서 screen을 미디어 타입으로 사용한 점에 주의하자.

```
<!-- HTML5 -->
<!DOCTYPE html>
<html lang="en">
<head>
<meta http-equiv="Content-Type" content="text/html; charset=UTF-8">
<meta name="viewport" content="width=device-width; initial-scale=1.0; maximum-scale=1.0;
→ user-scalable=0;">
<title>Alice's Adventure's In Wonderland</title>
<link rel="stylesheet" media="all" href="default.css" >
<link rel="stylesheet" media="print" href="print.css">
<link rel="stylesheet" media="screen and (max-device-width: 480px) and (min-device-width: 320px)"
→ href="iphone.css" >
</head>
<body>
<h1>Alice&#8217;s Adventures In Wonderland</h1>
<p class="byline">by <span class="author">Lewis Carroll</span></p>
<article><!-- Article -->
<header>
<h2><strong>Chapter I.</strong> Down the Rabbit-Hole</h2>
</header>
<p>
Alice was beginning to get very tired of sitting by her sister,...</p>
</article>
</body>
</html>
```

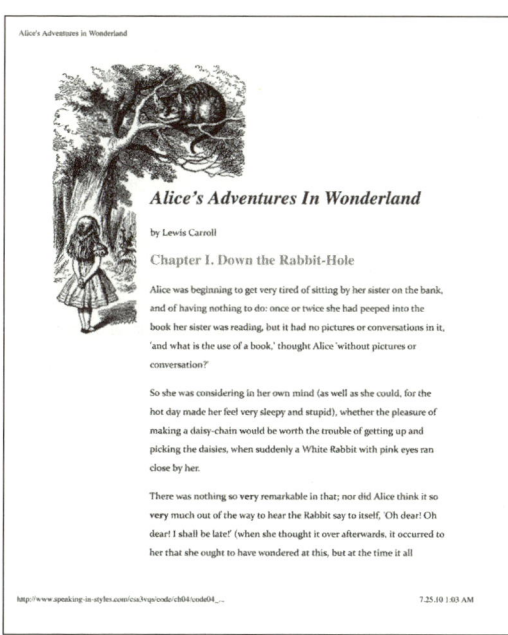

C 코드 4.17의 인쇄용 결과 화면. 배경이 흰색으로 바뀌고 이제는 배경 이미지가 반전되지 않는다. 이로써 인쇄에 적합한 스타일이 적용됐다.

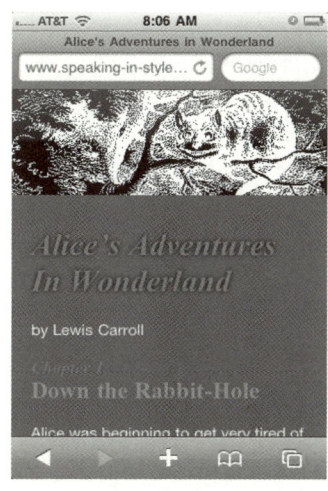

D 아이폰에서 본 코드 4.17의 결과. 아이폰의 화면 크기에 맞추기 위해 체셔(Cheshire) 고양이가 들어간 커스텀 헤더를 사용한다.

3. 기본 스타일 시트를 연결한다. HTML 문서의 헤드에 기본 CSS 버전을 참조하는 `<link>` 태그를 입력하고 media를 all로 설정한다.

   ```
   <link rel="stylesheet"
   → media="all" href="default.css" >
   ```

4. 인쇄용 스타일 시트를 연결한다. 앞의 `<link>` 태그 바로 다음에 인쇄용 CSS 버전을 참조하는 또 다른 `<link>` 태그를 추가하고 media를 print로 설정한다.

   ```
   <link rel="stylesheet"
   → media="print" href="print.css">
   ```

5. 미디어 쿼리를 사용해 스타일 시트를 연결한다. 앞의 `<link>` 태그 바로 다음에 특정 미디어 타입에 사용할 스타일 시트를 참조하는 또 다른 `<link>` 태그를 추가한 다음 괄호 안에 미디어 쿼리(표 4.8)를 추가한다. 이때 미디어 쿼리를 여러 개 지정하려면 and를 사용하면 된다.

   ```
   <link rel="stylesheet"
   → media="screen and
   → (max-device-width: 480px)
   → and (min-device-width: 320px)"
   → href="iphone.css" >
   ```

TIP 미디어 쿼리가 도입되기 전 웹 개발자들은 자바스크립트를 사용해 브라우저 크기와 색상을 파악했다. 하지만 미디어 쿼리의 등장으로 적어도 스타일과 관련해서는 이런 자바스크립트 기술이 구식이 됐다.

TIP 이 예제에서는 `<link>` 태그의 media 속성값에 미디어 쿼리를 적용했지만 `<style>` 태그의 media 속성에도 미디어 쿼리를 쉽게 적용할 수 있다.

@media 규칙의 사용법

미디어 쿼리를 사용하면 `<link>` 및 `<style>` 태그의 madia 속성에 스타일을 지정할 수 있다. 그런데 @media 규칙 ⓔ 을 사용하면 스타일 시트에 미디어 쿼리를 직접 임베드할 수 있다.

@media를 사용한 스타일 지정

1. 스타일 시트를 생성한다. 외부 스타일 시트를 생성하거나 문서의 바디에 스타일 시트를 직접 임베드한다(코드 4.18).

2. @media 규칙을 사용해 미디어 쿼리와 함께 스타일을 지정한다. HTML 문서 헤드에 @와 media를 입력한다. 그런 다음 스타일을 적용할 미디어 타입(표 4.7)과 미디어 쿼리(표 4.8)를 지정한다.

   ```
   @media screen and
   ↪(max-device-width: 480px) and
   ↪(min-device-width: 320px) {...}
   ```

   예컨대 가로 크기가 320px과 480px 사이인 화면에 스타일을 적용할 때는 이와 같은 스타일 규칙을 선언하면 된다. 중괄호 사이에는 적용하려는 미디어 관련 스타일을 추가한다.

3. 필요에 따라 다른 스타일을 추가한다.

   ```
   h2 strong {...}
   ```

   @media 규칙 또는 특정 미디어와 관련 없는 규칙을 더 추가할 수도 있다. 이때 @규칙(@media, @font-face, @import 규칙 등)에 속하지 않은 규칙은 항상 @규칙 다음에 위치해야 한다.

4. HTML 문서에서 스타일 시트를 연결한다. link 태그를 추가하고 외부 CSS 파일을 지정한다(코드 4.19).

```
@media screen and (width=480px) {
  h1 { color: red; }
}
```
— @media 규칙 / 미디어 쿼리 / CSS 규칙

ⓔ @media 규칙의 일반 구문

코드 4.18 screen.css : 코드 4.15의 아이폰 스타일 코드를 더 일반적인 화면용 CSS와 병합한 코드.

```css
/*** Screen Styles ***/

@media screen and (max-device-width: 480px)
↪and (min-device-width: 320px) {

  /*** iPhone Styles ***/

  body {
    -webkit-text-size-adjust:none; color: red;
    background: rgb(102,102,102) url('../_images/
  ↪AAIW-illos/alice23c.gif') no-repeat
  ↪center 0;
    padding: 120px 20px 20px 20px; }
  h1 {
    color: rgb(153,125,125);
    text-shadow: 0 0 5px rgb(0,0,0); }
  p {
    font: normal 1em/1.25em "helvetica neue",
  Helvetica, Arial, Sans-serif;
    color: rgb(255,255,255); }
}

h2 strong {
  display: block;
  color: red;
  font-size: .75em;
  font-style: italic; }
```

TIP @media 규칙은 외부 스타일 시트와 임베드한 스타일 시트에 모두 사용할 수 있다는 사실을 기억하자.

코드 4.19 이 HTML 코드에서는 여러 미디어 타입에 사용할 다양한 스타일 시트를 연결한다. 이 코드와 코드 4.16 사이의 주된 차이점은 아이폰 관련 코드가 이번에는 screen.css로 통합돼서 HTML 코드에서 미디어 쿼리가 빠졌다는 점이다 **F**.

```html
<!-- HTML5 -->
<!DOCTYPE html>
<html lang="en">
<head>
<meta http-equiv="Content-Type" content="text/html; charset=UTF-8">
<meta name="viewport" content="width=device-width; initial-scale=1.0; maximum-scale=1.0;
→ user-scalable=0;">
<title>Alice's Adventures In Wonderland</title>
<link rel="stylesheet" media="all" href="default.css" >
<link rel="stylesheet" media="print" href="print.css">
<link rel="stylesheet" media="screen" href="screen.css">
</head>
<body>
<h1>Alice&#8217;s Adventures In Wonderland</h1>
<p class="byline">by <span class="author">Lewis Carroll</span></p>
<article><!-- Article -->
<header>
<h2><strong>Chapter I.</strong> Down the Rabbit-Hole</h2>
</header>
<p>
Alice was beginning to get very tired of sitting by her sister,...</p>
</article>
</body>
</html>
```

F 아이폰에서 본 코드 4.18. **D**와 보이는 결과는 동일하지만 이번에는 코드가 `@media` 규칙 안에 들어 있다.

인쇄용 스타일 지정

레이저 프린터와 잉크젯 프린터의 등장으로 현재는 인쇄 스타일을 완벽하게 적용해야 하는 부담이 어느 때보다 크다. 웹이 등장하면서 사람들이 쓰는 종이의 양도 크게 늘어난 것 같다. 이는 아마도 한두 번 스크롤만으로 웹의 기사를 다 볼 수 없을 때마다 사람들이 페이지를 인쇄해서 보기 때문일 것이다.

하지만 본래 웹은 종이가 아니라 화면에서 정보를 보여줄 목적으로 고안됐다. 인쇄를 하면 웹 그래픽이 고르지 않게 나오고 기본 HTML만 가지고는 레이아웃을 제어하기도 쉽지 않다. 하지만 이런 제약과는 별개로 웹 페이지의 인쇄 결과를 개선하는 방법이 몇 가지 있다. 웹과 인쇄물에서 모두 웹 페이지를 잘 보여주려면 더 많은 수고를 해야 하지만 결국 이런 수고를 통해 고객은 감동하게 된다.

인쇄 시 웹 페이지의 결과물을 개선하는 방법에는 다음 여섯 가지가 있다.

- 텍스트를 계속해서 유지하도록 페이지 헤더 앞에 페이지 바꿈 스타일을 사용한다.
- 콘텐츠를 내비게이션과 분리한다. 사용자가 읽으려고 하는 주요 콘텐츠를 사이트 내비게이션 디자인과 분리된 별도 영역에서 관리한다. 이렇게 하면 인쇄용 CSS를 사용해 인쇄 시 `nav { display: none }`으로 내비게이션을 감출 수 있다.
- 그래픽에서 가급적 투명 색상을 사용하지 않는다. 이 규칙은 특히 배경색이나 그래픽이 흰색이 아닐 때 중요하다. GIF 이미지의 투명 영역은 뒤에 사용된 색상과 상관없이 항상 흰색으로 인쇄된다. 물론 그래픽이 흰색 배경 위에 사용된 경우라면 문제가 되지 않지만 어두운 배경에 투명 그래픽을 사용했다면 출력 결과가 엉망이 될 수 있다.
- 그래픽에서 가급적 텍스트를 사용하지 않는다. 웹 페이지 인쇄의 아이러니는 그래픽에 사용된 텍스트가 웹에서 볼 때는 부드럽게 보이다가 인쇄만 하면 모양이 고르지 못하다는 점이다. 이와 반대로 PC 화면에서 보면 고르지 않게 보이는 HTML 텍스트도 프린터로 인쇄해서 보면 부드럽게 보인다. 따라서 가능한 한 HTML 텍스트만 사용하는 게 좋다.
- 가급적 어두운 색상의 배경과 밝은 색상의 텍스트를 사용하지 않는다. 보통 인쇄 페이지는 흰색을 배경으로 사용하는 게 좋고 텍스트로는 검은색이나 짙은 회색을 사용하는 게 좋다.
- 인쇄 시 색상을 통해 메시지를 전달하지 않는다. 물론 컬러 프린터가 요즘에는 꽤 흔하지만 아직 많은 사람들이 흑백 프린터로 인쇄하거나 돈을 아끼기 위해 컬러 프린터에서도 흑백 모드로 페이지를 인쇄하고 있다.

부모로부터의 속성 상속

아니다. 이 책이 갑자기 '쉽고 빠르게 익히는' 부동산 가이드가 된 게 아니다. 자식과 자손 HTML 태그는 CSS를 사용해 스타일을 지정했든 브라우저 스타일을 그대로 상속했든 보통 부모의 스타일을 전제(상속)한다. 이를 스타일 상속이라 한다.

예를 들어 copy라는 ID를 설정하고 이 ID에 Times 폰트 패밀리 값을 주면 자손들은 모두 Times 폰트 스타일을 상속한다. CSS를 사용해 <b> 태그를 붉게 하면 자손들도 모두 붉은색 및 관련 볼드체 스타일을 상속한다 A.

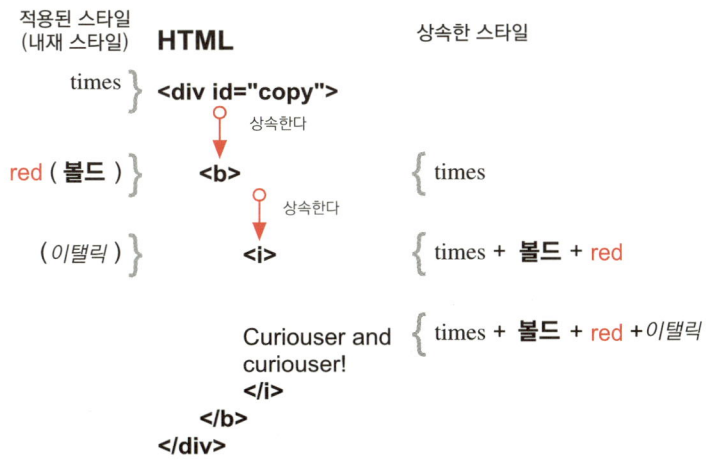

A 적용된 스타일의 최종 결과로 텍스트에는 볼드체, 붉은색, 이탤릭, Times 폰트 속성이 지정된다.

때로는 부모로부터 스타일 속성이 상속되지 않을 수도 있다. 이러한 속성의 예로는 마진, 너비, 보더 등이 있다. 어떤 속성이 상속되고 어떤 속성이 상속되지 않는지는 보통 쉽게 짐작할 수 있다. 예를 들어 단락 태그에 패딩으로 4픽셀을 준다고 해서 단락 내의 볼드 태그에도 4 픽셀짜리 패딩이 들어가지는 않는다. 이러한 속성 상속과 관련해 긴가민가한 부분은 모든 CSS 속성 및 상속 방식을 정리한 부록 A를 참고하자.

특정 엘리먼트가 부모로부터 속성을 강제로 상속받게 하려면 많은 CSS 속성이 갖고 있는 inherit 값을 사용하면 된다. 따라서 앞의 예제에서 단락 내의 볼드 태그가 4 픽셀 패딩을 강제로 갖게 하려면 padding 값을 inheirit으로 설정하면 된다.

기존 속성값과 상속한 속성값의 관리

선택자에 대한 스타일을 정의할 때는 특별히 재정의할 의도가 아니라면 상속한 속성이나 내재 속성을 잃어버리지 않게 주의해야 한다. 기존 속성을 일부러 수정하지 않는 한 이들 속성은 모두 그대로 스타일에 적용돼 나타난다.

관련 속성을 다른 값으로 재정의하는 것 외에 많은 CSS 속성에서는 상속 자체를 재정의할 수 있는 값을 제공한다.

- **inherit** - 일반적으로 상속되지 않는 속성을 상속하게 하거나 적용된 스타일 값을 재정의하고 부모의 값을 상속하게 한다.
- **none** - 보더, 이미지, 기타 시각적인 엘리먼트를 감춘다.
- **normal** - 아무런 스타일도 적용되지 않게 한다.
- **auto** - 브라우저가 상황에 따라 엘리먼트를 어떻게 보여줄지 결정하게 한다.

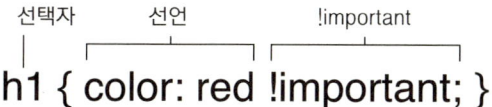

선택자　선언　!important

h1 { color: red !important; }

A !important의 일반 구문

코드 4.20 !important 값이 첫 번째 h1의 color 속성에 추가됐지만 두 번째 h1에는 추가되지 않았다 **B**. 보통 두 번째 h1은 첫 번째 h1을 재정의하지만 이 예제에서는 그렇게 되지 않는다.

```
<!-- HTML5 -->
<!DOCTYPE html>
<html lang="en">
<head>
<meta http-equiv="Content-Type"
→ content="text/html; charset=UTF-8" />
<title>Alice's Adventures in Wonderland
→ </title>
<style type="text/css" media="all">
  h1 {
    color: red !important;
    font-size: 3em; }...
  h1 {
    color: black;
    font-size: 2em; }
</style>
</head>
<body>
<article>
  <h1>Alice's Adventures in
  → <em>Wonderland</em></h1>
</article>
</body>
</html>
```

Alice's Adventures in Wonderland

B 코드 4.20의 결과 화면. 가장 중요한 스타일이 적용되므로 텍스트가 검은색 대신 붉은색으로 표시된다.

!important 선언 지정

!important 선언을 추가하면 캐스케이딩 순서를 결정할 때 특정 속성-값 선언에 가장 높은 우선순위를 줄 수 있다 **A**. 이렇게 하면 현재 적용된 다른 규칙과 상관없이 스타일 선언이 강제로 적용된다(이 장의 '캐스케이딩 순서의 판단'을 참고하자).

강제로 선언 적용하기

1. CSS 규칙을 추가한다(코드 4.20).
   `h1 {...}`

   이때 HTML, 클래스, ID 선택자를 사용할 수 있다. CSS 규칙은 문서의 헤더 내에 <style> 태그에 정의하거나(3장의 '페이지 내 스타일 - 웹 페이지에서의 스타일 추가' 참고) HTML 문서에서 불러오거나 연결한 외부 CSS 파일(3장의 '외부 스타일 - 전체 웹 사이트 차원의 스타일 추가' 참고)에 정의하면 된다.

2. 중요 선언 표시를 지정한다. 스타일 선언을 입력하고 공백, !important, 세미콜론(;)을 입력해 선언을 마무리한다.
   `color: red !important;`

3. 다른 스타일을 추가한다.
   `font-size: 1em;`

   이 규칙을 적용할 다른 선언들을 추가한다. 필요에 따라 !important 선언으로 지정하거나 지정하지 않는다.

   !important는 스타일 캐스케이딩 순서를 결정할 때 인라인 스타일 다음으로 우선순위가 높은 강력한 도구다. !important는 CSS를 디버깅할 때도 편리하다. 하지만 나중에 수정하기가 어려우므로 최종 웹 사이트에는 절대 사용하지 않는 것이 좋다.

선택적 스타일 적용 **111**

TIP 단축 속성(예를 들어 background)을 !important로 설정하면 각 하위 속성(background-color 등)을 !important로 선언한 것과 같다.

TIP 보통 !important를 선언에서 세미콜론 다음에 놓는 실수를 자주 한다. 이렇게 하면 브라우저가 선언을 무시하게 되고 전체 CSS 규칙이 모두 무시될 수도 있다.

TIP 스타일 시트를 디버깅하다가 특정 스타일이 동작하지 않을 때도 !important를 추가해 스타일을 바로 확인할 수 있다. 이렇게 했는데도 스타일이 적용되지 않으면 다른 스타일이 재정의해서가 아니라 오타가 있을 확률이 높다.

TIP 많은 브라우저들이 브라우저에서 사용할 스타일 시트를 사용자가 정의할 수 있게 해준다. 대부분의 브라우저는 사용자 정의 스타일 시트가 사이트에 정의된 스타일 시트를 재정의할 수 있는 CSS 4.1 명세를 따르고 있다.

A 가장 중요한 우선순위부터 가장 낮은 우선순위까지의 캐스케이딩 순서

캐스케이딩 순서의 판단

단일 웹 페이지에서 스타일 시트는 링크하거나 불러오거나 임베드할 수 있다. 또 스타일은 HTML 내에 인라인으로 선언할 수도 있다.

아울러 여러 브라우저에서는 사용자가 자신의 스타일 시트를 가지고 여러분이 만든 스타일 시트를 재정의할 수 있게 해 준다. 물론 둘 이상의 스타일 시트가 동시에 사용되면 스타일 선언이 서로 충돌하기 마련이다. 그럼 이 경우 대체 어떤 스타일 선언이 사용될까?

캐스케이딩 순서는 페이지 상단에서부터 시작해 아래로 내려오면서 스타일이 서로 합쳐지고 상속을 통해 대체되는 순서를 나타낸다. 보통은 가장 나중에 정의한 스타일이 사용된다.

그렇지만 때로는 둘 이상의 스타일이 서로 충돌하기도 한다. 이 경우 어떤 스타일이 우선순위를 갖고 특정 엘리먼트에 적용되는지 판단할 때는 아래 절차를 활용하자.

엘리먼트의 캐스케이딩 우선순위 판단

엘리먼트에 적용할 스타일을 모두 모은다. 엘리먼트에 적용될 내재 스타일, 지정 스타일, 상속 스타일을 모두 찾은 다음 아래 기준을 토대로 캐스케이딩 순서에 따라 어떤 스타일이 적용될지 판단한다. 아래 기준에서는 상위에 있는 기준이 우선순위가 더 높다 A.

1. **사용자 스타일**

   대부분의 웹 브라우저에서는 사용자가 자신의 기본 스타일 시트를 지정할 수 있다. 원칙적으로 이 스타일이 다른 스타일에 우선한다.

2. **인라인 스타일**

    스타일이 인라인으로 지정되면(3장 참고) 다른 모든 사항들보다 우선적으로 스타일이 적용된다. 최종 HTML 코드에 인라인 스타일을 사용하면 안 되는 이유도 이 때문이다.

3. **미디어 타입**

    당연히 스타일에 대해 미디어 타입을 설정하고 해당 미디어 타입의 엘리먼트가 보이지 않으면 스타일이 사용되지 않는다.

4. **중요도**

    !important를 선언에 포함시키면 페이지가 보일 때 가장 높은 우선순위가 선언에 부여된다. (이 장의 '!important 선언 지정'을 참고하자).

    많은 브라우저에서는 사용자가 브라우저에서 사용할 스타일 시트를 지정할 수 있게 해 준다. 만일 페이지 작성자와 사용자 모두 선언에 !important를 사용했다면 사용자가 지정한 선언이 적용된다. 이론적으로 페이지 작성자의 스타일 시트는 사용자가 !important 값을 사용하지 않은 스타일 시트를 사용한 경우 사용자 스타일 시트를 재정의한다. 하지만 실제로는 대부분의 브라우저에서 태그에 사용할 선언을 판단할 때 보통 사용자가 지정한 스타일 시트의 편을 들어준다.

> **TIP** (옮긴이) 여기서 페이지 작성자는 사이트 디자인에 CSS를 적용한 개발자 또는 디자이너를 말한다.

5. **구체성**

   규칙이 더 문맥 의존적일수록 캐스케이딩 순서도 그만큼 높아진다. 따라서 HTML, 클래스, ID 선택자의 규칙이 구체적일수록 중요성은 그만큼 높아진다. 우선순위를 판단할 때 ID 선택자는 100, 클래스는 10, HTML 선택자는 1 값으로 계산된다. 따라서

   #copy p b { color: red; }

   는 값이 102인 반면

   b { color : lime; }

   는 값이 1밖에 안 된다. 따라서 첫 번째 규칙이 값이 더 높으므로 적용되는 색상은 붉은색이 된다.

   이러한 우선순위 설정이 처음에는 다소 우스꽝스럽게 보일 수도 있지만 이 규칙은 문맥에 민감한 ID 규칙에 더 많은 비중을 두고 이런 규칙이 항상 먼저 실행되도록 보장해 준다.

6. **순서**

   엘리먼트에 적용된 서로 다른 스타일 선언이 현 단계까지도 같은 우선순위를 유지할 경우 CSS에서는 순서를 보고 마지막에 나열한 규칙에 우선순위를 부여한다. 이때 인라인 스타일은 항상 우선적으로 적용된다는 사실을 기억하자.

7. **부모로부터 상속한 스타일**

   이 스타일은 부모로부터 상속한 스타일을 말한다.

8. **브라우저 기본 스타일**

   이 스타일은 브라우저에서 기본 적용하는 스타일로 우선순위가 가장 낮다.

정리하며...

1. 3장에서 생성한 HTML 코드를 사용해 단락 태그의 모든 자손에 볼드체 스타일을 적용한다. 이를 위해서는 공통 선택자가 필요하다.

2. 모든 단락 형제 엘리먼트에 스타일을 적용한다. 다른 단락 뒤에 나오는 모든 단락에 회색 스타일을 적용한다.

3. 페이지에 하이퍼텍스트 링크를 추가하고 link 의사 클래스를 사용해 스타일을 적용한다. 네 상태 모두 스타일을 적용하는 것을 잊지 말자.

4. 페이지 첫 단락의 첫 글자와 첫 줄에 스타일을 적용한다. 단락의 첫 줄부터 스타일을 적용하고 이어서 의사 클래스를 사용해 첫 단락을 강조한다.

5. alt 태그 값을 가진 이미지에 검은색 선 스타일을 적용하고 값이 없는 이미지에 빨간색 선 스타일을 적용한다. 이런 스타일 선언은 alt 값을 추가해야 하는 이미지를 강조할 때 유용하다.

6. 인쇄용 페이지에는 내비게이션을 감추고 흰 배경에 어두운 텍스트를 사용한 스타일을 적용한다. 이때 디자인을 적용하면서 화면 이외의 다른 미디어도 고려한다.

7. 스타일을 더 많이 추가해 보고 순서를 변경하면서 스타일이 적용되는 순서를 확인한다. 캐스케이딩 순서를 주의깊게 관찰하고 특정 순서가 적용되는 방식을 이해한다.

8. !important를 서로 다른 스타일에 추가하면서 적용되는 스타일에 미치는 영향을 확인한다. !important 속성은 매우 강력하며 작업 과정에서 스타일 사용을 돕기 위한 용도라는 사실을 기억하자. 최종 디자인은 !important 없이 동작할 수 있어야 한다.

5

폰트 속성

타이포그래피는 문서를 깔끔하게 정돈된 모습으로 보여주는 가장 강력한 도구 중 하나다. 아울러 타이포그래피를 잘못 쓰면 혼란스럽고 지저분한 문서를 보여주기 딱 좋다.

폰트는 고전적인 폰트이든 지저분한 폰트이든, 또는 그 사이 어떤 형태의 폰트이든 여러분이 원하는 대로 메시지를 전달한다. 필자는 종종 폰트는 연설자의 목소리와 같은 기능을 한다고 말한다. 서체, 폰트 두께, 이탤릭체, 기타 타이포그래피 효과는 디자이너들이 사용자의 시선을 페이지에 머무르게 하는 것을 도와줄 뿐 아니라 의미를 더해주기도 한다.

CSS를 사용하면 웹 페이지에서 활자 디자인이라고 하는 폰트 외양을 제어할 수 있다. 이를 통해 폰트 패밀리, 볼드체, 이탤릭체, HTML 태그에서 사용할 수 있는 제한된 폰트 크기를 설정할 수 있다. CSS3에서는 서버에서 폰트 파일을 다운로드할 수 있는 기능이 개선됐고 웹 페이지 텍스트에 이런 폰트를 적용해 디자인 폰트를 마음껏 사용할 수 있게 됐다.

이 장에서 다루는 내용

웹 타이포그래피의 이해	119
폰트 스택 설정	124
폰트 선택	126
폰트 크기 설정	133
CSS3의 새 기능 – 대체 폰트의 크기 조절 ★	136
텍스트의 이탤릭체 설정	139
볼드체 설정	142
소형 대문자 설정	144
여러 폰트 값 일괄 설정	146
정리하며...	150

코드 5.1 이 장에서 사용하는 HTML 코드는 font-properties.css 스타일 시트를 불러오는 헤드라인 몇 줄과 단락 몇 개로 구성된 간단한 텍스트다. 이 장에서는 외부 스타일 시트에 CSS 코드를 추가해 최종 CSS 파일을 완성한다 Ⓐ.

```
<!-- HTML5 -->
<!DOCTYPE html>
<html lang="en">
<head>
<meta charset="utf-8">
<title>Alice's Adventure's In Wonderland | Chapter I</title>
<link href="../_css/font-properties.css" type="text/css" rel="stylesheet">
</head>
<body id="chapter1" class="book aaiw chapter">
<h1>Alice&#8217;s Adventures In Wonderland</h1>
<p class="byline">by <span class="author">Lewis Carroll</span></p>
<article><!-- Article -->
<header>
<h2><strong>Chapter I.</strong> Down the Rabbit-Hole</h2>
</header>
<p>
Alice was beginning to get very tired of sitting by her sister on the
bank, and of having nothing to do: once or twice she had peeped into the
book her sister was reading, but it had no pictures or conversations in
it, 'and what is the use of a book,' thought Alice 'without pictures or
conversation?'
</p>
</article>
</body>
</html>
```

Alice's Adventures In Wonderland

by Lewis Carroll

Chapter I. Down the Rabbit-Hole

Alice was beginning to get very tired of sitting by her sister on the bank, and of having nothing to do: once or twice she had peeped into the book her sister was reading, but it had no pictures or conversations in it, 'and what is the use of a book,' thought Alice 'without pictures or conversation?'

So she was considering in her own mind (as well as she could, for the hot day made her feel very sleepy and stupid), whether the pleasure of making a daisy-chain would be worth the trouble of getting up and picking the daisies, when suddenly a White Rabbit with pink eyes ran close by her.

There was nothing so **very** remarkable in that; nor did Alice think it so **very** much out of the way to hear the Rabbit say to itself, 'Oh dear! Oh dear! I shall be late!' (when she thought it over afterwards, it occurred to her that she ought to have wondered at this, but at the time it all seemed quite natural); but when the Rabbit actually **took a watch out of its waistcoat-pocket**, and looked at it, and then hurried on, Alice started to her feet, for it flashed across her mind that she had never before seen a rabbit with either a waistcoat-pocket, or a watch to take out of it, and burning with curiosity, she ran across the field after it, and fortunately was just in time to see it pop down a large rabbit-hole under the hedge.

Ⓐ 이 화면은 CSS를 일절 적용하지 않은 웹 페이지 (코드 5.1)의 모습이다. 이 장에서는 앞으로 폰트 스타일을 계속 추가하게 될 것이다.

웹 타이포그래피의 이해

타입 패밀리(흔히 웹 디자인에서는 폰트 패밀리라고 부른다)는 유사한 성격을 가진 서체 분류를 말한다. 폰트에 속한 각 글자는 글리프(glyph)라고 한다. 플래시나 기타 그래픽에 사용된 텍스트와 비교해 HTML 텍스트의 장점은 수정이 필요할 때마다 쉽게 편집할 수 있고, 보이는 화면 크기에 맞게 텍스트의 크기 조절이 가능하다는 점이다. 아울러 데이터베이스를 활용해 텍스트 콘텐츠를 저장하고 이를 HTML 텍스트 결과물로 내보낼 수 있다는 장점도 있다.

하지만 HTML 텍스트에는 심각한 디자인 제약이 몇 가지 있다. 대부분 텍스트 제어는 사용자의 브라우저가 담당하며 현재 CSS 트랜지션(12장)을 사용하지 않고는 텍스트를 가로 대신 세로로 배치할 수 없다. 하지만 이런 CSS 트랜지션은 아직 서로 다른 브라우저 호환성을 지원하지 않는다.

더 불편한 점은 사용자의 기기에 있는 폰트에 따라 디자인 제약을 받는다는 점이다. 하지만 최근 개발되는 브라우저에서는 이러한 인식이 빠르게 변하고 있다. 또 CSS3가 더 인기를 얻으면서 웹폰트로 사용할 수 있는 서체도 점차 늘어나는 추세다.

캐릭터셋 지정

앞 장에서는 HTML5 문서를 만들 때 페이지에서 사용할 캐릭터셋을 지정해야 한다는 사실을 배웠다. 캐릭터셋은 브라우저가 텍스트를 보여주기 위해 인식하는 고유 코드나 이름을 가진 문자들의 목록을 말한다.

캐릭터셋은 메타 태그를 사용해 HTML 페이지의 헤드에 지정한다. 가장 인기 있는 국제 캐릭터셋은 UTF-8(8비트 유니코드 변형 형식) 캐릭터셋이다.

```
<meta charset="utf-8">
```

하지만 이와 더불어 페이지에서 영어만 사용하는 경우 ISO 8859-1 캐릭터셋도 대안으로 자주 사용된다.
`<meta http-equiv="Content-Type" content="text/html; charset=ISO-8859-1" />`

UTF-8과 ISO 8859-1은 영어에 대해서는 똑같이 동작하지만 UTF-8에서는 다른 알파벳도 지원한다. 필자는 UTF-8을 사용할 것을 적극 권장한다. 웹 사이트(지역 신문 사이트라 하더라도)는 상황에 따라 다른 언어로 번역되는 경우가 빈번하기 때문이다.

이때 한 가지 주의할 점이 있다. 지정한 캐릭터셋에 존재하지 않는 문자를 HTML에 사용하면 브라우저가 글자 자리에 에러 표시를 보여준다는 점이다 Ⓐ.

Ⓐ 이런 글리프는 브라우저가 지정된 캐릭터셋을 통해 인식하지 못하는 글자 위치에 표시된다.

표 5.1 일반 폰트 패밀리

이름	예제
세리프	Times New Roman
산세리프	Helvetica 및 Arial
모노스페이스	Courier New
필기체	Brush Script MT
환상체	Papyrus

일반 폰트 패밀리

CSS에서는 대부분의 폰트 분류의 기준이 되는 다섯 가지 일반 폰트 패밀리를 정의한다(표 5.1).

- **세리프**(Serif) - 세리프는 글자를 좀 더 품격 있게 만들어 주는 글자 끝의 작은 장식을 말한다. 세리프는 돌에 글자를 새기고 펜을 사용하던 시절부터 줄곧 사용한 글씨체다. 세리프는 개별 글자를 이웃한 글자와 대비시켜 종종 가독성을 높이기도 한다.

  세리프 폰트는 보통 큰 텍스트 화면(14px 이상)이나 작은 인쇄 텍스트에 제일 적합하다. 세리프 폰트는 글자가 작은 화면에서는 글자가 종종 뭉개지기 때문에 화면상의 크기가 작은 텍스트에 사용하기에는 별로 좋지 못하다. 세리프 폰트에는 다소 보수적인 느낌이 있다.

- **산세리프**(Sans-serif) - 짐작할 수 있는 것처럼 산세리프 폰트는 세리프가 없는 폰트다.

  글자가 덜 두드러지긴 하지만 산세리프 폰트는 화면의 작은 글씨에 사용하기에 더 적합한 폰트다. 산세리프 폰트에는 보통 더 현대적이고 편안한 느낌이 있다.

- **모노스페이스**(Monospace) - 모노스페이스 폰트에는 세리프가 있을 수도 있고 없을 수도 있다. 모노스페이스 폰트의 주된 특징은 각 글자가 동일한 공간을 차지한다는 점이다. 예를 들어 소문자 l은 대문자 M보다 훨씬 두께가 얇다. 따라서 모노스페이스가 아닌 폰트에서는 l이 M보다 더 적은 공간을 차지하지만 모노스페이스 폰트에서는 l 주변에 추가 공간을 둬서 l이 M과 동일한 공간을 차지한다.

  모노스페이스 폰트는 오타 하나가 큰 문제를 초래할 수 있는 프로그래밍 코드처럼 (꼭 빠르게 읽히지 않더라도) 정확히 읽어야 하는 텍스트에 제일 적합하다. 글자를 정확히 읽기는 쉽지만 모노스페이스 폰트는 많은 텍스트를 읽기에는 단조롭다. 모노스페이스 폰트에는 보통 기술적인 느낌이나 타자기로 입력한 텍스트 같은 느낌이 있다.

- **필기체**(Cursive) - 필기체 폰트는 주로 글자가 부분 또는 완전히 연결된, 스타일 있는 필기체 내지는 캘리그래프[2] 느낌을 모방한 폰트다.

  필기체 폰트는 텍스트 장식이나 큰 헤드라인에 제일 적합하다. 이 폰트를 많은 텍스트에 사용하면 가독성이 떨어진다. 필기체 폰트는 힘있고 표현력 있는 느낌을 전달한다.

---

1 _ (옮긴이) sans는 프랑스어로 '~가 없는'이라는 전치사다. 따라서 Sans-serif는 '세리프가 없는'이라는 뜻이다.
2 _ 글자를 아름답게 쓰는 기술로 개성적인 필기체 등을 사용한 서체를 말한다.

- **환상체**(Fantasy) - 앞의 범주에 포함되지 않는 나머지 폰트는 환상체 폰트라고 한다. 이 폰트에서는 많은 장식을 사용하고 있지만 여전히 이 폰트는 글자체다. 따라서 딩뱃, 그림 폰트, 삽화, 아이콘은 이러한 환상체 폰트에 해당하지 않는다.

필기체 폰트와 마찬가지로 환상체 폰트도 텍스트 장식에 가장 적합한 언어다. 환상체 폰트는 각 폰트의 개성이 강하므로 웹 사이트의 외양과 느낌을 강조하기 위해 사용할 때는 신중하게 선택해 사용해야 한다.

딩뱃

공식적인 CSS 범주에 들어가지는 않지만 또 다른 주요 폰트 범주로 고려할 폰트가 있다. 바로 기호 또는 그림 폰트라고 부르는 딩뱃으로, 이 폰트는 숫자나 글자를 나타내는 대신 키보드 각 글자에 해당하는 아이콘이나 픽토그램[3](pictogram)을 보여준다. 이 폰트 유형의 가장 흔한 예로는 대부분의 컴퓨터에 설치된 Webdings가 있다. Webdings는 일반적인 국제 기호를 보여준다 ❶. 물론 그래픽 아이콘이 들어갈 자리에 이러한 글리프를 사용할 수도 있지만 해당 폰트가 사용자의 컴퓨터에 설치돼 있다고 항상 장담할 수는 없다.

하지만 나중에 이 장에서 나오는 설명에 따라 딩뱃을 웹폰트로 사용하면 그래픽 아이콘을 딩뱃으로 바꾸더라도 사용자에게 원하는 결과를 올바르게 보여줄 수 있다.

❶ 딩뱃의 예. 이 기호들은 Webdings 딩뱃 폰트를 사용해 그린 아이콘들이다.

---

[3] _ 사물·시설·행위·개념 등을 상징화된 그림문자로 나타낸 것으로 남녀 화장실을 나타내는 그림, 올림픽 등에서 경기 종목을 나타낼 때 사용하는 그림 등이 픽토그램에 해당한다.

& © ® ™
½ ¼ ¾
« » ± ¤ ÷
∞ ≈ ≤ ⊒
⊕ ⇐ ↔ ⇔

C 일반 캐릭터 엔티티의 예. 최종 결과물에서 이러한 기호를 정확히 보여주려면 HTML에 코드를 입력하면 된다.

웹 폰트란?

웹 폰트는 서버에 있는 폰트 파일을 링크해 원하는 폰트를 웹 디자인에 포함시킬 수 있는 웹 디자인 분야의 새로운 기술이다. 간단해 보이기는 하지만 (실제로 간단하다) 이러한 기술이 등장하기까지는 오랜 시간이 걸렸고 앞으로 이 기술은 웹 타이포그래피 분야에 혁명을 가져다 줄 것이다.

HTML 캐릭터 엔티티

딩뱃 폰트보다 더 안전한 대안으로는 HTML 캐릭터 엔티티 **C** 를 사용하는 방식이 있다. HTML 캐릭터 엔티티는 단일 글자 대신 앰퍼샌드(&)로 시작하고 세미콜론(;)으로 끝나는 코드로 나타내는 특수 글리프를 말한다. 예를 들어 앰퍼샌드는 다음 코드로 표기할 수 있다.

&

(앰퍼샌드와 유사한 부류의) 많은 글자를 여러 브라우저와 운영체제에서 일관되게 보여주는 방식은 이 방식이 유일하다.

폰트 스택 설정

`font-family` 속성을 사용하면 텍스트를 보여줄 폰트를 선택해 메시지의 시각적인 효과를 지정할 수 있다(표 5.2). 텍스트를 보여주는 데 사용하는 서체는 독자가 메시지를 받아들이는 데 강력한 영향을 미친다 Ⓐ. 세리프를 사용하든 산세리프, 모노스페이스, 필기체, 환상체 서체를 사용하든 여러분이 사용하는 폰트는 독자가 텍스트의 첫 번째 줄을 채 읽기도 전에 많은 느낌을 전달한다.

엘리먼트에 대한 폰트 패밀리 정의

1. CSS 규칙에 font-family 속성을 추가한다. font-family 속성명을 입력하고 콜론을 입력한다. 이 예제에서는 바디 태그에 font-family를 적용해 전체 페이지에 폰트를 설정한다(코드 5.2).

   `font-family:`

2. 사용할 주요 폰트명을 정의하고 이어서 콤마를 입력한다. 이때 폰트명은 대소문자를 구분하지 않는다. 폰트명에 공백이 있는 폰트는 항상 큰따옴표나 작은따옴표로 감싸야 한다("Times New Roman" 또는 'times new roman' 모두 유효하다).

   `Helvetica,`

Ⓐ 서로 다른 서체의 예. 마치 서로 다른 음성이 들리는 것 같다.

표 5.2 폰트 패밀리 값

값	호환성
\<family-name\>	IE3, FF1, S1, C1, O5.5, CSS1
serif	IE3, FF1, S1, C1, O5.5, CSS1
sans-serif	IE4/3, FF1, S1, C1, O5.5, CSS1
cursive	IE4, FF1, S1, C1, O5.5, CSS1
fantasy	IE4, FF1, S1, C1, O5.5, CSS1
monospace	IE4, FF1, S1, C1, O5.5, CSS1

Ⓑ 사용자 컴퓨터에 설치된 폰트에 따라 바디가 Helvetica, Arial, Trebuchet MS로 보인다. 아울러 헤더는 설치된 폰트에 따라 Georgia, Times, Times New Roman 폰트로 보인다.

코드 5.2 font-properties.css - 페이지에 두 개의 서로 다른 서체가 적용된다 Ⓑ. 첫 번째 서체는 페이지의 모든 텍스트 외양에 영향을 주고 두 번째 서체는 헤더와 .byline 클래스에만 영향을 준다.

```
/*** CSS VQS - Chapter 5 - fontproperties.css ***/

body {
  font-family: Helvetica, Arial, Sans-serif; }

h1, h2, h3, h4, h5, h6, .byline {
  font-family: Georgia, Times, "Times New Roman", Serif; }
```

폰트와 폰트 패밀리

폰트와 폰트 패밀리 사이의 차이점을 분명히 알아두자. 폰트 패밀리는 Times처럼 외양이 비슷한 폰트들을 의미하는 반면 폰트는 Times normal, Times bold, Times italic, Times bold italic 등 특정 버전을 가리킨다.

왜 대체 폰트와 일반 폰트 패밀리를 포함시켜야 하나?

폰트 목록을 지정하면 브라우저는 해당 목록의 첫 번째 폰트를 사용하려고 시도한다. 해당 폰트를 사용할 수 없는 경우 브라우저는 사용자의 컴퓨터에 설치된 폰트를 찾을 때까지 폰트 목록에 있는 폰트들을 하나씩 검사한다. 일치하는 폰트를 찾지 못할 경우 브라우저는 사용자의 기본 폰트를 사용해 텍스트를 보여준다. 일반 폰트를 지정할 때의 장점은 폰트 목록에 있는 특정 폰트를 사용할 수 없는 경우에도 브라우저가 같은 스타일의 폰트를 사용해 텍스트를 보여주게 할 수 있다는 점이다.

최후의 수단으로 일반 폰트 패밀리를 포함시키면 브라우저가 해당 폰트와 가장 비슷한 폰트를 선택해 텍스트를 보여주게 된다.

대체 폰트와 일반 폰트 패밀리를 사용할 때의 장점은 특정 폰트를 사용할 수 없을 때도 특정 위치에 어떤 폰트를 사용할지 어느 정도 제어할 수 있다는 점과 최소한 가장 근접한 폰트를 사용할 수 있다는 점이다.

TIP 가급적 비슷한 크기의 폰트를 선택한다. 폰트가 다르면 같은 폰트 크기로 설정하더라도 상대 크기가 서로 달라진다.

TIP 어떤 서체는 화면에서 읽기가 더 쉬운 반면 어떤 서체는 인쇄했을 때 더 읽기가 쉽다. 폰트를 지정할 때는 항상 이러한 용도를 염두에 둬야 한다.

3. 대체 폰트의 목록을 콤마로 구분해 정의한다. 이때는 원하는 개수만큼 대체 폰트를 지정할 수 있다. 이들 폰트는 목록에 나열된 이전 폰트가 사용자의 컴퓨터에 없을 경우 (지정 순서대로) 사용된다. 더 자세한 내용은 '왜 대체 폰트와 일반 폰트 패밀리를 포함시켜야 하나?'를 참고하자.
   `Arial,`

4. 일반 폰트 패밀리를 정의한다. 사용한 폰트 스타일과 관련한 일반 폰트 패밀리명을 앞의 대체 폰트 다음에 입력한다. 표 5.1에는 폰트 패밀리에 대한 일반 값들이 정리돼 있다. 이 값을 포함시키는 것은 선택 사항이지만 이와 같이 지정할 것을 권장한다.
   `Sans-serif;`

5. 재정의할 서체를 추가한다. 페이지 바디에 대한 폰트를 설정하면 폼에 사용되는 텍스트를 제외한 전체 웹 페이지의 모든 텍스트에 해당 폰트가 사용된다. 이 경우 CSS에 폰트를 변경하려는 특정 엘리먼트에 대해서만 font-family 선언을 추가하면 된다. 이렇게 할 수 있는 이유는 4장에서 설명한 것처럼 CSS 속성이 자식 엘리먼트로 캐스케이딩되기 때문이다.

   이러한 캐스케이딩 규칙의 예외로는 input, text area, button 등과 같은 폼 엘리먼트가 있다. 이러한 엘리먼트는 폼 엘리먼트에 대해 캐스케이딩할 폰트를 별도로 설정해야 한다.
   ```
   font-family: Georgia, Times,
   → 'Times New Roman', Serif;
   ```

TIP 볼드체와 함께 이탤릭/빗김꼴 및/또는 볼드 이탤릭/빗김꼴 버전의 폰트를 사용한다면 해당 폰트가 이러한 서체를 모두 지원하는지 확인해야 한다. 이러한 서체를 모두 지원하지 않을 경우 텍스트가 제대로 보이지 않거나 브라우저가 해당 버전을 서로 합치게 된다. 둘 중 어떤 결과가 나오든 결과는 그다지 좋지 못하다.

폰트 속성 **125**

폰트 선택

웹을 둘러보자. 어떤 폰트가 보이는가? 보통 Arial, Georgia, Verdana, Trebuchet MS, Times New Roman의 다섯 가지 폰트 중 한 개가 보일 것이다. 이렇게 된 이유는 간단하다. 바로 Arial, Georgia, Verdana, Trebuchet MS, Times New Roman 폰트가 사실상 모든 맥과 PC에 기본적으로 설치돼 있기 때문이다.

필자는 이제 이런 폰트가 지긋지긋하다.

필자의 말을 오해하지 말자. 이런 폰트들도 크기와 상관없이 읽기 쉬운 훌륭한 폰트다. 다만 필자는 앞에서 얘기한 것처럼 타이포그래피가 단순히 쓰여진 글자 이상의 느낌을 텍스트에 부여할 수 있다는 점을 강조하고 싶은 것이다.

웹 기반 타이포그래피는 세리프 폰트로 Times를 사용하고 산세리프 폰트로 Helvetica/Arial을 사용하면서부터 엉망이 됐다. 이러한 폰트 조합은 타이포그래피의 위력을 무력화시켰고 모든 웹 페이지가 똑같이 보이게 만들었다.

하지만 이제 새로운 희망이 생겼다. 두 가지 요인으로 웹 디자이너들이 서체에 대한 기존 생각을 바꾸게 될 것이다. 첫 번째 요인은 맥과 PC에 수많은 폰트가 기본적으로 설치된다는 점이다. 아울러 두 번째 요인이자 가장 큰 변화 요인은 이제 모든 주요 브라우저에서 다운로드가 가능한 웹폰트를 지원하게 됐다는 점이다.

웹 안전 폰트

그럼 '치명적인 다섯 가지 폰트'의 대안은 무엇일까? 이들 폰트에 대한 대안은 사이트를 방문한 사용자의 컴퓨터에 따라 다르다. 맥과 윈도우 컴퓨터에는 기본적으로 설치되는 특정 표준 폰트가 있다. 아울러 (요

TIP (옮긴이) 치명적인 다섯 가지 폰트란 앞의 다섯 폰트를 말한다. 원서의 표현은 fatal five인데 이때 fatal은 팜므 파탈의 '파탈'과도 같은 의미로 '매력적이긴 하지만 지나치게 가까이하면 해가 되는' 정도의 의미다.

Ⓐ www.fluidwebtype.info/websafefonts의 웹 안전 폰트 목록에는 각 서체를 눈으로 확인할 수 있는 예제들이 들어 있다. 폰트 목록은 이름, 사용 가능한 두께, 스타일, 운영체제 호환성, 순위 등으로 정렬해서 볼 수 있다.

표 5.3 폰트 패밀리 값

브라우저	OTF/TTF	EOT	SVG	WOFF
인터넷 익스플로러		IE4		곧 지원
파이어폭스	FF3.5			FF3.6
사파리	S3.1*		S3.1	
크롬	C4.0		C4.0	곧 지원
오페라	O10		O10	곧 지원

* 사파리 모바일에서는 사용 불가. SVG는 사용 가능.

즘은 대부분의 컴퓨터에 기본적으로 설치된) 인터넷 익스플로러에서도 몇 가지 추가 폰트를 설치해 준다.

물론 이런 폰트가 항상 설치돼 있다고 장담할 수는 없다. 하지만 이런 폰트는 운영체제를 설치할 때 함께 설치되고 일부러 제거하지 않는 한 Times, Helvetica, Arial만큼이나 자주 사용되는 폰트다.

웹 안전 폰트의 목록은 필자의 웹 사이트인 www.fluidwebtype.info/websafefonts에서 확인할 수 있다. 이 사이트에는 이러한 폰트 목록과 더불어 폰트가 보이는 모습 및 이를 대체할 수 있는 비슷한 외양의 폰트가 정리돼 있다 Ⓐ.

다운로드 가능한 웹폰트

디자인에 사용할 이미지를 다운로드하는 것처럼 폰트를 다운로드해 사용하는 기술이 나온 지는 이미 수년이 지났다. 하지만 브라우저 개발사들은 최근에야 비로소 이 기능을 추가했다. 좋은 소식은 이제는 (웹 폰트라고 하는) 폰트를 다운로드해서 수많은 웹 사용자에게 제공할 수 있다는 것이다. 안 좋은 소식은 각 브라우저에서 서로 다른 파일 형식(표 5.3)을 사용한다는 것이다.

파일 포맷의 목록은 다음과 같다.

- **TTF/OTF** 트루타입 및 오픈타입 폰트는 컴퓨터에서 흔히 볼 수 있는 폰트 형식이다. 이러한 폰트 형식은 현재 폭넓게 사용되며 상용으로 거래되는 폰트 중 대부분이 이러한 폰트 형식에 속한다. 하지만 이 폰트 형식에는 라이선스를 위반하고 폰트를 사용하는 것을 막을 수 있는 보안 기능이 내장돼 있지 않다.

- **EOT** 임베디드 오픈 타입 포맷은 웹에서 안전한 폰트 다운로드를 위해 마이크로소프트가 1990년대 말에 개발한 형식이다. 하지만 이 형식은 오랫동안 마이크로소프트가 권리를 가진 형식이었고 만들기

어렵다는 점 때문에 크게 인기를 얻지 못했다. 하지만 IE에서는 이 형식만 지원하고 이러한 지원은 IE4부터 계속됐기 때문에 최근 이 폰트는 IE에서 웹폰트를 구현하는 수단으로 새롭게 주목을 받고 있다.

- **SVG** CSS에서 사용할 수 있는 W3C 별도 표준인 SVG는 폰트 정보를 포함할 수 있다. 사파리 모바일 같은 일부 브라우저에서는 이 포맷만 지원한다.

- **WOFF** 웹 오픈 폰트 포맷은 2009년 중반에 개발된 뉴 키즈 온 더 블록* 같은 포맷으로, 나온 지 오래되지 않았음에도 차세대 기본 웹폰트 파일 형식의 선두주자가 되고 있다. 이 형식에는 라이선스 같은 폰트 보호 기능도 포함돼 있으며 EOT처럼 번거롭지도 않다.

웹 폰트를 디자인에 적용할 때는 여러 폰트 파일에 대한 링크를 모두 포함시키는 방식을 활용하면 된다. 이렇게 하면 브라우저가 자신에게 맞는 형식을 골라서 사용하기 때문이다. 좋은 소식은 코드를 조금 사용하면 ('더 나은 폰트 스택 설정'을 참고) 이 작업을 쉽게 처리할 수 있다는 것이다. 폰트를 다운로드하고 여러 폰트 파일 포맷으로 변환하는 법을 확인하려면 이 장의 'Font Squirrel을 사용한 폰트 파일 변환'을 참고하자.

더 나은 폰트 스택 설정

폰트 스택을 다시 살펴보고 웹 안전 폰트와 웹폰트를 사용해 웹에서 흔히 볼 수 있는 단조로운 디자인을 벗어나 보자.

엘리먼트에 대한 웹 안전 폰트 또는 웹폰트 정의

1. CSS에 폰트 페이스 규칙을 추가한다. 디자인에 사용할 폰트명과 폰트 파일의 위치를 정의할 @font-face 규칙을 입력하는 것부터 시작한다.

   `@font-face {`

코드 5.3 font-properties.css : 바디와 헤더 텍스트에 Corbel과 Constantia 웹 안전 폰트를 각각 추가한 다음, h1 페이지 제목에 사용할 'Little Trouble Girl' 웹폰트를 다운로드한다 ⓑ.

```
/*** CSS VQS - Chapter 5 - fontproperties.
→ css ***/

@font-face {
  font-family: 'Title Font';
  src: url('../_fonts/Little-Trouble-Girl/
  → littletroublegirl-webfont.eot');
  src: local('☺'), url('../_fonts/Little-
  → Trouble-Girl/littletroublegirl-webfont.
  → woff') format('woff'), url('../_fonts/
  → Little-Trouble-Girl/littletrouble
  → girl-webfont.ttf') format('truetype'),
  → url('../_fonts/Little-Trouble-Girl/
  → littletroublegirl-webfont.svg#webfont')
  → format('svg');
  font-weight: normal;
  font-style: normal;
  font-variant: normal; }

body {
  font-family: Corbel, Helvetica, Arial,
  → Sans-serif; }

h1, h2, h3, h4, h5, h6, .byline {
  font-family: Constantia, Georgia, Times,
  → "Times New Roman", Serif; }

h1 {
  font-family: 'Title Font', Constantia,
  → Georgia, Times, "Times New Roman",
  → Serif; }
```

TIP (옮긴이)* 뉴 키즈 온 더 블록은 1980년대 중반부터 1990년대 중반까지 활동한 미국의 팝 그룹이다. 여기서는 뉴 키즈 온 더 블록이 혜성처럼 등장해 선풍적인 인기를 끈 데 착안해 이런 비유를 사용한 것 같다.

> **Alice's Adventures in Wonderland**
>
> by Lewis Carroll
>
> **Chapter I. Down the Rabbit-Hole**
>
> Alice was beginning to get very tired of sitting by her sister on the bank, and of having nothing to do: once or twice she had peeped into the book her sister was reading, but it had no pictures or conversations in it, 'and what is the use of a book,' thought Alice 'without pictures or conversation?'
>
> So she was considering in her own mind (as well as she could, for the hot day made her feel very sleepy and stupid), whether the pleasure of making a daisy-chain would be worth the trouble of getting up and picking the daisies, when suddenly a White Rabbit with pink eyes ran close by her.
>
> There was nothing so **very** remarkable in that; nor did Alice think it so **very** much out of the way to hear the Rabbit say to itself, 'Oh dear! Oh dear! I shall be late!' (when she thought it over afterwards, it occurred to her that she ought to have wondered at this, but at the time it all seemed quite natural); but when the Rabbit actually **took a watch out of its waistcoat-pocket**, and looked at it, and then hurried on, Alice started to her feet, for it flashed across her mind that she had never before seen a rabbit with either a waistcoat-pocket, or a watch to take out of it, and burning with curiosity, she ran across the field after it, and fortunately was just in time to see it pop down a large rabbit-hole under the hedge.

B 웹에서 자주 볼 수 없는 폰트를 사용해 웹 페이지의 타이포그래프를 좀 더 부각시킬 수 있다.

2. 폰트 패밀리의 이름을 정의한다. 불러올 폰트 패밀리의 이름을 입력한다. 이 이름은 폰트 스택에서 일관되게 참조하기만 하면 얼마든지 원하는 대로 지정할 수 있다.

   `font-family: 'Title Font';`

   많은 개발자들이 단순히 폰트명을 폰트 패밀리 이름으로 사용하고 있지만 필자는 디자인에서 폰트를 사용하는 용도에 맞게 이름을 지정할 것을 권장한다. 이렇게 하면 서체가 바뀌더라도 참조한 폰트명을 모두 찾아 수정하지 않아도 되므로 편리하다.

   공백이 들어간 두 단어 이상의 폰트명을 사용하려면 전체 이름을 따옴표로 감싸야 한다는 점을 기억하자.

3. 폰트 파일의 EOT 포맷 소스를 정의한다. 폰트 파일 소스를 추가한다. 항상 인터넷 익스플로러에 사용할 EOT 파일부터 정의하되 이때는 format 어트리뷰트를 포함시키지 않는다.

   `src: url('Little-Trouble-Girl/littletroublegirl-webfont.eot');`

4. 로컬 소스 유인책을 추가한다. 여기서 작은 트릭을 써야 한다. 인터넷 익스플로러는 로컬 소스 어트리뷰트를 무시하기 때문에 로컬 소스 어트리뷰트를 다른 폰트 파일 소스 앞에 두면 IE가 에러를 내지 않고 다음 코드를 그냥 건너뛴다. 폰트명으로는 원하는 이름을 얼마든지 입력할 수 있다. 하지만 일부 브라우저에서는 CSS가 로컬 폰트 파일에 접근하려고 할 때 경고문을 보여주기 때문에 (웃는 얼굴 같은) 임의 문자를 사용하는 게 제일 좋다.

   `src: local('☺'),`

5. WOFF, 트루타입, 오픈타입, 폰트 파일 관련 SVG 포맷의 소스를 정의한다. 이어서 WOFF, TTF/OTF, SVG 폰트 파일의 위치를 추가한다. 이렇게 하면 각 브라우저별로 브라우저에 가장 적합한 포맷을 사용하게 된다.

   url('Little-Trouble-Girl/
   → littletroublegirl-webfont.woff')
   →   format('woff'),
   url('Little-Trouble-Girl/
   → littletroublegirl-webfont.ttf')
   →   format('truetype'),
   url('Little-Trouble-Girl/
   → littletroublegirl-webfont.
   →   svg#webfont') format('svg');

6. 선택적으로 두께, 스타일, 폰트 관련 요소를 추가한다. 이렇게 하면 이들 속성이 특정 값에 해당할 때만 폰트가 사용된다. 아직까지 이 기능은 여러 브라우저에서 버그가 있으므로 사용하지 말 것을 권장한다.

   font-weight: normal;
   font-style: normal;
   font-variant: normal }

7. 폰트 스택에 웹 안전 폰트명을 추가한다. 웹 안전 폰트를 사용하려면 폰트 스택에서 웹 안전 폰트를 첫 번째 서체로 지정해야 한다.

   font-family: Corbel, Helvetica,
   → Arial, Sans-serif;

8. 폰트 스택에 웹폰트명을 추가한다. 웹폰트를 사용해 폰트를 다운로드하게 하려면 해당 폰트에 지정한 이름을 폰트 스택의 첫 번째 값으로 지정해야 한다.

   font-family: 'Title Font',
   → Constantia, Georgia, Times,
   → "Times New Roman", Serif;

TIP '웃는 얼굴' @font-face 기법은 Paul Irish(www.paulirish.com)가 처음 고안해냈다.

TIP 맥 폰트에 대한 상세 정보는 developer.apple.com/textfonts/를 참고하자.

TIP 윈도우 폰트에 대한 상세 정보는 www.microsoft.com/typography/fonts/를 참고하자. 웹폰트 및 웹 타이포그래피 전반에 대한 더 자세한 설명은 필자의 책인 Fluid Web Typography(fluidwebtype.info)를 참고하자.

Font Squirrel을 사용한 폰트 파일 변환

이제 디자인에 사용할 웹 폰트를 마음껏 다운로드해 사용할 수 있게 됐지만 여전히 두 가지 중요한 제약이 있다.

1. 법적 제약. 본인이 구매한 폰트는 웹폰트로 사용할 수 있다고 생각하는 독자도 있겠지만 실제로는 사용할 수 없는 경우가 대부분이다. 대부분의 폰트에는 최종 사용자 라이선스 동의서(EULA)에 명시된 사용 제약이 있다. EULA에 명시적으로 @font-face 링크를 통해 폰트를 사용할 수 있다고 언급돼 있지 않다면 법적으로 이렇게 사용할 수 없다는 뜻이다. 확실히 하기 위해서는 웹폰트로 사용하기 전에 항상 폰트 판매사에 확인해보는 게 좋다.

2. 기술적 제약. 서로 다른 폰트 형식을 어떻게 모두 구비할 것인가? 하는 기술적인 제약이 있다. 현재 라이선스가 있는 폰트 제조사나 재판매사들은 이러한 여러 형식을 모두 제공하지 않는다.

그럼 어떻게 해야 할까?

필자는 주로 Font Squirrel 웹 사이트(www.fontsquirrel.com)를 이용한다. 이 사이트에서는 500개 이상의 무료 라이선스 폰트 목록과 함께 다운로드 가능한 웹폰트를 제공한다. 각 웹폰트에는 예제 CSS 코드와 더불어 모든 폰트 형식이 들어 있다 C .

이들 폰트만으로는 부족하다면 이 사이트에서 제공하는 유용한 툴인 @font-face 킷 생성기 D 를 사용하면 된다. 이 툴을 사용하면 OTF나 TTF 파일을 EOT, SVG, WOFF 형식으로 변환할 수 있다(www.fontsquirrel.com/fontface/generator). 이 툴은 사용하기가 쉽고 빠르다. 다만 이 툴을 사용할 때는 EULA를 참고해 해당 폰트를 웹폰트로 사용할 수 있는지 먼저 확인해야 한다.

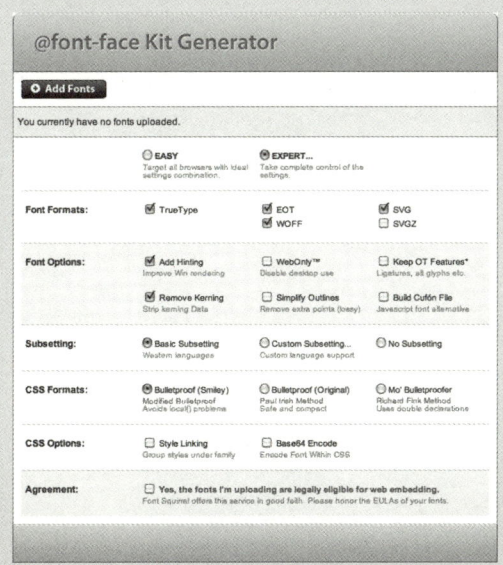

C Font Squirrel(www.fontsquirrel.com)에서는 웹 사이트에서 바로 사용할 수 있는 500개 이상의 무료 폰트를 제공한다.

D @font-face 킷 생성기(www.fontsquirrel.com/fontface/generator)를 사용하면 라이선스가 있는 폰트를 웹에서 사용할 수 있는 웹폰트로 변환할 수 있다.

웹폰트 서비스 업체

웹 디자인에 특정 폰트를 추가하는 방식으로 최근 인기를 얻고 있는 또 다른 방식은 웹폰트 서비스 업체를 이용하는 것이다. 웹폰트 서비스 업체는 (보통 비용을 지불하고) 라이선스가 있는 폰트를 사용할 수 있게 해 주지만 실제 파일은 자신들의 서버에 두고 코드에서 이러한 파일을 참조할 수 있게 한다. 어떤 업체에서는 사용하기 쉬운 CSS 링크를 통해 이런 서비스를 제공하고 다른 업체에서는 보통 자바스크립트를 포함시키는 자체 방식을 사용한다.

웹폰트 서비스 업체를 이용할 때의 장점은 다음과 같다.

- 폰트 라이선스가 생기므로 EULA를 위반해 법적 책임을 지는 것을 걱정하지 않아도 된다.
- 폰트를 업체 서버에서 호스팅하므로 서버 대역폭 부담을 줄일 수 있다.
- 업데이트나 업그레이드 같은 브라우저 지원을 모두 업체에서 처리한다.

하지만 단점도 있다.

- 폰트가 서드 파티 서버에 위치하기 때문에 이용하는 업체의 시스템이 항상 빠르고 신뢰할 수 있어야 한다.
- 컴퓨터에 폰트 복사본이 없는 경우에는 고객에게 보여줄 그래픽 컴포넌트를 만들 수 없다.
- 서비스 업체마다 가격이 다르다. 일부 서비스 업체에서는 비용을 한 번만 지불해도 되지만 다른 업체에서는 1년 단위로 비용을 청구한다. 이때 깜박 잊고 비용을 지불하지 않으면 폰트도 사용할 수 없게 된다.

새로운 웹폰트 서비스 업체는 항상 등장하고 있지만 그 중 인기 있는 업체는 다음과 같다.

- Typekit (www.typekit.com)
- Kernest (www.kernest.com)
- Typotheque (www.typotheque.com)
- Ascender (www.ascender.com)
- Fontdeck (www.fontdeck.com)
- Google Font API (code.google.com/apis/webfonts/)

Ⓐ 폰트의 높이(크기)는 디센더[1] 부터 시작해 아센더[3] (보통 대문자 높이[2])까지 측정한 값을 말한다. x-height는 소문자 글자의 높이를 말한다.

표 5.44 폰트 크기 값

값	호환성
\<length\>	IE3, FF1, S1, C1, O5.5, CSS1
\<percentage\>	IE3, FF1, S1, C1, O5.5, CSS1
smaller	IE4, FF1, S1, C1, O5.5, CSS1
larger	IE4, FF1, S1, C1, O5.5, CSS1
xx-small	IE3, FF1, S1, C1, O5.5, CSS1
x-small	IE3, FF1, S1, C1, O5.5, CSS1
small	IE3, FF1, S1, C1, O5.5, CSS1
medium	IE3, FF1, S1, C1, O5.5, CSS1
large	IE3, FF1, S1, C1, O5.5, CSS1
x-large	IE3, FF1, S1, C1, O5.5, CSS1
xx-large	IE3, FF1, S1, C1, O5.5, CSS1

폰트 크기 설정

CSS를 사용하면 전통적인 인쇄 기준 포인트 크기, 백분율, 절대 크기, 주변 텍스트에 대한 상대 크기 등 '표 5.4'의 여러 가지 표기와 방식 Ⓐ 으로 화면에 보이는 텍스트 크기를 지정할 수 있다.

폰트는 표준 측정 단위를 기반으로 크기를 정의하는 절대 크기로 설정하거나 브라우저의 기본 설정과 관련한 상대 크기로 설정할 수 있다.

엘리먼트의 폰트 크기 정의

1. 폰트 크기 속성을 CSS에 추가한다. font-size 속성을 입력하고 이어서 콜론을 입력한다(코드 5.4).
   font-size:
2. 폰트 크기를 정의한다.
   100%;
   폰트 크기에 대한 값을 입력한다. 이때 값으로는 다음 항목 중 하나를 사용하면 된다.

   ▶ 상대 또는 절대 길이 단위(보통 픽셀 또는 em 폰트 크기). 더 자세한 내용은 책의 소개 부분에 있는 '이 책에 사용된 값과 단위'를 참고하자.

   ▶ 기본 페이지 크기에 대한 상대값을 갖는 절대 크기 키워드: xx-small, x-small, small, medium, large, x-large, xx-large

   ▶ 부모 엘리먼트와 관련해 폰트 크기를 지정하는 smaller, larger 상대 크기 키워드

---

1 _ 인쇄물을 조판할 때 글자의 구조상 그 아랫 부분이 기준선 아래로 내려 오게 되는 글자로 알파벳에서 g, j, p, y의 대문자와 소문자 및 소문자 q(대문자는 제외)를 말한다.

2 _ 선이나 스트로크(stroke)가 x자의 높이보다 높은 활자. b, d, f, h, k, l, t가 이에 해당한다.

3 _ 기준선보다 위로 올라온 서체 대문자의 높이를 가리킨다.

코드 5.4 font-properties.css – 페이지 텍스트의 기본 크기를 100%(사용자가 설정한 기본 크기)로 정의하고 이 폰트 크기에 대한 상대 크기로 다른 폰트 크기를 설정했다 **B**.

```css
/*** CSS VQS - Chapter 5 - fontproperties.css ***/
@font-face {
  font-family: 'Title Font';
  src: url('../_fonts/Little-Trouble-Girl/littletroublegirl-webfont.eot');
  src: local('☺'), url('../_fonts/Little-Trouble-Girl/littletroublegirl-webfont.woff') format('woff'),
    url('../_fonts/Little-Trouble-Girl/littletroublegirl-webfont.ttf') format('truetype'),
    url('../_fonts/Little-Trouble-Girl/littletroublegirl-webfont.svg#webfont') format('svg');
  font-weight: normal;
  font-style: normal;
  font-variant: normal; }

body {
  font-family: Corbel, Helvetica, Arial, Sans-serif;
  font-size: 100%; }

h1, h2, h3, h4, h5, h6, .byline {
  font-family: Constantia, Georgia, Times, "Times New Roman", Serif; }

h1 {
  font-family: 'Title Font', Constantia, Georgia, Times, "Times New Roman", Serif;
  font-size: 3em; }

h2 {
  font-size: 2em; }

h2 strong {
  font-size: .5em; }

p {
  font-size: .875em; }

strong {
  font-size: 1.25em; }

.byline {
  font-size: 1em; }

.byline .author {
  font-size: 1.25em; }
```

Alice's Adventures In Wonderland

by Lewis Carroll

Chapter I. **Down the Rabbit-Hole**

Alice was beginning to get very tired of sitting by her sister on the bank, and of having nothing to do: once or twice she had peeped into the book her sister was reading, but it had no pictures or conversations in it, 'and what is the use of a book,' thought Alice 'without pictures or conversation?'

So she was considering in her own mind (as well as she could, for the hot day made her feel very sleepy and stupid), whether the pleasure of making a daisy-chain would be worth the trouble of getting up and picking the daisies, when suddenly a White Rabbit with pink eyes ran close by her.

There was nothing so **very** remarkable in that; nor did Alice think it so **very** much out of the way to hear the Rabbit say to itself, 'Oh dear! Oh dear! I shall be late!' (when she thought it over afterwards, it occurred to her that she ought to have wondered at this, but at the time it all seemed quite natural); but when the Rabbit actually **took a watch out of its waistcoat-pocket**, and looked at it, and then hurried on, Alice started to her feet, for it flashed across her mind that she had never before seen a rabbit with either a waistcoat-pocket, or a watch to take out of it, and burning with curiosity, she ran across the field after it, and fortunately was just in

B 폰트 크기는 페이지의 가독성을 결정하는 데 도움이 된다. 보통 제목은 바디보다 크게 한다. 아울러 <strong>과 <em> 태그 같은 일부 텍스트는 더 강조해 사용자의 시선을 끌 필요가 있다.

화면 또는 인쇄용 폰트 크기 타입 선택

(포인트 같은) 절댓값 타입은 더 정확한 제어가 가능하지만 화면에서 안정적으로 보이지 않으며 사용자 브라우저에서 결과물을 보여주는 방식을 제한할 수 있다.

포인트(pt)는 폰트의 절대 크기 참조 방식 중 하나다. 12포인트 폰트는 인쇄물의 평균 폰트 크기로 대부분의 독자가 읽기 좋은 크기다. 하지만 화면에서 볼 경우 포인트 크기는 운영체제에 따라 조금씩 달라져서 윈도우 컴퓨터에서 보는 12포인트 폰트가 같은 폰트를 맥에서 보는 것보다 더 크게 보인다. 물론 인쇄물의 경우 CSS에 포인트 크기를 사용해도 괜찮지만(4장의 '미디어 쿼리' 참고) 화면에서 볼 의도라면 분명 잘못된 선택이다.

필자는 화면의 경우 상댓값 타입(특히 em)을 고수하고 인쇄물의 경우 절댓값 타입을 사용할 것을 권장한다.

▶ 부모 엘리먼트의 크기와 비교해 얼마나 더 크거나(100% 초과) 작은지(100% 미만)를 나타내는 퍼센트 값.

이때 사용하는 값은 필요에 따라 다르다. 하지만 보통 사용자가 텍스트가 보이는 크기를 제어할 수 있도록 상대 폰트 크기를 설정할 것을 권장한다.

3. 필요에 따라 재정의할 폰트 크기를 추가한다.
   `h1 { font-size: 3em; }`

폰트 크기를 재설정하는 경우는 바디에 설정된 폰트 크기에 비해 폰트 크기를 크게 하거나 작게 해야 하는 때뿐이다. 필자가 권장하는 단위인 em을 사용해 폰트 크기를 정한 경우에는 이 크기가 부모 크기에 대한 상대 크기라는 점을 기억해야 한다. 따라서 2em은 부모보다 두 배 커지고 .5em은 부모 크기의 절반이 된다.

TIP 화면 미디어의 폰트 크기를 포인트나 기타 절대 폰트 크기로 정의하지 말자. 이렇게 하면 플랫폼에 따라 보여지는 결과가 서로 달라지기 때문이다. 하지만 이와 별개로 인쇄용 스타일 시트에는 이런 스타일 정의를 사용해도 좋다.

TIP 폰트 크기를 설정할 때는 <body>태그에 대한 상대 크기(예를 들어 100%)를 설정한 다음 절대 폰트 크기(small 등)나 상대 폰트 크기(larger 등)를 사용해 크기를 조정하는 게 제일 좋다. 이렇게 하면 실제 사용하는 매체(컴퓨터 화면, 인쇄 페이지, 모바일 기기 등)와 상관없이 일관된 모습을 보여주면서 여러 매체에 스타일을 다용도로 활용할 수 있다.

CSS3의 새 기능 - 대체 폰트의 크기 조절 ★

폰트 크기는 대문자의 크기를 기준으로 측정된다. 하지만 정작 폰트에 따라 크기가 자주 바뀌는 대상은 소문자다. 대체 폰트를 사용할 때는 폰트 크기를 똑같이 설정하더라도 폰트 크기가 많이 다르게 보일 수 있다 Ⓐ. 이러한 문제 해결에 도움을 주기 위해 CSS3에서는 font-size-adjust 속성을 도입했다. 이 속성을 사용하면 대문자가 아니라 소문자를 기준으로 폰트 크기를 설정할 수 있다.

이 속성을 사용하려면 다양한 폰트 크기에 대해(표 5.5) 소문자 폰트의 크기를 표시할 숫자 값을 지정해야 한다. 예를 들어 폰트 크기가 18픽셀이고 font-size-adjust를 .5로 설정하면 소문자 글자의 크기는 9 픽셀이 된다. 이를 활용하면 서로 x-height가 크게 다른 폰트들이 모두 서로에 대해 같은 상대 크기를 갖게 할 수 있다.

엘리먼트에 대한 폰트 크기 조절

1. 폰트 크기 조절 속성을 CSS에 추가한다. font-size-adjust 속성명을 입력하고 이어서 콜론을 입력한다(코드 5.5).

   `font-size-adjust:`

2. 크기값을 정의한다.

   `.5;`

   폰트 크기를 조절할 값을 입력한다.
   - ▶ 0 또는 그보다 큰 값은 현재 폰트 크기에 대한 곱셈 인자로 사용돼 x-height를 기준으로 텍스트 크기가 조절된다.
   - ▶ none 폰트 크기를 조절하지 않을 때 사용한다.

Ⓐ Verdana는 Arial보다 x-height가 훨씬 크지만(상단 그림) font-size-adjust 속성을 사용하면 소문자 글자가 같은 크기를 사용하게 되므로 브라우저가 사용하는 폰트와 상관없이 일관성을 유지할 수 있다.

표 5.5 font-size-adjust 속성값

속성값	호환성
<number>	FF3*, CSS3
none	FF3*, CSS3

*윈도우 운영체제에서는 FF1

TIP 이 속성에 지정할 값은 설정된 폰트 크기를 폰트의 x-height로 나눠서 계산하거나 font-size-adjust 값이 주요 폰트의 폰트 크기에 영향을 주지 않을 때까지 '계속 관찰해' 찾아낼 수 있다.

TIP font-size-adjust는 모든 글리프(대/소문자 모두)의 크기를 조절하지만 대문자가 아니라 소문자에 대한 상대 크기를 기준으로 이러한 조절을 수행한다.

코드 5.5 font-properties.css : 소문자 글자가 대문자 글자의 절반 크기가 되도록 폰트 크기를 조절했다 **B**. 헤더 폰트는 예외적으로 0.46으로 설정했다 **C**.

```css
/*** CSS VQS - Chapter 5 - fontproperties.css ***/
@font-face {
  font-family: 'Title Font';
  src: url('../_fonts/Little-Trouble-Girl/littletroublegirl-webfont.eot');
  src: local('☺'), url('../_fonts/Little-Trouble-Girl/littletroublegirl-webfont.woff') format('woff'),
    url('../_fonts/Little-Trouble-Girl/littletroublegirl-webfont.ttf') format('truetype'),
    url('../_fonts/Little-Trouble-Girl/littletroublegirl-webfont.svg#webfont') format('svg');
  font-weight: normal;
  font-style: italic;
  font-variant: normal; }
body {
  font-family: Helvetica, Arial, Sans-serif;
  font-size: 100%;
  font-size-adjust: .5; }

h1, h2, h3, h4, h5, h6, .byline {
  font-family: Georgia, Times, "Times New Roman", Serif;
  font-size-adjust: .46; }

h1 {
  font-family: Constantia, Georgia, Times, "Times New Roman", Serif;
  font-size: 3em; }

h2 {
  font-size: 2em; }

h2 strong {
  font-size: .5em; }

p {
  font-size: .875em; }

strong {
  font-size: 1.25em; }

.byline {
  font-size: 1.25em; }

.byline .author { }
```

폰트 속성

Alice's Adventures In Wonderland

by Lewis Carroll

Chapter I. Down the Rabbit-Hole

Alice was beginning to get very tired of sitting by her sister on the bank, and of having nothing to do: once or twice she had peeped into the book her sister was reading, but it had no pictures or conversations in it, 'and what is the use of a book,' thought Alice 'without pictures or conversation?'

So she was considering in her own mind (as well as she could, for the hot day made her feel very sleepy and stupid), whether the pleasure of making a daisy-chain would be worth the trouble of getting up and picking the daisies, when suddenly a White Rabbit with pink eyes ran close by her.

There was nothing so **very** remarkable in that; nor did Alice think it so **very** much out of the way to hear the Rabbit say to itself, 'Oh dear! Oh dear! I shall be late!' (when she thought it over afterwards, it occurred to her that she ought to have wondered at this, but at the time it all seemed quite natural); but when the Rabbit actually **took a watch out of its waistcoat-pocket**, and looked at it, and then hurried on, Alice started to her feet, for it flashed across her mind that she had never before seen a rabbit with either a waistcoat-pocket, or a watch to take out of it, and burning with curiosity, she ran across the field after it, and fortunately was just in time to see it pop down a large rabbit-hole under the hedge.

B font-size-adjust를 적용하지 않은 채 두 번째 폰트를 사용한 페이지를 보여준다.

Alice's Adventures In Wonderland

by Lewis Carroll

Chapter I. Down the Rabbit-Hole

Alice was beginning to get very tired of sitting by her sister on the bank, and of having nothing to do: once or twice she had peeped into the book her sister was reading, but it had no pictures or conversations in it, 'and what is the use of a book,' thought Alice 'without pictures or conversation?'

So she was considering in her own mind (as well as she could, for the hot day made her feel very sleepy and stupid), whether the pleasure of making a daisy-chain would be worth the trouble of getting up and picking the daisies, when suddenly a White Rabbit with pink eyes ran close by her.

There was nothing so **very** remarkable in that; nor did Alice think it so **very** much out of the way to hear the Rabbit say to itself, 'Oh dear! Oh dear! I shall be late!' (when she thought it over afterwards, it occurred to her that she ought to have wondered at this, but at the time it all seemed quite natural); but when the Rabbit actually **took a watch out of its waistcoat-pocket**, and looked at it, and then hurried on, Alice started to her feet, for it flashed across her mind that she had never before seen a rabbit with either a waistcoat-pocket, or a watch to take out of it, and burning with curiosity, she ran across the field after it, and fortunately was just in time to see it pop down a large rabbit-hole under the hedge.

C 폰트를 조절한 페이지를 보여준다. 변화는 미미하지만 전반적인 가독성이 좋아졌다.

normal italic oblique

Ⓐ 이탤릭과 빗김꼴. 둘 사이의 차이점을 확실히 알려면 두 글자 모두에서 "i" 글자를 주의깊게 살펴보자.

표 5.6 폰트 스타일 속성값

값	호환성
normal	IE3, FF1, S1, C1, O5.5, CSS1
italic	IE3, FF1, S1, C1, O5.5, CSS1
oblique	IE4, FF1, S1, C1, O5.5, CSS1

곧 추가될 기능: font-stretch

아직까지 아무 브라우저에서도 구현되지 않았지만 CSS3에서는 font-stretch라는 새로운 속성이 추가됐다. font-stretch: condensed; 같이 지정하면 특정 익스텐디드(extanded)나 콘덴스드(condensed) 폰트 너비를 참조할 수 있다 Ⓑ. 일부 폰트에는 단순히 글자체의 두께를 일정하게 늘리는 볼드체와는 구별된 확장되고 축소된 폰트 너비가 들어 있다. 대부분의 폰트에는 이런 속성이 없지만 이런 속성이 있는 폰트라면 font-stretch를 사용해 해당 폰트에 접근하는 게 가장 좋다.

Ⓑ 일반, 익스텐디드, 콘덴스드 버전의 Univers LT Std 폰트. font-stretch 속성을 사용할 수 있게 되면 이 속성을 사용해 이들 각 폰트를 참조할 수 있다.

텍스트의 이탤릭체 설정

자주 혼동하는 두 스타일 텍스트 종류로는 이탤릭과 빗김꼴이 있다. 이탤릭 폰트는 한 폰트의 특수 버전으로 세리프를 사용해 재디자인한 폰트이며 보통 오른쪽으로 기울어져 있다. 이에 반해 빗김꼴 폰트는 오른쪽으로 기울어진 폰트로 비스듬하게 기울어진 점을 제외하고는 일반 폰트 버전과 동일하다.

font-style 속성(표 5.6)을 사용하면 폰트를 이탤릭, 빗김꼴, 일반 폰트로 정의할 수 있다. 폰트를 이탤릭으로 설정했지만 명시적인 이탤릭 버전이 없을 때는 폰트가 빗김꼴로 기본 설정된다 Ⓐ.

엘리먼트의 폰트 스타일 설정

1. 폰트 스타일 속성을 CSS에 추가한다. font-style 속성명을 입력하고(코드 5.6) 이어서 콜론(:)을 입력한다.
   `font-style:`

2. `italic;`
   스타일 값을 정의한다. font-style에 대한 값을 입력한다. 사용할 수 있는 값은 다음과 같다.

   ▶ `italic` 폰트의 이탤릭 버전 타입을 지정한다.

   ▶ `oblique` 폰트를 오른쪽으로 기울어지게 한다.

   ▶ `normal` 설정된 다른 스타일을 재정의한다.

3. `h2 strong { font-style: normal; }`
   필요에 따라 스타일 재정의를 추가한다. 자식 엘리먼트의 폰트 스타일을 normal로 설정하면 이탤릭, 빗김꼴 폰트 스타일을 재정의할 수 있다.

코드 5.6 font-properties.css : h1과 h2 태그 모두 이탤릭 폰트를 설정하고 이 설정을 h2 내의 strong 태그에서 재정의한다
Ⓒ. 이때 @font-face 규칙에서 font-style도 수정해야 한다. 하지만 이렇게 한다고 해서 다운로드한 폰트가 실제로 이탤릭체가 되는 것은 아니다. 다만 브라우저가 이탤릭 버전 자리에 이 폰트를 사용하도록 지정할 뿐이다.

```css
/*** CSS VQS - Chapter 5 - fontproperties.css ***/
@font-face {
  font-family: 'Title Font';
  src: url('../_fonts/Little-Trouble-Girl/littletroublegirl-webfont.eot');
  src: local('☺'), url('../_fonts/Little-Trouble-Girl/littletroublegirl-webfont.woff') format('woff'),
       url('../_fonts/Little-Trouble-Girl/littletroublegirl-webfont.ttf') format('truetype'),
       url('../_fonts/Little-Trouble-Girl/littletroublegirl-webfont.svg#webfont') format('svg');
  font-weight: normal;
  font-style: italic;
  font-variant: normal; }

body {
  font-family: Corbel, Helvetica, Arial, Sans-serif;
  font-size: 100%;
  font-size-adjust: .5; }

h1, h2, h3, h4, h5, h6, .byline {
  font-family: Constantia, Georgia, Times, "Times New Roman", Serif;
  font-size-adjust: .46; }

h1 {
  font-family: 'Title Font', Constantia, Georgia, Times, "Times New Roman", Serif;
  font-size: 3em;
  font-style: italic; }

h2 {
  font-size: 2em;
  font-style: normal; }

h2 strong {
  font-size: .5em;
  font-style: italic; }

p {
  font-size: .875em; }

strong {
  font-size: 1.25em; }

.byline {
  font-size: 1.25em;
  font-style: italic; }

.byline .author {
  font-style: normal; }
```

TIP 많은 브라우저가 이탤릭과 빗김꼴을 구분하지 않는다. 아울러 (이탤릭 폰트를 사용할 수 있을 때는) 빗김꼴로 설정한 경우에도 이탤릭 폰트가 사용된다.

TIP 서체의 이탤릭 또는 빗김꼴 버전이 존재하지 않으면 많은 브라우저에서 기본 폰트 버전을 오른쪽으로 기울인다. 이때 모양이 좋게 나오는 경우는 거의 없으므로 가급적 이런 상황은 피해야 한다..

TIP 많은 웹 디자이너들이 단어에 밑줄을 그어서 시각적으로 단어를 강조한다. 하지만 필자는 이 방식 대신 이탤릭이나 빗김꼴 텍스트를 사용할 것을 권장한다. 밑줄을 사용하면 페이지가 어수선해 보이기 쉽다. 아울러 밑줄은 하이퍼텍스트 링크와 혼동하기도 쉽다.

TIP 이탤릭 텍스트는 비이탤릭 텍스트(전통적인 서체 용어로는 로만(roman)이라고 한다)보다 차지하는 공간이 더 적으므로 화면 공간을 절약해야 할 때 사용할 수 있다. 하지만 작은 포인트 크기로 사용하면 이탤릭 텍스트를 화면에서 읽기 어려우므로 주의해야 한다.

Alice's Adventures In Wonderland

by Lewis Carroll

Chapter I. **Down the Rabbit-Hole**

Alice was beginning to get very tired of sitting by her sister on the bank, and of having nothing to do: once or twice she had peeped into the book her sister was reading, but it had no pictures or conversations in it, 'and what is the use of a book,' thought Alice 'without pictures or conversation?'

So she was considering in her own mind (as well as she could, for the hot day made her feel very sleepy and stupid), whether the pleasure of making a daisy-chain would be worth the trouble of getting up and picking the daisies, when suddenly a White Rabbit with pink eyes ran close by her.

There was nothing so **very** remarkable in that; nor did Alice think it so **very** much out of the way to hear the Rabbit say to itself, 'Oh dear! Oh dear! I shall be late!' (when she thought it over afterwards, it occurred to her that she ought to have wondered at this, but at the time it all seemed quite natural); but when the Rabbit actually **took a watch out of its waistcoat-pocket**, and looked at it, and then hurried on, Alice started to her feet, for it flashed across her mind that she

---

C 이탤릭 폰트는 'by' 같은 단어를 따로 떨어뜨리거나 장 제목 등을 강조할 때 사용한다.

볼드체 설정

CSS에는 텍스트에 서로 다른 볼드체 수준을 설정하는 여러 가지 방식이 있다. 많은 폰트에는 폰트와 관련한 다양한 두께가 포함돼 있다. 이러한 두께는 텍스트를 더 두껍게 보이거나 덜 두껍게 보이게 하는 데 사용된다(표 5.7). CSS에서도 이러한 기능을 활용할 수 있다 **A**.

CSS 규칙에서의 볼드 텍스트 정의

1. CSS에 폰트 두께 속성을 추가한다. font-weight 속성명을 입력하고(코드 5.7) 이어서 콜론(:)을 입력한다.
   `font-weight:`

2. 두께를 정의한다.
   `bold;`

3. 다음 속성값 중 하나를 사용해 font-weight 속성의 값을 입력한다.
   - ▶ **bold** 폰트를 볼드페이스로 설정한다.
   - ▶ **bolder** 또는 **lighter** 부모 엘리먼트의 폰트 두께에 대한 상댓값으로 폰트 두께를 더 두껍거나 더 얇게 설정한다.
   - ▶ **100**부터 **900** 사이의 100 단위 값. 사용할 수 있는 폰트의 다른 버전들을 기준으로 폰트 두께를 증가시킨다.
   - ▶ **normal** 다른 두께 설정을 재정의한다.

TIP font-weight는 텍스트를 강조하기 위해 사용하되 제한적으로 사용해야 한다. 모든 텍스트가 볼드체라면 부각되는 텍스트도 없어진다.

TIP 실제로 대부분의 폰트는 normal과 bold만 지원하므로 상댓값이 절대적인 영향을 미친다.

normal **bold**

A 이 그림에서는 일반 텍스트와 볼드 텍스트의 차이점을 쉽게 알 수 있다.

표 5.7 폰트 두께 속성값

속성값	호환성
normal	IE3, FF1, S1, C1, O5.5, CSS1
bold	IE3, FF1, S1, C1, O5.5, CSS1
lighter	IE4, FF1, S1, C1, O5.5, CSS1
bolder	IE4, FF1, S1, C1, O5.5, CSS1
100-900*	IE4, FF1, S1, C1, O5.5, CSS1

*사용 가능한 폰트 두께에 따라 다르다.

B 저자명과 장 제목이 두드러진다. strong 태그 내의 텍스트가 더 이상 볼드체가 아닌 것을 볼 수 있다. 텍스트를 "강하게"하는 방법에는 볼드체를 사용하거나 더 크게 키우는 것을 비롯해 여러 가지 방법이 있다.

폰트 두께 숫자 값

대부분의 폰트는 9가지 두께를 모두 갖고 있지 않으므로 사용할 수 없는 font-weight 값을 지정하면 다음과 같은 체계에 따라 다른 두께가 사용된다.

- ■ 100부터 300 값은 사용 가능한 다음으로 얇은 두께 또는 다음으로 두꺼운 두께를 사용한다.
- ■ 400과 500 값은 서로 대체해 사용할 수 있다.
- ■ 600부터 900 값은 사용 가능한 다음으로 두꺼운 두께 또는 다음으로 얇은 두께를 사용한다.

코드 5.7 font-properties.css : h1 태그는 (보통 그렇듯이) 볼드로 설정했지만 h2 태그는 더 얇게 설정해 일반 폰트를 사용하는 효과를 냈다. font-weight를 normal로 설정하면 strong 텍스트도 볼드체가 되지 않게 할 수 있다 ⓑ.

```css
/*** CSS VQS - Chapter 5 - fontproperties.css ***/
@font-face {
  font-family: 'Title Font';
  src: url('../_fonts/Little-Trouble-Girl/littletroublegirl-webfont.eot');
  src: local('☺'), url('../_fonts/Little-Trouble-Girl/littletroublegirl-webfont.woff') format('woff'),
  ↪ url('../_fonts/Little-Trouble-Girl/littletroublegirl-webfont.ttf') format('truetype'),
  ↪ url('../_fonts/Little-Trouble-Girl/littletroublegirl-webfont.svg#webfont') format('svg');
  font-weight: bold;
  font-style: italic;
  font-variant: normal; }
body {
  font-family: Corbel, Helvetica, Arial, Sans-serif;
  font-size: 100%;
  font-size-adjust: .5; }
h1, h2, h3, h4, h5, h6, .byline {
  font-family: Constantia, Georgia, Times, "Times New Roman", Serif;
  font-size-adjust: .46; }
h1 {
  font-family: 'Title Font', Constantia, Georgia, Times, "Times New Roman", Serif;
  font-size: 3em;
  font-style: italic;
  font-weight: bold; }
h2 {
  font-size: 2em;
  font-style: normal;
  font-weight: lighter; }
h2 strong {
  font-size: .5em;
  font-style: italic; }

p {
  font-size: .875em; }
strong {
  font-size: 1.25em;
  font-weight: normal; }
.byline {
  font-size: 1em;
  font-style: italic; }
.byline .author {
  font-size: 1.25em;
  font-style: normal;
  font-weight: bold; }
```

소형 대문자 설정

소형 대문자(종종 미니캡이라고도 부른다)는 제목을 강조할 때 효과적이다(표 5.8). 소형 대문자를 사용하면 소문자가 대문자로 변환되지만 일반 대문자 글자보다 크기가 약간 줄어든다 **A**.

엘리먼트에 대한 소형 대문자 설정

1. font-variant 속성을 CSS에 추가한다. font-variant 속성명을 입력하고(코드 5.8) 이어서 콜론(:)을 입력한다.

   font-variant:

2. variant에 대한 값을 정의한다.

   small-caps;

   이때 다음 값 중 하나를 사용해 font-variant 속성의 값을 입력한다.

   ▶ **small-caps** 소문자 글자를 실제 대문자 글자보다 작은 버전의 대문자로 설정한다.

   ▶ **normal** 상속한 기타 font-variant 값들을 재정의한다.

TIP 소형 대문자는 제목이나 기타 텍스트에 가장 적합하다. 소형 대문자는 크기를 작게 하면 읽기가 어려워진다.

Normal   SMALLCAPS

A 소형 대문자를 사용하면 모든 글자가 대문자가 되고 첫 글자가 나머지 글자보다 커진다.

표 5.8 font-variant 속성값

속성값	호환성
normal	IE4, FF1, S1, C1, O3.5, CSS1
small-caps	IE4, FF1, S1, C1, O3.5, CSS1

B 제목에 소형 대문자를 사용하면 나머지 텍스트와 구별해 제목을 세련되게 강조할 수 있다.

코드 5.8 font-properties.css : 소형 대문자를 헤더 1과 헤더 2에 모두 적용했지만 h2 내의 strong 엘리먼트에서는 소형 대문자를 비활성화했다. 다운로드한 폰트가 h1에 보이도록 font-variant 선언을 @font-face에서 small-caps 규칙으로 수정한 점을 주의해서 살펴보자 **B**.

```css
/*** CSS VQS - Chapter 5 - fontproperties.css ***/
@font-face {
  font-family: 'Title Font';
  src: url('../_fonts/Little-Trouble-Girl/littletroublegirl-webfont.eot');
  src: local('☺'), url('../_fonts/Little-Trouble-Girl/littletroublegirl-webfont.woff') format('woff'),
  → url('../_fonts/Little-Trouble-Girl/littletroublegirl-webfont.ttf') format('truetype'),
  → url('../_fonts/Little-Trouble-Girl/littletroublegirl-webfont.svg#webfont') format('svg');
  font-weight: bold;
  font-style: italic;
  font-variant: small-caps; }
body {
  font-family: Corbel, Helvetica, Arial, Sans-serif;
  font-size: 100%;
  font-size-adjust: .5; }
h1, h2, h3, h4, h5, h6, .byline {
  font-family: Constantia, Georgia, Times, "Times New Roman", Serif;
  font-size-adjust: .46; }
h1 {
  font-family: 'Title Font', Constantia, Georgia, Times, "Times New Roman", Serif;
  font-size: 3em;
  font-style: italic;
  font-weight: bold;
  font-variant: small-caps; }
h2 {
  font-size: 2em;
  font-style: normal;
  font-weight: lighter;
  font-variant: small-caps; }
h2 strong {
  font-size: .5em;
  font-style: italic;
  font-variant: normal; }
p {
  font-size: .875em; }
strong {
  font-size: 1.25em; }
.byline {
  font-size: 1em;
  font-style: italic; }
.byline .author {
  font-size: 1.25em;
  font-style: normal;
  font-weight: bold; }
```

여러 폰트 값 일괄 설정

폰트 속성은 독립적으로 설정할 수도 있지만 모든 폰트 요소를 한 선언에 사용하는 방식이 때로는 더 유용하고 정확할 수 있다(표 5.9). 이를 위해서는 단축 font 속성을 사용해야 한다.

단일 규칙 내에서의 여러 폰트 어트리뷰트 동시 정의

1. CSS에 폰트 속성을 추가한다. font 속성명을 입력하고(코드 5.9) 이어서 콜론(:)을 입력한다. 그런 다음 앞의 예제에서 한 순서대로 값들을 입력한다.
   font:

2. 선택적으로 스타일 값을 정의한다. font-style 값을 입력하고 이어서 공백을 입력한다(이 장의 '텍스트의 이탤릭체 설정' 참고)
   italic

3. 선택적으로 폰트 두께를 정의한다. font-weight 값을 입력하고 이어서 공백을 입력한다(이 장의 '볼드체 설정' 참고).
   bold

4. 선택적으로 variant 값을 정의한다. font-variant 값을 입력하고 이어서 공백을 입력한다(이 장의 '소형 대문자 설정' 참고).
   small-caps

표 5.9 font 속성값

속성값	호환성
⟨font-style⟩	IE3, FF1, S1, C1, O3.5, CSS1
⟨font-variant⟩	IE3, FF1, S1, C1, O3.5, CSS1
⟨font-weight⟩	IE3, FF1, S1, C1, O3.5, CSS1
⟨font-size⟩	IE3, FF1, S1, C1, O3.5, CSS1
⟨line-height⟩	IE3, FF1, S1, C1, O3.5, CSS1
⟨font-family⟩	IE3, FF1, S1, C1, O3.5, CSS1
방문자 스타일	IE4, FF1, S2, C1, O6, CSS2

5. 크기 값을 정의한다. font-size 값을 입력한다(이 장의 '폰트 크기 설정' 참고).
   100%

6. 선택적으로 줄 높이 값을 정의한다. 정방향 슬래시(/)를 입력하고 line-height 값을 입력하고 공백을 입력한다(6장의 '텍스트 간격 조절' 참고).
   .9

7. 폰트 패밀리 값을 정의한다. font-family 값을 입력하고 세미콜론으로 닫는다(이 장의 '폰트 스택 설정' 참고).
   'Title Font', Constantia, Georgia,
   →Times, "Times New Roman", Serif;

TIP font 단축 속성은 실제로 작업 3시간을 많이 줄여주므로 필자는 가능한 한 이 속성을 사용하려고 한다. 이 속성은 입력 및 수정에 시간이 덜 들 뿐 아니라 코드 용량을 줄이고 로드 시간을 빠르게 하는 장점도 있다.

TIP 코다(Coda)나 드림위버(DreamWeaver) 같은 코드 편집 소프트웨어에서는 단축 속성보다는 개별 속성을 기본으로 사용한다.

TIP 특정 스타일, variant, 목록에 있는 두께 값을 설정하고 싶지 않을 때는 그냥 빈 채로 두면 된다. 이 경우 브라우저에서는 기본값을 대신 사용한다. 하지만 단순히 normal이라 할지라도 최소한 값 하나는 꼭 포함시켜야 한다.

TIP font 단축 속성을 통해 설정한 값을 재정의해야 할 때는 일반적으로 전체 속성(font-style, font-variant, font-weight, font-family 등)을 사용하는 게 가장 좋다.

코드 5.9 font-properties.css : font 단축 속성을 사용해 기존 폰트 속성을 최대한 병합했다. 이 과정에서 폰트 크기, 폰트 패밀리 및 기타 다른 폰트 속성 중 한 가지 이상을 정의했다 Ⓐ.

```css
/*** CSS VQS - Chapter 5 - fontproperties.css ***/
@font-face {
  font-family: 'Title Font';
  src: url('../_fonts/Little-Trouble-Girl/littletroublegirl-webfont.eot');
  src: local('☺'), url('../_fonts/Little-Trouble-Girl/littletroublegirl-webfont.woff')format('woff'),
  → url('../_fonts/Little-Trouble-Girl/littletroublegirl-webfont.ttf') format('truetype'),
  → url('../_fonts/Little-Trouble-Girl/littletroublegirl-webfont.svg#webfont') format('svg');
  font-weight: bold;
  font-style: italic;
  font-variant: small-caps; }

body {
  font: normal 100%/1.5 Corbel, Helvetica, Arial, Sans-serif;
  font-size-adjust: .5; }

h1, h2, h3, h4, h5, h6, .byline {
  font-family: Constantia, Georgia, Times, "Times New Roman", Serif;
  font-size-adjust: .46; }

h1 {
  font: italic bold small-caps 3em/.9 'Title Font', Constantia, Georgia, Times, "Times New Roman",
  → Serif;
  }

h2 {
  font-size: 2em;
  font-style: normal;
  font-weight: lighter;
  font-variant: small-caps; }

h2 strong {
  font-size: .5em;
  font-style: italic;
  font-variant: normal; }

p {
  font-size: .875em; }

strong {
  font-size: 1.25em; }

.byline {
  font-size: 1em;
  font-style: italic; }

.byline .author {
  font-size: 1.25em;
  font-style: normal;
  font-weight: bold; }
```

ALICE'S ADVENTURES IN WONDERLAND

by **Lewis Carroll**

Chapter I. DOWN THE RABBIT-HOLE

Alice was beginning to get very tired of sitting by her sister on the bank, and of having nothing to do: once or twice she had peeped into the book her sister was reading, but it had no pictures or conversations in it, 'and what is the use of a book,' thought Alice 'without pictures or conversation?'

So she was considering in her own mind (as well as she could, for the hot day made her feel very sleepy and stupid), whether the pleasure of making a daisy-chain would be worth the trouble of getting up and picking the daisies, when suddenly a White Rabbit with pink eyes ran close by her.

There was nothing so **very** remarkable in that; nor did Alice think it so **very** much out of the way to hear the Rabbit say to itself, 'Oh dear! Oh dear! I shall be late!' (when she thought it over afterwards, it occurred to her that she ought to have wondered at this, but at the time it all seemed quite natural); but when the Rabbit actually **took a watch out of its**

Ⓐ 텍스트 줄 사이의 공백을 제외하면 이 페이지는 앞 절의 페이지와 같아 보인다.

방문자 스타일 따라 하기

방문자의 시스템 폰트 스타일과 일치한다면 좋지 않을까? 폰트 스타일을 다음 키워드 중 하나로 선언하면 (예를 들어 font: icon;) 이렇게 할 수 있다.

- `caption`: 버튼 같은 컨트롤에서 사용하는 폰트 스타일
- `icon`: 라벨 아이콘에서 사용하는 폰트 스타일
- `menu`: 드롭 다운 메뉴와 메뉴 목록에서 사용하는 폰트 스타일
- `message-box`: 대화 상자에서 사용하는 폰트 스타일
- `small-caption`: 작은 컨트롤 라벨에 사용하는 폰트 스타일
- `status-bar`: 윈도우 상단의 상태 표시줄에서 사용하는 폰트 스타일

정리하며...

1. CSS 규칙을 바디 엘리먼트에 추가해 폰트 스택을 정의한다. 4장에서 사용한 HTML을 사용하고 <style> 태그에 body{...} 규칙을 추가한 다음 폰트 패밀리(폰트 스택)에 대한 선언을 추가한다. 서로 다른 폰트를 적용하고 결과를 확인한다.

2. 헤더에 웹폰트를 사용한다. CSS 코드 상단에 @font-face{...} 규칙을 두고 웹폰트 파일을 가리키게 한다(이 파일은 로컬 시스템에 두면 된다). 그런 다음 앞에서 폰트 스택에 나열한 웹폰트를 사용하도록 페이지 헤더(h1, h2, h3 등)에 대한 규칙을 추가한다.

3. 바디의 폰트 크기를 지정한다. font-size 선언을 바디 규칙에 추가한다. 다양한 값과 단위를 대입해 보고 페이지가 어떻게 바뀌는지 확인한다.

4. 폰트 조절 속성을 지정한다. font-adjust 속성을 바디 규칙에 추가한 다음 폰트 스택을 수정해 보면서 다양한 폰트 크기에 따라 폰트 조절 속성이 페이지에 어떤 영향을 미치는지 확인한다.

5. 헤더의 폰트 두께를 지정한다. 브라우저 기본 스타일에서는 보통 헤더를 볼드체로 만든다. 일반(로만) 스타일을 적용해 헤더가 어떻게 보이는지 관찰해 본다.

6. 헤더에 소형 대문자 스타일을 적용한다. font-variant 속성을 헤더 규칙에 추가한다.

7. font 단축 속성을 사용해 스타일 규칙을 병합한다. font 속성을 사용해 서로 독립적인 폰트 속성을 하나의 선언으로 합친다.

6

텍스트 속성

텍스트는 어디서든 볼 수 있고 아침에 먹는 시리얼 상자에 적힌 성분 표시부터 그리스 항아리에 부치는 노래[1]에 이르기까지 모든 곳에 사용된다. 텍스트는 인류가 복잡한 생각을 기록하기 위해 고안한 최고의 시스템이다. 많은 사람들은 텍스트를 단순히 단어를 기록하는 수단으로 생각하지만 타이포그래피는 이러한 글자가 전달하는 의미에 목소리를 더해 준다. 타이포그래피는 사용된 각 글자의 모양 및 크기를 제어해 텍스트가 보이는 모습(폰트)에 영향을 줄 뿐 아니라 글자, 단어, 줄, 단락 사이의 간격도 조절할 수 있다.

안타깝게도 웹이라는 매체의 한계를 극복하기 위한 과정에서 웹 타이포그래피는 많은 도전 과제에 부딪쳤다. 웹 타이포그래프의 도전 과제는 화면 텍스트의 가독성을 개선하고 주요 콘텐츠로 사용자의 관심을 끄는 데 있다. 물론 이러한 균형을 유지하는 일은 어렵지만 이 장에서는 올바른 도구를 사용해 이 과제를 차분히 준비해 보겠다.

이 장에서 다루는 내용

텍스트 간격 조절	153
텍스트 대소문자 설정	158
CSS3의 새 기능 – 텍스트 드롭 섀도우 추가 ★	160
텍스트 가로 정렬	162
텍스트 세로 정렬	164
단락 들여쓰기	167
공백 제어	169
텍스트 장식	172
곧 추가될 기능	175
정리하며...	177

1_ (옮긴이) 영국의 낭만주의 시인인 존 키츠의 작품이다. 원작의 제목은 Ode on a Grecian Urn이다.

코드 6.1 이 장의 예제에 사용할 HTML5 코드. 이 코드에서는 5장의 최종 CSS 코드를 링크하고 이 장에서 작성할 새로운 text-properties.css 파일을 링크한다.

```
<!-- HTML5 -->
<!DOCTYPE html>
<html lang="en">
<head>
<meta charset="utf-8">
<title>Alice's Adventure's In Wonderland | Chapter II</title>
<link href="../_css/font-properties.css" type="text/css" rel="stylesheet">
<link href="../_css/text-properties.css" type="text/css" rel="stylesheet">
<!--[if IE ]>
  <style>@import url(_css/ie.css);</style>
  <script src="_script/HTML5forIE.js" type="text/javascript"></script>
<![endif]-->
</head>
<body id="chapter2" class="book aaiw chapter">
<header>
<h1>Alice&#8217;s Adventures In Wonderland</h1>
<p class="byline">by <span class="author">Lewis Carroll</span></p>
/header
<article>
<header><h2><strong>CHAPTER II.</strong> The Pool of Tears</h2></header>
<p>'Curiouser and curiouser!' cried Alice <span class="strike">(she was so much surprised, that
for the moment she quite forgot how to speak good English);</span> 'now I'm
opening out like the largest telescope that ever was! Good-bye, feet!'
(for when she looked down at her feet, they seemed to be almost out of
sight, they were getting so far off). 'Oh, my poor little feet, I wonder
who will put on your shoes and stockings for you now, dears? I'm sure
<em>I</em> shan't be able!...</p>
<p>And she went on planning to herself how she would manage it. 'They must
go by the carrier,' she thought; 'and how funny it'll seem, sending
presents to one's own feet! And how odd the directions will look!</p>
<div class="asis">
    Alice's Right Foot ESQ.
        Hearthrug,
            Near the fender,
                (with Alice's love).
</div>
</article>
<footer>
  <ul>
    <li><a href="" target="_self">Table of Contents</a></li>
    <li><a href="" target="_self">About the Author</a></li>
    <li><a href="" target="_self">About the Books</a></li>
    <li><a href="" target="_self">About the Site</a></li>
  </ul>
</footer>
</body>
</html>
```

텍스트 간격 조절

CSS를 사용하면 개별 글자 사이의 간격(트래킹), 단어 사이의 간격, 단락 내 텍스트 줄 사이의 간격(리딩)을 포함해 텍스트 간격을 쉽게 조절할 수 있다. 물론 간격을 조절하지 않더라도 줄바꿈 태그를 사용해 HTML 문서만으로도 유사한 효과를 낼 수 있지만 이렇게 하면 구현·제어·수정이 모두 어렵다. 하지만 CSS를 사용하면 이러한 간격을 정확히 제어할 수 있다.

글자 사이의 간격 조절(트래킹)

트래킹은 단어에 있는 글자 사이의 간격 크기로 CSS에서는 `letter-spacing` 속성을 통해 제어한다(표 6.1). 글자 사이의 간격을 더 크게 하면 텍스트의 가독성이 높아진다. 하지만 간격을 너무 넓게 두면 개별 글자가 서로 떨어진 것처럼 보여서 가독성이 오히려 떨어진다.

표 6.1 letter-spacing 속성값

속성값	호환성
normal	IE4, FF1, S1, C1, O3.5, CSS1
`<length>`	IE4, FF1, S1, C1, O3.5, CSS1

코드 6.2 text-properties.css : 텍스트가 모이는 효과를 내기 위해 (책 제목에 해당하는) 레벨 1 헤더 간격을 줄였다 . 장 제목에는 간격을 더 뒀지만 장 번호("Chapter II.")에는 자간 스타일을 재정의해 보통 간격을 적용했다. 아울러 드롭캡으로 설정된 첫 단락의 첫 글자 다음에는 간격을 줄였다.

```
/*** CSS3 VQS | Chapter 6 | text-properties.
↪ css ***/

h1 {
  letter-spacing: -.05em; }
h2 {
  letter-spacing: 2px; }
h2 strong {
  letter-spacing: 0; }
header + p:first-letter {
  letter-spacing: -.05em; }
```

자간의 설정

1. CSS 규칙에 `letter-spacing` 속성을 추가한다. CSS 선언 목록에서 `letter-spacing`을 입력하고 콜론(:)을 입력한다(코드 6.2).
   `letter-spacing:`

2. 글자 사이의 간격 크기를 지정한다.
   `-.05em;`

   다음 값 중 하나를 사용해 `letter-spacing` 속성값을 입력한다.

   ▶ **-.05em** 같은 양수 또는 음수 값. 이 값은 글자 사이의 거리를 설정하는 값이 된다. 더 자세한 내용은 책 소개에 있는 '이 책에 사용된 값과 단위'를 참고하자.

   ▶ **normal** 상속한 자간 속성값을 재정의한다.

 코드 6.2를 코드 6.1에 적용한 결과 화면. 간격을 수정한 후 책 제목이 로고처럼 더 두드러지고 장 제목 간격을 더 늘려서 장 제목을 좀 더 강조했다.

TIP 자간을 커닝(kerning)과 혼동해서는 안 된다. 둘 다 가독성을 높이기 위해 글자 사이의 간격을 추가할 수 있지만 동작 방식이 서로 다르다. '자간과 커닝' 사이드바를 참고하자.

TIP 보통 글자 간격을 em으로 설정할 것을 권장한다. 이렇게 하면 폰트 크기를 기준으로 글자 사이에 간격이 적용되기 때문이다. 이 경우 텍스트 크기가 바뀌더라도 글자 사이의 간격이 자동으로 조절된다.

TIP letter-spacing에 양수 값을 지정하면 글자 사이의 간격이 늘어나고 음수 값을 적용하면 간격이 줄어든다. 값을 0으로 지정하면 간격을 늘리거나 줄이는 대신 텍스트가 양쪽 정렬되는 것을 막을 수 있다(이 장의 '텍스트 가로 정렬'을 참고하자).

자간과 커닝

자간이 단어에 들어 있는 글자 사이의 간격을 가리키는 용어인 반면 커닝은 비례 폰트(proportional font) 내의 개별 글자 쌍 사이 간격을 나타낸다. 이런 설명이 이해하기 어렵더라도 이 둘은 실제로 확연히 구분된다.

자간은 모든 글자에 동일 간격을 적용하기 위해 각 글자에 적용된다. 이에 반해 커닝은 각 글자 사이에 적용돼 글자 사이의 매 간격이 시각적으로 동일하게 보이게 한다. 아울러 자간을 사용하면 가독성이 개선되는 과정에서 특정 글자가 다른 글자로부터 더 떨어질 수 있다. 물론 CSS의 letter-spacing을 사용해 각 글자 사이의 간격을 직접 설정해 커닝을 맞출 수도 있지만 필자는 이 방식을 권장하지 않는다. 단순히 글자를 유심히 보는 것만으로는 자간을 완벽히 적용하기가 매우 어려우므로 정확한 커닝은 주로 특수한 레이아웃 소프트웨어를 사용해 적용하는 게 제일 좋다.

코드 6.3 text-properties.css : 코드 6.1에 적용한 예제. 레벨 1 헤더 간격을 아주 가깝게 설정했지만 각 단어가 구분이 쉬운 대문자라서 무리가 없다 ⓑ. 장 제목 클래스가 적용된 단어 사이의 간격은 크게 벌어졌다. 바디 텍스트에는 다소 간격을 둬서 빈 공간을 많게 해 페이지가 밝아지게 했다.

```
/*** CSS3 VQS | Chapter 6 | text-properties.
↪ css ***/

h1 {
  letter-spacing: -.05em;
  word-spacing: -.1em; }

h2 {
  letter-spacing: 2px;
  word-spacing: 3px; }

h2 strong {
  letter-spacing: 0; }

p {
  word-spacing: .075em; }

header + p:first-letter {
  letter-spacing: -.05em; }

.byline {
  word-spacing: -.3em; }

.byline .author {
  word-spacing: 0; }
```

ⓑ 코드 6.1에 적용한 코드 6.3의 결과 화면. 제목에 효과를 주기 위해 어간을 수정하고 본문이 더 밝아지도록 간격을 조금 늘렸다.

단어 사이의 간격 조절

트래킹과 마찬가지로 단어 사이의 간격을 조절하면 가독성을 높이거나 떨어뜨릴 수 있다. word-spacing 속성(표 6.2)을 사용하면 화면에 보이는 단어 사이에 간격을 추가해 텍스트 가독성을 높일 수 있다. 하지만 간격을 너무 넓게 지정하면 화면을 보는 사용자의 자연스러운 시선 흐름을 방해해 텍스트 읽기가 더 어려워질 수 있다.

어간의 설정

1. CSS 선언 목록에 word-spacing 속성을 추가한다. CSS 선언 목록에 word-spacing을 입력하고 이어서 콜론(:)을 입력한다(코드 6.3).

   word-spacing:

2. 어간의 크기를 지정한다.

   .1em;

3. 다음 중 하나를 선택해 word-spacing의 값을 설정한다.

   ▶ 어간의 크기를 나타내는 양수 또는 음수 값(예를 들어 -.1em). 더 자세한 내용은 책 소개의 '이 책에 사용된 값과 단위'를 참고하자.

   ▶ **normal** 상속한 값들을 재정의한다.

TIP 자간과 마찬가지로 어간도 제한적으로 사용해야 한다. 보통 기본 어간이 가독성에 제일 좋다. 어간을 수정하면 득이 되기보다는 해가 되는 경우가 더 많다.

표 6.2 word-spacing 속성값

속성값	호환성
normal	IE6, FF1, S1, C1, O3.5, CSS1
<length>	IE6, FF1, S1, C1, O3.5, CSS1

텍스트 속성 **155**

텍스트 줄 간격 조절(행간)

중간고사 리포트를 작성해 본 사람이라면 읽기 쉽고 리포트 평가를 추가하기 쉽도록 행간을 200%로 해서 리포트를 작성하는 법을 알고 있을 것이다. 행간은 텍스트 사이의 행 간격을 줄여서 극적인 효과를 낼 때도 사용할 수 있다. line-height 속성(표 6.3)을 사용하면 텍스트 기준선(대부분 글자의 바닥) 사이의 간격을 지정할 수 있다.

행간의 설정

1. CSS 규칙에 line-height 속성을 추가한다. CSS 선언 목록에 line-height를 입력하고 이어서 콜론(:)을 입력한다(코드 6.4).

   line-height:

2. 텍스트 행간을 지정한다.

   .9;

   다음 중 하나를 선택해 line-height의 값을 입력한다.

   ▶ 행간을 계산하기 위해 폰트 크기에 곱할 곱셈값(예를 들어 더블 스페이스의 경우 2.0). 물론 2를 지정해도 동작하는 데는 이상이 없지만 이 경우 유효성 검증을 제대로 통과하지 못할 수 있으므로 항상 소수점까지 적도록 한다.

표 6.3 line-height 속성값

속성값	호환성
normal	IE3, FF1, S1, C1, O3.5, CSS1
<number>	IE4, FF1, S1, C1, O3.5, CSS1
<length>	IE3, FF1, S1, C1, O3.5, CSS1
<percentage>	IE3, FF1, S1, C1, O3.5, CSS1

코드 6.4 text-properties.css : 바디의 기본 line-height를 1.5 간격으로 설정하고 단락의 간격은 24 픽셀로 설정했다. 폰트 크기가 12px이라고 가정하면 이 경우 텍스트는 더블 스페이스가 된다. 책 제목 간격은 다소 좁게 설정했다 ⓒ.

```
/*** CSS3 VQS | Chapter 6 | text-properties.
↪ css ***/
body {
  line-height: 1.5; }

h1 {
  letter-spacing: -.05em;
  word-spacing: -.1em;
  line-height: .9; }

h2 {
  letter-spacing: 2px;
  word-spacing: 3px; }

h2 strong {
  letter-spacing: 0; }

p {
  word-spacing: .075em;
  line-height: 24px; }

header + p:first-letter {
  letter-spacing: -.05em;
  line-height: 24px; }

.byline {
  word-spacing: -.3em; }

.byline .author {
  word-spacing: 0; }
```

TIP 텍스트 줄 사이에 간격을 추가하면 가독성이 높아진다. 특히 텍스트의 양이 많을수록 효과는 배가된다. 일반적으로 줄 간격은 폰트 크기의 1.5배 내지 2배가 적절하다.

TIP 두 배 크기의 텍스트 스타일을 사용하려면 line-height를 2나 200%로 설정하면 된다. 마찬가지로 3 또는 300%를 적용하면 간격이 세 배인 텍스트가 적용된다.

TIP 100% 미만의 퍼센트 값이나 폰트 크기보다 작은 길이 값을 사용하면 텍스트 줄이 뭉쳐 보이게 할 수 있다. 이 효과를 적절히 적용하면 정돈된 텍스트를 보여줄 수 있지만 독자들이 실제로 텍스트를 읽는 데 방해가 된다면 이 효과는 독자에게 짐이 될 뿐이다.

TIP 줄 간격은 font 단축 속성을 사용해 폰트 크기와 함께 정의할 수 있다(5장의 '여러 폰트 값 일괄 설정'을 참고하자).

▶ **24px 같은 길이 값** 이 경우 지정한 폰트 크기와 상관없이 텍스트 줄간격이 이 값으로 설정된다. 따라서 폰트 크기가 12px이고 line-height가 24px이면 텍스트는 더블 스페이스가 된다. 책 소개에 있는 '이 책에 사용된 값과 단위'를 참고하자.

▶ **퍼센트 값** 텍스트에 사용한 폰트 크기에 비례해 줄 간격을 설정한다.

▶ **normal** 상속한 행간 속성값을 재정의한다.

ALICE'S ADVENTURES IN WONDERLAND

by **Lewis Carroll**

CHAPTER II. THE POOL OF TEARS

'Curiouser and curiouser!' cried Alice (she was so much surprised, that for the moment she quite forgot how to speak good English); 'now I'm opening out like the largest telescope that ever was! Good-bye, feet!' (for when she looked down at her feet, they seemed to be almost out of sight, they were getting so far off). 'Oh, my poor little feet, I wonder who will put on your shoes and stockings for you now, dears? I'm sure *I* shan't be able! I shall be a great deal too far off to trouble myself about you: you must manage the best way you can;—but I must be kind to them,' thought Alice, 'or perhaps they won't walk the way I want to go! Let me see: I'll give them a new pair of boots every Christmas.'

And she went on planning to herself how she would manage it. 'They must go by the carrier,' she thought; 'and how funny it'll seem, sending presents to one's own feet! And how odd the directions will look!

C 코드 6.1에 적용한 코드 6.4의 결과 화면. 단락의 행간을 더 넓혀서 더 쉽게 텍스트를 읽고 파악할 수 있게 만들었다.

텍스트 대소문자 설정

데이터베이스 등을 통해 동적으로 생성되는 결과물을 다룰 때는 텍스트가 대문자로 보일지 소문자로 보일지 또는 대/소문자가 함께 보일지 확신할 수 없다. text-transform 속성(표 6.4)을 사용하면 텍스트가 어떤 식으로 시작하든 텍스트의 대소문자를 제어할 수 있다.

텍스트 대소문자 정의

1. CSS에 text-transform 속성을 추가한다. CSS 선언 목록에서 text-transform을 입력하고 이어서 콜론(:)을 입력한다(코드 6.4).
   text-transform:

2. 텍스트 대소문자를 지정한다.
   uppercase;

   이때 다음 text-transform 값 중 하나를 입력해 텍스트를 처리할 방식을 지정한다.

   ▶ **capitalize** 각 단어의 첫 글자를 대문자로 설정한다.

   ▶ **uppercase** 모든 글자를 대문자로 설정한다.

   ▶ **lowercase** 모든 글자를 소문자로 설정한다.

   ▶ **none** 상속한 텍스트 대소문자 스타일을 재정의하고 텍스트 대소문자를 바꾸지 않고 그대로 둔다.

표 6.4 text-transform 속성값

속성값	호환성
capitalize	IE4, FF1, S1, C1, O3.5, CSS1
uppercase	IE4, FF1, S1, C1, O3.5, CSS1
lowercase	IE4, FF1, S1, C1, O3.5, CSS1
none	IE4, FF1, S1, C1, O3.5, CSS1

코드 6.5 text-properties.css : text-transform 속성을 사용하면 텍스트의 대소문자를 제어할 수 있다. 여기서는 저자의 이름과 .asis 클래스에 대문자 스타일을 지정했다.

```
/*** CSS3 VQS | Chapter 6 | text-properties.
↪ css ***/
body {
  line-height: 1.5; }

h1 {
  letter-spacing: -.05em;
  word-spacing: -.1em;
  line-height: .9em; }

h2 {
  letter-spacing: 2px;
  word-spacing: 3px; }

h2 strong {
  letter-spacing: 0; }

p {
  word-spacing: .075em;
  line-height: 24px; }

header + p:first-letter {
  letter-spacing: -.05em;
  line-height: 24px; }

.byline {
  word-spacing: -.3em; }

.byline .author {
  word-spacing: 0;
  text-transform: uppercase; }

.asis {
  text-transform: uppercase; }
```

TIP text-transform 속성은 동적으로 생성된 텍스트에 스타일을 적용할 때 제일 적합하다. 예를 들어 데이터베이스에 저장된 이름이 모두 대문자라면 text-transform 속성을 사용해 이름을 더 읽기 쉽게 만들 수 있다.

TIP capitalize 속성을 사용하면 소문자로 남아 있어야 하는 "of"나 "the" 같은 단어를 포함해 모든 단어가 대문자로 변환된다. 따라서 capitalize는 주로 이름에 유용하게 사용된다.

TIP 텍스트는 모두 대문자로 입력하지 않는 게 좋다. HTML 텍스트가 전부 대문자로 돼 있으면 CSS에서 텍스트를 제어하기가 무척 어렵다. 아울러 텍스트를 읽기 위해 보조 기구를 사용하는 사람은 소리를 지르는 듯한 음성을 듣게 된다. 따라서 일반 텍스트를 사용하고 text-transform을 추가로 사용해 대문자 스타일을 적용하는 게 좋다.

ALICE'S ADVENTURES IN WONDERLAND

by LEWIS CARROLL

CHAPTER II. THE POOL OF TEARS

'Curiouser and curiouser!' cried Alice (she was so much surprised, that for the moment she quite forgot how to speak good English); 'now I'm opening out like the largest telescope that ever was! Good-bye, feet!' (for when she looked down at her feet, they seemed to be almost out of sight, they were getting so far off). 'Oh, my poor little feet, I wonder who will put on your shoes and stockings for you now, dears? I'm sure *I* shan't be able! I shall be a great deal too far off to trouble myself about you: you must manage the best way you can;—but I must be kind to them,' thought Alice, 'or perhaps they won't walk the way I want to go! Let me see: I'll give them a new pair of boots every Christmas.'

And she went on planning to herself how she would manage it. 'They must go by the carrier,' she thought; 'and how funny it'll seem, sending presents to one's own feet! And how odd the directions will look!

A 코드 6.1에 적용한 코드 6.5의 결과 화면. 책 제목 밑에 있는 Lewis Carroll의 이름이 모두 대문자가 됐다(이 결과를 5장에서 설명한 소형 대문자와 비교해 보자).

CSS3의 새 기능 – 텍스트 드롭 섀도우 추가★

드롭 섀도우는 2차원 디자인에 깊이감과 질감을 추가하기 위해 오랫동안 사용한 방식이다. 대부분의 브라우저에서는 CSS3에서 제공하는 text-shadow 속성(표 6.5)을 지원한다. 이 속성을 사용하면 색상, 오프셋(x, y), 번짐, 텍스트 드롭 섀도우에 대한 블러를 정의할 수 있다. 이 속성은 현재 일부 브라우저에서 동작하지 않지만 지정하더라도 브라우저에 문제를 일으키지는 않는다.

텍스트 섀도우 정의

1. CSS 규칙에 text-shadow 속성을 추가한다. CSS 선언 목록에 text-shadow를 입력하고 이어서 콜론(:)을 입력한다(코드 6.5).

   text-shadow:

2. x, y 오프셋을 지정한다. 간격을 입력하고 두 개의 양수 또는 음수 길이 값을 공백으로 구분해 입력한다.

   2px 2px

   이때 첫 번째 값은 섀도우의 상하 오프셋(양수는 아래쪽, 음수는 위쪽)을 나타내고 두 번째 값은 좌우 오프셋(양수는 오른쪽, 음수는 왼쪽)을 나타낸다.

3. 블러 정도를 지정한다. 공백을 입력하고 섀도우에 적용할 블러 값에 해당하는 양수 길이 값을 지정한다. 이때 음수값을 입력하면 모두 0으로 처리된다.

   2px

표 6.5 text-shadow 속성값

속성값	호환성
<color>	FF1.9, S1.1, C2, O10, CSS3
<x-offset>	FF1.9, S1.1, C2, O10, CSS3
<y-offset>	FF1.9, S1.1, C2, O10, CSS3
<blur>	FF1.9, S1.1, C2, O10, CSS3
none	FF1.9, S1.1, C2, O10, CSS3

Ⓐ 코드 6.1에 적용한 코드 6.6의 결과 화면. 차이를 확인하려면 수정된 제목을 앞 절의 캡처 화면과 비교해 봐야 하지만 이번에는 엠보싱이 들어간 것처럼 제목이 페이지에서 약간 어둡게 처리됐다. 아울러 이제는 장 제목이 페이지에서 앞으로 튀어나와 보인다.

코드 6.6 text-properties.css : drop-shadow 속성을 사용하면 x, y 오프셋과 블러 반경을 설정할 수 있다. 책 제목에는 이중 섀도우를 적용해 약간의 엠보싱 효과를 주고 🅐 장 제목에는 강한 섀도우와 함께 오프셋을 살짝 적용해 제목이 페이지에서 조금 튀어나오는 듯한 효과를 줬다.

```css
/*** CSS3 VQS | Chapter 6 | text-properties.
→ css ***/

body {
  line-height: 1.5; }

h1 {
  letter-spacing: -.05em;
  word-spacing: -.1em;
  line-height: .9em;
  text-shadow: rgba(51,51,51,.9) -1px -1px 3px,
  → rgba(203,203,203,.9) 1px 1px 3px; }

h2 {
  letter-spacing: 2px;
  word-spacing: 3px;
  line-height: 1em;
  text-shadow: rgba(0,0,0,.5) 2px 2px 2px; }

h2 strong {
  letter-spacing: 0;
  text-shadow: none; }

p {
  word-spacing: .075em;
  line-height: 24px; }

p strong {
  text-transform: uppercase; }

header + p:first-letter {
  letter-spacing: -.05em;
  line-height: 24px;
  text-shadow: rgba(51,51,51,.9) -1px -1px 3px,
  → rgba(203,203,203,.9) 1px 1px 3px; }

.byline {
  word-spacing: -.3em; }

.byline .author {
  word-spacing: 0;
  text-transform: uppercase; }

.asis {
  text-transform: uppercase; }
```

4. 색상을 지정한다. 공백을 입력하고 섀도우에 사용할 색상값을 입력한다.

   `rgba(0,0,0,.5);`

   색상값에 대한 더 자세한 내용은 7장의 '색상값 선택'을 참고하자.

5. 더 많은 섀도우를 추가한다. 텍스트 블록에는 (원하는 개수만큼) 섀도우를 여러 개 추가할 수 있다. 또 다른 섀도우를 추가하려면 CSS 규칙에 다른 text-shadow 선언을 추가하거나 콤마를 입력한 다음 다른 정의를 입력하면 된다.

   ```
   text-shadow: rgba(51,51,51,.9)
   → -1px -1px 3px, rgba(203,203,203,.9)
   → 1px 1px 3px;
   ```

TIP CSS에서 기존에 설정한 섀도우를 재정의하려면 값을 none으로 설정하면 된다.

TIP 섀도우에는 RGBA를 사용할 때 결과가 제일 좋다. 이렇게 하면 섀도우 아래에 있는 엘리먼트가 섀도우를 통과하므로 결과가 더 사실적으로 보인다.

TIP 스타일 이름에 '섀도우'가 들어가기는 하지만 꼭 그림자 색상이 아니라 어떤 색상도 사용할 수 있다. 예를 들어 텍스트가 어두운 배경을 뒤로 한다면 밝은 색상을 사용해 드롭 '글로우' 효과를 줄 수 있다.

TIP 11장에서는 text-shadow 속성과 매우 유사하게 동작하지만 엘리먼트 박스에 적용되는 box-shadow를 설정하는 법을 배운다.

TIP 섀도우는 자기 앞에 있는 텍스트의 위치에는 영향을 주지 않는다.

TIP 텍스트 섀도우를 :hover 의사 클래스와 함께 사용하면 페이지에서 링크를 강조하는 멋진 효과를 보여줄 수 있다.

텍스트 가로 정렬

전통적으로 텍스트는 왼쪽 마진을 기준으로 정렬(왼쪽 정렬)하거나 왼쪽과 오른쪽 마진 모두를 기준으로 정렬하는 균등 정렬(종종 신문 스타일이라고 부른다)을 사용한다. 추가로 강조나 특수 효과를 위해 텍스트를 화면 가운데에 정렬하거나 오른쪽으로 정렬하기도 한다. text-align 속성(표 6.6)을 사용하면 텍스트의 정렬 및 맞춤을 제어할 수 있다.

표 6.6 text-align 속성값

값	호환성
left	IE3, FF1, S1, C1, O3.5, CSS1
right	IE3, FF1, S1, C1, O3.5, CSS1
center	IE3, FF1, S1, C1, O3.5, CSS1
justify	IE4, FF1, S1, C1, O3.5, CSS1
inherit	IE4, FF1, S1, C1, O3.5, CSS1
auto	IE4, FF1, S1, C1, O3.5, CSS1

텍스트 정렬 정의

1. CSS에 text-align 속성을 추가한다. CSS 선언 목록에 text-align을 입력하고 이어서 콜론(:)을 입력한다(코드 6.6).
   text-align:

2. 가로 정렬을 지정한다.
   center;
   이때 정렬 방식으로는 다음 중 하나를 설정한다.

   - **left** 텍스트를 왼쪽 마진을 기준으로 설정한다.
   - **right** 텍스트를 오른쪽 마진을 기준으로 설정한다.
   - **center** 영역 내의 텍스트를 가운데로 맞춘다.
   - **justify** 왼쪽과 오른쪽 마진 모두를 기준으로 텍스트를 정렬한다.
   - **inherit** 텍스트가 부모의 정렬 스타일을 따르게 한다.
   - **auto** 보통 left에 해당하는 기본 정렬을 사용한다.

🅐 코드 6.1에 적용된 코드 6.7 결과 화면. 왼쪽, 오른쪽, 가운데, 균등 정렬된 텍스트가 함께 사용돼서 텍스트가 조금 갈지자로 보이지만, 나중에 위치에 대해 설명할 때 제목과 .byline 스타일을 수정할 것이다.

코드 6.7 text-properties.css : .byline 클래스를 오른쪽 정렬하고 **A** 레벨 2 헤더의 장 제목에는 가운데 정렬을, 본문에는 균등 정렬을 적용했다.

```css
/*** CSS3 VQS | Chapter 6 | text-properties.
↳ css ***/

body {
  line-height: 1.5; }

h1 {
  letter-spacing: -.05em;
  word-spacing: -.1em;
  line-height: .9em;
  text-shadow: rgba(51,51,51,.9) -1px -1px 3px,
  ↳ rgba(203,203,203,.9) 1px 1px 3px; }

h2 {
  letter-spacing: 2px;
  word-spacing: 3px;
  line-height: 1em;
  text-shadow: rgba(0,0,0,.5) 2px 2px 2px;
  text-align: center; }

h2 strong {
  letter-spacing: 0;
  text-shadow: none; }

p {
  word-spacing: .075em;
  line-height: 24px;
  text-align: justify; }

p strong {
  text-transform: uppercase; }

header + p:first-letter {
  letter-spacing: -.05em;
  line-height: 24px;
  text-shadow: rgba(51,51,51,.9) -1px -1px 3px,
  ↳ rgba(203,203,203,.9) 1px 1px 3px; }

.byline {
  word-spacing: -.3em;
  text-align: right; }

.byline .author {
  word-spacing: 0;
  text-transform: uppercase; }

.asis {
  text-transform: uppercase; }
```

TIP 기본적으로 텍스트는 왼쪽 정렬돼 있다.

TIP 균등 정렬된 텍스트는 각 줄이 동일한 길이를 갖도록 단어 사이에 간격이 추가되기 때문에 화면에서 보면 결과가 이상하게 보일 수 있다. 아울러 균등 정렬 스타일이 가독성을 높이는지에 대해서는 사람마다 견해가 다르다.

텍스트 세로 정렬

vertical-align 속성을 사용하면 위아래 엘리먼트를 기준으로 인라인 엘리먼트의 수직 상대 위치를 지정할 수 있다 Ⓐ. 이 말은 vertical-align 속성(표 6.7)은 인라인 태그와 테이블 태그에만 사용할 수 있다는 뜻이다. 즉 태그 전후로 break가 없는 앵커(<a>), 이미지(<img>), 강조 텍스트(<em>), 굵은 텍스트(<strong>) 및 테이블 데이터(<td>) 태그에만 vertical-align 속성을 사용할 수 있다.

세로 정렬 정의

1. 세로 정렬 속성을 CSS 규칙에 추가한다. CSS 규칙 목록에 vertical-align을 입력하고 이어서 콜론(:)을 입력한다(코드 6.8).

   vertical-align:

Ⓐ 서로 다른 세로 정렬 종류. 여기에 나오는 선은 이해를 돕기 위해 추가한 선이다.

표 6.7 vertical-align 속성값

속성값	호환성
super	IE4, FF1, S1, C1, O3.5, CSS1
sub	IE4, FF1, S1, C1, O3.5, CSS1
baseline	IE4, FF1, S1, C1, O3.5, CSS1
<relative>	IE5.5, FF1, S1, C1, O3.5, CSS1
<length>	IE5.5, FF1, S1, C1, O3.5, CSS1
<percentage>	IE7, FF1, S1, C1, O3.5, CSS1

Ⓑ 코드 6.1에 적용한 코드 6.8의 결과 화면. byline에 있는 장 번호와 "by"가 가리키는 텍스트 위로 조금 올라가 있다.

코드 6.8 text-properties.css : 원하는 결과에 따라 vertical-alignment에 절대 또는 상댓값을 지정한다 ⓑ.

```css
/*** CSS3 VQS | Chapter 6 | text-properties.css ***/
body {
  line-height: 1.5; }

h1 {
  letter-spacing: -.05em;
  word-spacing: -.1em;
  line-height: .9em;
  text-shadow: rgba(51,51,51,.9) -1px -1px 3px, rgba(203,203,203,.9) 1px 1px 3px; }

h2 {
  letter-spacing: 2px;
  word-spacing: 3px;
  line-height: 1em;
  text-shadow: rgba(0,0,0,.5) 2px 2px 2px;
  text-align: center; }

h2 strong {
  letter-spacing: 0;
  text-shadow: none;
  vertical-align: super; }

p {
  word-spacing: .075em;
  line-height: 24px;
  text-align: justify; }

p strong {
  text-transform: uppercase; }

header + p:first-letter {
  letter-spacing: -.05em;
  line-height: 24px;
  text-shadow: rgba(51,51,51,.9) -1px -1px 3px, rgba(203,203,203,.9) 1px 1px 3px; }

.byline {
  text-align: right;
  word-spacing: -.3em; }

.byline .author {
  word-spacing: 0;
  text-transform: uppercase;
  vertical-align: -.6em; }

.asis {
  text-transform: uppercase; }
```

2. 세로 정렬값을 지정한다.

   super;

   다음 값 중 하나를 사용해 텍스트 세로 정렬값을 입력한다.

   ▶ **super** 텍스트를 기준선 위에 위 첨자로 쓴다.

   ▶ **sub** 텍스트를 기준선 아래에 아래 첨자로 쓴다.

   ▶ **baseline** 텍스트를 기준선에 배치한다(기본 상태).

   ▶ 부모의 정렬값에 대한 상대 정렬값을 설정하는 표 6.8의 상댓값. 예를 들어 텍스트의 상단이 부모 엘리먼트의 텍스트 상단과 일치하게 하려면 **text-top**을 사용하면 된다.

   ▶ 엘리먼트의 기준선을 부모 엘리먼트의 폰트 크기에 비례해 올리거나 내리는 퍼센트 값(예를 들어 **25%**).

   TIP 위 첨자는 현재 페이지 하단의 설명이나 다른 웹 페이지로 링크될 수 있는 주석을 작성할 때 효과적이다.

   TIP sup과 sub 태그를 추가하면 위 첨자와 아래 첨자를 사용할 수 있지만 (이 예제처럼) 디자인에 사용해서는 안 된다. 대신 이런 태그는 주석이나 수학 표기에 사용해야 한다.

   TIP 여러 컬럼으로 구성된 레이아웃을 만들 때 세로 정렬이 제대로 되지 않는 문제를 겪을 수 있다. 이때는 10장에서 설명하는 상대 위치를 대안으로 사용할 수 있다.

표 6.8 부모 엘리먼트와 관련한 엘리먼트의 상대 위치 설정

타입	엘리먼트 정렬 범위
top	같은 줄의 가장 높은 엘리먼트 상단
middle	가운데부터 부모의 가운데까지
bottom	하단부터 같은 줄의 가장 낮은 엘리먼트까지
text-top	상단부터 부모 엘리먼트 텍스트의 상단까지
text-bottom	하단부터 부모 엘리먼트 텍스트의 하단까지

수학과 과학

위 첨자와 아래 첨자는 과학적인 표기에 사용된다. 예를 들어 피타고라스 정리를 보여줄 때는 다음과 같은 위 첨자를 사용한다.

$a^2 + b^2 = c^2$

물 분자는 아래 첨자를 사용해 다음과 같이 표현할 수 있다.

H_2O

하지만 위 첨자나 아래 첨자를 사용하더라도 텍스트 크기는 줄어들지 않는다는 사실을 기억해야 한다. 따라서 실제 과학 표기 스타일을 지정할 때는 font-size를 스타일 정의에 포함시키는 게 좋다(5장의 '폰트 크기 설정'을 참고하자).

표 6.9 text-indent 속성값

값	호환성
<length>	IE3, FF1, S1, C1, O3.5, CSS1
<percentage>	IE3, FF1, S1, C1, O3.5, CSS1
inherit	IE3, FF1, S1, C1, O3.5, CSS1

A 코드 6.1에 적용한 코드 6.9의 결과 화면. 첫 단락을 제외한 모든 단락에 두 글자에 해당하는 들여쓰기 간격을 적용했다. 들여쓰기 간격은 폰트 크기에 따라 조절된다.

TIP 들여쓰기는 웹보다는 인쇄물에서 더 자주 사용하므로 인쇄용 페이지에만 들여쓰기를 적용하는 것도 괜찮다.

단락 들여쓰기

단락 첫 글자에 간격을 어느 정도 두는 방식(전통적으로 다섯 글자에 해당하는 간격)은 새 단락이 시작함을 나타내기 위해 오랫동안 사용한 방식이다.

하지만 웹에서는 대부분의 브라우저에서 여러 간격을 단일 공백으로 처리하기 때문에 단락 들여쓰기가 동작하지 않았다. 대신 단락은 추가로 줄 바꿈을 통해 구별했다.

text-indent 속성(표 6.9)을 사용하면 단락의 첫 번째 줄 서두에 추가로 가로 여백을 지정해 전통적인 단락 스타일을 그대로 살릴 수 있다.

텍스트 들여쓰기 정의

1. CSS에 텍스트 들여쓰기 속성을 추가한다. CSS 선언 목록에 text-indent를 입력하고 이어서 콜론(:)을 입력한다(코드 6.9).

   text-indent:

2. 들여쓰기 정도를 지정한다.

   2em;

   다음 중 하나를 사용해 들여쓰기 값을 입력한다.

   ▶ **2em** 같은 길이 값을 사용하면 깔끔한 들여쓰기가 가능하다(소개에 있는 '이 책에 사용된 값과 단위'를 참고하자).

   ▶ 퍼센트 값을 사용하면 부모(단락)의 너비에 비례해 텍스트 들여쓰기 값이 적용된다(예를 들어 **10%**).

TIP 단락에 들여쓰기를 사용할 때는 단락 간격을 추가하는 <p> 태그의 기본 스타일을 재정의하도록 단락의 마진과 패딩을 모두 0으로 설정해야 한다. 마진과 패딩은 8장에서 설명한다.

텍스트 속성 **167**

코드 6.9 text-properties.css : 모든 텍스트 블록에 들여쓰기를 적용할 수도 있지만 들여쓰기는 보통 단락에 적용하는 게 일반적이다. 여기서는 모든 단락에 들여쓰기로 2em을 지정했다 ⓐ. 하지만 각 절의 첫 단락은 들여쓰기를 적용하지 않는 게 일반적이다. 따라서 헤더 다음에 나오는 첫 단락에는 들여쓰기가 0이 되게 했다. 여기서는 8장에서 설명할 마진과 패딩도 함께 설정해 들여쓰기가 제대로 적용되게 했다.

```css
/*** CSS3 VQS | Chapter 6 | text-properties.css ***/
body {
  line-height: 1.5; }
h1 {
  letter-spacing: -.05em;
  word-spacing: -.1em;
  line-height: .9em;
  text-shadow: rgba(51,51,51,.9) -1px -1px 3px, rgba(203,203,203,.9) 1px 1px 3px; }
h2 {
  letter-spacing: 2px;
  word-spacing: 3px;
  line-height: 1em;
  text-shadow: rgba(0,0,0,.5) 2px 2px 2px;
  text-align: center; }
h2 strong {
  letter-spacing: 0;
  text-shadow: none;
  vertical-align: super; }
p {
  word-spacing: .075em;
  line-height: 24px;
  text-align: justify;
  text-indent: 2em;
  margin: 0;
  padding: 0; }
p strong {
  text-transform: uppercase;
  vertical-align: middle; }
header + p {
  text-indent: 0; }
header + p:first-letter {
  letter-spacing: -.05em;
  line-height: 24px;
  text-shadow: rgba(51,51,51,.9) -1px -1px 3px, rgba(203,203,203,.9) 1px 1px 3px; }
.byline {
  word-spacing: -.3em;
  text-align: right; }
.byline .author {
  word-spacing: 0;
  text-transform: uppercase;
  vertical-align: -.6em; }
.asis {
  text-transform: uppercase; }
```

표 6.10   white-space 속성값

값	호환성
normal	IE5.5, FF1, S1, C1, O4, CSS1
pre	IE5.5, FF1, S1, C1, O4, CSS1
nowrap	IE5.5, FF1, S1, C1, O4, CSS1

공백 제어

앞에서 얘기한 것처럼 <pre> 태그를 사용하지 않는 한 브라우저는 여러 공백을 공백 간격 하나로 합쳐버린다. CSS를 사용하면 이처럼 공백 간격을 합치는 것을 허용할지 말지 지정할 수 있고 white-space 속성(표 6.10)을 사용해 (<nobr> 태그처럼) 간격에서 텍스트를 줄바꿈할지 여부도 지정할 수 있다.

이러한 기능을 잘 보여줄 수 있는 예제가 3장의 이상한 나라의 앨리스를 쥐꼬리 형태의 시로 보여주는 예제다. 이 시는 휘어진 쥐의 꼬리 같은 모양을 하고 있다 Ⓐ. white-space 속성값이 poem 클래스에 pre로 지정돼 있으면 모든 간격이 합쳐진다 Ⓑ. 하지만 이 속성에 nowrap 값을 지정하면 간격과 줄바꿈이 모두 무시되고 필요한 경우 텍스트가 오른쪽 끝까지 펼쳐진다 Ⓒ.

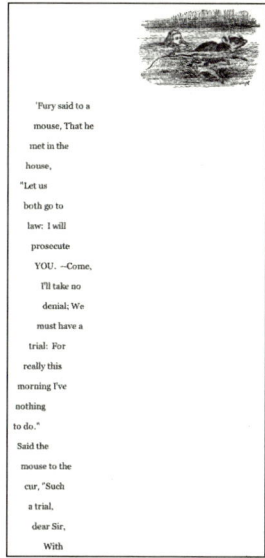

Ⓐ pre 값을 사용하면 모든 공백이 유지되므로 공백이 합쳐지는 대신 poem 클래스의 글이 쥐 꼬리 같은 모양을 하게 된다.

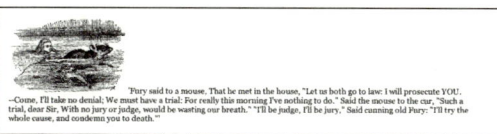

Ⓑ pre 값을 사용하지 않으면 쥐 꼬리 형태의 공백이 모두 합쳐진다.

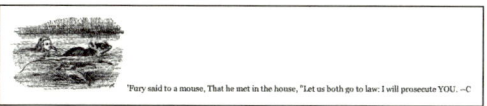

Ⓒ nowrap 값을 사용하면 poem이 창을 따라 가로로 길게 늘어져서 넓어진 콘텐츠 가로 크기에 따라 가로 스크롤이 생긴다.

공백 간격 정의

1. CSS 규칙에 공백 속성을 추가한다. CSS 선언 목록에 white-space를 입력하고 이어서 콜론(:)을 입력한다(코드 6.10).

   white-space:

2. 공백 처리 방식을 지정한다.

   pre;

   이때 다음 값 중 하나를 입력한다.

   ▶ **pre**   여러 공백을 그대로 유지한다.

   ▶ **nowrap**   `<br>` 태그를 사용하지 않을 경우 줄 바꿈을 방지한다.

   ▶ **normal**   브라우저가 공백을 어떻게 처리할지 판단하게 한다. 이 설정을 사용하면 보통 여러 공백이 공백 하나로 합쳐진다.

TIP `<nobr>`와 `<pre>` 태그를 nowrap과 pre 값을 가진 white-space 속성과 혼동하지 말자. 둘 모두 기본적으로 하는 일은 같지만 `<nobr>` 태그는 권장되지 않으며(deprecated) 사용해서도 안 된다.

TIP nowrap 값이 지정된 모든 태그의 콘텐츠는 브라우저 창의 너비와 상관없이 가로로 최대한 늘어난다. 이때 사용자가 텍스트를 전부 읽으려면 가로 스크롤을 사용해야 하므로 이 설정은 가급적 사용하지 않는 게 좋다.

TIP nowrap은 테이블 데이터 셀의 내용이 줄 바꿈 되는 것을 막을 때 유용하다.

D **코드 6.1에 적용한 코드 6.10의 결과 화면.** 공백 간격을 추가해 대각선 모양으로 노트를 배치했다. pre 값을 사용하지 않았다면 이런 공백이 모두 합쳐졌을 것이다.

코드 6.10 text-properties.css : white-space를 pre로 설정해 코드에 있는 HTML 텍스트를 그대로 유지하도록 .asis 클래스를 설정했다. 이 스타일을 사용하면 앨리스가 자신의 발에게 보내는 노트에 저자가 의도한 스타일이 그대로 적용된다 **D**.

```css
/*** CSS3 VQS | Chapter 6 | text-properties.css ***/

body {
  line-height: 1.5; }

h1 {
  letter-spacing: -.05em;
  word-spacing: -.1em;
  line-height: .9em;
  text-shadow: rgba(51,51,51,.9) -1px -1px 3px, rgba(203,203,203,.9) 1px 1px 3px; }

h2 {
  letter-spacing: 2px;
  word-spacing: 3px;
  line-height: 1em;
  text-shadow: rgba(0,0,0,.5) 2px 2px 2px;
  text-align: center; }

h2 strong {
  letter-spacing: 0;
  text-shadow: none;
  vertical-align: super; }

p {
  line-height: 24px;
  text-align: justify;
  text-indent: 1em;
  margin: 0;
  padding: 0; }

header + p {
  text-indent: 0; }

header + p:first-letter {
  letter-spacing: -.05em;
  line-height: 24px;
  text-shadow: rgba(51,51,51,.9) -1px -1px 3px, rgba(203,203,203,.9) 1px 1px 3px; }

p strong {
  text-transform: uppercase;
  vertical-align: middle; }

.byline {
  word-spacing: -.3em;
  text-align: right; }

.byline .author {
  word-spacing: 0;
  text-transform: uppercase;
  vertical-align: -.6em; }

.asis {
  text-transform: uppercase;
  white-space: pre; }
```

텍스트 장식

text-decoration 속성(표 6.11)을 사용하면 underline, overline, line-through 형태로 텍스트를 장식할 수 있다. 이러한 스타일은 강조점을 두기 위해 사용하며 웹 페이지에서 사용자의 시선이 중요한 내용이나 경로에 머물게 해준다.

표 6.11 text-decoration 속성값

속성값	호환성
none	IE3, FF1, S1, C1, O3.5, CSS1
underline	IE3, FF1, S1, C1, O3.5, CSS1
overline	IE4, FF1, S1, C1, O3.5, CSS1
line-through	IE3, FF1, S1, C1, O3.5, CSS1

텍스트 장식(장식 제거)

1. 텍스트 장식 속성을 추가한다. CSS 규칙 목록에 text-decoration을 입력하고 이어서 콜론(:)을 입력한다(코드 6.11).

    text-decoration:

2. 원하는 텍스트 장식 스타일(또는 장식 해제)을 지정한다.

    none;

    text-decoration 속성값을 입력한다. 이때 다음 중 하나를 선택한다.

    ▶ **underline** 텍스트 아래에 선을 긋는다.

    ▶ **overline** 텍스트 위에 선을 긋는다.

    ▶ **line-throught** 텍스트 가운데를 통과하는 선을 긋는다(취소선이라고도 한다).

    ▶ **none** 다른 곳에서 설정한 텍스트 장식 스타일을 재정의한다.

Ⓐ 코드 6.1에 적용한 코드 6.11의 결과 화면. 텍스트에 취소선을 그었다.

Ⓑ 코드 6.1에 적용한 코드 6.11의 결과 화면. 페이지 푸터에 있는 링크에 더는 밑줄을 사용하지 않는다.

코드 6.11 text-properties.css : 불필요한 텍스트를 지우고 Ⓐ 하이퍼텍스트 링크의 밑줄을 제거 Ⓑ 하기 위해 .strike라는 클래스를 설정해 텍스트 장식 스타일을 적용했다.

```css
/*** CSS3 VQS | Chapter 6 | text-properties.css ***/
body {
  line-height: 1.5; }

h1 {
  letter-spacing: -.05em;
  word-spacing: -.1em;
  line-height: .9em;
  text-shadow: rgba(51,51,51,.9) -1px -1px 3px, rgba(203,203,203,.9) 1px 1px 3px; }

h2 {
  letter-spacing: 2px;
  word-spacing: 3px;
  line-height: 1em;
  text-shadow: rgba(0,0,0,.5) 2px 2px 2px;
  text-align: center; }

h2 strong {
  letter-spacing: 0;
  text-shadow: none;
  vertical-align: super; }

p {
  line-height: 24px;
  text-align: justify;
  text-indent: 1em;
  margin: 0;
  padding: 0; }

p:first-of-type {
  text-indent: 0; }

article p:first-of-type:first-letter {
  letter-spacing: -.05em;
  line-height: 24px;
  text-shadow: rgba(51,51,51,.9) -1px -1px 3px, rgba(203,203,203,.9) 1px 1px 3px; }

p strong {
  text-transform: uppercase;
  vertical-align: middle; }

a {
  text-decoration: none; }

.byline {
  word-spacing: -.3em;
  text-align: right; }

.byline .author {
  word-spacing: 0;
  text-transform: uppercase;
  vertical-align: -.6em; }

.asis {
  text-transform: uppercase;
  white-space: pre; }
.strike {
  text-decoration: line-through; }
```

TIP 공백을 입력한 다음 다른 text-decoration 값(표 6.11)을 추가할 수도 있다. 첫 번째 값이 none이 아니라면 다음과 같이 공백을 구분자로 사용해 목록의 값을 더 추가할 수 있다.

Overline underline line-through

TIP 그렇다. blink는 이제 사용할 수 없다. CSS3에서는 blink 값이 텍스트 장식 속성값에서 공식적으로 빠졌고 <blink> HTML 태그도 사라진 지 오래다. 이제 깜박이는 텍스트로 사용자를 성가시게 하려면 어도비 플래시를 사용해야 한다.

TIP 텍스트 장식은 글자 기준이 아니라 전체 텍스트 블록에 적용된다. 이 말은 자식 엘리먼트가 부모에 설정된 텍스트 장식 스타일을 재정의할 수 없다는 뜻이다.

TIP 자식 엘리먼트가 부모의 텍스트 장식 스타일을 재정의할 수는 없지만 자식 엘리먼트가 추가로 텍스트 장식 스타일을 가질 수는 있다. 예제에서 강조 태그에 취소선을 사용한 것을 눈여겨보자. 이 스타일은 단락 태그에서 이미 적용된 밑줄에 추가된 스타일이다.

TIP 취소선을 그은 텍스트는 삭제한 텍스트를 보여줄 때 유용하다. 예를 들어 필자는 할인가가 기재된 온라인 카탈로그에 취소선을 사용한 적이 있다. 필자는 취소선을 사용해 원래 가격을 보여주고 바로 옆에 할인가를 보여줬다. 하지만 이러한 사실과 별개로 삭제를 나타내는 <del> 태그를 사용하는 방식이 좀 더 바람직하다.

TIP 솔직히 필자가 텍스트 장식을 사용하는 경우는 하이퍼텍스트 링크의 밑줄을 제거할 때뿐이다. 밑줄은 너무 무분별하게 사용되며 항상 같은 색상의 밑줄을 텍스트에 긋는다. 간격, 색상, 밑줄 스타일 등을 더 자세히 설정할 수 있는 작업은 현재 진행 중이다.

> ### 링크 밑줄에 대한 생각
>
> <a> 태그의 스타일을 text-decoration: none;으로 설정하면 사용자 브라우저가 링크에 밑줄을 긋도록 설정된 경우에도 하이퍼텍스트 링크의 밑줄 스타일을 재정의할 수 있다. 필자의 경험상 많은 사용자들이 밑줄을 보면 링크로 인식한다. 필자는 링크에 밑줄 긋는 것을 좋아하지 않지만(페이지가 지저분해지기도 하고 CSS에는 더 좋은 대안이 많이 있다) 한번은 밑줄을 사용하지 않아서 방문자들에게서 항의 메일을 받은 적도 있다.
>
> text-decoration 속성 대신 사용할 수 있는 대안으로는 가짜 밑줄 기능을 제공하기 위해 링크 태그에 border-bottom 속성을 사용하는 방식이 있다. 이렇게 하면 밑줄의 모양도 훨씬 세밀하게 제어할 수 있고 밑줄 색으로 다른 색도 사용할 수 있다. 더 자세한 내용은 14장의 '내비게이션과 링크의 스타일 적용'을 참고하자.

곧 추가될 기능

CSS3에 추가된 새로운 텍스트 속성은 아직 몇 개밖에 없지만 현재 CSS 작업 그룹에서 몇 가지 속성을 더 개발 중이다.

텍스트 외곽선 text-outline은 글자 글리프 주변에 선을 추가하고 이 선의 색상 및 두께를 제어할 수 있는 속성이다. 사파리에서는 사파리 CSS 확장 속성인 -webkit-text-stroke을 통해 이와 유사한 버전을 이미 구현했으며 이 구현체가 CSS3의 최종 속성 형식으로 채택될 가능성도 있다.

텍스트 줄바꿈 현재 웹 페이지의 텍스트는 공백에서만 줄바꿈이 된다. 하이픈이나 line-breaking 속성이 존재하지 않는 것이다. text-wrap 속성은 이와 같은 텍스트 줄바꿈 스타일을 지정하기 위한 속성이다.

텍스트 정렬 text-align:justify를 설정하면 텍스트 정렬이 가능하지만 텍스트 정렬이 수행되는 방식은 지정할 수 없다. 이로 인해 정렬된 텍스트 사이에 들커닝 간격이 이상하게 보이는 결과가 나오기도 한다. text-justify 속성에는 텍스트 간격과 관련한 몇 가지 설정이 포함될 예정이고 이 가운데 text-align-last를 사용하면 정렬된 텍스트의 마지막 줄 정렬 방식을 지정할 수 있다.

커닝 자간은 커닝이 아니라는 사실을 기억하자. punctuation-trim 속성을 사용하면 기본적인 커닝 기능을 사용할 수 있게 될 것이다.

구두점 내어쓰기 타이포그래피에서 자주 겪는 어려움은 텍스트 블록의 첫 글자로 숫자나 영문자가 오지 않고 따옴표 같은 문자가 오는 경우다. hanging-punctuation 속성을 사용하면 이러한 텍스트를 텍스트 블록의 끝에 둘지 바깥에 둘지 결정할 수 있다.

텍스트 줄 장식 앞에서 text-decoration 속성을 설명하면서 얘기한 것처럼 text-line-color, text-line-style, text-line-skip, text-underline-position 같은 텍스트 장식 스타일이 새로 개발 중이다.

이러한 스타일의 개발 진행 사항을 확인하려면 CSS3 텍스트 모듈 사이트(www.w3.org/TR/css3-text)를 방문하면 된다.

정리하며...

1. 헤더에 자간, 어간, 행간을 추가한다. 서로 다른 효과를 적용해 보고 텍스트를 한 데 모았다가 떨어뜨려 본다.

2. 바디에 행간을 추가한다. 단락 엘리먼트의 줄 간격을 지정한다. 줄 간격이 늘어나고 줄어듦에 따라 가독성이 어떻게 개선되고 저하되는지 확인한다. 아울러 어느 시점에 줄 간격을 늘리면 가독성이 떨어지는지 확인한다.

3. 헤드라인 텍스트를 모두 대문자로 설정한다. 헤드라인을 강조할 때는 폰트 크기를 조절하는 방식도 활용할 수 있다.

4. 헤드라인에 텍스트 섀도우를 추가한다. 섀도우를 은은하게 적용하고 주의력이 떨어질 정도로 진하게 하지 않는다.

5. 바디의 내용을 가운데 정렬한다. justify 텍스트 정렬을 단락 태그에 사용한다. 왼쪽 정렬을 사용할 때 가장자리가 들쭉날쭉할 때보다 가독성이 좋은지 나쁜지 판단한다.

6. 텍스트 단락에 들여쓰기를 적용한다. 다양한 들여쓰기 수준을 적용해 보고 가장 좋은 들여쓰기 정도를 파악한다.

7

색상과 배경 속성

색상은 단순히 흑백 색상이라 하더라도 모든 디자인에서 주춧돌 역할을 한다. 색상은 사이트의 첫인상을 결정한다. 밝고 생동감 넘치며 보석 같은 색상은 흑색 톤과 비교해 느낌이 확연히 다르다. 단순히 흑백 색상을 사용하는 경우에도 디자인 색상은 느낌을 전달한다. 단순히 꾸미는 효과 이외에 색상은 페이지에서 사용자의 시선 흐름을 이끌고 특정 영역을 다른 영역보다 강조하는 효과가 있다.

이 장에서는 CSS를 사용해 색상을 추가하고 제어하기 위한 주요 기법을 배운다. 하지만 먼저 기억해야 할 사실은 여러 CSS 속성을 사용해 색상을 지정할 수 있다는 점이다('색상을 추가하는 또 다른 방법들' 사이드바 참고). 색상 코드를 작성하는 법을 배우기 전에 먼저 색상을 고르는 법부터 간단히 살펴보자.

이 장에서 다루는 내용

색상값 선택	181
CSS3의 새 기능 – 배경색 그라디언트 ★	187
색상 팔레트 선택	191
텍스트 색상 설정	196
배경색 설정	198
배경 이미지 정의	200
배경 단축 속성의 활용	208
정리하며...	212

코드 7.1 이 장에서 사용하는 HTML5 코드 예제. 이 예제 파일에서는 5, 6장에서 작성한 최종 CSS 코드를 불러오고 이 장에서 작성할 CSS 코드가 들어 있는 color-background-properties.css라는 새 파일을 추가로 불러온다. 이 장에서는 3장에서 본 루이스 캐롤의 이상한 나라의 앨리스와 하단 내비게이션 푸터에 스타일을 적용한다.

```html
<!-- HTML5 -->
<!DOCTYPE html>
<html lang="en">
<head>
<meta charset="utf-8">
<title>Alice's Adventure's In Wonderland | Chapter III</title>
<link href="../_css/font-properties.css" type="text/css" rel="stylesheet">
<link href="../_css/text-properties.css" type="text/css" rel="stylesheet">
<link href="../_css/color-background-properties.css" type="text/css" rel="stylesheet">

<!--[if IE ]>
  <style>@import url(_css/ie.css);</style>
  <script src="_script/HTML5forIE.js" type="text/javascript"></script>
<![endif]-->

</head>
<body id="chapter3" class="book aaiw chapter">

<header class="page">
<h1>Alice&#8217;s Adventures In Wonderland</h1>
<p class="byline">by <span class="author">Lewis Carroll</span></p>
</header>

<article><!-- Article -->
<header>
<h2><strong>CHAPTER III.</strong> A Caucus-Race and a Long Tale</h2>
</header>
<p>
They were indeed a queer-looking party that assembled on the bank&mdash;the
birds with draggled feathers, the animals with their fur clinging close
to them, and all dripping wet, cross, and uncomfortable.
</p>
</article>
<footer>
  <ul>
    <li><a href="" target="_self">Table of Contents</a></li>
    <li><a href="" target="_self">About the Author</a></li>
    <li><a href="" target="_self">About the Books</a></li>
    <li><a href="" target="_self">About the Site</a></li>
  </ul>
</footer>
</body>
</html>
```

색상값 선택

"There is more than one way to skin a cat(고양이에게 피부를 입히는 데에는 여러 가지 방법이 있다)"이라는 속담은 다소 혐오스럽게 들리기는 하지만 웹 디자인 시 색상값을 고르는 것처럼 창조적인 결정을 할 때 참고해 볼 만하다. 같은 웹 페이지 색상을 정의하는 데도 여러 가지 전통적인 방식을 사용할 수 있으며 CSS3에는 새로운 방식이 추가로 몇 가지 더 도입됐다.

색상 키워드

물론 디자이너들은 대부분 미리 정의된 색상을 거의 사용하지 않지만 HTML4와 SVG 명세에 정의된 색상값들은 여전히 활용 가능하다. 표 7.2에는 이러한 키워드 목록이 관련 16진수 및 10진수 값과 함께 정리돼 있다. 볼드체로 표기한 값들은 HTML4에 포함된 키워드를 나타낸다.

표 7.1 색상값

이름	형식	예제	호환성
키워드	<keyword>	coral	IE4, FF1, S1, C1, O3.5, CSS1
투명도	transparent	-	IE4, FF1, S1, C1, O3.5, CSS1
현재 색상	currentcolor	-	FF3.6, S2, C2, O10, CSS3
RGB 16진수	#rrggbb, #rgb	#ff7f50, #f90	IE4, FF1, S1, C1, O3.5, CSS1
RGB 10진수	rgb(rrr,ggg,bbb)	255,127,80	IE4, FF1, S1, C1, O3.5, CSS1
RGB 백분율	rgb(rrr%, ggg%, bbb%)	rgb(100%, 50%, 31%)	IE4, FF1, S1, C1, O3.5, CSS1
HSL	hsl(hhh,sss%,lll%)	hsl(16, 65%, 100%)	FF3, S2, C2, O9.5, CSS3
RGBA	rgba(rrr,ggg,bbb,d.d)	rgba(255,127,80,.86)	FF3.6, S3, C3, O9.5, CSS3
HSLA	hsl(hhh,sss%, lll%, d.d)	hsl(16,65%,100%,.23)	FF3.6, S3, C3, O9.5, CSS3

currentcolor 키워드

색상 키워드 목록과 더불어 currentcolor 키워드를 사용할 수도 있다. currentcolor를 사용해 색상값을 설정하면 엘리먼트의 현재 color 값을 사용하게 된다. 예를 들어 아쿠아 보더 색상을 만들려면 다음과 같이 하면 된다.

color: aqua;
border-color: currentcolor;

currentcolor를 color 속성에 지정하면 마치 color: inherit을 사용한 것처럼 부모 엘리먼트의 색상값을 상속한다.

transparent 키워드

또 다른 중요 키워드로 알파 값 0, 즉, 완전 투명한 효과를 주는 transparent가 있다. 이 키워드를 사용하면 해당 엘리먼트 뒤에 있는 모든 대상이 투명하게 투영돼 보인다.

RGB 16진수 값

16진수 값의 범위는 0~9, a~f이다. 16진수 값은 원하는 색상의 적, 녹, 청색 수준을 (순서대로) 나타내는 세 가지 16진수로 구성된다. 이때 색상값은 00(색상 없음)부터 FF(완전한 색) 사이의 범위로 지정한다 ⓐ. 16진수의 쌍을 이루는 두 값들이 모두 같으면 색상을 정의할 때 세 값만 사용해도 된다. 예를 들어 다음 두 색상값은 모두 같은 순청색을 나타낸다.

#0000ff
#00f

RGB 10진수 값

이 색상값은 종종 RGB 값이라고도 부르기도 한다. RGB에서는 0(색상 없음)부터 255(완전한 색)까지의 10진수 값을 사용해 원하는 색상의 적, 녹, 청색 수준을 (순서대로) 나타낸다 ⓑ.

ⓐ RGB 16진수 색상값은 색상을 만들기 위해 조합하는 적, 녹, 청색의 수준을 나타내는 0~9, A~F 사이의 값으로 구성된 세 개의 값 쌍 또는 세 가지 단일 값으로 나타낸다.

ⓑ RGB 10진수 색상값은 색상을 만들기 위해 조합하는 적, 녹, 청색의 수준을 나타내는 0~255 사이의 값을 사용해 나타낸다.

적 녹 청
rgb(100%,100%,100%)

C RGB 백분율 색상값은 범위가 0~100에 해당하는 값으로 적, 녹, 청색의 정도를 백분율로 나타내며 세 값을 조합해서 원하는 색상을 만든다.

D HSL 색상값은 표준 색상 휠에서의 각도 값(0~360)을 색조로 나타내고, 채도와 명도를 백분율로 나타낸다.

알파(불투명도)
rgba(255,255,255,.5)

알파(불투명도)
hsla(0,0,100%,.5)

E RGBA와 HSLA에는 10진수 알파 값(0~1)을 포함해 색상의 불투명도를 나타낸다. 이때 0값은 완전히 투명한 상태를 나타내며 1은 완전히 불투명한 상태를 나타낸다.

퍼센트 값

RGB는 원하는 색상의 적, 녹, 청색의 수준을 (순서대로) 0%(색상 없음)부터 100%(완전한 색)까지 백분율로 표현할 수도 있다 **C**.

CSS3의 새 기능 – HSL 값 ★

표기 방식이 다를 뿐 16진수, 10진수, 퍼센트 값은 모두 적, 녹, 청색 수준을 지정하는 방식에 해당한다. CSS3에는, 색조, 채도, 명도(HSL)에 따라 색상을 정의할 수 있는 전혀 새로운 방식이 추가됐다 **D**.

- **색조** 각도 기호를 지정하지는 않지만 0부터 360까지의 각도 값이다. 색조는 표준 색상 휠의 색상 위치를 기반으로 한다. 표준 색상 휠에서 적색은 0도, 황색은 60도, 녹색은 120도, 청록색은 180도, 청색은 240도, 자홍색은 300도에 위치한다.
- **채도** 0%(색상 없음)부터 100%(완전한 색)까지의 퍼센트 값
- **명도** 0%(흑)부터 100%(백)까지의 퍼센트 값

CSS3의 새 기능 – 색상 알파 값 ★

불투명도 속성을 사용해도 엘리먼트를 투명하게 만들 수 있지만 불투명도 속성은 전체 엘리먼트에 적용된다. 하지만 CSS3에서는 특정 색상 투명도를 정확히 지정할 수 있게 됐다. 알파 값은 주로 색상에서 네 번째 값에 해당하지만 색조나 밝기를 나타내기보다는 색상의 투명도 값을 0(투명)에서 1(불투명)까지 설정한다. 따라서 알파 값 .5는 50% 불투명도와 같다 **E**.

알파 채널은 RGB 10진수나 HSL 색상값에 설정할 수 있다. 아직까지는 RGB 16진수 값에 알파 값을 추가할 수 있는 방법이 없다. 알파 채널값은 사용된 색상에만 적용된다.

TIP 그라디언트를 배경으로 지정했다면 배경색도 함께 지정하자. 이렇게 하면 그라디언트를 지원하지 않는 브라우저에서도 텍스트를 읽을 수 있다.

TIP 지금은 16진수 값이 색상값을 정의하는 가장 인기 있는 방식이지만 이 방식이 색상을 추가하는 최선의 방식은 아니다. 필자는 기본 16진수 값보다 10진수 값을 사용할 때 색상을 더 쉽게 이해할 수 있다.

TIP 색상 불투명도를 설정하는 것 외에 CSS에서는 전체 객체 및 콘텐츠의 불투명도를 설정하는 기능이 있다. 더 자세한 내용은 11장의 '엘리먼트의 불투명도 설정'을 참고하자.

TIP HSL이 처음에는 익히기가 좀 더 어렵지만 보색을 설정할 때는 이 방식이 더 쉽다. 색조에 180도를 추가하기만 하면 되기 때문이다.

색상을 추가하는 또 다른 방법들

이 장에서는 디자인에 색상을 설정하는 주요 기법을 소개하고 있지만 색상값을 포함하는 CSS 속성에는 이 외에도 몇 가지가 더 있다.

- **text-shadow**: 보통 흑백으로 치부하기 쉽지만 text-shadow로는 어떤 색상도 설정할 수 있다. 필자는 이 속성에 밝은 색상을 사용해 글로우 효과를 자주 만들곤 한다(6장 참고).
- **border**: 엘리먼트의 보더 색상은 border 속성을 사용해 설정할 수도 있고 border-color 속성을 직접 설정할 수도 있다(10장 참고).
- **outline**: border 속성과 마찬가지로 outline 속성을 사용하더라도 엘리먼트의 외곽 주변에 색상을 정의할 수 있다(10장 참고).

16진수와 10진수

최근까지 색상값은 항상 RGB 16진수 표기법을 사용해 선언하는 게 좋다는 인식이 대부분이었다. 실제로 필자는 다른 표기법이 있다는 사실을 까맣게 모르는 디자이너와 개발자들을 자주 만난다. RGB 10진수 표기법은 나온 지 꽤 오래됐으며 여러분이 생각하는 모든 브라우저에 올바르게 동작한다.

그럼 두 방식 중 어떤 방식이 '더 좋을까?'

필자는 개인적으로 16진수보다는 10진수 숫자로 표기했을 때 색상을 떠올리기가 더 쉽다고 생각한다. 10진수는 우리가 평생 사용해 온 표기 방식이기 때문이다. 필자는 877f6b를 볼 때보다는 135, 127, 107 같은 숫자 값을 보면 붉은색이 들어간 베이지 색상이라는 걸 더 빨리 알아차린다. 아울러 16진수로는 알파 값을 표기할 수 없기 때문에 투명 색상을 표기하려면 결국 10진수 값을 사용해야 한다.

16진수 색상값의 유일한 장점은 16진수가 10진수보다 용량이 적다(파일 크기가 작다)는 것뿐이다. 하지만 대규모 웹 사이트라 하더라도 16진수 색상값을 사용해 줄일 수 있는 바이트 수는 (전체 로드 시간에서 수백만 분의 1초에 해당하는) 고작 몇 바이트에 지나지 않는다.

표 7.2 색상 키워드

키워드	16진수	10진수	키워드	16진수	10진수
aliceblue	#F0F8FF	240,248,255	darkseagreen	#8FBC8F	143,188,143
antiquewhite	#FAEBD7	250,235,215	darkslateblue	#483D8B	72,61,139
aqua	**#00FFFF**	**0,255,255**	darkslategray	#2F4F4F	47,79,79
aquamarine	#7FFFD4	127,255,212	darkturquoise	#00CED1	0,206,209
azure	#F0FFFF	240,255,255	darkviolet	#9400D3	148,0,211
beige	#F5F5DC	245,245,220	deeppink	#FF1493	255,20,147
bisque	#FFE4C4	255,228,196	deepskyblue	#00BFFF	0,191,255
black	**#000000**	**0,0,0**	dimgray	#696969	105,105,105
blanchedalmond	#FFEBCD	255,235,205	dimgrey	#696969	105,105,105
blue	**#0000FF**	**0,0,255**	dodgerblue	#1E90FF	30,144,255
blueviolet	#8A2BE2	138,43,226	firebrick	#B22222	178,34,34
brown	#A52A2A	165,42,42	floralwhite	#FFFAF0	255,250,240
burlywood	#DEB887	222,184,135	forestgreen	#228B22	34,139,34
cadetblue	#5F9EA0	95,158,160	**fuchsia**	**#FF00FF**	**255,0,255**
chartreuse	#7FFF00	127,255,0	gainsboro	#DCDCDC	220,220,220
chocolate	#D2691E	210,105,30	ghostwhite	#F8F8FF	248,248,255
coral	#FF7F50	255,127,80	gold	#FFD700	255,215,0
cornflowerblue	#6495ED	100,149,237	goldenrod	#DAA520	218,165,32
cornsilk	#FFF8DC	255,248,220	**gray**	**#808080**	**128,128,128**
crimson	#DC143C	220,20,60	**green**	**#008000**	**0,128,0**
cyan	#00FFFF	0,255,255	greenyellow	#ADFF2F	173,255,47
darkblue	#00008B	0,0,139	gray	#808080	128,128,128
darkcyan	#008B8B	0,139,139	honeydew	#F0FFF0	240,255,240
darkgoldenrod	#B8860B	184,134,11	hotpink	#FF69B4	255,105,180
darkgray	#A9A9A9	169,169,169	indianred	#CD5C5C	205,92,92
darkgreen	#006400	0,100,0	indigo	#4B0082	75,0,130
darkgrey	#A9A9A9	169,169,169	ivory	#FFFFF0	255,255,240
darkkhaki	#BDB76B	189,183,107	khaki	#F0E68C	240,230,140
darkmagenta	#8B008B	139,0,139	lavender	#E6E6FA	230,230,250
darkolivegreen	#556B2F	85,107,47	lavenderblush	#FFF0F5	255,240,245
darkorange	#FF8C00	255,140,0	lawngreen	#7CFC00	124,252,0
darkorchid	#9932CC	153,50,204	lemonchiffon	#FFFACD	255,250,205
darkred	#8B0000	139,0,0	lightblue	#ADD8E6	173,216,230
darksalmon	#E9967A	233,150,122	lightcoral	#F08080	240,128,128

표 7.2 색상 키워드 (계속)

키워드	16진수	10진수	키워드	16진수	10진수
lightcyan	#E0FFFF	224,255,255	**olive**	**#808000**	**128,128,0**
lightgoldenrodyellow	#FAFAD2	250,250,210	olivedrab	#6B8E23	107,142,35
lightgray	#D3D3D3	211,211,211	orange	#FFA500	255,165,0
lightgreen	#90EE90	144,238,144	orangered	#FF4500	255,69,0
lightgrey	#D3D3D3	211,211,211	orchid	#DA70D6	218,112,214
lightpink	#FFB6C1	255,182,193	palegoldenrod	#EEE8AA	238,232,170
lightsalmon	#FFA07A	255,160,122	palegreen	#98FB98	152,251,152
lightseagreen	#20B2AA	32,178,170	paleturquoise	#AFEEEE	175,238,238
lightskyblue	#87CEFA	135,206,250	palevioletred	#DB7093	219,112,147
lightslategray	#778899	119,136,153	papayawhip	#FFEFD5	255,239,213
lightslategrey	#778899	119,136,153	peachpuff	#FFDAB9	255,218,185
lightsteelblue	#B0C4DE	176,196,222	peru	#CD853F	205,133,63
lightyellow	#FFFFE0	255,255,224	pink	#FFC0CB	255,192,203
lime	**#00FF00**	**0,255,0**	plum	#DDA0DD	221,160,221
limegreen	#32CD32	50,205,50	powderblue	#B0E0E6	176,224,230
linen	#FAF0E6	250,240,230	**purple**	**#800080**	**128,0,128**
magenta	#FF00FF	255,0,255	**red**	**#FF0000**	**255,0,0**
maroon	#800000	128,0,0	rosybrown	#BC8F8F	188,143,143
mediumaquamarine	**#66CDAA**	**102,205,170**	royalblue	#4169E1	65,105,225
mediumblue	#0000CD	0,0,205	saddlebrown	#8B4513	139,69,19
mediumorchid	#BA55D3	186,85,211	salmon	#FA8072	250,128,114
mediumpurple	#9370DB	147,112,219	sandybrown	#F4A460	244,164,96
mediumseagreen	#3CB371	60,179,113	seagreen	#2E8B57	46,139,87
mediumslateblue	#7B68EE	123,104,238	seashell	#FFF5EE	255,245,238
mediumspringgreen	#00FA9A	0,250,154	sienna	#A0522D	160,82,45
mediumturquoise	#48D1CC	72,209,204	**silver**	**#C0C0C0**	**192,192,192**
mediumvioletred	#C71585	199,21,133	skyblue	#87CEEB	135,206,235
midnightblue	#191970	25,25,112	slateblue	#6A5ACD	106,90,205
mintcream	#F5FFFA	245,255,250	slategray	#708090	112,128,144
mistyrose	#FFE4E1	255,228,225	snow	#FFFAFA	255,250,250
moccasin	#FFE4B5	255,228,181	springgreen	#00FF7F	0,255,127
navajowhite	#FFDEAD	255,222,173	steelblue	#4682B4	70,130,180
navy	**#000080**	**0,0,128**	tan	#D2B48C	210,180,140
oldlace	#FDF5E6	253,245,230	**teal**	**#008080**	**0,128,128**

표 7.2 색상 키워드 (계속)

키워드	16진수	10진수
thistle	#D8BFD8	216,191,216
tomato	#FF6347	255,99,71
turquoise	#40E0D0	64,224,208
violet	#EE82EE	238,130,238
wheat	#F5DEB3	245,222,179
white	**#FFFFFF**	**255,255,255**
whitesmoke	#F5F5F5	245,245,245
yellow	**#FFFF00**	**255,255,0**
yellowgreen	#9ACD32	154,205,50

선형 그라디언트   원형 그라디언트

Ⓐ 선형 그라디언트는 인터넷 익스플로러, 웹킷 브라우저(크롬, 사파리 포함), 모질라 기반 브라우저(파이어폭스 포함)에 추가할 수 있다. 원형 그라디언트는 웹킷과 모질라 브라우저에서만 사용할 수 있다.

```
filter: progid:
    DXImageTransform.Microsoft.gradient
    (startColorstr='#ff000000',
    endColorstr='#77ff0000',
    gradientType='1');
             |
            방향
```
시작 색상   마지막 색상

Ⓑ 인터넷 익스플로러에서는 자체 filter 속성을 사용해 간단한 선형 그라디언트를 추가할 수 있다. 색상은 16진수 코드에 알파 값을 더한 비표준 색상 형식을 사용해 설정한다.

CSS3의 새 기능 – 배경색 그라디언트 ★

아직 CSS 표준에 포함되지는 않았지만 엘리먼트의 배경을 그라디언트로 채울 수 있는 기능은 웹킷과 모질라 확장 속성에서 모두 도입했다. 이 말은 사파리, 크롬, 파이어폭스에서 선형, 원형 그라디언트 추가 기능이 호환된다는 뜻이다 Ⓐ. 다소 의외이지만 인터넷 익스플로러도 배경으로 선형 그라디언트를 추가할 수 있는 자체 시스템을 갖고 있다. 따라서 그라디언트를 지원하지 않는 브라우저는 (현재) 오페라뿐이다.

앞의 세 브라우저가 모두 그라디언트를 보여주지만 여기에 사용되는 구문은 아직 W3C에서 표준화하지는 않았다. 따라서 세 브라우저 모두 고유한 방식으로 스타일을 정의한다.

인터넷 익스플로러 그라디언트

인터넷 익스플로러는 여러 가지 용도로 사용되는 filter 속성을 사용한다. 그라디언트는 filter 속성의 이러한 여러 용도 중 하나일 뿐이다.

인터넷 익스플로러의 그라디언트 사용 구문은 시작 색상, 마지막 색상, 방향만 지정하면 되므로 깔끔하고 명료하다 Ⓑ. 하지만 이해하기 쉬운 RGB 값을 사용하는 대신 표준과 전혀 상관 없는 ARGB 색상값을 사용해 색상을 정의해야 한다. 이때 처음에 오는 두 글자는 여러분이 예상한 대로 00(투명)부터 ff(불투명)를 나타내는 알파 값이다. 그라디언트의 방향(gradientType)은 가로(1) 또는 세로(0)로 설정할 수 있다.

인터넷 익스플로러에서는 원형 그라디언트를 지원하지 않는다.

모질라 그라디언트

-moz 확장 스타일을 사용하는 파이어폭스나 기타 브라우저에서는 -moz-linear-gradient나 -moz-repeating-linear-gradient 속성 ⓒ을 사용해 선형 그라디언트를 만들 수 있고 -moz-radial-gradient나 -moz-repeating-radial-gradient 속성을 사용해 원형 그라디언트 ⓓ를 만들 수 있다. 반복되는 그라디언트는 일반 그라디언트와 동일하게 동작하지만 크기에 따라 타일 형태로 배치된다.

-moz gradient 확장 스타일은 다음과 같은 값을 사용한다.

- **점** 그라디언트가 시작할 측면 또는 모서리를 정의하기 위한 공백으로 구분된 하나 또는 두 개의 키워드 값. 사용할 수 있는 값에는 top, right, bottom 및/또는 left가 있다. (공백으로 구분한) 두 값을 사용하는 경우 top left처럼 모서리를 지정하면 된다.

- **위치** 배경 위치. 이 속성은 잠시 후 살펴볼 center처럼 원형 그라디언트의 중점에 대해 배경 이미지 위치를 설정하는 것과 동일한 속성이다(표 7.10).

- **각도** 45deg처럼 각으로 나타낸 그라디언트의 각도(deg), 그래드(grad), 라디언(rad).

- **도형** circle 또는 ellipse 같은 원형 그라디언트의 모양.

```
-moz-linear-gradient (         ——— 점
    left top,
    rgba(0,0,0,0),             ——— 정지점
    rgba(255,0,0,.5));         ——— 정지점
```

```
-moz-repeat-linear-gradient (
    left top,
    -45deg,                    ——— 각도
    rgba(0,0,0,0) 10px,
    rgba(255,0,0,.5)) 20px;
```

ⓒ 모질라에는 간단하고 복잡한 그라디언트를 만들 수 있는 추가 옵션이 몇 개 더 있다.

```
-moz-radial-gradient(
    25px 25px -45deg,          ——— 점/각도
    circle cover,
    rgba(0, 0, 0, 0) 0%,       ——— 정지점
    rgba(255, 0, 0, .25) 60%,
    rgba(255, 0, 0, .5) 100%);
```

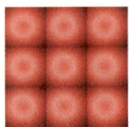

```
-moz-repeat-radial-gradient(
    25px 25px -45deg,
    circle cover,              ——— 타입
    rgba(0, 0, 0, 0) 0%,
    rgba(255, 0, 0, .25) 60%,
    rgba(255, 0, 0, .5) 100%);
```

ⓓ 모질라 원형 그라디언트를 사용하면 크기, 각도, 도형을 설정할 수 있다.

표 7.3 -moz-gradient 크기 값

값	설명
closest-side	중심으로부터 가장 가까운 측면에 맞도록 그라디언트를 형성한다.
closest-corner	중심으로부터 가장 가까운 모서리에 맞도록 그라디언트를 형성한다.
farthest-side	중심으로부터 가장 먼 측면에 맞도록 그라디언트를 형성한다.
farthest-corner	중심으로부터 가장 먼 모서리에 맞도록 그라디언트를 형성한다.
contain	closest-side와 동일하다.
cover	farthest-corner와 동일하다.

```
-webkit-gradient(
    linear,────────── 타입
    left top,
    from(rgba(0,0,0,0)),
    to(rgba(255,0,0,.5));
```

E 웹킷 선형 그라디언트는 간단히 만들 수 있다.

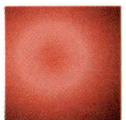

```
-webkit-gradient(
    radial,
    25 25, 100, 25 25,0 ── 점과 반지름
    from(rgba(0,0,0,0)),
    to(rgba(255,0,0,.5)),
┌── color-stop(60%, rgba(255,0,0,.25)));
스톱
```

F 웹킷 원형 그라디언트는 몇 가지 점과 반지름을 설정해야 하므로 좀 더 복잡하다.

- **크기** 키워드로 지정하는 원형 그라디언트의 크기.
- **정지점** 그라디언트상의 특정 점에서의 색상. 여기에는 항상 색상값(표 7.1)이 들어 있어야 하고 선택적으로 orange 60%처럼 그라디언트 축을 따라 색상이 어디에 위치할지를 설정하는 퍼센트 값 또는 길이 값을 지정할 수 있다.

웹킷 그라디언트

-webkit 확장 스타일을 사용하는 사파리, 크롬, 기타 브라우저에서는 -webkit-gradient 속성을 사용해 그라디언트를 추가할 수 있다. 이 속성에는 적용할 그라디언트가 선형인지 원형인지 여부에 따라 몇 가지 옵션이 제공된다.

- **타입** linear 또는 radial **E** **F**.
- **시작점** 선형 그라디언트를 시작할 위치, 측면, 모서리를 지정하기 위한, 공백으로 구분된 하나 또는 두 개의 길이 또는 키워드 값. 사용할 수 있는 값에는 top, right, bottom 및/또는 left가 있다. (공백으로 구분한) 두 값을 사용할 경우 top left처럼 모서리를 지정할 수 있다.
- **끝점** 선형 그라디언트를 끝낼 위치, 측면, 모서리를 지정하기 위한, 공백으로 구분된 하나 또는 두 개의 길이 또는 키워드 값. 사용할 수 있는 값에는 top, right, bottom 및/또는 left가 있다. (공백으로 구분한) 두 값을 사용할 경우 bottom right처럼 모서리를 지정할 수 있다.
- **반지름** 원형 그라디언트의 반지름을 설정하기 위한 길이 값. 원형 그라디언트의 내부 원과 바깥 원의 반지름은 시작점 및 끝점과 연계되며 시작점 및 끝점과 관련해 25 25, 100, 25 25, 0 등으로 설정한다(이때 100과 0은 모두 반지름을 나타낸다).

- **시작 색상값** 그라디언트의 초기 색상값(표 7.1). color-stop(0.0, <color>)와 동일하다. 예를 들어 from(rgb(255,255,255))처럼 사용한다.

- **최종 색상값** 그라디언트의 최종 색상값(표 7.1). color-stop(1.0, <color>)와 동일하다. 예를 들어 to(rgb(0,0,0))처럼 사용한다.

- **정지점** 그라이언트 축을 따라 어떤 위치에서 색상이 위치해야 하는지를 나타내는 길이, 백분율(0%~100%), 10진수 값(0.0~1.0). 값을 지정한 다음 콤마(,) 및 그라디언트 축을 따른 특정 위치의 색상값을 지정한다(표 7.1). 예를 들어 colorstop(60%, orange)처럼 사용한다.

그라디언트는 from() 값, to() 값, color-stops() 값, 기타 이들 값을 콤마로 구분한 조합값을 사용해 정의할 수 있다

TIP 새로운 이미지 모듈(dev.w3.org/csswg/css3-images)의 일부로 W3C CSS 그라디언트 표준에 대한 작업이 시작됐다. 안 좋은 소식을 먼저 전하자면 현재 개발 중인 구문이 -moz나 -webkit 버전의 구문과 유사하지 않다는 점이다. 하지만 좋은 소식은 구문이 훨씬 단순해진다는 점이다.

TIP 그라디언트, 특히 원형 그라디언트는 머릿속으로 정확히 계산하기 어렵다. 필자는 존 올솝이 개발한 편리한 온라인 툴(westciv.com/tools/gradients **G**)을 사용할 것을 권장한다.

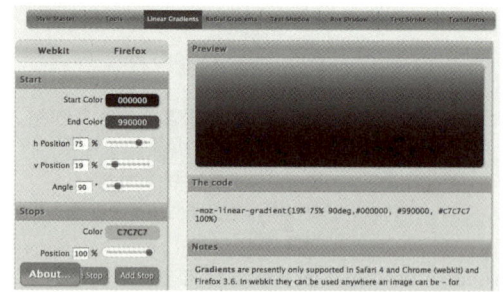

G westciv.com/tools/gradients에서는 그라디언트를 대신 계산해주는 훌륭한 툴을 만날 수 있다.

표 7.4 서구 문화권에서 사용하는 주요 색상과 의미

색상	감정적인 의미
빨간색	단언적, 강력한, 강렬한
파란색	위안이 되는, 충성, 방어
노란색	근심, 재생, 명료함
녹색	부, 건강함, 음식, 자연
갈색	자연, 성숙, 지혜
오렌지색	호의, 기쁘게 함, 생기
핑크색	생기 있는, 순수한, 여성적
보라색	왕족, 세련됨, 고요함
검은색	황량한, 스타일 있는, 어두침침한
회색	사무적인, 침착한, 무심한
흰색	깨끗한, 순수한, 솔직한

색상 팔레트 선택

그래픽 디자이너들 사이에는 이런 속담이 있다. '나쁜 색상을 쓰느니 색상을 아예 사용하지 않는 게 낫다.' 주의를 기울이지 않으면 색상은 여러분의 의도와는 반대로 동작해 메시지를 모호하게 만들고 사용자를 혼란에 빠뜨린다. 디자인 색상을 정말 제대로 사용하려면 부단한 연습이 필요하다.

색상에는 많은 감정적인 의미가 들어 있는데 이러한 감정은 특히 서로 다른 색상 조합을 사용할 때 쉽게 예측하기 어렵다. 표 7.4에는 서구 문화권에서 가장 빈번하게 사용되는 색상들을 정리해 두었다. 두 색상을 함께 사용하면 마치 문장의 단어들이 서로 상관성을 갖는 것처럼 색상의 의미가 서로 상관성을 갖게 된다.

페이지에는 서로 충돌하는 색상을 사용하지 않는 게 좋다. 이런 색상을 사용하면 색상이 서로 상충된 느낌을 전달하기 때문이다. 이런 실수를 피하려면 시간을 들여 선택할 색상 조합을 계획해야 한다. 먼저 사용할 색상 중 구체적인 색상부터 선택한 다음 이어서 정확한 RGB나 HSL 값을 골라야 한다. 그런 다음 이러한 색상을 프로젝트 전반에 일관되게 적용한다.

이때 (배경 이미지에 사용할 색상을 포함해) 웹 페이지의 기본 영역에 적용할 색상을 고려해야 한다 Ⓐ. 각 영역에 서로 다른 색조를 선택할 필요는 없지만 각 구성 요소에 어떤 색상을 적용할지는 결정해야 한다.

- **바디 배경**   브라우저 창에서 보이는 모든 영역에 해당하므로 배경은 앞에 있는 텍스트 색상과 가장 대비되는 색상을 사용해야 한다.

Ⓐ 웹 페이지의 각 구성 요소에 어떤 색상을 사용할지 판단한다.

- **콘텐츠 배경** 종종 바디 배경색이 브라우저 창에서 더 넓은 공간을 차지하게 한 상태에서 페이지 콘텐츠 바로 뒤에 있는 배경에 다른 배경색을 사용하기도 한다.

- **보더/구분선** 콘텐츠 영역, 헤더, 내비게이션 영역, 리스트, 테이블 주변의 보더에는 대비되는 색상을 사용하거나 구분선을 사용해 다른 콘텐츠와 구별되게 하는 게 좋다. 이때 색상은 해당 영역과 대비되는 색을 골라 구분선임을 분명히 표시하는 게 좋다.

- **헤더** 영역 헤더의 배경색은 굳이 바꾸지 않을 수도 있지만 텍스트 색상은 사용한 배경색과 항상 분명한 대조를 이루게 해야 한다.

- **본문** 본문(주로 문장 또는 단락 텍스트)은 가독성을 최대한 높이기 위해 배경과 가장 큰 대비를 이뤄야 한다.

- **링크/내비게이션** 사이트 내비게이션과 본문의 링크에는 서로 다른 색상을 사용할 수도 있지만 링크에 사용한 색상은 배경과 대비를 이루는 동시에 다른 텍스트와 쉽게 구분할 수 있어야 한다.

- **리스트/테이블** 리스트와 테이블 뒤에는 다른 배경색을 사용하거나 가독성을 높이기 위해 얼룩말 무늬라고 하는 교차 행 색상을 사용할 수 있다.

- **폼** 기본 외양과 구분된 독특한 폼 엘리먼트를 보여주기 위해 보더, 전경색, 배경색 등 여러 가지 색상을 지정할 수 있다. 하지만 사용자가 폼인지 분간하지 못할 정도로 지나치게 폼을 커스터마이징하지 않도록 주의해야 한다.

색상 휠

색상 휠은 색상값 스펙트럼을 보여주는 원반 또는 원으로 빨간색, 오렌지색, 노란색부터 녹색, 청색, 남색, 보라색, 검은색부터 다시 빨간색에 이르기까지 선택 가능한 모든 색상을 빠르게 볼 수 있다. 어떤 색상 휠에서는 명도(어두움부터 밝음) 및 채도(완전한 색상 톤에서부터 회색) 수준도 확인할 수 있다.

색상 휠이 이미 익숙한 독자도 많이 있겠지만 색상 휠이 어떤 것인지 궁금하다면 colorschemedesigner.com에서 볼 수 있다.

색상 휠을 실제 활용할 때 색상 선택은 기호의 문제다. 필자가 보기에 잘 어울리는 것처럼 보이는 색상도 필자의 아내가 보면 우스운 색상이 될 수 있다(이런 이유로 결국 필자는 입으려던 옷을 갈아 입곤 한다). 안전한 색상을 사용하려면 단일 색상(모노크롬)을 활용하거나 (다소) 실패할 염려가 없는 아래 색상 조합 스키마 중 하나를 사용하는 게 좋다.

- **모노크롬** 서로 다른 명도와 채도로 대비를 이룬 단일 색상
- **보색** 색상 휠의 정 반대편에 있는 두 색(180도). 가장 강한 대비를 보인다.
- **세 가지 조화 색** 한 개의 주 색과 두 개의 보조색으로 이루어진 세 가지 조화 색. 색상 휠에서 주 색과 동일 각도, 120도, 180도에 위치한 색상들.
- **네 가지 조화 색** 한 가지 주 색, 한 가지 보조 색(주 색의 직접적인 대비 색상), 주 색과 동일 각도에 있는 색상 또는 0도에서 90도 사이에 있는 보조색에 해당하는 두 색.

색상과 접근성

색상을 고려할 때 매력적이고 뛰어난 디자인 이외에 추가로 신중하게 고려할 사항은 바로 시각 장애가 있는 사람들의 접근성이다. 이때 가장 중요하게 고려해야 할 점은 전경색과 배경색 사이에 충분한 대비를 둬서 정보를 읽기 쉽게 만들고 정보를 이해하는 데 색상이 핵심적인 역할을 하지 않게 하는 것이다. 예를 들어 링크에 색상을 사용한다면 밑줄이나 볼드체 등의 형식으로 대체해 링크를 보여주는 게 좋다.

색상 및 접근성에 대한 더 자세한 내용은 w3.org/TR/WCAG10-CSS-TECHS/#style-colors에서 W3C의 백서 9절에 나오는 '웹 콘텐츠 접근성 가이드라인을 위한 CSS 기술'을 참고하자.

- **유사 색상** 주 색으로부터 0도부터 60도 사이의 동일 각도에 위치하는 한 개의 주 색과 두 개의 보조색으로 이뤄진 세 가지 색상과 톤.

이러한 색상 스키마를 활용해 기본적인 색조를 선택한 다음에는 다양한 명도 및/또는 채도를 사용해 팔레트에 추가적인 음영을 부여할 수 있다.

온라인 색상 스키마 툴

색상 스키마 기획을 어디부터 시작해야 할지 확신이 서지 않는 독자라면 아래 온라인 툴을 활용해 보면 좋다.

- **팔레트 개발** 어도비 Kuler(kuler.adobe.com)에서는 인터랙티브 환경에서 색상을 나란히 비교할 수 있는 훌륭한 툴을 제공한다.
- **색상 휠 선택 툴** ColorJack이 만든 툴(colorjack.com/sphere)을 활용하면 색상 휠 스키마를 한 눈에 모두 확인할 수 있다.
- **사진 또는 기타 이미지의 색상 팔레트** 그래픽이나 사진에 특정 색상 스키마를 사용할 경우 Degraeve.com 색상 팔레트 생성기(www.degraeve.com/color-palette/)를 활용하면 이미지 분석을 통해 이미지에 사용된 색상에 기반한 색상 팔레트를 만들 수 있다.

텍스트 색상 설정

엘리먼트의 텍스트 색상(종종 전경색이라고도 한다)을 설정할 때는 color 속성(표 7.5)을 사용한다. 이 색상은 엘리먼트의 모든 자식이 상속하므로(4장 참고) 바디 엘리먼트에 한 번만 설정하고 필요에 따라 재정의하면 된다. 예를 들어 <body>에 color를 회색으로 설정하면 페이지의 모든 텍스트가 회색으로 보인다. 이때 <p> 엘리먼트만 빨간색을 적용하면 모든 단락 텍스트 및 단락 내 엘리먼트가 회색 대신 빨간색으로 보인다.

텍스트 색상 정의

1. CSS 선언에 텍스트 색상 속성을 추가한다. CSS 규칙에 color를 입력하고 이어서 콜론(:)을 입력한다(코드 7.2).

    color:

2. 색상값을 지정한다. 표 7.1의 색상값을 기준으로 색상값을 입력한다. 입력할 수 있는 색상값 형식에는 RGB, HSL, transparent, currentColor 등이 있다.

    rgb(102,0,0);

3. 필요에 따라 색상에 알파 채널을 추가한다. 색상이 부분 투명하게 하려면 색상값 선언 아래에 RGBA 또는 HSVA 값을 사용해 같은 색상값을 추가하면 된다. 이렇게 하면 알파 값을 지원하지 않는 브라우저에서는 첫 번째 색상값만 사용하고 두 번째 값은 무시한다.

    color: rgba(102,0,0,.65);

코드 7.2 color-background-properties.css : 헤더 텍스트에는 다양한 빨간색 음영을 사용했고 텍스트는 어두운 회색, 폼 버튼과 폼 필드 입력에 사용하는 텍스트에는 빨간색을 사용했다 Ⓐ. 밝은 빨간색은 옅은 빨간색이나 회색 텍스트보다 훨씬 눈에 잘 띈다.

```css
/*** CSS3 VQS | Chapter 7 |
→ color-background-properties.css ***/
body {
  color: rgb(51,51,51); }

h1 {
  color: rgb(102,0,0);
  color: rgba(102,0,0,.65); }

article h2 strong {
  color: rgb(135,127,107); }

article header + p:first-letter {
  color: rgb(153,0,0); }

a:link {
  color: rgb(204,0,0) }

a:visited {
  color: rgb(153,0,0) }

a:hover {
  color: rgb(255,0,0) }

a:active {
  color: rgb(153,153,153) }

.byline {
  color: rgb(255,255,255);
  color: rgba(255,255,255,.5); }

.byline .author {
  color: rgb(235,235,235);
  color: rgba(255,255,255,.75) }
```

표 7.5 color 속성값

값	호환성
<color>	IE3, FF1, S1, C1, O3.5, CSS1
inherit	IE3, FF1, S1, C1, O3.5, CSS1

A 코드 7.1에 적용한 코드 7.2의 결과. 제목에 어두운 회색 텍스트를 사용하고 드롭 캡에 빨간색 음영을 사용해 페이지 텍스트의 대비가 줄어든 것을 볼 수 있다. 이 그림에서는 마치 저자명이 사라진 것처럼 보인다. 이렇게 보이는 이유는 흰 배경에 흰 텍스트를 사용했기 때문이다. 저자명은 배경색을 추가하면 다시 보일 것이다. 푸터의 링크 색상에는 빨간색을 사용했다.

TIP 설령 단순 검정색이라 하더라도 기본 페이지 색상은 항상 설정하는 게 좋다. 이렇게 기본 페이지 색상을 정하고 나면 페이지에 일관된 색상을 적용하기가 쉬워진다.

TIP 전경 텍스트 색상을 선택할 때는 배경색 또는 이미지와 대비되는 색상을 고른다. 대비가 약할수록(즉, 전경색과 배경색의 명도 차이가 덜할수록) 독자들이 텍스트를 읽을 때 느끼는 눈의 피로가 가중된다.

TIP 색상을 다르게 지정하는 방식은 하이퍼텍스트 링크를 돋보이게 하는 주요 스타일 방식 중 하나다. 하지만 링크에 적용할 수 있는 스타일은 색상 말고도 많다. 14장에서는 링크, 내비게이션, 앵커 태그를 사용한 컨트롤에 스타일을 적용하기 위한 모범 스타일 지침을 설명한다.

배경색 설정

HTML 페이지에 배경색을 설정할 수 있는 기능은 최초 웹 브라우저가 나왔을 때부터 있었던 기능이다. 하지만 CSS를 사용하면 back-ground-color 속성(표 7.6)으로 전체 페이지의 배경색뿐 아니라 개별 엘리먼트의 배경색도 지정할 수 있다. 하지만 color 속성과는 달리 배경색은 엘리먼트에만 적용되고 자식이 직접 상속하지 않는다. 그렇지만 이와 별개로 부모의 배경은 결국 자식의 배경이 되고 만다.

엘리먼트의 배경색 정의

1. 선언 목록에 배경색 속성을 추가한다. background-color를 선언에 입력하고 이어서 콜론(:)을 입력한다(코드 7.3).

    `background-color:`

2. 색상값을 지정한다. 배경색을 입력한다. 값으로는 색상명이나 RGB 값을 사용하면 된다.

    `rgb(102,0,0);`

    또는 transparent를 입력해 부모 엘리먼트의 배경색이 투영돼 보이게 하거나 currentColor를 지정해 color 속성값을 사용하게 할 수도 있다.

코드 7.3 color-background-properties.css : 배경색은 단색, 투명색, 그라디언트 색상을 지정할 수 있다 Ⓐ.

```css
/*** CSS3 VQS | Chapter 7 |
→ color-background-properties.css ***/
* {
  padding: 0;
  margin: 0;
  border: none; }
body {
  color: rgb(51,51,51);
  background-color: rgb(85,85,85); }

header.page {
  display: block;
  background-color: rgb(102,0,0); }
h1 {
  color: rgb(255,225,215);
  color: rgba(255,225,225,.65); }
article {
  display: block;
  background-color: rgb(242, 237, 217); }
article h2 strong {
  color: rgb(135,127,107); }
article header + p:first-letter {
  color: rgb(153,0,0);
  background: transparent; }
footer {
  display: block;
  background: rgb(153,153,153);
  filter: progid:DXImageTransform.Microsoft.
  → gradient(startColorstr='#00000000',
  → endColorstr='#cc000000');
  background: -webkit-gradient(linear,
  → left top, left bottom, from(rgba(0,0,0,0)),
  → to(rgba(0,0,0,.5))); }
```

코드 7.3 계속

```css
background: -moz-linear-gradient
→(top, rgba(0,0,0,0), rgba(0,0,0,.5)); }
a:link {
  color: rgb(204,0,0) }
a:visited {
  color: rgb(153,0,0) }
a:hover {
  color: rgb(255,0,0) }
a:active {
  color: rgb(153,153,153) }
.byline {
  color: rgb(255,255,255);
  color: rgba(255,255,255,.5); }
.byline .author {
  color: rgb(235,235,235);
  color: rgba(255,255,255,.75) }
```

ⓐ **코드 7.1에 적용한 코드 7.3의 결과 화면.** 페이지 헤더, 아티클, 푸터를 포함한 페이지 영역이 색상으로 인해 더 확연히 구분된다.

3. 필요에 따라 배경 그라디언트를 추가한다. 인터넷 익스플로러, 웹킷, 모질라 브라우저에 따라 각기 다르게 선언한다.

```css
filter: progid:DXImageTransform.
→Microsoft.gradient
→(startColorstr='#ff000000',
→endColorstr='#77000000');
background: -webkit-gradient
→(linear, left top, left
→bottom, from(rgba(0,0,0,0)),
→to(rgba(0,0,0,.5)));
background: -moz-linear-gradient
→(top, rgba(0,0,0,0),
→rgba(0,0,0,.5));
```

TIP 엘리먼트의 검은 배경색의 기본 상태는 transparent 이므로 특정 자식 엘리먼트에 대해 배경색이나 이미지를 설정하지 않은 경우 부모 엘리먼트의 배경색이 투영돼 보인다.

TIP 이 장의 '단축 배경 속성의 활용'에서 설명하겠지만 background 속성을 사용해 배경색을 지정할 수도 있다.

TIP 기존 브라우저 중 일부는 HTML5 지원이 완전하지 못하므로 코드 결과가 브라우저에 따라 조금씩 다르게 보일 수 있다. 예를 들어 사파리 4에서는 display: block(10장 참고)을 설정하지 않으면 <header> 등의 HTML5 관련 태그에서 배경색 기능을 지원하지 않는다.

표 7.6 background-color 속성값

값	호환성
<color>	IE4, FF1, S1, C1, O3.5, CSS1
inherit	IE4, FF1, S1, C1, O3.5, CSS1

배경 이미지 정의

CSS에는 이미지를 엘리먼트의 배경으로 설정하는 수준을 넘어 이미지의 위치를 다양한 방식으로 유연하고 정확히 지정할 수 있는 속성들이 들어 있다.

- **반복** 이미지가 가로 또는 세로로 한 번만 나타날지 타일처럼 반복해 나타날지 설정한다.
- **첨부** 이미지가 페이지의 나머지 영역으로 스크롤될지 한 곳에 머물지 설정한다.
- **위치** 이미지를 부모 엘리먼트의 좌측 상단 구석을 기준으로 왼쪽과 아래(양수 값)로 움직일지 오른쪽과 위(음수 값)로 움직일지 설정한다.
- **CSS3의 새 기능★ : 크기** 엘리먼트의 배경 내에 있는 이미지의 너비 및 높이를 절대 길이 값, 백분율, cover, contain, (이미지 크기 배율을 유지하는) auto 등의 키워드를 사용해 설정한다.
- **CSS3의 새 기능★ : 클립** 배경을 보더에 맞출지 또는 단순히 콘텐츠 영역 내에 둘지 설정한다.
- **CSS3의 새 기능★ : 기준점** 보더, 패딩, 콘텐츠와 관련해 배경의 위치를 설정한다. 이 속성은 특히 여러 줄에 걸쳐 사용될 수 있는 인라인 엘리먼트의 배경을 설정할 때 유용하다.
- **CSS의 새 기능★ : 여러 배경 이미지** 속성이 따로 제공되는 건 아니지만 이제 CSS에서 콤마로 구분된 목록을 사용해 여러 배경 이미지 레이어를 사용할 수 있게 됐다.

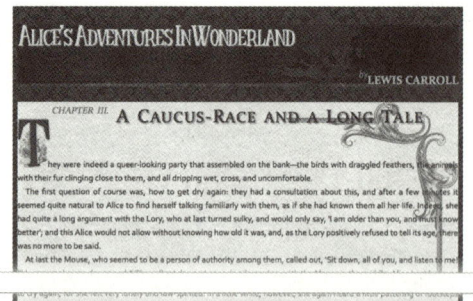

🅐 **코드 7.1에 적용한 코드 7.4의 결과 화면.** 배경 이미지를 추가하면 질감이 생기고 기본 틀이 잡히면서 디자인이 한층 더 생동감 있게 변한다. 흰 토끼가 대문자 T 뒤에 숨은 것을 주의해서 보자. 앨리스와 마찬가지로 주어진 영역에 맞추기 위해 이미지의 크기를 강제로 줄였다.

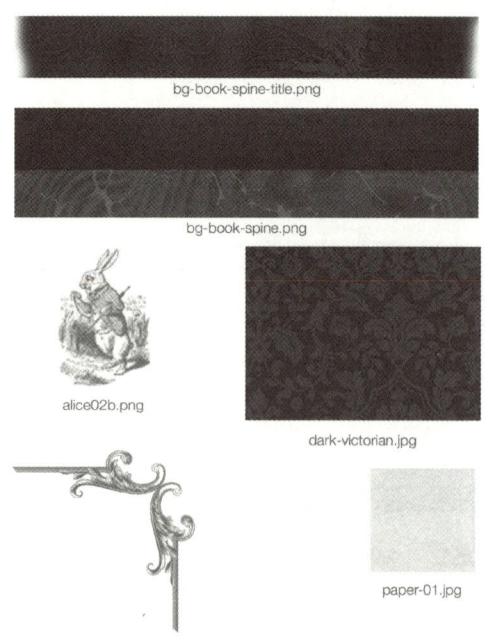

🅑 이 디자인을 만드는 데 사용한 전체 이미지

코드 7.4 color-background-properties.css : 배경색 위에 배경 이미지를 추가했다 Ⓐ. 단일 엘리먼트에 여러 배경 이미지를 사용할 수 있고 이러한 배경 이미지를 레이어처럼 쌓을 수 있다는 사실을 기억하자 Ⓑ.

```css
/*** CSS3 VQS | Chapter 7 |
    color-background-properties.css ***/

body {
  color: rgb(51,51,51);
  background-color: rgb(85,85,85);
  background-image: url(../_images/
    dark-victorian.jpg);
  background-repeat: repeat;
  background-attachment: fixed;
  background-position: 0 0; }

header.page {
  display: block;
  background-color: rgb(102,0,0);
  background-image: url(../_images/
    bg-book-spine-title.png), url(../_images/
    bg-book-spine.jpg);
  background-repeat: no-repeat, repeat-x;
  background-position: center top, 0 0; }

h1 {
  color: rgb(255,225,215);
  color: rgba(255,225,225,.65); }

article {
  display: block;
  background-color: rgb(242, 237, 217);
  background-image: url(../_images/embelish-01
    .png), url(../_images/paper-01.jpg);
  background-repeat: no-repeat, repeat;
  background-position: right top, 0 0; }

article h2 strong {
  color: rgb(135,127,107); }

article header + p:first-letter {
  color: rgb(153,0,0);
  background: transparent; }
```

배경 이미지 정의

1. CSS 코드에 배경 이미지 속성과 함께 이미지 파일 소스를 추가한다. background-image를 입력하고 이어서 콜론(:), url()을 입력한 다음, 괄호 안에 배경으로 사용할 이미지 파일(GIF, JPEG, PNG)의 URL을 입력한다. 이미지 URL은 전체 웹 주소를 사용해도 되고 상대 경로를 사용해도 된다(코드 7.4).

   `background-image: url(alice05.gif);`

   또는 url()을 사용해 이미지 경로를 지정하는 대신 none을 입력해 배경 이미지를 사용하지 않음을 브라우저에 알려줄 수도 있다(표 7.7).

표 7.7 background-image 속성값

속성값	호환성
<url>	IE4, FF1, S1, C1, O3.5, CSS1
none	IE4, FF1, S1, C1, O3.5, CSS1

코드 7.4 계속

```css
  background-image: url(../_images/alice02b.png);
  background-repeat: no-repeat;
  background-position: center center;

  -o-background-size: contain;
  -moz-background-size: contain;
  -webkit-background-size: contain;
  background-size: contain;

  -o-background-clip: padding-box;
  -moz-background-clip: padding;
  -webkit-background-clip: padding-box;
  background-size: padding-box;

  -o-background-origin: padding-box;
  -moz-background-origin: padding;
  -webkit-background-origin: padding-box;
  background-origin: padding-box; }
footer {
  display: block;
  background: rgb(153,153,153);
  filter: progid:DXImageTransform.Microsoft.gradient(startColorstr='#ffffff', endColorstr='#000000');
  background: -webkit-gradient(linear, left top, left bottom, from(rgba(0,0,0,0)), to(rgba(0,0,0,.5)));
  background: -moz-linear-gradient(top,  rgba(0,0,0,0),  rgba(0,0,0,.5)); }

a:link {
  color: rgb(204,0,0) }

a:visited {
  color: rgb(153,0,0) }

a:hover {
  color: rgb(255,0,0) }

a:active {
  color: rgb(153,153,153) }

.byline {
  color: rgba(255,255,255,.5); }

.byline .author {
  color: rgba(255,255,255,.75)   }
```

표 7.8 background-repeat 속성값

속성값	호환성
repeat	IE4, FF1, S1, C1, O3.5, CSS1
repeat-x	IE4, FF1, S1, C1, O3.5, CSS1
repeat-y	IE4, FF1, S1, C1, O3.5, CSS1
no-repeat	IE4, FF1, S1, C1, O3.5, CSS1
space	FF3.6, CSS3
round	FF3.6, CSS3

2. 배경 반복 속성을 추가하고 배경 타일 방식(또는 타일을 사용할지 여부)을 지정한다. background-repeat을 입력하고 이어서 콜론(:)을 입력한다.

   background-repeat: no-repeat;

   다음 옵션 중 하나(표 7.8)를 입력해 배경 반복 방식을 지정한다.

   ▶ repeat 엘리먼트의 배경 전체에 가로 세로 방향으로 그래픽 타일을 적용한다. 속성값을 입력하지 않을 경우 기본으로 사용되는 속성값이다.

   ▶ repeat-x 가로 방향으로만 배경 그래픽 타일을 반복한다. 따라서 엘리먼트의 상단을 따라 가로 일직선상으로만 그래픽이 반복된다.

   ▶ repeat-y 세로 방향으로만 배경 그래픽 타일을 반복한다. 따라서 엘리먼트의 좌측면을 따라 세로 일직선상으로만 그래픽이 반복된다.

   ▶ no-repeat 배경 그래픽이 한 번만 나타나게 한다(타일을 사용하지 않는다).

3. 배경 첨부 속성을 추가하고 엘리먼트 배경 스크롤 방식을 지정한다. background-attachment를 입력하고 이어서 콜론(:)을 입력한다.

    background-attachment: fixed;

    다음 옵션(표 7.9) 중 하나를 선택해 페이지를 스크롤할 때 배경을 어떻게 처리할지 지정한다.

    ▶ **scroll** 엘리먼트와 함께 배경 그래픽을 스크롤한다. 속성값을 지정하지 않을 경우 사용되는 기본값이다.

    ▶ **fixed** 엘리먼트 나머지 영역을 따라 배경이 스크롤되지 않게 한다. 하지만 부모 엘리먼트와 관련해서는 여전히 배경이 스크롤된다.

    ▶ **local** fixed와 유사하지만 배경이 엘리먼트 자체보다는 엘리먼트 콘텐츠에 고정된다.

4. 배경 위치 속성을 추가하고 배경의 위치를 지정한다. background-position을 입력하고 이어서 콜론(:)을 입력한다.

    background-position: -10px 10px;

    그런 다음 엘리먼트의 좌측 상단 구석을 기준으로 배경을 어디에 둘지 지정하기 위해 하나 또는 두 값을 공백으로 구분해 입력한다. 값을 하나만 입력하면 입력한 값이 x 좌표에 사용되고 y 좌표는 가운데 정렬된다. 다음 값(표 7.10) 중 하나를 선택해 사용한다.

    ▶ **-10px 같은 길이 값.** 양수 또는 음수 값을 사용할 수 있다. 첫 번째 입력값은 부모의 왼쪽 모서리로부터 엘리먼트가 떨어져 위치할 거리를 나타낸다. 두 번째 입력값은 부모의 상단 모서리로부터 위치를 지정한다. 더 자세한 내용은 책 소개의 '이 책에서 사용한 값과 단위'를 참고하자.

표 7.9 background-attachment 속성값

속성값	호환성
scroll	IE4, FF1, S1, C1, O3.5, CSS1
fixed	IE4, FF1, S1, C1, O3.5, CSS1
local	S2, C1, O10.5, CSS3

표 7.10 background-position 속성값

속성값	호환성
<length>	IE4, FF1, S1, C1, O3.5, CSS1
<percentage>	IE4, FF1, S1, C1, O3.5, CSS1
top	IE4, FF1, S1, C1, O3.5, CSS1
bottom	IE4, FF1, S1, C1, O3.5, CSS1
left	IE4, FF1, S1, C1, O3.5, CSS1
right	IE4, FF1, S1, C1, O3.5, CSS1
center	IE4, FF1, S1, C1, O3.5, CSS1

표 7.11 background-size 속성값

속성값	호환성
<length>	FF3.6, S3/S5, C3, O9.5, CSS3
<percentage>	FF3.6, S3/S5, C5, O9.5, CSS3
cover	FF3.6, S4/S5, C3, CSS3
contain	FF3.6, S4/S5, C3, CSS3
auto	FF3.6, S3/S5, C3, O9.5, CSS3

파이어폭스에서는 -moz-clip-origin을 지원한다.
사파리 4와 크롬 3에서는 -webkit-clip-origin을 지원한다.
사파리 5에서는 background-size를 지원한다.

▶ **25% 같은 퍼센트 값** 첫 번째 퍼센트 값은 부모 엘리먼트의 크기에 비례한 가로 위치를 나타낸다. 두 번째 퍼센트 값은 부모 엘리먼트의 크기에 비례한 세로 위치를 나타낸다.

▶ `top, bottom, left, right, center` 같은 일반 영어 **키워드**.

5. 배경 크기 속성을 추가하고 추가로 크기, 백분율, 기타 크기 지정 방식을 입력한다. background-size를 입력하고 이어서 콜론(:)을 입력한다.

   `-o-background-size: contain;`
   `-moz-background-size: contain;`
   `-webkit-background-size:`
   `contain;`
   `background-size: contain;`

그런 다음 표 7.11의 값 중 하나를 입력한다. x와 y 크기를 별도로 지정할 때는 값 두 개를 입력할 수도 있다.

▶ **10px 같은 길이 값**.

▶ **25% 같은 퍼센트 값** 첫 번째 퍼센트 값은 부모 엘리먼트의 너비에 비례한 너비를 나타낸다. 두 번째 퍼센트 값은 부모 엘리먼트의 높이에 비례한 높이를 나타낸다.

▶ **cover** 이미지 크기 비율을 그대로 유지한 상태에서 이미지가 들어 있는 엘리먼트의 너비 또는 높이에 이미지를 맞춘다.

▶ **contain** 이미지 크기 비율을 그대로 유지한 상태에서 원하는 영역에 전체 이미지가 들어가도록 가장 작은 크기로 이미지 스케일을 조정한다.

6. 배경 클립 속성을 추가하고 클립 방식을 지정한다. background-clip을 입력하고 이어서 콜론(:)을 입력한다.

```
-o-background-clip: padding-box;
 -moz-background-clip: padding;
 -webkit-background-clip:
 padding-box;
 background-size: padding-box;
```

그런 다음 표 7.12의 값 중 하나를 입력한다. x, y에 대해 클립 방식을 별도로 지정할 때는 값 두 개를 사용할 수도 있다.

모질라와 웹킷 둘 다 최종 CSS3 표준과는 조금 다른 구문을 사용하고 있다.

▶ **border/border-box** 보더의 바깥쪽 모서리까지 이미지를 잘라낸다.

▶ **padding/padding-box** 패딩의 바깥쪽 모서리까지 이미지를 잘라낸다.

▶ **content/content-box** 콘텐츠의 바깥쪽 모서리까지 이미지를 잘라낸다.

표 7.12　background-clip 속성값

속성값	호환성
padding	FF1, S3, C3
border	FF1, S3, C3
content	S3, C3
padding-box	S3/S5, C3, O10.5, CSS3
border-box	S3/S5, C3, O10.5, CSS3

파이어폭스는 -moz-clip-origin을 지원한다.
사파리 4와 크롬 3는 -webkit-clip-origin을 지원한다.
사파리 5는 background-clip을 지원한다.

표 7.13 background-origin 속성값

속성값	호환성
padding	FF1, S3, C3
border	FF1, S3, C3
content	FF1, S3, C3
padding-box	S3/S5, C3, O10.5, CSS3
border-box	S3/S5, C3, O10.5, CSS3
content-box	S3/S5, C3, O10.5, CSS3

파이어폭스는 -moz-background-origin을 지원한다.
사파리 4와 크롬 3은 -webkit-background-origin을 지원한다.
사파리 5는 background-origin을 지원한다.

TIP 같은 배경 위치 및 크기 선언에 퍼센트 값과 길이 값을 섞어서 사용할 수는 있지만 길이나 퍼센트 값을 일반 영어 키워드와 섞어서 쓸 수는 없다.

TIP 예제에 사용한 배경 이미지 중 일부는 투명 이미지다. 이 예제에서는 배경을 투명하게 볼 수 있게 투명 PNG 이미지를 사용했다.

TIP 배경 그래픽을 사용하지 않은 배경 공간은 항상 배경색으로 채워진다. 따라서 필자는 항상 배경색과 함께 배경 이미지를 지정할 것을 권장한다.

TIP 14장에서 설명할 CSS 스프라이트를 생성할 때도 배경 이미지가 사용된다. CSS 스프라이트는 동적 웹 디자인 분야에서 가장 강력한 도구 중 하나다.

7. 배경 기준점 속성을 추가하고 기준 방식을 지정한다. background-origin을 입력하고 이어서 콜론(:)을 입력한다.

   `-o-background-origin: padding-box;`
   `-moz-background-origin: padding;`
   `-webkit-background-origin:`
   `padding-box;`
   `background-origin: padding-box;`

   그런 다음 표 7.13의 값을 입력한다. x와 y의 기준을 개별적으로 입력하려면 값 두 개를 사용하면 된다.

   ▶ **border/border-box** 바깥 모서리 보더를 기준으로 이미지를 위치시켜 이미지가 보더 뒤로 가게 한다.

   ▶ **padding/padding-box** 패딩의 안쪽 모서리를 기준으로 이미지를 위치시킨다.

   ▶ **content/content-box** 콘텐츠의 바깥 모서리를 기준으로 이미지를 위치시킨다.

8. 마지막으로 앞에서 지정한 속성들을 적용할 배경 이미지를 지정한다. 배경 이미지를 레이어처럼 여러 개 사용하려면 콤마로 구분한 배경 이미지 목록을 입력하면 된다. 이때 이미지는 목록에 있는 이전 이미지 아래에 놓이며 배경색이 맨 뒤로 간다. 필요한 속성값들을 모두 채운다.

   `background-image: url(../_images/`
   `embelish-01.png), url(../_images/`
   `paper-01.jpg);`

배경 단축 속성의 활용

background 단축 속성(표 7.14)을 사용하면 전체 페이지나 개별 엘리먼트의 배경 이미지 및 배경색을 정의할 수 있다. 이 속성을 사용하면 여러 가지 배경 속성을 한 가지 속성 선언을 통해 빠르고 간결하게 표현할 수 있다. 코딩 관점에서도 이 방식은 공간을 덜 차지한다는 점에서 더 바람직하다. 하지만 이 속성을 사용하려면 목록에 들어 있는 각 값의 용도를 먼저 명확히 이해해야 한다.

배경 정의

1. CSS 규칙 선언 목록에 배경 속성을 추가한다. background를 입력하고 이어서 콜론(:)을 입력해 선언을 시작한다. 그런 다음 배경값을 정의한다(코드 7.5).

   background:

표 7.14 background 속성값

속성값	호환성
\<background-color\>	IE3, FF1, S1, O3.5, CSS1
\<background-image\>	IE3, FF1, S1, O3.5, CSS1
\<background-position\>	IE3, FF1, S1, O3.5, CSS1
\<background-size\>	CSS3
\<background-repeat\>	IE3, FF1, S1, O3.5, CSS1
\<background-attachment\>	IE4, FF1, S1, O3.5, CSS1
\<background-origin\>	CSS3

코드 7.5 color-background-properties.css : 결과는 코드 7.4와 동일하지만 이번에는 코드가 훨씬 간결하고 읽기도 쉬우며 파일 크기도 줄어들었다. 결과 페이지를 확인하려면 앞 절의 캡처 화면을 참고하자.

```
/*** CSS3 VQS | Chapter 7 | color-background-
properties.css ***/

body {
  color: rgb(51,51,51);
  background: rgb(85,85,85) url(../_images/
→ dark-victorian.jpg) repeat fixed 0 0; }

header.page {
  display: block;
  background: url(../_images/bg-book-spine-
→ title.png) no-repeat center top,
  rgb(102,0,0) url(../_images/bg-book-spine.jpg)
→ repeat-x 0 0; }

h1 {
  color: rgb(255,225,215);
  color: rgba(255,225,225,.65); }

article {
  display: block;
  background: url(../_images/embelish-01.png)
→ no-repeat right top,
  rgb(242, 237, 217) url(../_images/paper-01
→ .jpg) repeat 0 0; }

article h2 strong {
  color: rgb(135,127,107); }

article p:first-of-type:first-letter {
  color: rgb(153,0,0);
  background: transparent url(../_images/
→ alice02b.png) no-repeat center center;

  -o-background-size: contain;
  -moz-background-size: contain;
  -webkit-background-size: contain;
  background-size: contain;

  -o-background-clip: padding-box;
  -moz-background-clip: padding;
```

코드 7.5 *계속*

```
  -webkit-background-clip: padding-box;
  background-size: padding-box;

  -o-background-origin: padding-box;
  -moz-background-origin: padding;
  -webkit-background-origin: padding-box;
  background-origin: padding-box; }

footer {
  display: block;
  background: rgb(153,153,153);
  filter: progid:DXImageTransform.Microsoft.
  → gradient(startColorstr='#00000000',
  → endColorstr='#cc000000');
  background: -webkit-gradient(linear,
  → left top, left bottom, from(rgba(0,0,0,0)),
  → to(rgba(0,0,0,.5)));
  background: -moz-linear-gradient(top,
  → rgba(0,0,0,0), rgba(0,0,0,.5)); }

a:link {
  color: rgb(204,0,0) }

a:visited {
  color: rgb(153,0,0) }

a:hover {
  color: rgb(255,0,0) }

a:active {
  color: rgb(153,153,153) }

.byline {
  color: rgba(255,255,255,.5); }

.byline .author {
  color: rgba(255,255,255,.75)   }
```

2. 색상값을 지정한다. 배경색 값을 입력하고 이어서 공백을 입력한다. 값으로는 색상명, RGB, HSL, 키워드 값(표 7.1)을 사용할 수 있다. 배경색이 보이는 것을 원치 않으면 transparent를 사용하면 된다.

   rgb(85,85,85)

3. 배경 이미지 URL을 지정한다. url()을 입력하고 괄호 안에 배경 이미지(표 7.7)의 절대 또는 상대 경로를 입력하고 이어서 공백을 추가한다. 이 위치는 배경으로 사용할 이미지 파일(GIF, JPEG, PNG 파일)의 위치로서 전체 웹 주소 또는 로컬 파일명을 입력하면 된다.

   url(../_images/dark-victorian.jpg)

   또는 URL 대신 none을 입력해 배경 이미지를 사용하지 않을 수도 있다.

4. 배경 이미지를 포함시켰다면 타일 방식을 지정한다. 배경 이미지 반복 방식을 입력하고 이어서 공백을 추가한다.

   repeat

   이때 다음 옵션(표 7.8) 중 하나를 사용한다.

   ▶**repeat** 엘리먼트의 가로, 세로 전체에 배경 그래픽 타일을 사용한다.

   ▶**repeat-x** 가로 방향으로만 배경 그래픽 타일을 사용한다. 다시 말해 그래픽이 엘리먼트의 상단을 따라 가로 일직선상으로 반복되게 한다.

- ▶**repeat-y** 세로 방향으로만 배경 그래픽 타일을 사용한다. 다시 말해 그래픽이 엘리먼트의 좌측면을 따라 세로 일직선상으로 반복되게 한다.

- ▶**no-repeat** 배경 그래픽이 한 번만 보이게 한다.

5. 배경 이미지를 사용하는 경우 스크롤 방식을 지정한다.

   `fixed`

   페이지 스크롤 시 첨부한 배경을 어떻게 처리할 지와 관련해 키워드를 입력한 다음 공백을 추가한다. 다음 옵션(표 7.9) 중 하나를 사용한다.

   - ▶**scroll** 배경 그래픽을 엘리먼트와 함께 스크롤한다.
   - ▶**fixed** 엘리먼트의 나머지 영역을 따라 배경 그래픽을 스크롤하지 않는다.
   - ▶**local** fixed와 유사하지만 배경이 엘리먼트 자체가 아니라 엘리먼트의 콘텐츠에 고정된다.

6. 배경 이미지를 사용한다면 배경 이미지 위치를 지정한다.

   `0 0;`

   엘리먼트의 좌측 상단 구석을 기준으로 배경을 어디에 위치시킬지 지정하기 위해 공백으로 구분한 두 값을 입력한다. 이때 값의 단위로는 다음 단위 중 하나를 사용한다. 서로 다른 값 단위를 섞어서 사용하는 게 좋다면 그렇게 해도 괜찮다(표 7.10).

   - ▶**-10px** 같은 길이 값. 양수 또는 음수 값을 사용할 수 있다. 첫 번째 값은 부모의 왼쪽 모서리로부터 떨어진 거리를 나타낸다. 두 번째 값은 부모의 상단 모서리로부터 떨어진 거리를 나타낸다.

▶ 25% 같은 퍼센트 값. 첫 번째 퍼센트 값은 부모 엘리먼트의 크기에 비례한 가로 위치를 나타낸다. 두 번째 퍼센트 값은 부모 엘리먼트의 크기에 비례한 세로 위치를 나타낸다.

▶ top, bottom, left, right, center 같은 키워드.

7. 콤마 구분 목록을 사용해 이미지에 여러 배경을 추가한다.

```
background: url(../_images/bg-book-
    spine-title.png) no-repeat
    center top, rgb(102,0,0)
    url(../_images/bg-book-spine.jpg)
    repeat-x 0 0;
```

단독으로 사용되는 배경 속성과 마찬가지로 단일 객체에 여러 배경을 적용할 수도 있다. 이를 위해서는 콤마로 구분한 목록에 값을 추가하기만 하면 된다. 이때 마지막으로 설정하는 배경에는 항상 배경색 값을 지정해야 한다. 이렇게 하지 않으면 마지막 배경이 아래에 있는 내용을 전부 덮게 된다.

TIP 배경 단축 속성에도 배경 이미지 크기와 클립 속성을 추가할 수 있지만 이 기능에 대한 브라우저 지원은 현재 문제가 많다. 이러한 속성은 별도 선언을 통해 사용할 것을 권장한다.

TIP 화면에 있는 엘리먼트 뒤에 그래픽을 놓을 수 있는 기능은 웹 페이지에 사용할 수 있는 강력한 디자인 도구 중 하나다. 특히 배경 이미지를 하나만 사용해 서로 다른 상태를 표현할 수 있는 CSS 스프라이트 기법을 활용할 경우 이 기법의 위력은 배가된다. 더 자세한 내용은 14장을 참고하자.

TIP 엘리먼트 배경의 기본 상태는 none이다. 따라서 자식 엘리먼트에 배경색이나 배경 이미지를 설정하지 않으면 부모 엘리먼트의 배경 이미지 및/또는 배경색이 보이게 된다.

TIP 레이아웃에서 레이아웃 그리드를 정의하기 위해 배경 이미지를 사용하는 경우 고정 배경이 특히 유용하다.

정리하며...

1. 6장에서 설정한 HTML을 사용해 웹 페이지의 전경 텍스트) 색상을 설정한다. 이때 설정한 배경색과 대비해 가독성이 좋은 색상을 사용한다.

2. 페이지에 배경 이미지를 추가한다. 대비된 배경 이미지를 사용한다.

3. 두 번째 배경 이미지를 추가하고 이를 주 배경 위에 위치시킨다. 투명 PNG 이미지를 사용하고 반복 속성을 지정해 첫 번째 배경 이미지를 완전히 덮지 않게 한다.

4. 단락 뒤에 투명 배경 색상을 설정한다. 1단계에서 선택한 배경을 두고 텍스트 가독성이 좋아질 때까지 불투명도 수준을 조절한다.

5. 배경 속성을 단일 선언으로 합친다. 배경 속성을 모두 하나로 합치지 못할 수도 있지만 하나의 선언으로 최대한 합쳐본다.

8

리스트와 테이블 속성

이 책에서 설명하는 CSS 속성은 대부분 테이블과 리스트에 적용할 수 있다. 하지만 CSS에는 테이블과 리스트에 사용할 수 있는 고유 속성도 몇 가지 있다. 인터넷 익스플로러의 경우 IE8에서 표준 구현체를 개선하기는 했지만 테이블과 리스트 속성에 대한 명세는 CSS2에서 CSS3로 오면서 바뀐 게 없다.

물론 한때 하던 것처럼 페이지 레이아웃을 잡는 데 테이블을 사용해서는 안 되지만 테이블은 표 형태의 데이터를 보여줄 때 여전히 활용할 수 있다. 그에 반해 리스트는 (당연히) 리스트를 생성할 때뿐 아니라 웹 사이트 내비게이션의 구조를 잡는 표준으로도 활용한다.

이 장에서 다루는 내용

불릿 스타일 설정	216
커스텀 불릿 생성	217
불릿 위치 설정	218
여러 리스트 스타일 설정	219
테이블 레이아웃 설정	220
테이블 셀 사이 간격 설정	222
테이블 셀 사이의 보더 병합	223
빈 테이블 셀 처리	225
테이블 설명 위치 설정	226
정리하며...	227

코드 8.1 이 장에서 사용할 예제를 적용할 HTML5 코드. 5, 6, 7장의 최종 CSS 및 8장에서 새로 작업할 list-table-properties. css 파일을 불러온다. 앞 장에서 사용한 것과 동일한 헤더와 푸터가 들어 있지만 이상한 나라의 앨리스의 글자를 리스트로 보여주고 다과회 참석자들을 테이블로 보여준다. 처음 이 페이지에서는 표준 불릿을 사용하고 서식이 없는 테이블을 보여준다. 이 스타일은 앞으로 모두 바꾸게 될 것이다 ⓐ.

```html
<!-- HTML5 -->
<!DOCTYPE html>
<html lang="en">
<head>
<meta charset="utf-8">
<title>Alice's Adventure's In Wonderland | Characters</title>
<link href="../_css/font-properties.css" type="text/css" rel="stylesheet">
<link href="../_css/text-properties.css" type="text/css" rel="stylesheet">
<link href="../_css/color-background-properties.css" type="text/css" rel="stylesheet">
<link href="../_css/list-table-properties.css" type="text/css" rel="stylesheet">

<!--[if IE ]>
  <style>@import url(_css/ie.css);</style>
  <script src="_script/HTML5forIE.js" type="text/javascript"></script>
<![endif]-->

</head>
<body id="charachters" class="book aaiw section">
<header class="page">
<h1>Alice's Adventures in Wonderland</h1>
<p class="byline">by <span class="author">Lewis Carroll</span></p>
<nav class="global">
  <ul>
    <li><a href="" target="_self">Cover</a></li>
    <li><a href="" target="_self">About the Author</a></li>
    <li><a href="" target="_self">About the Books</a></li>
    <li><a href="" target="_self">About the Site</a></li>
  </ul>
</nav>
</header>
<article><!-- Article -->
  <h2>Characters</h2>
  <ul>
    <li><strong>Alice</strong>: The character has been said to be based on Alice Liddell, a child
    → friend of Dodgson's. Dodgson said several times that his 'little heroine' was not based on any
    → real child, but was entirely fictional.</li>
    <li><strong>The White Rabbit</strong>: In his article "Alice on the Stage," Carroll wrote "And the
    → White Rabbit, what of him? Was he framed on the "Alice" lines, or meant as a contrast?</li>
  </ul>
  <table>
    <caption>The Tea Party</caption>
    <thead>
      <tr>
        <th scope="col">Name</th>
        <th scope="col">Description</th>
```

코드 8.1 계속

```html
      <th scope="col">Mad?</th>
    </tr>
  </thead>
  <tfoot>
  </tfoot>
  <tbody>
    <tr>
      <td>The Hatter </td>
      <td></td>
      <td>&otimes;</td>
    </tr>
    <tr>
      <td>The March Hare</td>
      <td>"Mad as a March hare" was a common
      phrase in Carroll's time.</td>
      <td>&otimes;</td>
    </tr>
    <tr>
      <td>The Dormouse</td>
      <td>The Dormouse is always falling
      asleep during the scene, waking up
      every so often.</td>
      <td>&otimes;</td>
    </tr>
    <tr>
      <td>Alice</td>
      <td>The character has been said to be
      based on Alice Liddell, a child friend
      of Dodgson's.</td>
      <td></td>
    </tr>
  </tbody>
</table>
<br>
</article>
<footer>
<nav class="global">
  <ul>
    <li><a href="" target="_self">Table of
    Contents</a></li>
    <li><a href="" target="_self">About the
    Author</a></li>
    <li><a href="" target="_self">About the
    Books</a></li>
    <li><a href="" target="_self">About the
    Site</a></li>
  </ul>
</nav>
</footer>
</body>
</html>
```

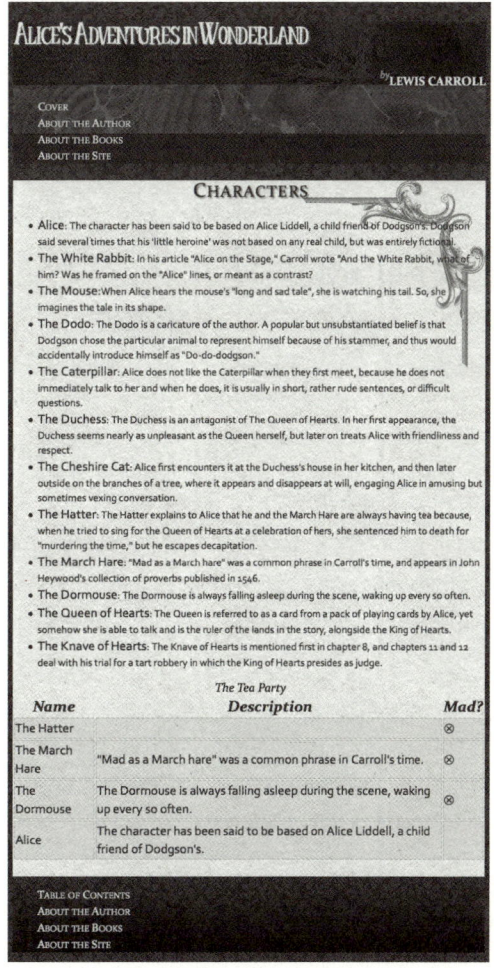

A 리스트나 테이블 스타일을 추가하기 전에 살펴본 이 장의 웹 페이지. 브라우저 기본 스타일이 적용됐고 추가로 테이블 스타일 적용을 위한 몇 가지 스타일이 더 들어 있다.

불릿 스타일 설정

list-style-type 속성(표 8.1)을 사용하면 리스트 항목에 사용되는 불릿의 종류를 제어할 수 있다. 이때 단순히 동그라미, 원반, 사각형뿐 아니라 글자, 숫자, 점, 기타 커스텀 이미지 불릿을 사용할 수 있다.

불릿 스타일 정의

1. 선언 리스트에 리스트 스타일 타입을 추가한다. list-style-type을 입력하고 이어서 콜론(:)을 입력한다(코드 8.2).
   list-style-type:

2. 불릿 종류를 지정한다. 표 8.2에 정리된 불릿 중 하나를 입력하거나 불릿이 보이지 않게 하려면 none을 입력한다.
   circle;

TIP 이 예제에서는 `<li>` 리스트 항목 태그를 사용하고 있지만 display: listitem 정의를 사용해 CSS 리스트 속성을 추가하면 어떤 엘리먼트도 리스트 항목으로 만들 수 있다. 더 자세한 내용은 10장을 참고하자.

TIP :hover,:visited,:active 같은 의사 클래스를 사용하면 불릿 종류나 이미지를 바꿀 수 있다.

A 코드 8.1에 적용한 코드 8.2의 결과 화면. 불릿이 원반(기본)에서 동그라미로 바뀌었다.

표 8.1 list-style-type 속성값

속성값	호환성
`<bullet name>*`	IE4, FF1, S1, O3.5, C1, CSS1
none	IE4, FF1, S1, O3.5, C1, CSS1
inherit	IE7, FF1, S1, O7, C1, CSS1

*표 8.2 참고

코드 8.2 list-table-properties.css : list-style-type 속성을 사용해 리스트에 사용할 불릿과 숫자 스타일을 선택한다.

```css
/*** CSS3 VQS | Chapter 8 |
→ list-table-properties.css ***/
ul {
  list-style-type: circle; }
nav.global ul {
  list-style: none; }
```

표 8.2 list-style 불릿의 이름

이름	모양(시스템에 따라 다름)
disc	•
circle	○
square	■
decimal	1, 2, 3
decimal-leading-zero	01, 02, 03
upper-roman	I, II, III
lower-roman	i, ii, iii
upper-alpha	A, B, C
lower-alpha	a, b, c
lower-greek	α, β, χ

표 8.3 list-style-image 속성값

값	호환성
<url>	IE4, FF1, S1, O3.5, C1, CSS1
none	IE4, FF1, S1, O3.5, C1, CSS1
inherit	IE7, FF1, S1, O4, C1, CSS1

코드 8.3 list-table-properties.css : list-style-image ⓑ 를 사용해 (투명 PNG로 저장한) 작은 화살표 ⓐ 를 불릿으로 사용했다.

```
/*** CSS3 VQS | Chapter 8 |
   list-table-properties.css ***/
ul {
  list-style-type: circle;
  list-style-image: url(../_images/bullet-01.
    png); }
nav.global ul  {
  list-style: none; }
```

 ⓐ 40x21 픽셀의 투명 PNG 이미지

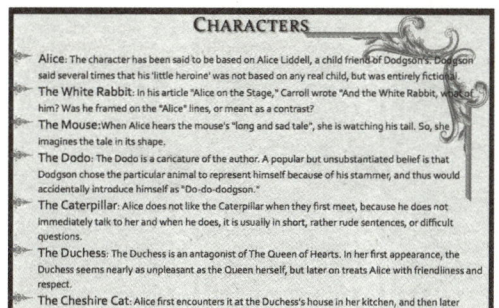

ⓑ 코드 8.1에 적용한 코드 8.3의 결과 화면. 텍스트 왼쪽에 불릿이 적용됐지만 패딩을 설정하지 않아서 불릿이 페이지 모서리 밖으로 삐쳐나갔다.

커스텀 불릿 생성

브라우저에서 미리 설정된 불릿만 사용할 수 있는 것은 아니다. list-style-image 속성(표 8.3)을 사용하면 GIF, JPEG, PNG 파일 같은 그래픽을 불릿으로 사용할 수도 있다.

커스텀 그래픽 불릿 정의

1. CSS 규칙에 list-style-image 속성을 추가한다. list-style-image를 입력하고 이어서 콜론(:)(코드 8.3)을 입력한다.
   list-style-image:

2. 이미지 불릿의 위치를 지정한다. 커스텀 불릿을 포함시키려면 불릿 그래픽 파일의 위치를 브라우저에 알려줘야 한다.
   url(arrow_02.png);
   이때 이미지의 전체 웹 주소를 입력하거나 상대 경로를 입력하면 된다. 예제에서는 로컬 파일인 arrow_02.png를 경로로 입력했다.
   또는 none을 입력해 브라우저가 상속한 불릿 이미지를 재정의하게 할 수도 있다.

TIP 불릿은 기본적으로 레이아웃 틀 밖에 위치하기 때문에 불릿이 지나치게 길면 레이아웃 상자 밖으로 벗어날 수 있다.

TIP 불릿을 적용하는 텍스트에서는 그래픽 불릿이 들어갈 공간을 고려해야 한다. 불릿의 세로 길이가 클 경우 불릿을 적용한 항목들 사이의 위 아래 공간이 더 벌어지고 가로 길이가 긴 그래픽은 불릿이 적용된 항목을 오른쪽으로 밀어낸다.

TIP 솔직히 list-style-image 속성을 사용해 디자인에 이미지 불릿을 추가하는 개발자는 극히 드물다. 대신 대부분의 개발자들은 background 속성과 함께 패딩을 사용해 더 정확한 스타일을 적용한다.

불릿 위치 설정

불릿을 적용한 리스트 항목의 텍스트가 한 줄보다 긴 경우가 종종 있다. list-style-position 속성(표 8.4)을 사용하면 불릿을 기준으로 텍스트 줄바꿈 위치를 지정할 수 있다. 텍스트의 첫 줄 첫 글자 아래에 들여쓰기를 적용해 줄바꿈한 텍스트는 내어쓰기(hanging indent) Ⓐ라고 한다.

리스트 항목에서 줄바꿈 텍스트의 줄 위치 정의

1. 선언에 list-style-type 속성을 추가한다. list-style-position을 입력하고 이어서 콜론(:) 및 2 단계에서 설명하는 값 중 하나를 입력한다(코드 8.4).
   list-style-position:

2. 위치 유형을 지정한다.
   inside;

   다음 값 중 하나를 입력해 텍스트 들여쓰기를 설정한다.

   ▶ **inside** 불릿의 왼쪽 끝을 이어지는 텍스트의 왼쪽 끝에 맞춘다.

   ▶ **outside** 텍스트의 첫 줄을 이어지는 텍스트와 정렬해 불릿 내어쓰기를 적용한다.

> **TIP** 일반적으로 내어쓰기(outside 위치)가 적용된 불릿 리스트는 내어쓰기를 적용하지 않은 불릿(inside 위치)보다 더 눈에 잘 띈다.

표 8.4 list-style-position 속성값

속성값	호환성
inside	IE4, FF1, S1, O3.5, C1, CSS1
outside	IE4, FF1, S1, O3.5, C1, CSS1
inherit	IE7, FF1, S1, O4, C1, CSS1

- **Outside**...Magnus es, domine, et laudabilis valde: magna virtus tua, et sapientiae tuae non est numerus. et laudare te vult homo.

- **Inside**...Magnus es, domine, et laudabilis valde: magna virtus tua, et sapientiae tuae non est numerus. et laudare te vult homo.

Ⓐ 보통 불릿 리스트는 outside 방식으로 보여준다. 하지만 inside를 사용해 이 방식을 대체하는 독자도 있을 것이다.

코드 8.4 list-table-properties.css : list-style-position 속성을 사용하면 불릿 아래 텍스트의 줄 방식을 지정할 수 있다.

```css
/*** CSS3 VQS | Chapter 8 |
 list-table-properties.css ***/

ul {
  list-style-type: circle;
  list-style-image: url(../_images/bullet-01.png);
  list-style-position: inside; }

nav.global ul  {
  list-style: none;
  list-style-position: outside; }
```

Ⓑ **코드 8.1에 적용한 코드 8.4의 결과 화면.** 불릿 적용으로 텍스트가 밀렸고 불릿의 왼쪽 끝이 이어지는 텍스트 줄의 왼쪽 끝과 일치하도록 정렬됐다.

표 8.5 list-style 속성값

속성값	호환성
<list-style-type>	IE4, FF1, S1, O3.5, C1, CSS1
<list-style-position>	IE4, FF1, S1, O3.5, C1, CSS1
<list-style-image>	IE4, FF1, S1, O3.5, C1, CSS1

코드 8.5 list-table-properties.css : list-style 속성을 사용하면 불릿 타입, 이미지, 위치를 한 정의에서 모두 설정할 수 있다 🅐.

```
/*** CSS3 VQS | Chapter 8 |
   list-table-properties.css ***/
ul {
  list-style: circle url(../_images/bullet-01.
   png) inside; }
nav.global ul  {
  list-style: none; }
```

🅐 **코드 8.1에 적용한 코드 8.5의 결과 화면.** 결과는 앞 절에서 본 것과 동일하다. 다만 이번에는 코드를 한 줄로 합친 점이 다르다.

TIP 사용자가 브라우저의 그래픽 기능을 비활성화했거나 어떤 이유에서든 그래픽 불릿이 제대로 로드되지 않을 경우 브라우저는 3단계에서 정의한 list-style-type을 사용한다.

여러 리스트 스타일 설정

list-style 단축 속성(표 8.5)을 사용하면 앞의 세 절에서 설명한 속성을 코드 한 줄로 정의할 수 있다. 즉, list-style-type, list-style-position, line-style-image 속성을 속성 하나로 설정할 수 있는 것이다.

여러 리스트 스타일 속성 정의

1. CSS 규칙에 list-style 속성을 추가한다. list-style을 입력하고 이어서 콜론(:)을 입력한다(코드 8.5).
   list-style:
2. 불릿 이미지의 위치를 지정한다(선택사항). 이어서 list-style-image 값을 입력한다.
   url(arrow_02.png)

   커스텀 불릿을 포함시키려면 불릿 그래픽을 먼저 생성하고 이미지의 전체 웹 주소나 상대 경로를 사용해 이미지가 어디에 있는지 브라우저에게 알려줘야 한다(더 자세한 내용은 이 장의 '커스텀 불릿 생성'을 참고하자).
3. 불릿 타입을 지정한다. 표 8.3의 list-style-type 값을 입력한 다음 공백을 입력하거나 불릿을 보이지 않게 할 경우 none을 사용한다.
   circle
4. 위치 타입을 지정한다. 표 8.4의 list-style-position 값을 입력한다.
   outside;

TIP 이 단축 속성을 사용하기 위해 모든 속성값을 굳이 포함시킬 필요는 없다. 값을 입력하지 않을 경우 기본값이 사용되기 때문이다. 따라서 아래 예제 코드도 문제 없이 동작한다.

list-style: inside;

리스트와 테이블 속성 **219**

테이블 레이아웃 설정

특정 테이블을 보여주는 방식은 브라우저마다 서로 다르다. table-layout 속성(표 8.6)의 값으로는 아래 두 방식을 주로 선호한다.

- **fixed** 테이블의 너비 또는 첫 행의 컬럼 너비를 기준으로 레이아웃을 정한다. 이 방식은 자동 방식보다 보통 더 빠르다.
- **auto** 테이블 데이터 셀의 너비를 계산할 때 테이블 컬럼 너비와 더불어 테이블 데이터 셀의 콘텐츠 양을 고려한다. 이 방식은 고정 방식보다 보통 더 느리지만 테이블 전체의 너비 계산이 더 정확하다.

테이블 레이아웃 설정

1. 테이블 엘리먼트의 CSS 규칙에 테이블 레이아웃 속성을 추가한다. 테이블 엘리먼트에 대해 table-layout을 입력하고 이어서 콜론(:)을 입력한다(코드 8.6).

   table-layout:

표 8.6 table-layout 속성값

값	호환성
fixed	IE5.5, O5, S1.3, C1, CSS2
auto	IE5.5, O5, S1.3, C1, CSS2
inherit	IE5.5, O5, S1.3, C1, CSS2

코드 8.6 list-table-properties.css : table-layout 속성을 사용하면 브라우저가 fixed Ⓐ 나 auto Ⓑ 방식을 사용해 테이블 레이아웃을 잡도록 강제할 수 있다. 여기서는 10장에서 배울 테이블 너비 및 마진을 설정 트릭도 함께 사용했다.

```
/*** CSS3 VQS | Chapter 8 |
  list-table-properties.css ***/
ul {
  list-style: circle url(../_images/bullet-01.
  png) inside; }

nav.global ul {
  list-style: none; }

table {
  table-layout: auto;
  width: 75%;
  margin: 40px auto; }
```

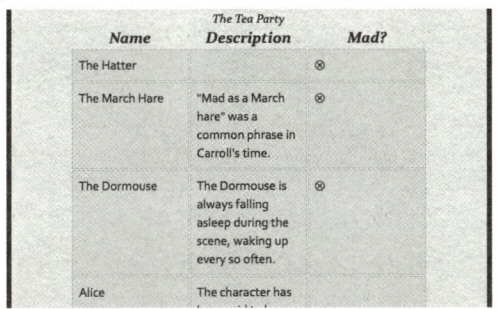

Ⓐ **fixed 레이아웃을 사용해 코드 8.1에 코드 8.6을 적용한 결과 화면.** 두 번째 컬럼에 있는 아래 행들의 데이터가 길어서 fixed를 사용할 경우 테이블이 부자연스러워 보인다.

Ⓑ **auto 레이아웃을 사용해 코드 8.1에 코드 8.6을 적용한 결과.** auto를 사용하면 컬럼 너비를 판단할 때 테이블의 모든 데이터를 고려하기 때문에 모든 콘텐츠에 적합한 레이아웃 모양으로 나온다.

2. 레이아웃 방식을 지정한다.

   `auto;`

   테이블을 보여줄 때 사용할 레이아웃 방식으로 다음 값 중 하나를 입력한다.

   ▶ **fixed** 첫 행을 사용해 해당 컬럼에 대한 테이블 전체 데이터 셀의 너비를 계산한다.

   ▶ **auto** 데이터 셀의 콘텐츠 및 전체적인 테이블의 너비를 고려해 브라우저가 테이블 데이터 셀의 너비를 계산하게 한다.

TIP 테이블이 길 경우 `fixed`를 사용하는 게 렌더링이 더 빠르지만 데이터 행의 길이가 일정하지 않다면 보통 auto를 사용하는 게 결과가 더 좋다.

TIP 필자는 대부분의 테이블에 auto 레이아웃 방식을 사용할 것을 권장한다. 테이블이 짧다면 렌더링 시간이 짧으므로 별 차이가 없고 테이블이 길다면 테이블을 더 정확히 볼 수 있기 때문이다. 둘 중 어느 경우이든 auto가 더 적절하다.

테이블 셀 사이 간격 설정

10장에서 설명하겠지만 테이블 데이터 셀과 테이블 헤더 셀에도 여러 가지 박스 속성을 사용할 수는 있는데 margin 속성을 사용할 수는 없다. 대신 CSS에서는 border-spacing(표 8.7) 속성을 제공해 데이터 셀의 상/하단, 좌/우측면에 같은 여백을 설정할 수 있게 해 준다.

테이블 보더 병합

1. 테이블 엘리먼트의 CSS 규칙에 보더 여백 속성을 추가한다. border-spacing을 입력하고 이어서 콜론(:)을 입력한다(코드 8.7).

   border-spacing:

2. 테이블 데이터 셀 사이의 간격을 지정한다.

   8px;

   (8px 같은) 길이 값을 사용해 셀 사이의 간격을 지정한다(책 소개에 있는 '이 책에서 사용한 값과 단위' 참고). 또는 inherit을 사용해 셀의 부모 엘리먼트와 같은 보더 여백을 사용한다.

표 8.7 border-spacing 속성값

속성값	호환성
\<length\>	IE5.5, FF1, O5, S1.3, C1, CSS2
inherit	IE5.5, FF1, O5, S1.3, C1, CSS2

코드 8.7 list-table-properties.css : border-spacing 속성은 테이블 데이터 셀 주변에 마진 같은 역할을 한다 Ⓐ.

```css
/*** CSS3 VQS | Chapter 8 |
 list-table-properties.css ***/
ul {
  list-style: circle url(../_images/bullet-01.
   png) inside; }

nav.global ul {
  list-style: none; }

table {
  table-layout: auto;
  border-spacing: 8px;
  width: 75%;
  margin: 40px auto; }

table caption, table thead {
  font: italic 1.25em Constantia, Georgia,
   Times, "Times New Roman", Serif; }

tr {
  font-size: 1.25em; }

td {
  vertical-align: top;
  padding: .5em;
  background-color: rgba(200, 200, 180,.25);
  border: 1px solid rgb(200, 200, 180); }
```

Ⓐ **코드 8.1에 적용한 코드 8.7 결과 화면.** 데이터 셀 사이에 여백을 두면 사용자가 데이터를 검색하기가 한결 쉬워진다.

표 8.8 border-collapse 속성값

속성값	호환성
collapse	IE5.5, FF1, O5, S1.3, C1, CSS2
separate	IE5.5, FF1, O5, S1.3, C1, CSS2
inherit	IE5.5, FF1, O5, S1.3, C1, CSS2

코드 8.8 list-table-properties.css : border-collapse 속성을 사용하면 데이터 셀의 보더를 합쳐서 측면에 보더를 하나만 둘 수 있지만 ④ 보더 간격은 무시된다. border-spacing 속성을 그대로 사용하려면 separate을 사용해야 한다 ⑤.

```
/*** CSS3 VQS | Chapter 8 |
 list-table-properties.css ***/
ul {
  list-style: circle url(../_images/bullet-01.
   png) inside; }

nav.global ul  {
  list-style: none; }

table {
  table-layout: auto;
  border-spacing: 8px;
  border-collapse: separate;
  width: 75%;
  margin: 40px auto; }

table caption, table thead {
  font: italic 1.25em Constantia, Georgia,
   Times, "Times New Roman", Serif; }

tr {
  font-size: 1.25em; }

td {
  vertical-align: top;
  padding: .5em;
  background-color: rgba(200, 200, 180,.25);
  border: 1px solid rgb(200, 200, 180); }
```

테이블 셀 사이의 보더 병합

<td> 태그를 사용해 정의한 테이블 데이터 셀에는 모두 top, right, bottom, left라는 네 개의 보더가 있다. border-collapse 속성(표 8.8)을 사용하면 테이블의 각 데이터 셀이 개별 보더를 갖는 대신 인접한 데이터 셀과 보더를 병합하게 할 수 있다.

테이블 보더 병합

1. 테이블 엘리먼트에 보더 병합 속성을 추가한다. border-collapse를 입력하고 이어서 콜론(:)을 입력한다(코드 8.8).
   border-collapse:

2. 보더 병합 방식을 지정한다.
   separate;
   테이블의 보더를 어떻게 보여줄지 지정하기 위해 다음 값 중 하나를 입력한다.

   ▶ **collapse**   인접한 데이터 셀이 공통 보더를 갖게 한다. 하지만 보더가 합쳐지고 나면 cell-spacing을 설정할 수 없다.

   ▶ **separate**   각 데이터 셀이 개별 보더를 유지한다.

TIP CSS를 사용해 보더 스타일을 설정하지 않으면 브라우저마다 보이는 결과가 다를 수 있다.

TIP 병합한 보더의 두께가 서로 다를 경우 두꺼운 보더가 보이고 해당 보더의 스타일이 사용된다.

TIP 보더의 두께가 같지만 스타일이 서로 다르면 왼쪽에 있는 데이터 셀의 보더 스타일이 적용된다.

A collapse를 사용하면 데이터 셀 사이의 보더를 얇은 선 하나로 합칠 수 있다.

B 코드 8.1에 적용한 코드 8.8의 결과 화면. separate을 설정하면 border-spacing을 설정할 수 있다.

표 8.9 empty-cells 속성값

속성값	호환성
show	FF1, O5, S1.3, C1, CSS2
hide	FF1, O5, S1.3, C1, CSS2
inherit	FF1, O5, S1.3, C1, CSS2

코드 8.9 list-table-propeties.css : empty-cells 속성을 사용하면 빈 테이블 데이터 셀을 보여주거나(기본 설정) 감출 수 있다 Ⓐ.

```css
/*** CSS3 VQS | Chapter 8 |
   list-table-properties.css ***/
ul {
  list-style: circle url(../_images/bullet-01.
     png) inside; }

nav.global ul {
  list-style: none; }

table {
  table-layout: auto;
  border-spacing: 8px;
  border-collapse: separate;
  empty-cells: hide;
  width: 75%;
  margin: 40px auto; }

table caption, table thead {
  font: italic 1.25em Constantia, Georgia,
     Times, "Times New Roman", Serif; }
tr {
  font-size: 1.25em; }
td {
  vertical-align: top;
  padding: .5em;
  background-color: rgba(200, 200, 180,.25);
  border: 1px solid rgb(200, 200, 180); }
```

빈 테이블 셀 처리

테이블 데이터 셀에 데이터가 없으면(공백이나 줄바꿈 방지 공백도 없다면) 이 셀은 컬럼 및 행의 기본 너비와 높이를 가진 빈 박스 형태로 보인다. empty-cells 속성(표 8.9)을 사용하면 빈 데이터 셀(및 그보다 더 중요한 보더)이 보이는 방법을 지정할 수 있다.

빈 데이터 셀 처리

1. 테이블 엘리먼트 CSS 규칙에 empty-cells 속성을 추가한다. empty-cells를 입력하고 이어서 콜론(:)을 입력한다(코드 8.9).
   empty-cells:
2. 빈 셀을 처리할 방식을 지정한다.
   hide;
   이때 셀 처리 방식으로는 다음 중 하나를 입력한다.
   ▶ show 빈 데이터 셀의 배경 및 보더를 보여준다
   ▶ hide 데이터 셀 자리에 시각적인 갭을 대신 보여준다.

Ⓐ 코드 8.1에 적용한 코드 8.9의 결과 화면. 빈 데이터 셀이 사라지면서 보더 및 배경색이 보이지 않게 되고 테이블에 빈 갭만 남았다.

테이블 설명 위치 설정

<caption> 태그를 사용하면 테이블 안에 텍스트 설명을 넣을 수 있다. 태그에서 align 어트리뷰트를 사용하면 설명을 테이블의 어디에 위치시킬지 지정할 수 있지만 이 어트리뷰트는 같은 일을 하는 CSS caption-side 속성(표 8.10)으로 인해 더는 권장하지 않는다.

테이블 관련 설명의 위치 설정

1. CSS에 caption-side 속성을 추가한다. caption-side를 입력하고 이어서 콜론(:)을 입력한다(표 8.10).
   caption-side:
2. 테이블의 어느 위치에 설명을 놓을지 지정하는 키워드를 입력한다. top 또는 bottom을 입력한다.
   bottom;

Ⓐ 자연스러운 상단 위치 대신 하단에 설명이 위치하도록 강제 설정했다.

표 8.10 caption-side 속성값

속성값	호환성
top	IE5.5, FF1, O7, C1, S1.3, C1, CSS2
bottom	IE5.5, FF1, O7, C1, S1.3, C1, CSS2
inherit	IE5.5, FF1, O7, C1, S1.3, C1, CSS2

코드 8.10 list-table-propeties.css : caption-side 속성을 사용하면 설명을 상단(top)에 둘지 하단(bottom)에 둘지 지정할 수 있다 Ⓐ.

```
/*** CSS3 VQS | Chapter 8 | list-table-
properties.css ***/

ul {
  list-style: circle url(../_images/bullet-01.
png) inside; }

nav.global ul {
  list-style: none; }

table {
  table-layout: auto;
  border-spacing: 8px;
  border-collapse: separate;
  empty-cells: hide;
  caption-side: bottom;
  width: 75%;
  margin: 40px auto; }

table caption, table thead {
  font: italic 1.25em Constantia, Georgia,
Times, "Times New Roman", Serif; }

tr {
  font-size: 1.25em; }

td {
  vertical-align: top;
  padding: .5em;
  background-color: rgba(200, 200, 180,.25);
  border: 1px solid rgb(200, 200, 180); }
```

정리하며...

1. CSS를 적용할 리스트나 테이블을 생성한다. 숫자가 정해진 리스트나 숫자가 정해지지 않은 리스트를 만들 수 있지만 가급적이면 간단한 리스트를 만든다. 지금은 CSS를 배우는 중이므로 리스트에는 3-5개의 요소가 적절하고 테이블로는 3x3 테이블이 적절하다.

2. 불릿 스타일을 설정하고 위치를 outside로 설정한다. 서로 다른 불릿 스타일을 적용해 화면에서 보이는 결과를 확인하고 서로 다른 브라우저에서 코드 결과를 확인해 불릿이 다르게 적용되는지 살펴본다.

3. 선호하는 이미지 편집 소프트웨어를 사용해 불릿 이미지를 만들고 리스트에서 불릿을 사용한다. 이때 꼭 불릿을 웹 호환 이미지 형식인 PNG, JPEG, GIF로 저장한다.

4. 스타일 선언을 단일 선언 하나로 모두 합친다. 브라우저에서 코드 결과를 확인해 차이점이 있는지 본다. 아마 차이점을 찾지 못할 것이다.

5. 테이블 레이아웃, 테이블 보더 여백을 설정하고 보더를 병합하거나 분리하도록 설정한다. 보더 병합 스타일을 collapse로 지정하고 보더 간격을 추가했을 때의 결과를 확인한다.

사용자 인터페이스 및 동적 생성 콘텐츠 속성

대부분의 경우 사용자 인터페이스는 특정 운영체제 및 사용 중인 브라우저에 의존하므로 CSS로 제어할 수 없다. 예를 들어 스크롤바 같은 객체는 여러분이 제어할 수가 없다. 하지만 마우스 포인터와 인용 스타일 같은 외양은 CSS를 통해서도 제어할 수 있다.

추가적으로 CSS에는 특정 대상에 (동적으로 생성된) 페이지 콘텐츠를 지정할 수 있는 속성을 몇 가지 제공한다. 예를 들어 모든 장 제목에 'Chapter'라는 단어를 앞에 삽입해야 하는 경우가 있을 수 있다. 보통 웹 페이지 콘텐츠는 모두 HTML 코드에 두지만 때로는 추가 콘텐츠를 동적으로 생성하거나 특정 언어에 맞게 콘텐츠를 수정하는 일이 생기기도 한다.

이 장에서 다루는 내용

마우스 포인터의 모양 수정	232
CSS를 사용한 콘텐츠 추가	234
카운터 적용 방식 지정	236
인용 스타일 지정	238
정리하며...	240

코드 9.1 이 장의 예제에서 사용할 HTML5 코드. 5, 6, 7, 8장의 최종 CSS는 물론 이 장에서 작성할 ui-generatedcontent-properties.css CSS 파일을 불러온다. 이 HTML 문서에는 앞의 장과 동일한 헤더와 푸터가 사용됐지만 목차를 일부 수정해 리스트로 만들고 이전 장들을 위에, 이후 장들을 아래에 두었다 Ⓐ.

```
<!-- HTML5 -->
<!DOCTYPE html>
<html lang="en">
<head>
<meta charset="utf-8">
<title>Alice's Adventure's In Wonderland | Chapter 4</title>
<link href="../_css/font-properties.css" type="text/css" rel="stylesheet">
<link href="../_css/text-properties.css" type="text/css" rel="stylesheet">
<link href="../_css/color-background-properties.css" type="text/css" rel="stylesheet">
<link href="../_css/list-table-properties.css" type="text/css" rel="stylesheet">
<link href="../_css/ui-generatedcontent-properties.css" type="text/css" rel="stylesheet">

<!--[if IE ]>
  <style>@import url(_css/ie.css);</style>
  <script src="../_script/HTML5forIE.js" type="text/javascript"></script>
<![endif]-->

</head>
<body id="chapter4" class="book aaiw section">
<header class="page">
<h1>Alice's Adventures In Wonderland</h1>
<p class="byline">by <span class="author">Lewis Carroll</span></p>

<nav class="global">
  <ul>
    <li><a href="" target="_self">Cover</a></li>
    <li><a href="" target="_self">About the Author</a></li>
    <li><a href="" target="_self">About the Books</a></li>
    <li><a href="" target="_self">About the Site</a></li>
  </ul>
</nav>

</header>
<article><!-- Article -->
<br>
<div class="toc top">
  <h2>Down the Rabbit-Hole</h2>
  <h2>The Pool of Tears</h2>
  <h2>A Caucus-Race and a Long Tale</h2>
</div>
<h2><strong>CHAPTER 4.</strong> The Rabbit Sends in a Little Bill</h2>
<p>It was the White Rabbit, trotting slowly back again, and looking
anxiously about as it went, as if it had lost something; and she heard
it muttering to itself <q>The Duchess! The Duchess! Oh my dear paws! Oh
my fur and whiskers! She'll get me executed, as sure as ferrets are
ferrets! Where CAN I have dropped them, I wonder?</q> Alice guessed in a
```

코드 9.1 계속

```
moment that it was looking for the fan and
  the pair of white kid gloves,
and she very good-naturedly began hunting
  about for them, but they were
nowhere to be seen&mdash;everything seemed
  to have changed since her swim in
the pool, and the great hall, with the glass
  table and the little door,
had vanished completely.
</p>
<div class="toc continued">
  <h2>Advice from a Caterpillar</h2>
  <h2>Pig and Pepper</h2>
  <h2>A Mad Tea-Party</h2>
  <h2>The Queen's Croquet-Ground</h2>
  <h2>The Mock Turtle's Story</h2>
  <h2>The Lobster Quadrille</h2>
  <h2>Who Stole the Tarts?</h2>
</div>
<br>
</article>
<footer>
<nav class="global">
  <ul>
    <li><a href="" target="_self">Cover</a>
      </li>
    <li><a href="" target="_self">About the
      Author</a></li>
    <li><a href="" target="_self">About the
      Books</a></li>
    <li><a href="" target="_self">About the
      Site</a></li>
  </ul>
</nav>
</footer>
</body>
</html>
```

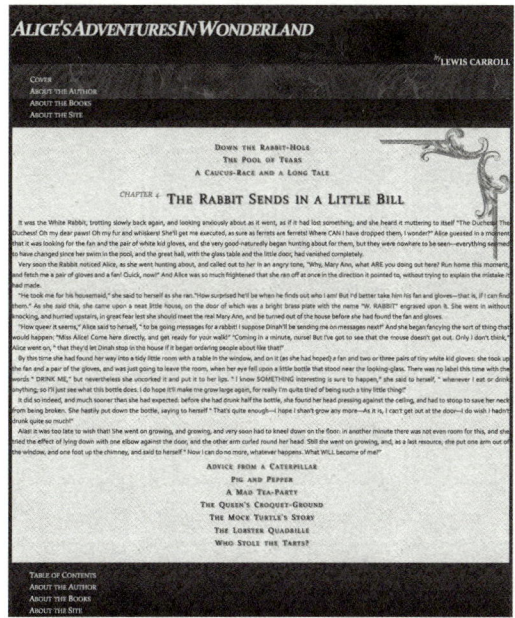

Ⓐ 동적 콘텐츠를 추가하기 전에 본 웹 페이지의 모습.

마우스 포인터의 모양 수정

보통 현재 마우스가 위치한 대상에 따라 브라우저가 마우스 포인터의 모양을 결정한다. 예를 들어 포인터가 텍스트 위에 있다면 마우스 포인터는 텍스트 선택 모양이 된다. 또 브라우저가 작업을 진행 중이고 사용자가 응답을 기다릴 때는 마우스 포인터가 타이머로 바뀌면서 사용자가 응답을 기다려야 한다는 것을 나타낸다.

경우에 따라서는 cursor 속성(표 9.1)을 사용해 이러한 브라우저의 기본 동작을 재정의하고 직접 포인터의 모습을 지정하는 게 좋을 때도 있다. 이 속성은 링크뿐 아니라 화면의 모든 엘리먼트에 적용할 수 있다. 아울러 이 속성을 사용하기 위해 굳이 동적 호버 상태나 속성과 연동할 필요도 없다. 단순히 엘리먼트의 CSS 규칙에 속성을 적용하기만 하면 바로 이 속성을 사용할 수 있다.

마우스 포인터의 모양 설정

1. 커서 속성을 CSS 선언에 추가한다. CSS 선언 영역에서 cursor를 입력하고 이어서 콜론(:)을 입력한다(코드 9.2).

    `cursor:`

2. 마우스 포인터를 지정한다. 이때 마우스 포인터의 모양을 지정하려면 표 9.2에 정리된 마우스 포인터 이름 중 하나를 입력하면 된다.

    `crosshair;`

    또는 cursor 값으로 다음 값 중 하나를 입력할 수도 있다.

    ▶ **auto** 브라우저 스스로 사용할 마우스 포인터를 결정하게 한다.

    ▶ **none** 마우스 포인터를 모두 감춘다.

표 9.1 cursor 속성값

속성값	호환성
\<cursor type name\>	IE4, FF1, S1, O7, C1, CSS2
\<URL\>	IE6, FF1.5, S3, C3, CSS2
auto	IE4, FF1, S1, O7, C1, CSS2
none	IE4, FF1, S1, O7, C1, CSS2

코드 9.2 ui-generatedcontent-properties.css : 마우스가 위치한 객체 또는 링크의 타입에 따라 서로 다른 포인터 타입을 설정했다.

```
/*** CSS3 VQS | Chapter 9 |
→ ui-generatedcontent-properties.css ***/
.toc { margin: 0 auto; width: 90%;
→ text-align: center; font-size: .5em;}

a {
 cursor: help; }

h1 {
 cursor: url(../_images/cursor-02.png)
→ 20 20, crosshair; }
```

🅐 **코드 9.1에 적용한 코드 9.2의 결과 화면.** 책 제목 위에 마우스가 올라오면 포인터가 체셔 고양이 모양으로 바뀐다.

표 9.2 커서 타입

이름	외양(OS에 따라 다르다)
crosshair	+
e-resize	→
help	▸?
move	✥
ne-resize	↗
n-resize	↑
nw-resize	↖
pointer	☝
progress	⊕
se-resize	↘
s-resize	↓
sw-resize	↙
text	I
wait	⧖
w-resize	←

3. 그래픽 마우스 포인터를 추가한다. 커스텀 커서로 사용할 이미지 파일(보통 PNG 형식)을 참조하도록 URL을 추가할 수도 있다. 이때 이미지의 전체 웹 주소나 로컬 파일명을 사용하면 된다.

cursor: url(../_images/cursor-02.
→ png) 20 20, crosshair;

핫스팟★ : CSS3에는 이미지의 좌측 상단 구석을 기준으로 판단해 포인터의 핫스팟(실제 클릭이 일어나는 지점)을 정의할 수 있는 기능이 추가됐다. 포인터를 지정할 때는 항상 백업 포인터 타입도 적어주는 게 좋다.

TIP 파이어폭스, 사파리, 오페라, 크롬에서는 이미지 파일의 URL을 지정해 CUR, ANI, GIF, PNG, JPEG 이미지를 사용할 수 있다. 하지만 아쉽게도 인터넷 익스플로러에서는 커스텀 포인터로 CUR와 ANI 파일만 지원한다.

TIP CUR와 ANI는 표준 이미지 형식이 아니므로 특수 소프트웨어로만 만들 수 있다.

TIP 포인터의 정확한 모습은 운영체제 및 사용 중인 웹 브라우저에 따라 달라진다는 사실을 항상 기억하자.

TIP 마우스 포인터를 바꾸는 일은 재미있기 때문에 필자는 필자의 웹 사이트에서 이 기능을 테스트해 본 적이 있다. 하지만 결과적으로 이런 기능을 사용하지 말라는 항의 메일을 여러 번 받았다. 대부분의 사용자는 특정 포인터의 일반적인 기능을 잘 인식하고 있으며 언제 어떤 포인터가 나타날지 잘 알고 있다. 이런 관례를 깨면 사용자가 혼란을 느낄 수 있다.

CSS를 사용한 콘텐츠 추가

검색 엔진에 최적화된 결과 및 접근성을 고려해 보통 모든 콘텐츠는 웹 페이지의 <body> 엘리먼트 내에 두는 게 제일 좋다. 콘텐츠를 동적으로 생성하면 웹 크롤러(web crawler)뿐 아니라 각종 스크린 리더기에서 텍스트를 볼 수 없게 된다. 하지만 때로는 검색 인덱스에 도움이 되지 않는(또는 방해가 될 수도 있는) 반복 콘텐츠를 보여줘야 하는 경우도 있다.

콘텐츠를 추가하려면 텍스트 문자열, 이미지나 음성 파일 URL, 카운터, 인용, 기타 페이지에 보여줄 어트리뷰트 값을 지정할 수 있는 content 속성(표 9.3)을 사용하면 된다.

동적 콘텐츠 정의

1. 콘텐츠를 엘리먼트 앞에 둘지 뒤에 둘지 먼저 지정한다. :before 또는 :after 의사 클래스(4장의 '엘리먼트 전, 후 콘텐츠 설정' 참고)를 사용해 선택자를 입력하고 선택자를 기준으로 어느 위치에 콘텐츠를 둘지 정의한다(코드 9.3).

   .toc h2:before {...}

2. CSS에 content 속성을 추가한다. 선언 영역에 content 속성명을 입력하고, 이어서 콜론(:) 및 3단계에 나열할 값 중 하나를 입력한다.

   content:

표 9.3 content 속성값

속성값	호환성
normal	IE8, FF1, S1, O4, C1, CSS2
none	IE8, FF1, S1, O4, C1, CSS2
<string>	IE8, FF1, S1, O4, C1, CSS2
<url>	IE8, FF1, S1, O7, C1, CSS2
<counter>	IE8, FF1, S1, O4, C1, CSS2
attr(<selector>)	IE8, FF1, S1, O4, C1, CSS2
open-quote	IE8, FF1, S1, O4, C1, CSS2
close-quote	IE8, FF1, S1, O4, C1, CSS2
no-open-quote	IE8, FF1, S1, O4, C1, CSS2
no-close-quote	IE8, FF1, S1, O4, C1, CSS2
inherit	IE8, FF1, S1, O4, C1, CSS2

코드 9.3 ui-generatedcontent-properties.css: 꽃장식 이미지(bullet-01)와 "Chapter" 단어 및 카운터를 .toc 클래스가 사용된 h2 태그 앞에 삽입한다. 이후 왼쪽에 또 다른 불릿을 삽입한다 Ⓐ.

```
/*** CSS3 VQS | Chapter 9 |
ui-generatedcontent-properties.css ***/

.toc { margin: 0 auto; width: 90%;
text-align: center; font-size: .5em;}

a {
  cursor: help; }

h1 {
  cursor: url(../_images/cursor-02.png)
  20 20, crosshair; }

.toc h2:before {
  content:  url('../_images/bullet-01.png')
  'Chapter ' counter(chapterNum) '. '; }

.toc h2:after {
  content: url('../_images/bullet-02.png'); }
```

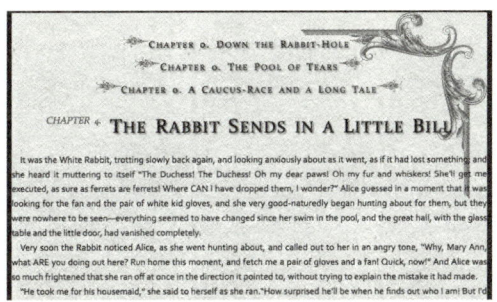

Ⓐ **코드 9.1에 적용한 코드 9.3의 결과 화면.** 장 제목에 스타일을 조금 적용했다. 이때 주의할 점은 장이 모두 0으로 보인다는 점이다. 브라우저에게 카운트 방식을 알려주는 일은 여러분이 직접 해야 한다.

TIP 인터넷 익스플로러 8 이전 버전에서는 content 속성을 지원하지 않으므로 주요 정보에는 이 속성을 사용하지 않는 게 좋다.

TIP content 속성을 사용해 렌더링한 정보는 검색 엔진에서 검색할 수 없으므로 페이지의 성격을 규정하는 정보는 이 속성으로 삽입하지 말아야 한다.

TIP 이 방식으로 추가한 콘텐츠는 스크린 리더기에서 읽을 수 없으므로 스크린 리더기가 읽어야 할 정보는 이런 식으로 삽입하지 말아야 한다.

TIP content 속성을 잘 활용하는 방법으로는 이미지의 alt 태그를 읽어서 이미지 설명을 추가하는 것이 있다. 이렇게 하면 스크린 리더기와 검색 엔진에서도 텍스트를 읽을 수 있으므로 반복되는 콘텐츠를 효과적으로 줄일 수 있다.

3. 추가할 콘텐츠를 지정한다.
   url('../_images/bullet-01.png')
   → 'Chapter ' counter(chapterNum)
   → '. ';

추가할 콘텐츠를 정의할 때는 공백으로 값을 구분하고 다음 값 중 하나 이상을 입력한다.

▶ 작은따옴표나 큰따옴표 안에 들어간 Chapter 같은 문자열 값을 입력한다. 이때 따옴표 안에 들어간 문자열은 공백이 합쳐지는 차이점(둘 이상의 공백은 공백 하나로 보인다)은 있지만 HTML 코드를 포함한 모든 내용이 실제 입력한 것처럼 보이게 된다.

▶ 괄호 안에 이미지나 소스 파일에 대한 절대 또는 상대 URL을 입력한 url(). 예를 들어 url(bg_flourish.png)를 사용하면 이미지를 불러오게 된다.

▶ 괄호 안에 카운터명을 입력한 counter(). 예를 들어 counter(chapterNum)을 사용하면 chapterNum에 카운터 숫자를 추가한다(카운터는 다음 절에서 설명한다).

▶ 현재 사용 중인 인용 스타일을 적용해 인용 부호를 추가하는 open-quote 또는 close-quote. (이 장의 '인용 스타일 지정' 참고).

▶ 인용 수준을 한 단계 올릴 때 사용하는 no-open-quote 또는 no-close-quote.

▶ 지정한 어트리뷰트의 값을 보여줄 때 사용하는 attr(). 예를 들어 attr(alt)를 사용하면 스타일이 적용된 엘리먼트의 alt 어트리뷰트 값이 보인다.

▶ 부모 엘리먼트에 정의된 콘텐츠를 사용하는 inherit.

▶ 아무런 콘텐츠도 추가하지 않거나 다른 값을 적용하지 않는 normal 또는 none.

카운터 적용 방식 지정

브라우저는 자동으로 숫자가 매겨진 리스트에 1부터 시작해 숫자를 늘려가면서 일련 번호를 지정할 수 있다. 이 기능은 이 장에서 잠시 후 보게 될 것이다. 그런데 1 대신 6부터 숫자가 시작하게 하려면 어떻게 해야 할까? 또는 중첩된 계층 구조의 리스트에 일련 번호를 지정할 때는 어떻게 해야 할까?

CSS에서는 content 속성(앞 절 참고)의 counter 값을 사용해 여러 가지 카운터 리스트를 설정할 수 있다. counter-reset 속성(표 9.4)을 사용하면 카운터의 초기 값을 설정할 수 있고 counter-increment 속성(표 9.5)을 사용하면 특정 값만큼 카운터를 올릴 수 있다.

카운터 사용

1. 부모 엘리먼트를 설정한다. 숫자 번호를 지정한 리스트의 부모 엘리먼트로 사용할 선택자의 CSS 규칙을 설정한다(코드 9.4). 이때 리스트로는 ol(순서 리스트) 태그를 사용할 수 있다.

   .top {...}

2. counter-reset 속성을 선언 영역에 추가한다.

   counter-reset: chapterNum 0;

   counter-reset을 입력하고 콜론(:), 정의할 카운터 식별자의 이름(원하는 이름을 임의로 사용한다)을 차례로 입력한다. 그런 다음 공백을 입력하고 리스트를 시작할 숫자 값을 지정한다.

표 9.4 counter-reset 속성값

속성값	호환성
<counterName>	IE8, FF1, O4, S1, C1, CSS2
<num>	IE8, FF1, O4, S1, C1, CSS2
none	IE8, FF1, O4, S1, C1, CSS2
inherit	IE8, FF1, O4, S1, C1, CSS2

표 9.5 counter-increment 속성값

속성값	호환성
<counterName>	IE8, FF1, O4, S1, C1, CSS2
<num>	IE8, FF1, O4, S1, C1, CSS2
none	IE8, FF1, O4, S1, C1, CSS2
inherit	IE8, FF1, O4, S1, C1, CSS2

코드 9.4 ui-generatedcontent-properties.css : 목차에서 4장 전후의 장들을 보여주므로 Ⓐ 이어지는 리스트는 5로 바로 넘어간다 Ⓑ.

```
/*** CSS3 VQS | Chapter 9 |
  ui-generatedcontent-properties.css ***/

.toc { margin: 0 auto; width: 90%;
  text-align: center; font-size: .5em;}

a {
  cursor: help; }

h1 {
  cursor: url(../_images/cursor-02.png)
   20 20, crosshair; }

.top {
  counter-reset: chapterNum 0; }

.toc h2:before {
  content: url('../_images/bullet-01.png')
   'Chapter ' counter(chapterNum) '. ';
  counter-increment: chapterNum 1; }
.toc h2:after {
  content: url('../_images/bullet-02.png'); }

#chapter4 .continued {
  counter-reset: chapterNum 4; }
```

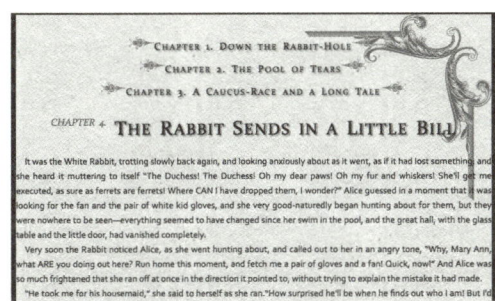

Ⓐ **코드 9.1에 적용한 코드 9.4의 결과 화면**. 장 제목 번호가 올바르게 수정됐다.

3. 자동으로 숫자를 지정할 위치를 정의하기 위해 :before나 :after 의사 클래스를 사용한다. 선택자를 기준으로 카운터 숫자가 놓일 위치를 지정하는 :before나 :after 의사 클래스를 사용해 선택자를 입력한다.

   `.toc h2:before {}`

4. counter-increment 속성을 선언 영역에 추가하고 카운터 식별자의 이름을 입력한다.

   `counter-increment: chapterNum 1;`

   공백을 입력하고 이어서 각 대상에 대해 카운터를 얼마만큼 증가시킬지 지정하는 값을 입력한다. 기본값은 1이지만 원하는 숫자만큼 지정할 수 있다.

5. 필요한 위치에서 숫자를 재설정한다. 이제 필요에 따라 counter-reset 속성을 사용해 페이지 어디에서든 카운터를 재설정한다.

   `counter-reset: chapterNum 4;`

TIP 인터넷 익스플로러 8 이전 버전에서는 counter-reset과 counter-increment 속성을 지원하지 않으므로 주요 정보에는 이런 속성을 사용하지 않는 게 좋다.

TIP 거듭 말하지만 접근성을 저해할 수 있으므로 counter-reset 속성을 사용할 때는 주의해야 한다. 사실 필자가 여기서 사용한 예제도 보편적인 접근성 측면에서 보면 그다지 좋은 예제는 아니다.

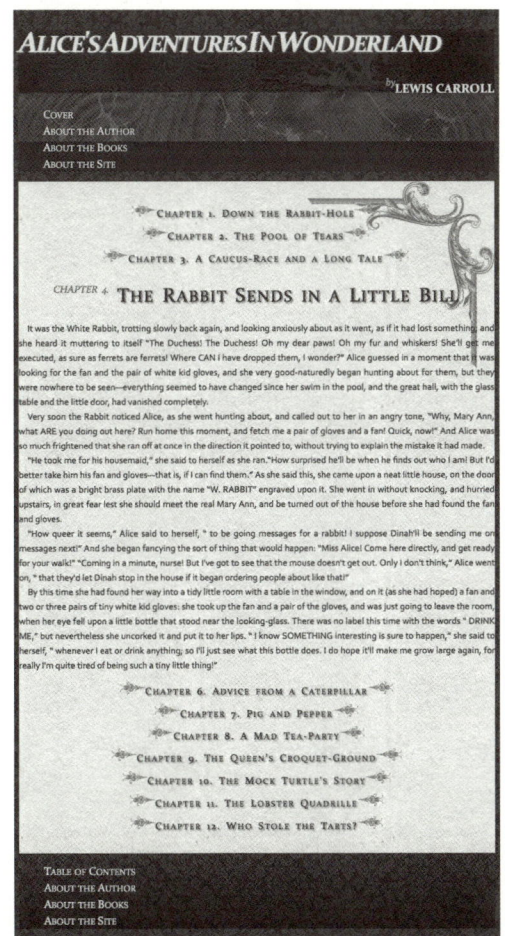

Ⓑ 번호 지정은 계속되지만 현재 장의 장 번호인 4는 건너뛴다.

사용자 인터페이스 및 동적 생성 콘텐츠 속성 **237**

인용 스타일 지정

대부분의 작가들은 키보드를 사용해 직접 테스트에 인용 부호를 추가하지만 HTML에는 <q>...</q> 인용 태그가 들어 있다. 이 태그를 사용하면 브라우저의 기본 인용 부호가 지정된 텍스트 앞뒤로 사용된다. CSS를 활용하면 quotes 속성(표 9.6)을 통해 인용 부호로 사용할 기호를 정확히 지정할 수 있다. 보통 영어에서는 작은따옴표('...')나 큰따옴표("...")를 사용하지만 모든 언어에서 기본으로 이 형식을 사용하는 것은 아니다.

표 9.6 quotes 속성값

속성값	호환성
'<string>'	IE8, FF1, S1, C1, O4 CSS2
none	IE8, FF1, S1, C1, O4, CSS2
inherit	IE8, FF1, S1, C1, O4, CSS2

불릿 스타일 정의

1. 스타일 선언에 인용 속성을 추가한다. quotes를 입력하고 이어서 콜론(:) 및 표 9.6에 정리된 값 또는 값 쌍 중 하나를 사용한다.

    quotes:

    이 속성은 특정 엘리먼트에 추가하거나 4장, '특정 언어에 대한 스타일 적용'에서 설명한 것처럼 특정 언어의 인용 부호로 사용할 수도 있다.

코드 9.5 ui-generatedcontent-properties.css : 이 예제에서 Ⓐ 인용 부호는 프랑스어를 포함한 많은 유럽 언어의 표준인 《...》로 설정했다.

```
/*** CSS3 VQS | Chapter 9 |
→ ui-generatedcontent-properties.css ***/
* {
  quotes: '«' '»' '‹' '›'; }

.toc { margin: 0 auto; width: 90%;
→ text-align: center; font-size: .5em;}

a {
  cursor: help; }

h1 {
  cursor: url(../_images/cursor-02.png)
→ 20 20, crosshair; }

.top {
  counter-reset: chapterNum 0; }

.toc h2:before {
  content:  url('../_images/bullet-01.png')
→ 'Chapter ' counter(chapterNum) '. ';
  counter-increment: chapterNum; }
.toc h2:after {
  content: url('../_images/bullet-02.png'); }

#chapter4 .continued {
  counter-reset: chapterNum 4; }
```

2. 영어의 표준 작은따옴표나 큰따옴표 기호(' ' 또는 " ") 안에 열림 및 닫힘 인용 부호 값을 설정한다.
   '«' ' ' '»'

3. 공백 다음에 두 번째 레벨 인용에 사용할 또 다른 인용 그룹(인용 부호 내에 사용할 또 다른 인용 부호)을 추가한다
   '‹' ' ' '›';

4. 인용 부호가 제대로 동작하려면 실제 인용 태그(<p>)를 사용해 HTML 문서에 인용임을 나타내야 한다.
   <q>...</q>

TIP 이 속성은 영어와 관련해서도 유용하게 활용할 수 있다. 영국과 미국 영어는 같은 인용 부호를 사용하지만 순서가 서로 반대다. 미국에서는 주요 인용에 큰따옴표를 사용하고 두 번째 레벨 인용에 작은따옴표를 사용하지만 영국에서는 그 반대로 인용 부호를 사용하기 때문이다.

Ⓐ **코드 9.1에 적용한 코드 9.5의 결과 화면.** 이제 각종 유럽 언어의 표준 인용 부호인 꺾쇠 기호가 인용 부호로 설정됐다. 결과를 더 잘 확인할 수 있게 이미지를 확대했다.

정리하며...

1. 투명 PNG 이미지를 만들고 페이지의 포인터로 이미지를 사용한다. <body> 엘리먼트의 pointer 속성을 해당 이미지로 지정하면 이를 간단히 처리할 수 있다.

2. 텍스트 영역 시작과 끝에 그래픽을 동적으로 추가한다. 1단계에서 사용한 것과 같은 이미지를 사용해도 상관없다.

3. 7로 시작하는 카운터 리스트를 설정한다. 익숙해졌다고 느끼면 카운터 값을 2씩 증가시켜 본다.

4. 페이지의 인용 스타일을 프랑스어의 인용 스타일로 바꾼다. 인용구 앞뒤로 인용 태그를 사용하는 것을 빼먹지 않는다.

10

박스 속성

물리적인 세계에서는 원자가 더 큰 물질의 기본 구성요소가 된다. 모든 유형의 원자나 원소에는 고유 속성이 있지만 이러한 원자가 다른 원자와 결합하면 부분을 이루는 성질과는 구별된 성질을 지닌 분자가 만들어진다.

　마찬가지로 HTML 태그도 웹 페이지의 기본 구성 요소이고 각 태그나 엘리먼트는 고유 기능을 지니고 있다. 태그가 서로 결합돼 부분의 합보다 큰 웹 페이지가 만들어진다. 태그를 단독으로 사용하든 다른 태그 안에 중첩해 사용하든 CSS를 사용하면 화면 내에서 개별 태그를 제어할 수 있다.

　웹 디자이너들은 단일 태그이든 몇 가지 태그가 중첩됐든 상관없이 박스라는 개념을 은유로 사용해 HTML 엘리먼트에 할 수 있는 일들을 기술한다. 박스에는 CSS의 영향을 받을 수 있는 마진, 보더, 패딩, 너비, 높이 같은 몇 가지 속성이 있다.

　이 장에서는 이러한 박스와 박스의 속성을 제어하는 법을 살펴보겠다.

이 장에서 다루는 내용

엘리먼트 박스의 이해	245
엘리먼트 보여주기	248
엘리먼트의 너비 및 높이 설정t	251
오버플로우 콘텐츠 제어	254
창에서의 엘리먼트 플로팅	257
엘리먼트 마진 설정	260
엘리먼트 외곽선 설정	263
엘리먼트 보더 설정	265
CSS3의 새 기능 – 둥근 보더 모서리 설정 ★	268
CSS3의 새 기능 – 보더 이미지 설정 ★	271
엘리먼트 패딩 설정	274
곧 추가될 기능	276
정리하며...	277

코드 10.1 이 장의 예제에서 사용할 HTML5 코드. 5, 6, 7, 8, 9장의 최종 CSS 파일 및 이 장에서 개발할 box-properties.css 파일을 불러온다. 이 장에서는 HTML 코드에 설명이 들어간 그림과 어사이드를 아티클에 추가했다 ⓐ.

```
<!-- HTML5 -->
<!DOCTYPE html>
<html lang="en">
<head>
<meta charset="utf-8">
<title>Alice's Adventure's In Wonderland | Chapter 4</title>
<link href="../_css/font-properties.css" type="text/css" rel="stylesheet">
<link href="../_css/text-properties.css" type="text/css" rel="stylesheet">
<link href="../_css/color-background-properties.css" type="text/css" rel="stylesheet">
<link href="../_css/list-table-properties.css" type="text/css" rel="stylesheet">
<link href="../_css/ui-generatedcontent-properties.css" type="text/css" rel="stylesheet">
<link href="../_css/box-properties.css" type="text/css" rel="stylesheet">
<!--[if IE ]>
  <script src="_script/HTML5forIE.js" type="text/javascript"></script>
<![endif]-->
</head>
<body id="chapter5" class="book aaiw section">
<header class="page">
<h1>Alice's Adventures In Wonderland</h1>
<p class="byline">by <span class="author">Lewis Carroll</span></p>
<nav class="global">
  <ul>
    <li><a href="" target="_self">Cover</a></li>
    <li><a href="" target="_self">About the Author</a></li>
    <li><a href="" target="_self">About the Books</a></li>
    <li><a href="" target="_self">About the Site</a></li>
  </ul>
</nav>
</header>
<article><!-- Article -->
<nav>
  <ol class="toc top">
    <h2><a href="" target="_self">Down the Rabbit-Hole</a></h2>
    <h2><a href="" target="_self">The Pool of Tears</a></h2>
    <h2><a href="" target="_self">A Caucus-Race and a Long Tale</a></h2>
    <h2><a href="" target="_self">The Rabbit Sends in a Little Bill</a></h2>
  </ol>
</nav>

<h2><strong>CHAPTER 5.</strong> Advice from a Caterpillar</h2>

<figure>
<img src="../_images/AAIW-illos/alice15a.png" alt="alice15a" width="300" height="397" />
<figcaption>
In a minute or two the Caterpillar took the hookah out of its mouth
and yawned once or twice, and shook itself.
</figcaption>
```

코드 10.1 계속

```
</figure>

<p>
The Caterpillar and Alice looked at each other for some time in silence:
at last the Caterpillar took the hookah out of its mouth, and addressed
her in a languid, sleepy voice.
</p>
<nav>
<ol class="toc continued">
  <h2><a href="" target="_self">Pig and Pepper</a></h2>
  <h2><a href="" target="_self">A Mad Tea-Party</a></h2>
  <h2><a href="" target="_self">The Queen's Croquet-Ground</a></h2>
  <h2><a href="" target="_self">The Mock Turtle's Story</a></h2>
  <h2><a href="" target="_self">The Lobster Quadrille</a></h2>
  <h2><a href="" target="_self">Who Stole the Tarts?</a></h2>
</ol>
</nav>
<br>
</article>

<aside>
<h3>About Lewis Carroll</h3>
<p>Charles Lutwidge Dodgson,...</p>
<cite>Wikipedia</cite>
</aside>

<footer class="page">
<nav class="global">
  <ul>
    <li><a href="" target="_self">Cover</a></li>
    <li><a href="" target="_self">About the Author</a></li>
    <li><a href="" target="_self">About the Books</a></li>
    <li><a href="" target="_self">About the Site</a></li>
  </ul>
</nav>
</footer>
</body>
</html>
```

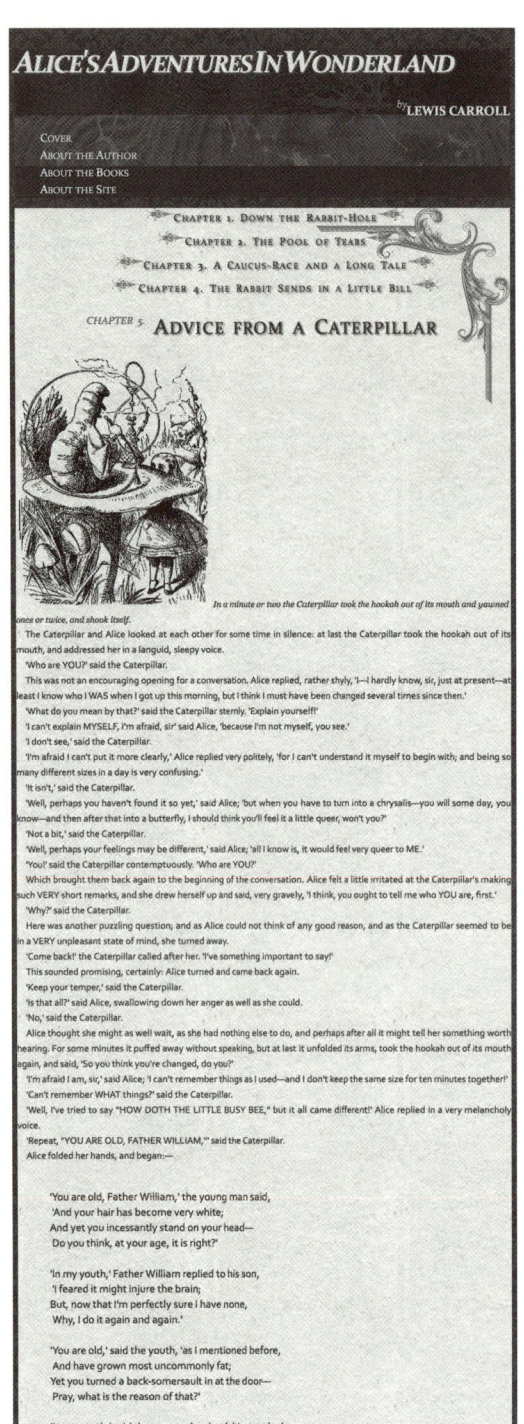

Ⓐ **코드 10.1의 결과 화면.** 박스 속성을 아무 것도 추가하지 않은 상태에서 본 이 장의 웹 페이지 화면. 당장은 엉망진창으로 보이지만 디자인 그리드를 적용하고 마진을 추가한 다음 여유 공간을 주기 위해 패딩도 추가할 예정이다.

엘리먼트 박스의 이해

2장에서 배운 것처럼 엘리먼트는 HTML 문서의 일부이며 HTML 컨테이너 태그에 의해 설정된다. 다음은 HTML 엘리먼트다.

```
<p>Alice</p>
```

다음은 또 다른 HTML 엘리먼트다.

```
<article><p><em>Alice
    <img src="alice11.gif">
    </em></p></article>
```

첫 번째 엘리먼트 예제는 단일 태그로 돼 있다. 두 번째 예제는 개별 엘리먼트 태그가 중첩된 예제를 보여준다. 중첩 태그는 자신이 속한 태그(부모라고 하는)의 자식으로 불린다는 사실을 기억하자(4장의 '부모로부터의 속성 상속' 참고).

박스의 구성요소

HTML 엘리먼트에는 상단, 우측, 하단, 좌측(top, right, bottom, left)으로 네 면이 있다 Ⓐ. 이러한 네 면은 엘리먼트 박스를 구성하고 이러한 박스에 CSS 박스 속성을 적용할 수 있다. 박스의 각 면에는 다음과 같은 속성이 있다.

- **콘텐츠** 박스의 중심에 있는 콘텐츠는 페이지의 내용이기도 하다. 콘텐츠에는 사용 중인 모든 텍스트(카피라고 한다), 리스트, 폼, 이미지 등이 있다.

- **자식 엘리먼트** 부모 엘리먼트에 포함된 엘리먼트는 고유 HTML 태그에 의해 설정된다. 자식 엘리먼트는 보통 부모와 무관하게 제어할 수 있는 자체 박스를 갖고 있다.

- **너비 및 높이** 콘텐츠 영역의 크기다. 너비와 높이를 지정하지 않으면 브라우저가 크기를 결정한다(이 장의 '엘리먼트의 너비 및 높이 설정' 참고).

- **패딩** 보더 및 엘리먼트 콘텐츠 사이의 공간(이 장의 '엘리먼트 패딩 설정' 참고)이다. 배경색과 이미지도 이 공간을 채운다. 설정하지 않으면 패딩은 보통 0이 된다.

- **배경** 콘텐츠와 엘리먼트 패딩 사이의 공간이다. 배경은 단색이 될 수도 있고 하나 이상의 배경 이미지, 배경 그라디언트가 될 수도 있다(배경과 관련한 내용은 7장을 참고하자).

- **보더** 엘리먼트를 감싸는 구분선(라인)으로 개별 면에 따라 별도로 설정할 수 있다. 보더는 색상, 너비, 스타일(직선, 점, 점선 등)을 설정하지 않으면 보이지 않는다. 또 보더에는 배경 이미지도 설정할 수 있다. 설정하지 않으면 보더 크기는 보통 0이 된다.

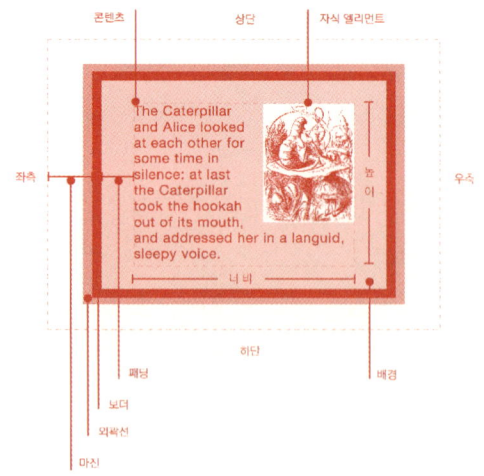

Ⓐ 박스 모델의 모든 스타일을 정리한 그림. 외곽선은 마진의 일부라는 사실을 기억하자. 마진이 없으면 외곽선이 인접한 엘리먼트 밑에 나타낸다. 또 두 엘리먼트가 서로 쌓여 있으면 엘리먼트 사이의 마진이 더해지는 게 아니라 둘 중 마진이 큰 쪽으로 병합된다.

- **외곽선** 보더와 비슷하지만 아예 공간을 차지하지 않는다. 마진 및 배경에 있는 주변 형제 엘리먼트 밑으로 보인다.
- **마진** 엘리먼트의 보더와 창의 다른 엘리먼트 사이의 공간(이 장의 '엘리먼트 마진 설정' 참고). 설정하지 않으면 브라우저가 마진을 결정한다.

이때 콘텐츠의 너비 및 높이를 지정한다고 해서 엘리먼트가 페이지에서 차지하는 공간의 너비 및 높이가 설정되지는 않는다는 점을 꼭 기억하자. 페이지의 전체 너비에는 패딩 및 측면 보더도 포함된다.

엘리먼트 너비 = 콘텐츠 너비 + 왼쪽 패딩 + 왼쪽 보더 너비 + 오른쪽 패딩 + 오른쪽 보더 너비

높이는 조금 다르다. 콘텐츠의 높이가 설정됐지만 오버플로우가 설정되지 않으면 콘텐츠 및 패딩과 보더를 모두 수용할 수 있을 때까지 높이가 늘어난다.

엘리먼트 높이 = 콘텐츠를 보여주는 데 필요한 높이 + 상단 패딩 + 상단 보더 너비 + 하단 패딩 + 하단 보더 너비

오버플로우를 hidden, scroll, auto로 설정하면 높이가 계산된다.

엘리먼트 높이 = 콘텐츠 높이 + 상단 패딩 + 상단 보더 너비 + 하단 패딩 + 하단 보더 너비

엘리먼트 내에 들어갈 수 없는 콘텐츠는 보이지 않거나 스크롤을 통해 볼 수 있다.

TIP 최근 버전에서는 문제가 해결됐지만 인터넷 익스플로러에는 박스 모델 처리와 관련해 유명하고 고질적인 문제가 있었다. 이 문제는 버전 6에서 발견되며 버전 7에도 일부 발견된다. 이 문제에 대한 자세한 내용은 13장에서 '인터넷 익스플로러 박스 모델 문제 해결'에서 살펴보겠다.

엘리먼트 보여주기

2장에서는 보여줄 방식에 따라 모든 엘리먼트를 인라인 또는 블록으로 클래스화할 수 있다는 사실을 배웠다(2장의 'HTML 엘리먼트의 종류'를 참고하자). 기본적으로 모든 태그에는 주변 태그에 맞게 보여주기 위한 표시 형식이 있다.

display 속성을 사용하면 엘리먼트가 위 또는 아래로 줄 바꿈을 포함할지(블록), 줄 바꿈 없이 다른 엘리먼트에 포함될지(인라인), 리스트의 일부로 처리할지(리스트), 또는 보여줄지 여부 자체(none)를 지정할 수 있다. 표 10.1에는 display 속성에 사용할 수 있는 값들이 정리돼 있다.

엘리먼트의 표시 형식 설정

1. CSS 선언 영역에 display 속성을 입력하고 이어서 콜론(:)을 입력한다(코드 10.2).
   display:

2. 표 10.1의 표시 형식 중 하나를 입력한다.
   block;
   원하는 결과에 따라 표시 형식을 선택한다.

   ▶ **inline** 엘리먼트를 가로로 흘러가게 하며 부모 엘리먼트를 만날 때까지 형제 엘리먼트를 왼쪽에서 오른쪽으로 배치 한다. 부모 엘리먼트를 만나면 줄바꿈을 추가해 콘텐츠를 다음 줄로 줄바꿈한다. 이때 박스 바로 앞과 뒤에 있는 강제 줄바꿈은 항상 무시된다 Ⓐ.

   ▶ **block** 강제 줄바꿈을 박스 위와 아래에 위치시켜 엘리먼트가 수직으로 배치되게 한다. 이 속성값을 사용하면 박스의 너비가 부모 엘리먼트 박스의 너비로 설정된다 Ⓑ.

표 10.1 display 속성값

속성값	호환성
list-item	IE6, FF1, S1, C1, O3.5, CSS1
block	IE4, FF1, S1, C1, O3.5, CSS1
inline	IE4, FF1, S1, C1, O3.5, CSS1
inline-block	IE4, FF3, S1, C1, O3.5, CSS2.1
run-in	IE8, S1, C1, O3.5, CSS2
table	IE8, FF1, S1, C1, O4, CSS2
table-cell	IE8, FF1, S1, C1, O3.5, CSS2
table-footer-group	IE8, FF1, S1, C1, O3.5, CSS2
table-header-group	IE8, FF1, S1, C1, O3.5, CSS2
table-row	IE8, FF1, S1, C1, O3.5, CSS2
table-row-group	IE8, FF1, S1, C1, O3.5, CSS2
inline-table	IE8, FF3, S1, C1, O3.5, CSS2
none	IE4, FF1, S1, C1, O3.5, CSS1
inherit	IE4, FF1, S1, C1, O3.5, CSS1

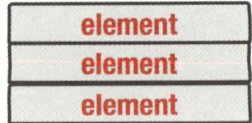

Ⓐ 인라인 엘리먼트는 가로로 배치된다.

Ⓑ 블록 엘리먼트는 세로로 배치된다.

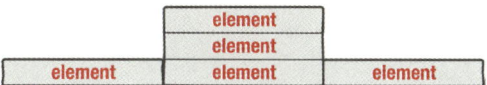

C inline-block 엘리먼트는 박스에 엘리먼트를 쌓을 수 있지만 박스 자체는 인라인으로 배치된다.

코드 10.2 ui-box-properties.css : 코드 10.1에 적용하면 display 속성을 추가해서 문서의 엘리먼트 흐름을 다르게 재정의할 수 있다 **D**. figure, figcaption, aside를 블록 엘리먼트로 정의하면 너비, 높이, 플로팅을 제어할 수 있다.

```
/*** CSS3 VQS | Chapter 10 |
→ box-properties.css ***/

nav.global {
  display: block; }

nav.global li {
  display: inline; }

figure {
  display: block; }

figcaption {
  display:block; }

aside {
  display: block; }
```

D 코드 10.1에 적용한 코드 10 .2의 결과 화면. 내비게이션에 있는 블록 레벨 리스트 엘리먼트(커버, 저자 소개, 책 소개 등)들이 이번에는 인라인으로 설정되어 세로가 아니라 가로로 배치된 점을 눈여겨보자.

▶ **inline-blcok** 엘리먼트를 인라인으로 정의하지만 엘리먼트 내의 콘텐츠는 블록으로 처리한다 **C**.

▶ **run-in** 형제 엘리먼트가 블록 엘리먼트가 아니면 블록 엘리먼트로 기능하고, 형제 엘리먼트가 블록 엘리먼트이면 인라인 엘리먼트로 기능한다. 이 속성값이 제대로 동작하려면 형제 엘리먼트에 run-in을 사용하거나 플로팅을 적용할 수 없다.

▶ **table** 표 10.1에 나온 다른 table 값 중 하나를 사용하면 특정 태그를 데이터 테이블로 만들 수 있다.

▶ **list-item** 텍스트의 첫 줄에 list-item 표시를 하고 텍스트 위아래에 줄바꿈을 적용한다. 이 코드를 사용하면 리스트 엘리먼트를 명시적으로 사용하지 않아도 항목을 리스트 항목으로 만들 수 있다. list-item을 사용해 리스트 항목이 아닌 항목을 리스트 항목으로 만드는 법은 8장에서 설명했다.

▶ **inherit** 설정된 display 값 또는 엘리먼트 부모의 암시적인 값을 사용한다.

▶ **none** 엘리먼트가 CSS 브라우저에서 보이지 않게 한다. 페이지에 해당 콘텐츠가 없는 것처럼 보이게 된다.

TIP 어떤 엘리먼트도 리스트 항목이나 테이블로 만들 수 있지만 그렇게 하지 않는 게 좋다. 의미상으로나 접근성 측면에서 이 방식은 나쁜 코딩 방식이기 때문이다. 리스트나 테이블을 생성할 때는 항상 HTML 태그를 사용하자.

TIP CSS 2.1에서 compact 속성이 없어졌지만 CSS3에는 이 속성이 다시 생겼다. 현재 CSS3의 CSS 작업 그룹 박스 모델 문서에는 이 속성의 위치만 명시돼 있다.

TIP display:none으로 지정한 모든 엘리먼트는 브라우저가 무시한다. 하지만 none을 사용할 때는 주의해야 한다. 어트리뷰트가 상속되지는 않지만 none을 사용하면 엘리먼트는 물론 자식 엘리먼트까지 모두 사라지기 때문이다.

TIP display:none은 사용자가 페이지와 상호작용할 때 나타났다 사라지는 드롭 다운 메뉴 같은 동적 콘텐츠를 생성할 때 유용하다. 하지만 이 스타일을 사용하면 스크린 리더기에서도 엘리먼트를 읽지 못하므로 사용성이 떨어진다는 점에 주의해야 한다.

TIP none을 활용할 수 있는 또 다른 방법으로는 인쇄용 스타일 시트를 생성해 인쇄 시 내비게이션이나 폼 필드처럼 불필요한 엘리먼트를 제거하는 방법이 있다. 인쇄물에서는 내비게이션 링크나 검색 폼, 기타 저해상도 그래픽 같은 게 필요 없기 때문이다.

TIP display 속성을 visibility 속성(11장의 '엘리먼트의 가시성 설정' 참고)과 혼동하지 말자. 엘리먼트에 대한 공간을 남겨두는 visibility 속성과 달리 display:none을 사용하면 브라우저가 콘텐츠를 여전히 불러오기는 하지만 엘리먼트가 페이지에서 완전히 제거된다.

코드 10.3 ui-box-properties.css : 코드 10.1에 적용하면 width와 height를 사용해 엘리먼트 크기를 제어할 수 있다. 최댓값 A과 최솟값 B을 사용하면 사용자의 필요에 따라 자연스럽게 커지고 작아지는 디자인을 만들 수 있다.

```
/*** CSS3 VQS | Chapter 10 |
→ box-properties.css ***/

nav.global {
  display: block; }

nav.global li {
  display: inline; }

article {
  max-width: 980px;
  min-width: 660px; }

figure {
  display: block;
  width: 300px; }

figcaption {
  display:block; }

aside {
  display: block;
  width: 200px;
  height: 400px; }

footer {
  width: 100%; }
```

엘리먼트의 너비 및 높이 설정

기본적으로 브라우저는 엘리먼트의 너비 및 높이를 모든 콘텐츠를 보여주는 데 필요한 사용 가능 너비 및 높이의 100% 값으로 자동 설정한다. CSS를 사용하면 블록 엘리먼트의 너비 및 높이를 재정의할 수 있다. 하지만 보통 블록 콘텐츠의 정확한 크기를 알거나 스크롤을 허용할 생각이 아니라면 높이보다는 너비를 설정하는 일이 더 많다.

특정 너비 및 높이를 설정하는 것 외에 엘리먼트의 최소 및 최대 너비와 높이를 설정해 너비 및 높이 범위를 지정할 수도 있다. 이러한 기능은 큰 화면에서 보더라도 보기 이상할 정도로 늘어나지 않는 유연한 디자인을 적용할 때 특히 유용하다.

엘리먼트의 너비 정의

1. CSS 선언 영역에 width 속성을 입력하고 이어서 콜론(:)을 입력한다(코드 10.3).
   width:

A 코드 10.1에 적용한 코드 10.3의 결과 화면. 창이 가로 크기 1280px로 열렸을 때의 예제 화면이다.

B 코드 10.1에 적용한 코드 10.3의 결과 화면. 창이 640px로 열렸을 때의 예제 화면이다.

박스 속성 251

2. 엘리먼트의 너비 값을 입력한다.

   80%;

   다음 값 중 하나(표 10.2)를 사용한다.

   ▶ 길이 값. 보통 픽셀을 단위로 사용한다.

   ▶ 퍼센트 값. 부모 엘리먼트의 너비에 비례해 너비를 지정한다.

   ▶ auto. 엘리먼트에 대해 브라우저가 계산한 너비 값을 사용한다. 보통 이 값은 창의 끝에 닿기 전까지 오른쪽으로 확장되는 엘리먼트의 최대 너비 또는 부모 엘리먼트의 모서리가 된다.

표 10.2 너비 및 높이 값

값	호환성
<length>	IE4, FF1, S1, C1, O3.5, CSS1
<percentage>	IE4, FF1, S1, C1, O3.5, CSS1
auto	IE4, FF1, S1, C1, O3.5, CSS1
inherit	IE4, FF1, S1, C1, O3.5, CSS1

엘리먼트의 높이 정의

1. CSS 선언 영역에 height 속성을 입력하고 이어서 콜론(:)을 입력한다.

   height:

2. 엘리먼트 높이 값을 입력한다.

   500px;

   다음 값 중 하나(표 10.2)를 사용한다.

   ▶ 길이 값.

   ▶ 부모 엘리먼트의 높이에 비례한 퍼센트 값.

   ▶ auto. 브라우저가 계산한 높이 값. 모든 콘텐츠를 보여주는 데 필요한 공간.

표 10.3 max/min-width와 max/min-height 값

값	호환성
<length>	IE7, FF1, S2, C1, O4, CSS2
<percentage>	IE7, FF1, S2, C1, O4, CSS2
inherit	IE7, FF1, S2, C1, O4, CSS2
none*	IE7, FF1, S2, C1, O4, CSS2

*높이 전용 속성

최대 및 최소 너비 설정

1. `min-width` 및/또는 `max-width` 속성명을 입력하고 이어서 콜론(:) 및 표 10.3에서 선택한 적절한 값을 입력한다.

   max-width: 980px; min-width: 660px;

   엘리먼트는 브라우저 창의 너비와 상관없이 이러한 값보다 넓어지거나 좁아질 수 없다.

2. `max-height` 및/또는 `min-height` 속성명을 입력하고 이어서 콜론(:) 및 표 10.3에서 선택한 적절한 값을 입력한다.

   max-height: 300px; min-height: 100px;

   max/min-height 속성은 max/min-width와 동작 방식이 거의 동일하지만 브라우저 창의 크기보다는 보이는 콘텐츠에 의존한다는 점이 다르다.

TIP 최솟값과 최댓값을 항상 함께 포함시킬 필요는 없다.

TIP 바디 태그의 너비를 엘리먼트의 max-width보다 작게 설정하면 바디가 해당 너비 이상 설정되지 못하므로 max-width 속성이 무시된다.

TIP 보통 max-height는 height 어트리뷰트처럼 동작하고 min-height는 무시된다. 그 이유는 max/min-width와는 달리 엘리먼트가 브라우저 창에 따라 크기가 조정되지 않기 때문이다.

TIP 파이어폭스에는 콘텐츠에 박스를 더 효과적으로 맞출 수 있는 -moz CSS 확장 속성이 몇 가지 있지만 이들 속성은 아직 CSS3 표준에 포함되지 않았다.

TIP 지정된 영역에 보여줄 콘텐츠가 너무 많으면 overflow 속성(이 장의 '콘텐츠 오버플로우 제어' 참고)을 사용해 사용자가 추가 자료를 스크롤해서 볼 수 있게 해야 한다.

TIP width와 height 속성을 사용하면 이미지(GIF, PNG, JPEG)의 크기를 조절해 기본 너비와 높이를 재정의할 수 있다. 이렇게 하면 심하게 왜곡된 이미지가 나오는 경우가 대부분이지만 가끔은 꽤 괜찮은 효과를 낼 수도 있다.

TIP 폼 필드와 버튼을 일정한 크기로 유지할 때는 width와 height를 활용하자.

TIP 엘리먼트의 높이를 설정해 스크롤바를 강제로 사용할 때는 엘리먼트가 브라우저 창의 스크롤바와 너무 가까이 있지 않도록 주의한다. 자칫 사용자가 혼란스러워 하거나 짜증스러운 사용자 경험을 초래할 수 있기 때문이다.

콘텐츠 오버플로우 제어

엘리먼트가 잘리거나 부모 엘리먼트의 너비 및 높이가 내용을 다 보여줄 만큼 크지 않으면 일부 콘텐츠가 보이지 않게 된다. overflow 속성을 사용하면 이렇게 잘리는 콘텐츠를 처리하는 방식을 지정할 수 있다.

CSS3의 새 기능★: overflow-x와 overflow-y를 사용해 너비나 높이의 오버플로우를 개별적으로 설정할 수 있게 됐다.

오버플로우 제어 정의

1. overflow, overflow-x, overflow-y 속성명을 입력하고 이어서 콜론(:)을 입력한다(코드 10.4).
   overflow:

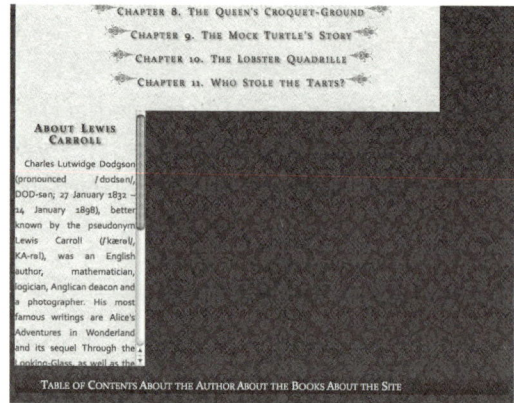

B 코드 10.1에 적용한 코드 10.4의 결과 화면. 어사이드 영역의 높이를 400px로 제한했지만 이 영역에 들어갈 콘텐츠가 더 있기 때문에 세로 스크롤바가 자동으로 추가됐다.

A 오버플로우(overflow)는 엘리먼트에 주어진 영역 내에서 다 보여줄 수 없는 모든 영역(가로 및 세로 영역)을 말한다.

코드 10.4 ui-box-properties.css : 코드 10.1에 적용하면 overflow 속성 때문에 필요에 따라 스크롤바가 추가된다 **B**. 이처럼 오버플로우를 사용하면 안 보이는 콘텐츠도 볼 수 있다.

```css
/*** CSS3 VQS | Chapter 10 |
  box-properties.css ***/

nav.global {
  display: block; }

nav.global li {
  display: inline; }

article {
  max-width: 980px;
  min-width: 660px; }

figure {
  display: block;
  width: 300px; }

figcaption {
  display:block; }

aside {
  display: block;
  width: 200px;
  height: 400px;
  overflow: auto; }

footer {
  width: 100%; }
```

표 10.4 overflow 속성값

속성값	호환성
visible	IE4, FF1, S1, C1, O4, CSS1
hidden	IE4, FF1, S1, C1, O4, CSS1
scroll	IE4, FF1, S1, C1, O4, CSS1
auto	IE4, FF1, S1, C1, O4, CSS1

표 10.5 overflow-x와 overflow-y 속성값

속성값	호환성
visible	IE5, FF1.5, S3, C2, O9.5, CSS3
hidden	IE5, FF1.5, S3, C2, O9.5, CSS3
scroll	IE5, FF1.5, S3, C2, O9.5, CSS3
auto	IE5, FF1.5, S3, C2, O9.5, CSS3

2. 브라우저가 오버플로우를 어떻게 처리할지 지정하는 키워드를 추가한다.

   auto;

   다음 키워드 중 하나(표 10.4와 표 10.5)를 사용한다.

   ▶ **visible** 기본적으로 브라우저가 잘린 영역을 무시하게 함으로써 콘텐츠를 박스 밖으로 밀어내 엘리먼트의 잘린 영역이 보이게 한다 **C**.

   ▶ **hidden** 오버플로우를 숨기고 스크롤바가 나타나지 않게 한다 **D**.

C visible 값을 사용하면 엘리먼트의 height와 상관없이 엘리먼트의 모든 콘텐츠를 보여준다.

D hidden 값을 사용하면 엘리먼트가 잘리기 때문에 엘리먼트 콘텐츠의 나머지 부분을 볼 수 없다.

- ▶ **scroll** 사용자가 엘리먼트의 콘텐츠를 스크롤해 볼 수 있게 가시 영역 주변에 스크롤을 설정한다. 이 값을 사용하면 스크롤바가 필요 없는 경우에도 스크롤바 공간이 마련된다 **E**.
- ▶ **auto** 스크롤바를 보여줄지 여부를 브라우저가 판단하게 한다 **F**.

TIP 보통 필요할 때 스크롤바를 보여주고 스크롤할 내용이 없으면 스크롤바를 감춰주기 때문에 overflow보다는 auto를 선호한다.

TIP overflow 속성은 오버플로우 클립 처리 방식을 지정할 때도 사용한다.

E scroll을 사용하면 엘리먼트의 추가 콘텐츠를 볼 수 있는 가로 및 세로 스크롤바가 생긴다. 하지만 스크롤바가 필요 없는 경우에도 스크롤바 영역이 보인다.

F auto는 필요할 때만 스크롤바를 보여준다는 점에서 보통 가장 좋은 설정 방식이다.

곧 추가될 기능 : 텍스트 오버플로우

박스 오버플로우를 설정하는 기능이 유용하기는 하지만 실제 흘러넘쳐서 잘라내야 하는 대상은 텍스트인 경우가 많다. 이러한 텍스트를 처리할 때는 흔히 세 개의 점으로 된 생략 부호(...)를 사용한다. 하지만 CSS3에서는 곧 text-overflow, text-overflow-mode, text-overflow-ellipses 속성이 추가될 예정이다. 이들 속성을 사용하면 주어진 공간에 들어가기에는 텍스트가 지나치게 길 경우 텍스트를 잘라내거나 텍스트 생략 부호를 적용할 수 있다.

코드 10.5 ui-box-properties.css : 코드 10.1에 적용하면 float 속성 때문에 텍스트가 그림 주변에서 줄바꿈되고 화면이 충분히 큰 경우 아티클과 어사이드 엘리먼트가 나란히 플로팅된다 **Ⓐ**.

```
/*** CSS3 VQS | Chapter 10 |
→ box-properties.css ***/
nav.global {
  display: block; }

nav.global li {
  display: inline; }

article {
  max-width: 980px;
  min-width: 660px;
  float: left; }

figure {
  display: block;
  width: 300px;
  float: left; }

figcaption {
  display:block; }

aside {
  display: block;
  width: 200px;
  height: 400px;
  overflow: auto;
  float: right; }

footer {
  width: 100%;
  clear: both; }
```

창 내에서의 플로팅 엘리먼트

엘리먼트 위치를 문서 내에서 정확히 잡는 것 외에 CSS를 활용하면 엘리먼트를 플로팅시켜서 다른 엘리먼트와의 상호작용 방식을 설정할 수도 있다.

CSS의 float 속성을 사용하면 콘텐츠 주변에 텍스트를 배치하거나 블록 엘리먼트를 나란히 배치해 컬럼을 만들 수도 있다.

엘리먼트 플로팅 적용

1. float 속성명을 입력하고 이어서 콜론(:)을 입력한다(코드 10.5).

   float:

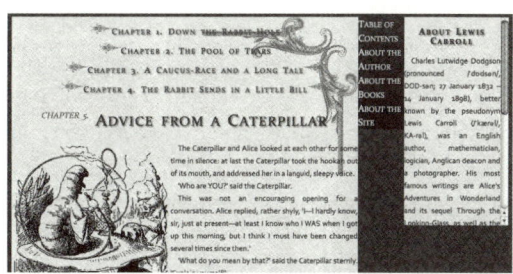

Ⓐ 코드 10.1에 적용한 코드 10.5의 결과 화면. 이번에는 본문 텍스트가 그림 주위에서 줄바꿈된다. 'About Lews Carroll' 어사이드가 이번에는 아티클 옆에 컬럼으로 배치된 것을 볼 수 있다. 아직 푸터까지 옮기지는 못했지만 이 부분은 나중에 고칠 것이므로 걱정하지 않아도 된다.

2. 화면의 어떤 쪽에 엘리먼트를 플로팅시킬지 브라우저에게 알려주기 위한 키워드를 입력한다.
   right;
   다음 키워드 중 하나를 선택한다(표 10.6).
   - **right** 엘리먼트를 다른 엘리먼트의 오른쪽에 정렬해서 이어지는 엘리먼트들이 이 엘리먼트의 왼쪽에서 가로로 줄바꿈되게 한다.
   - **left** 엘리먼트를 다른 엘리먼트의 왼쪽에 정렬해서 이어지는 엘리먼트들이 이 엘리먼트의 오른쪽에서 가로로 줄바꿈되게 한다.
   - **none** 이 엘리먼트의 플로팅을 재정의한다.

TIP 자식과 부모가 모두 블록 엘리먼트인 경우 다른 엘리먼트 내에서 엘리먼트를 플로팅하면 종종 이상한 결과가 나온다. 이 경우 자식이 부모의 높이를 무시하게 돼서 원치 않는 결과가 나올 수 있다. 물론 자식 엘리먼트가 부모 엘리먼트의 시작 부분부터 보이기는 하지만 문제는 자식 엘리먼트가 부모 엘리먼트의 하단 너머까지 늘어난다는 점이다. 이러한 문제의 해결 방안은 13장 '플로팅 문제 해결'에서 설명한다.

TIP 13장에서는 float 속성을 사용해 기존 테이블 기반 레이아웃을 대체할 수 있는 별도 컬럼을 설정하는 법도 배운다.

엘리먼트의 플로팅 방지

때로는 플로팅 엘리먼트 다음에 나오는 엘리먼트가 줄바꿈되지 않도록 float 속성을 재정의해야 하는 경우도 있다. HTML 줄바꿈 태그의 clear 어트리뷰트와 유사한 CSS의 clear 속성(표 10.7)을 사용하면 엘리먼트의 왼쪽, 오른쪽, 또는 양쪽 모두 플로팅을 사용하지 않는 설정을 지정할 수 있다.

표 10.6 float 속성값

속성값	호환성
left	IE4, FF1, S1, O3.5, CSS1
right	IE4, FF1, S1, O3.5, CSS1
none	IE4, FF1, S1, O3.5, CSS1

표 10.7 clear 속성값

속성값	호환성
left	IE4, FF1, S1, O3.5, CSS1
right	IE4, FF1, S1, O3.5, CSS1
both	IE4, FF1, S1, O3.5, CSS1
none	IE4, FF1, S1, O3.5, CSS1

코드 10.6 ui-box-properties.css : 코드 10.1에 적용하면 푸터가 플로팅되지 않는다 **B**.

```
/*** CSS3 VQS | Chapter 10 |
  box-properties.css ***/
nav.global {
  display: block; }

nav.global li {
  display: inline; }

article {
  max-width: 980px;
  min-width: 660px;
  float: left; }

figure {
  display: block;
  width: 300px;
  float: left; }

figcaption {
  display:block; }

aside {
  display: block;
  width: 200px;
  height: 400px;
  overflow: auto;
  float: right; }

footer {
  width: 100%;
  clear: both; }
```

B 코드 10.1에 적용한 코드 10.6의 결과 화면. 푸터에 플로팅을 적용하지 않아서 푸터가 다시 페이지 바닥으로 오게 됐다.

엘리먼트 플로팅 방지

1. CSS 규칙에 clear 속성을 입력하고 이어서 콜론(:)을 입력해 선언을 시작한다(코드 10.6).
   clear:

2. 플로팅을 방지할 측면에 대한 키워드를 입력한다.
   right;
   다음 키워드 중 하나를 선택한다.
   - ▶ **left** 엘리먼트의 왼쪽에서 줄바꿈을 방지한다.
   - ▶ **right** 엘리먼트의 오른쪽에서 줄바꿈을 방지한다.
   - ▶ **both** 엘리먼트의 양쪽에서 줄바꿈을 방지한다.
   - ▶ **none** 이전에 설정한 clear 속성을 재정의한다.

TIP 보통 헤더와 제목은 다른 객체 주변에서 줄바꿈되지 않으므로 헤더와 제목은 clear:both로 설정하는 게 좋다.

엘리먼트 마진 설정

엘리먼트의 마진(표 10.8)을 사용하면 상, 하, 좌, 우 네 면에 해당하는 면 값을 1개부터 4개까지 지정하거나 top/bottom, left/right처럼 쌍으로 지정, 또는 네 면을 모두 각각 지정해 창에 있는 특정 엘리먼트와 다른 엘리먼트 사이의 간격을 설정할 수 있다.

엘리먼트의 마진 정의

1. 스타일 선언 영역에 margin 단축 속성을 입력하고 이어서 콜론(:)을 입력해 선언을 시작한다(코드 10.7).

   margin:

음수 마진값 설정

마진값을 음수(예를 들어 margin:-5em)로 지정하면 텍스트 영역을 겹치게 하는 재미있는 효과를 만들 수 있지만 이 방식은 브라우저마다 보여주는 결과가 서로 다르므로 눈살을 찌푸리게 한다.

텍스트 겹침 효과는 CSS 위치 지정(11장) 방식을 사용하면 더 정확하게 구현할 수 있다.

특히 하이퍼텍스트 링크 주위에 음수 마진값을 설정할 때는 주의해야 한다. 링크를 가리도록 마진이 설정된 엘리먼트가 있으면 링크가 제대로 동작하지 않기 때문이다.

표 10.8 margin 속성값

속성값	호환성
\<length\>	IE3, FF1, S1, C1, O3.5, CSS1
\<percentage\>	IE3, FF1, S1, C1, O3.5, CSS1
auto	IE6, FF1, S1, C1, O3.5, CSS1

코드 10.7 ui-box-properties.css : 코드 10.1에 적용하면 바디에 margin이 0으로 설정되고 화면에 보이는 엘리먼트 사이에 충분한 간격을 두도록 마진이 추가된다 ⓐ.

```css
/*** CSS3 VQS | Chapter 10 |
→ box-properties.css ***/
body, header.page, footer.page {
  margin: 0; }

nav.global {
  display: block;
  margin-left: 10px; }

nav.global li {
  display: inline;
  margin-right: 10px; }

article {
  max-width: 980px;
  min-width: 660px;
  float: left;
  margin: 0 10px; }

figure {
  display: block;
  width: 300px;
  float: left;
  margin: 0 10px 10px 0; }

figcaption {
  display:block; }

aside {
  display: block;
  width: 200px;
  height: 400px;
  overflow: auto;
```

코드 10.8 계속

```
  float: right;
  margin: 0 10px; }

footer {
  width: 100%;
  clear: both; }

h1 {
  margin: 0 20px 10px 10%; }

.byline {

  margin: 0 10% 10px 20%; }
```

A **10.1에 적용한 코드 10.7의 결과 화면.** 이번에는 헤더가 창의 상단에 꼭 맞게 들어가고 전체 너비에 맞게 확장되며 그림 주변에 여유 공간이 좀 더 생겼다.

2. 마진값을 입력한다.
   `0 10px;`
   이때 다음 값 중 하나를 사용하면 된다.
   ▶ 길이 값
   ▶ 부모 엘리먼트의 너비에 비례해 마진을 만드는 퍼센트 값
   ▶ 브라우저의 판단에 따라 마진을 제어하는 auto 값.

   이때 공백으로 구분해 값을 하나부터 네 개까지 입력하면 다음 원칙에 따라 마진을 정의할 수 있다.
   ▶ 값을 하나만 지정하면 네 면 모두에 동일한 마진이 적용된다.
   ▶ 값을 두 개 지정하면 top/bottom 마진과 left/right 마진이 설정된다.
   ▶ 값을 세 개 지정하면 top 마진, left/right 마진(둘 다 동일), bottom 마진이 설정된다.
   ▶ 값을 네 개 지정하면 위에서부터 시계 방향으로 top, right, bottom, left 순으로 마진이 설정된다.

3. 다른 세 마진은 설정하지 않고 박스의 한 면에만 마진을 설정할 수도 있다.
   `margin-right: 10px;`
   이 방식은 다른 곳에서 설정한 마진을 인라인으로 재정의할 때 유용하다. 이를 위해서는 정의할 마진 면을 지정(margin-top, margin-bottom, margin-left, margin-right)하고 표 10.8에서 적절한 마진값을 골라 입력한다.

TIP `<body>` 태그에도 마진을 설정할 수 있다. 이때 마진은 바디 태그 내에 들어 있는 엘리먼트가 브라우저 창의 상단과 좌측면으로부터 떨어져 보이는 거리를 나타낸다.

TIP 엘리먼트를 부모 엘리먼트의 가운데에 가장 잘 정렬하려면 왼쪽과 오른쪽에 대한 마진을 auto로 설정하면 된다. 이렇게 하면 대부분의 웹 페이지에서 콘텐츠가 브라우저 창의 중심에 보인다.

TIP 비례 마진을 설정할 때는 사용자의 창 크기에 따라 결과가 크게 달라진다는 점을 염두에 둬야 한다. 예를 들어 800x600 해상도에서 제대로 보이던 것도 더 큰 화면에선 엉망으로 보일 수 있다.

TIP 브라우저에는 페이지 바디에 추가하는 기본 마진이 있기 때문에 콘텐츠가 화면 끝에서부터 바로 시작하지 않는다. 아울러 이러한 기본 마진은 브라우저별로 달라서 페이지에서 엘리먼트 위치를 정할 때 문제가 되기도 한다(11장을 참고하자). 따라서 13장에서 설명하는 것처럼 CSS 리셋을 사용해 바디 태그의 마진을 일관되게 설정하는 게 좋다.

마진 병합

두 엘리먼트가 세로로 쌓여 있으면 두 엘리먼트 사이의 세로 마진을 계산할 때 위, 아래 마진을 단순히 합치는 게 아니라 더 큰 마진값이 사용되고 작은 마진값이 0이 된다. 이로써 쌓여 있는 엘리먼트가 많더라도 위, 아래 마진은 일관되게 유지된다.

표 10.9 outline 속성값

속성값	호환성
<border-width>	IE8, FF1.5, S1.2, O7, CSS2
<border-style>	IE8, FF1.5, S1.2, O7, CSS2
<border-color>	IE8, FF1.5, S1.2, O7, CSS2

코드 10.8 ui-box-properties.css : 코드 10.1에 적용하면 outline 스타일을 사용해 주변 엘리먼트들을 건드리지 않고도 마우스가 올라오는 링크를 강조할 수 있다 Ⓐ.

```
/*** CSS3 VQS | Chapter 10 |
→ box-properties.css ***/
body, header.page, footer.page {
  margin: 0; }
nav.global {
  display: block;
  margin-left: 10px; }
nav.global li {
  display: inline;
  margin-right: 10px; }
nav.global li a:hover {
  outline: rgba(135,127,107,.65) 10px double; }
article {
  max-width: 980px;
  min-width: 660px;
  float: left;
  margin: 0 10px; }
figure {
  display: block;
  width: 300px;
  float: left;
  margin: 0 10px 10px 0; }
figcaption {
  display:block; }
aside {
  display: block; }
```

엘리먼트의 외곽선 설정

외곽선(표 10.9)은 보더를 감싸고 보더와 같은 값을 사용한다. 하지만 보더와 달리 외곽선은 박스의 실제 크기(너비, 높이)를 증가시키지 않고 화면상에서 공간을 실제로 차지하지 않는다. 대신 외곽선은 마진 아래에 나타나며 주변 콘텐츠의 바깥 아래쪽에 보인다.

외곽선은 주변 콘텐츠의 위치를 바꾸지 않고도 링크를 강조할 수 있어서 링크 롤오버에 유용하다.

박스 외곽선 설정

1. outline 속성은 border 속성과 동작 방식은 다르지만 보이는 것은 같다. 먼저 너비를 입력하고 이어서 스타일을 입력한 다음 공백으로 구분한 색상을 입력한다.

   outline: rgba(135,127,107,.65)
   → 10px double;

Ⓐ **코드 10.1에 적용한 코드 10.8의 결과.** 외곽선을 사용해 전역 내비게이션에 있는 "Cover" 링크를 강조했다.

2. 또는 개별 outline 값을 정의할 수도 있다. 이 방식은 다른 값들을 건드리지 않고 한 엘리먼트의 외곽선 값을 재정의할 때 유용하다.

```
outline-color:
→rgba(135,127,107,.65);
outline-width: 10px;
outline-style: double;
```

TIP border와 달리 outline은 개별 면에 독립적으로 설정할 수 없다.

TIP 필자는 페이지에서 엘리먼트 위치를 디버깅해서 각 블록이 어느 정도 공간을 차지하고 어디까지 벌어지는지 확인할 때만 주로 outline을 사용한다.

TIP outline을 잘 활용하는 또 다른 방법으로는 어트리뷰트 선택자(4장)를 사용해 위치를 건드리지 않고 특정 엘리먼트를 강조하는 방법이 있다.

코드 10.8 계속

```
  width: 200px;
  height: 400px;
  overflow: auto;
  float: right;
  margin: 0 10px; }

footer {
  width: 100%;
  clear: both; }

h1 {
  margin: 0 20px 10px 10%; }

.byline {

  margin: 0 10% 10px 20%; }
```

외곽선 오프셋★

outline-offset 속성을 추가하면 외곽선과 보더 또는 콘텐츠 모서리 사이에 공간을 둘 수 있다(표 10.10). 이 속성은 외곽선의 패딩 정도로 생각할 수 있다.

outline-offset: 2px;

표 10.10 outline-offset 속성값

속성값	호환성
\<length\>	FF1.5, S1.2, C1, O7, CSS3
inherit	FF1.5, S1.2, C1, O7, CSS3

표 10.11 border 속성값

속성값	호환성
<border-width>	IE4, FF1, S1, O3.5, CSS1
<border-style>	IE4, FF1, S1, O3.5, CSS1
<border-color>	IE4, FF1, S1, O3.5, CSS1

표 10.12 border-width 속성값

속성값	호환성
<length>	IE4, FF1, S1, O3.5, CSS1
thin	IE4, FF1, S1, O3.5, CSS1
medium	IE4, FF1, S1, O3.5, CSS1
thick	IE4, FF1, S1, O3.5, CSS1
inherit	IE4, FF1, S1, O3.5, CSS1

코드 10.9 ui-box-properties.css : 코드 10.1에 적용하면 특정 스타일, 색상, 두께가 지정된 외곽선을 엘리먼트 네 면에 모두 적용한다 Ⓐ.

```
/*** CSS3 VQS | Chapter 10 |
     box-properties.css ***/
body, header.page, footer.page {
  margin: 0; }
nav.global {
  display: block; }
nav.global li {
  display: inline;
  margin-right: 10px; }
nav.global li a:hover {
  outline: rgba(135,127,107,.65) 10px double; }
article {
  max-width: 980px;
```

엘리먼트 보더 설정

border 속성을 사용하면 다양한 선 스타일(표 10.11)을 사용해 박스의 네 면 주변에 구분선(라인)을 설정할 수 있다. 아울러 추가적인 border 속성을 사용하면 네 면에 독립적으로 보더를 설정하는 유연한 디자인을 적용할 수 있다.

보더 설정

1. 보더를 네 면 모두에 설정하려면 CSS 선언 영역에 border 속성명을 입력하고 이어서 콜론(:)을 입력한다(코드 10.9).

   border:

2. border-width 값을 입력하고 이어서 공백을 입력한다.

   6px

   이때 값으로는 다음 중 하나를 사용한다(표 10.11).

   ▶ 길이 값. 값으로 0을 입력하면 스타일과 색상을 설정하더라도 보더가 나타나지 않는다.

   ▶ thin, medium, thick (표 10.12) 같은 상대 크기 키워드

   ▶ 부모 엘리먼트와 동일한 보더 스타일을 사용하게 하는 inherit

3. 보더에 지정할 스타일 이름을 입력한다.

   double

   표 10.13에는 사용 가능한 보더 스타일의 전체 목록이 나와 있다.

4. 또는 none을 입력해 보더를 안 보이게 할 수도 있다. 표 10.14에 정의된 대로 보더에 지정할 색상값을 입력한다.

   `rgb(142, 137, 129);`

   값으로는 색상의 이름 또는 RGB 값을 지정할 수 있다.

5. 네 면에 모두 같은 보더를 사용해야 하는 것은 아니다. 각 보더(border-top, border-bottom, border-left, 및/또는 border-right)를 개별적으로 설정할 수도 있다.

   `border-top: 2px solid`
   `→ rgb(142, 137, 129);`

   이 설정으로 부족하다면 '보더를 설정할 수 있는 기타 방법' 사이드바를 참고하자.

TIP CSS 정의 목록에 개별 보더 어트리뷰트를 모두 포함시키지 않아도 된다. 하지만 이렇게 포함시키지 않을 경우 기본값이 사용된다.

코드 10.9 계속

```
min-width: 660px;
float: left;
margin: 0 10px; }
figure {
  display: block;
  width: 300px;
  float: left;
  margin: 0 10px 10px 0;
  border: 6px double rgb(142, 137, 129); }
figcaption {
  display:block;
  padding: 10px;
  border-top: 2px solid rgb(142, 137, 129); }
aside {
  display: block;
  width: 200px;
  height: 400px;
  overflow: auto;
  float: right;
  margin: 0 10px; }
footer {
  width: 100%;
  clear: both; }
h1 {
  margin: 0 20px 10px 10%; }
article h2 {
  border-top: 2px solid rgb(142, 137, 129); }
article nav h2 {
  border-top: none; }
aside h3 {
  border: 1em double rgb(142, 137, 129); }
.byline {
  margin: 0 10% 10px 20%; }
```

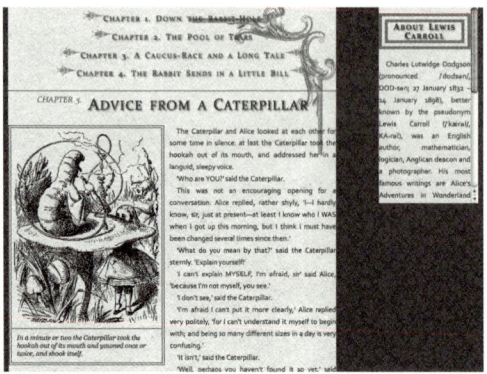

A **코드 10.1에 적용한 코드 10.9의 결과 화면.** 이제 그림에 두 줄짜리 보더가 적용됐고 그림 설명에는 위에 있는 이미지와 구분하기 위한 상단 보더가 추가됐다. 어사이드 헤더와 마찬가지로 장 제목에도 보더가 적용됐다.

표 10.13 border-style 속성값

속성값	외양	호환성
dotted	········	IE5.5, FF1, S1, C1, O3.5, CSS1
dashed	-------	IE5.5, FF1, S1, C1, O3.5, CSS1
solid	———	IE4, FF1, S1, C1, O3.5, CSS1
double	═══	IE4, FF1, S1, C1, O3.5, CSS1
groove	═══	IE4, FF1, S1, C1, O3.5, CSS1
ridge	═══	IE4, FF1, S1, C1, O3.5, CSS1
inset	———	IE4, FF1, S1, C1, O3.5, CSS1
outset	———	IE4, FF1, S1, C1, O3.5, CSS1
none		IE4, FF1, S1, C1, O3.5, CSS1
inherit		IE4, FF1, S1, C1, O3.5, CSS1

표 10.14 border-color 속성값

속성값	호환성
<color>	IE4, FF1, S1, O3.5, CSS1
transparent	IE4, FF1, S1, O3.5, CSS1
inherit	IE4, FF1, S1, O3.5, CSS1

보더를 설정할 수 있는 기타 방법

CSS에서는 보더의 외양을 한 번에 한쪽 면만 자유롭게 바꿀 수 있다.

border-style: solid dashed
    double ridge;
border-width: 1px 2px 4px 8px ;
border-color: red green blue purple;

여기서 사용할 수 있는 값들은 표 10.4부터 10.6에 정리돼 있다.

마진과 마찬가지로 이들 속성 하나하나에 대해서도 하나부터 네 개까지 값을 지정해 보더의 각 면을 다음과 같이 독립적으로 지정할 수 있다.

- 값을 하나만 지정하면 네 면 모두에 적용된다.
- 값을 두 개 지정하면 top/bottom, left/right 면에 적용된다.
- 값을 세 개 지정하면 top, left/right (동일값), bottom에 적용된다.
- 값을 네 개 지정하면 top, right, bottom, left 순으로 각 면에 적용된다.

이 방식은 단일 border 속성을 사용해 설정한 값들을 재정의할 때 유용하다.

단일 면에 대해 보더를 설정할 수 있는 마지막 방법(현재의 방법만으로는 부족하다면)으로는 특정 면(top, bottom, left, right)에 대해 개별 속성을 설정하는 방법이 있다.

border-top-width: 3px;
border-top-style: solid;
border-top-color: #f00;

CSS3의 새 기능 – 보더 모서리 둥글게 만들기 ★

둥근 모서리를 사용하면 딱딱한 디자인을 부드럽게 만들 수 있지만 그동안 이미지를 사용해서 둥근 모서리를 구현하기란 쉽지 않았다. CSS3에서는 엘리먼트 모서리 중 하나 또는 전부를 둥글게 만들 수 있는 border-radius라는 간단한 속성이 추가됐다.

모질라와 웹킷 모두 최종 W3C 표준이 발표되기 전에 이미 자체 border-radius 버전을 구현했다. 따라서 호환성을 높이기 위해서는 이러한 브라우저 확장 속성도 함께 고려해야 한다(표 10.15).

둥근 모서리 설정

1. 웹킷, 모질라, 표준 CSS3 border-radius 속성들을 추가한다(코드 10.10).
   -webkit-border-radius:
   -moz-border-radius:
   border-radius:

이때 순서는 상관 없지만 보통 CSS3 버전을 주로 사용할 것을 염두에 두기 때문에 CSS3 버전을 제일 마지막에 두는 것을 선호한다.

표 10.15 border-radius 속성값

속성값	호환성
\<length\>	FF1, S3, C1 O10.5, CSS3
\<percentage\>	FF1, O10.5, CSS3

코드 10.10 ui-box-properties.css : 코드 10.1에 적용하면 border-radius 속성을 사용해 서로 다른 엘리먼트의 모서리를 둥글게 만든다 Ⓐ.

```
/*** CSS3 VQS | Chapter 10 |
  box-properties.css ***/
body, header.page, footer.page {
  margin: 0; }

nav.global {
  display: block; }

nav.global li {
  display: inline;
  margin-right: 10px; }
article {
  max-width: 980px;
  min-width: 660px;
  float: left;
  margin: 0 10px;
  -webkit-border-top-right-radius: 20px;
  -moz-border-radius-topright: 20px;
  border-top-right-radius: 20px; }

figure {
  display: block;
  width: 300px;
  float: left;
  margin: 0 10px 10px 0;
  border: 6px double rgb(142, 137, 129);
  -webkit-border-radius: 5px;
  -moz-border-radius: 5px;
  border-radius: 5px; }

figcaption {
  display:block;
  padding: 10px;
```

Code 10.10 계속

```
  border-top: 2px solid rgb(142, 137, 129); }
aside {
  display: block;
  width: 200px;
  height: 400px;
  overflow: auto;
  float: right;
  margin: 0 10px;
  -webkit-border-top-left-radius: 20px;
  -webkit-border-bottom-left-radius: 20px;
  -moz-border-radius: 20px 0 0 20px;
  border-radius: 20px 0 0 20px; }
footer {
  width: 100%;
  clear: both; }
h1 {
  margin: 0 20px 10px 10%; }
aside h3 {
  border: 1em double rgb(142, 137, 129); }
article nav h2 {
  border-top: none; }
.byline {

  margin: 0 10% 10px 20%; }
```

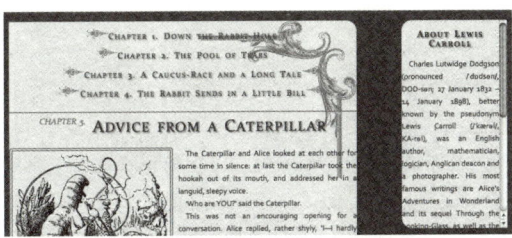

ⓐ **코드 10.1에 적용한 코드 10.10의 결과 화면.** 메인 아티클과 어사이드의 모서리가 실제 노트처럼 둥글게 됐다. 그림 영역의 보더도 모서리가 조금 둥글게 됐지만 두 줄의 보더 중 바깥쪽 선에만 둥근 모서리가 적용됐다.

2. border-radius 값을 입력하고 이어서 세미콜론을 입력한다. 이때 세 곳 모두 같은 값을 입력한다(여기서 세 곳이란 모질라, 웹킷 CSS 선언, CSS3 스타일 선언을 말한다-옮긴이).

   5px;

   이때 사용하는 값은 브라우저 호환성에 따라 다음 중 한 값이 될 수 있다.

   ▶ 모서리에 있는 가상원의 반지름을 설정하는 길이 값. 이 값은 해당 모서리를 둥글게 하는 데 사용된다. 값이 클수록 모서리가 더 둥글게 된다.

   ▶ 퍼센트 값(0%부터 50%). 엘리먼트의 크기를 사용해 모서리 반지름을 설정한다. 값을 크게 지정하면 모서리가 더 둥글게 되며 50% 값을 적용하면 모서리가 반원으로 합쳐진다. 퍼센트 값은 웹킷에서는 지원하지 않는다.

   ### 타원 모서리 설정

   두 개의 반지름 점을 정의하면 원형 모서리 대신 타원형 모서리를 만들 수 있다. 웹킷에서는 공백으로 이러한 값을 구분하고 모질라와 CSS3에서는 슬래시(/)로 값을 구분한다.

   -webkit-border-radius: 20px 10px;
   → -moz-border-radius: 20px/10px;
   → border-radius: 20px/10px;

   하지만 타원 모서리를 적용할 경우 일부 브라우저에서 앤티 앨리어싱(anti-aliasing) 왜곡이 더 크게 나타나므로 필자는 현재 이 스타일을 사용하지 않고 있다.

3. 각 모서리의 보더 반지름은 다른 모서리의 반지름을 지정하지 않고 개별적으로 설정할 수 있다.

   ```
   -webkit-border-top-right-radius: 20px;
   -moz-border-radius-topright: 20px;
   border-top-right-radius: 20px;
   ```

   모질라는 웹킷이나 W3C(오페라에서 사용)와는 조금 다른 구문을 사용하지만 같은 기능을 하는 속성들을 표 10.16에 정리했다.

4. -moz와 표준 CSS3(-webkit 제외)에서는 값을 네 개까지 포함시킬 수 있다.

   ```
   -webkit-border-top-left-radius: 20px;
   -webkit-border-bottom-left-radius: 20px;
   -moz-border-radius: 20px 0 0 20px;
   border-radius: 20px 0 0 20px;
   ```

   이때 각 값을 공백으로 구분하면 보더 반지름을 간단히 설정할 수 있다.

   ▶ 값을 하나만 지정하면 네 개의 모서리 반지름을 동일하게 설정한다.

   ▶ 값을 두 개 지정하면 좌측 상단/우측 하단, 좌측 하단/우측 상단 모서리에 대한 반지름만 설정한다.

   ▶ 값을 세 개 지정하면 좌측 상단, 좌측 하단/우측 상단(같은 값), 우측 하단 모서리의 반지름을 설정한다.

   ▶ 값을 네 개 지정하면 좌측 상단, 우측 상단, 우측 하단, 좌측 하단 순으로 모서리 반지름을 설정한다.

   웹킷에서는 두 번째 값을 (원형이 아닌) 타원 모서리를 만들기 위한 두 번째 점으로 인식하기 때문에 모서리를 개별적으로 설정해야 한다.

표 10.16 border-radius 유사 속성

CSS3	모질라	웹킷
border-radius	-moz-border-radius	-webkit-border-radius
border-top-right-radius	-moz-border-radius-topright	-webkit-border-top-right-radius
border-bottom-right-radius	-moz-border-radius-bottomright	-webkit-border-bottom-right-radius
border-bottom-left-radius	-moz-border-radius-bottomleft	-webkit-border-bottom-left-radius
border-top-left-radius	-moz-border-radius-topleft	-webkit-border-top-left-radius

TIP border-radius를 사용하면 곡선을 앤티 얼라이싱 처리해서 부드럽게 만들지만 결과는 좋을 수도 나쁠 수도 있다. 필자는 곡선 모양 개선을 위해 선과 배경 사이의 대조를 낮게 유지할 것을 권장한다.

TIP 곡선 보더를 사용하더라도 박스 내의 콘텐츠는 잘리지 않는다. 따라서 박스의 모서리에 있는 이미지는 여전히 그대로 남게 되며 곡선 밖으로 삐져나오게 된다.

표 10.17　border-image 속성값

속성값	호환성
\<url\>	FF3.5, S3, C2, O10.5, CSS3
\<offsetnumber\>	FF3.5, S3, C2, O10.5, CSS3
round	FF3.5, S3, C2, O10.5, CSS3
repeat	FF3.5, S3, C2, O10.5, CSS3
stretch	FF3.5, S3, C2, O10.5, CSS3

Ⓐ border-02.png - 보더의 모서리 및 측면을 채우는 데 사용할 보더 이미지. 각 면의 크기가 27px인 사각형 격자를 사용해 이미지를 만들었다.

CSS3의 새 기능 - 보더 이미지 설정★

CSS3의 새 기능으로 사각형 이미지를 박스의 보더에 적용해 라인 스타일을 대체하는 기능이 있다. 모질라와 웹킷은 거의 동일하게 구현했고 CSS3도 (고맙게도) 두 브라우저의 방식을 따랐다. 물론 일부 차이가 있기는 하지만 기본 이미지 보더 배경을 설정하는 방식은 세 가지 모두 동일하다.

border-image는 사각형 이미지를 받아서 이미지를 아홉 조각으로 자른다. 이 중 모서리에 맞닿은 여덟 부분은 측면 및 모서리 이미지로 사용되며 가운데 부분은 엘리먼트 내의 콘텐츠를 볼 수 있도록 숨긴다. 모서리는 설정한 오프셋의 크기를 바탕으로 엘리먼트 박스의 모서리에 적용된다. 그런 다음 이미지 측면의 가운데 부분이 너비와 높이를 맞추기 위해 늘어나거나 타일 형태로 처리된다.

보더 배경 이미지 정의

1. 배경 이미지를 만들고 저장한다. 이때 어떤 이미지 형식을 사용하더라도 괜찮지만 투명 PNG 형식을 권장한다. 이 예제에서는 Ⓐ 배경의 가장자리 및 모서리에 맞게 이미지를 27px 크기의 그리드 사각형으로 나눴다. 이렇게 하면 계산이 더 쉬워진다.

2. 웹킷, 모질라, 표준 CSS3 border-image 속성들을 추가한다.

   -webkit-border-image:
   -moz-border-image:
   border-image:

   순서는 상관 없지만 실제 주로 사용하게 될 CSS3 버전을 제일 마지막에 두는 것을 권장한다(코드 10.11).

3. 1 단계에서 만든 이미지 파일의 경로의 URL을 추가한다.

   url(../_images/border-02.png)

4. 보더 이미지 오프셋은 공백으로 구분해 네 개까지 지정할 수 있다. 보더 오프셋은 배경이 이미지 안으로 어디까지 확장될지(보더 조각이 얼마나 넓은지) 지정하는 속성이다.

   27

   이미지를 그리드로 설정하면 이 속성값이 그리드에서 각 사각형의 크기가 된다.

   ▶ 값을 하나만 지정하면 네 면을 모두 설정한다.

   ▶ 값을 두 개 지정하면 상/하, 좌/우오프셋을 각각 설정한다.

   ▶ 값을 세 개 지정하면 상단, 좌/우, 하단 오프셋을 각각 설정한다.

   ▶ 값을 네 개 지정하면 상단, 우측, 하단, 좌측 순으로 오프셋을 설정한다.

코드 10.11 ui-box-properties.css : 코드 10.1에 적용하면 어사이드 컬럼의 헤더에서는 border-02.png를 보더를 추가할 때 이미지로 활용한다 **Ⓑ**.

```
/*** CSS3 VQS | Chapter 10 |
    box-properties.css ***/
body, header.page, footer.page {
  margin: 0; }
nav.global {
  display: block; }
nav.global li {
  display: inline;
  margin-right: 10px; }
article {
  max-width: 980px;
  min-width: 660px;
  float: left;
  margin: 0 10px;
  -webkit-border-top-right-radius: 20px;
  -moz-border-radius-topright: 20px;
  border-top-right-radius: 20px; }
figure {
  display: block;
  width: 300px;
  float: left;
  margin: 0 10px 10px 0;
  border: 6px double rgb(142, 137, 129);
  -webkit-border-radius: 5px;
  -moz-border-radius: 5px;
  border-radius: 5px; }
figcaption {
  display:block;
  padding: 10px;
  border-top: 2px solid rgb(142, 137, 129); }
aside {
  display: block;
  width: 200px;
  height: 400px;
  overflow: auto;
```

코드 10.11 계속

```
  float: right;
  margin: 0 10px;
  -webkit-border-top-left-radius: 20px;
  -webkit-border-bottom-left-radius: 20px;
  -moz-border-radius: 20px 0 0 20px;
  border-radius: 20px 0 0 20px; }

footer {
  width: 100%;
  clear: both; }

h1 {
  margin: 0 20px 10px 10%; }

aside h3 {
  border: 1em double rgb(142, 137, 129);
  -webkit-border-image: url(../_images/
  ↪border-02.png) 27 round;
  -moz-border-image: url(../_images/border-02
  ↪.png) 27 round;
  border-image: url(../_images/border-02.png)
  ↪27 round; }

article nav h2 {
  border-top: none; }

.byline {

  margin: 0 10% 10px 20%; }
```

5. 각 측면의 가운데에 있는 이미지를 어떻게 보여줄 지 정할 값을 하나 또는 두 개 입력한다.
   round;
   이때 다음 값 중 하나를 선택한다.
   ▶ stretch (기본값) 이미지가 박스의 너비나 높이에 맞게 이미지 스케일을 조정한다.
   ▶ repeat 엘리먼트의 너비 및 높이에 맞게 이미지 타일을 적용한다.
   ▶ round repeat과 비슷하지만 width나 height에 정확히 맞게 이미지 스케일을 조정한다.

TIP CSS3 명세에는 보더 이미지 설정과 관련한 속성과 값이 더 있지만 대부분의 브라우저에서는 아직까지 이러한 속성을 지원하지 않는다.

TIP 오페라 10.5는 CSS3 버전의 보더 이미지 속성을 지원한다.

Ⓑ **코드 10.1에 적용한 코드 10.11의 결과 화면.** 엘리먼트를 감싸기 위해 측면에 보더 타일이 적용됐다.

엘리먼트 패딩 설정

얼핏 보기에 padding(표 10.18)은 엘리먼트 콘텐츠 주변에 여백을 추가한다는 점에서 margin과 동일한 효과로 보인다. 하지만 padding은 엘리먼트의 보더와 창에 있는 다른 엘리먼트 사이가 아니라 엘리먼트의 보더와 엘리먼트 콘텐츠 사이에 여백을 설정한다는 점에서 차이가 있다. 패딩은 보더와 배경색을 사용하고 싶지만 콘텐츠가 모서리 위로 나오는 걸 원치 않을 때 유용하다.

패딩 설정

1. padding 속성명을 입력하고 이어서 콜론(:)을 입력한다 (코드 10.12).

   padding:

2. 엘리먼트 패딩값을 입력한다.

   10px;

   이때 다음 값 중 하나를 사용한다.

   ▶ 지정하는 정확한 크기만큼 패딩을 추가하는 길이 값.

   ▶ 부모 엘리먼트의 너비에 비례해 패딩을 추가하는 퍼센트 값

   ▶ 부모의 padding 값을 사용하는 inherit

표 10.18 padding 속성값

속성값	호환성
<length>	IE4, FF1, S1, C1, O3.5, CSS1
<percentage>	IE4, FF1, S1, C1, O3.5, CSS1
inherit	IE8, FF1, S1, C1, O7, CSS2

코드 10.12 ui-box-properties.css : 코드 10.1에 적용하면 padding 속성으로 인해 엘리먼트 보더와 콘텐츠 사이에 공간이 추가된다 Ⓐ.

```
/*** CSS3 VQS | Chapter 10 |
→ box-properties.css ***/
body, header.page, footer.page {
  margin: 0;
  padding: 0; }

nav.global {
  display: block; }

nav.global li {
  display: inline;
  margin-right: 10px;
  padding-right: 10px; }

article {
  max-width: 980px;
  min-width: 660px;
  float: left;
  margin: 0 10px;
  -webkit-border-top-right-radius: 20px;
  -moz-border-radius-topright: 20px;
  border-top-right-radius: 20px;
  border-top: 10px transparent solid;
  border-right: 10px transparent solid;
  padding: 80px 50px; }

figure {
  display: block;
  width: 300px;
  float: left;
  margin: 0 10px 10px 0;
  border: 6px double rgba(142, 137, 129,.5);
  -webkit-border-radius: 5px;
```

코드 10.12 계속

```
  -moz-border-radius: 5px;
  border-radius: 5px; }
figcaption {
  display:block;
  padding: 10px;
  border-top: 2px solid rgba(142, 137, 129,.5);
  padding: 10px; }

aside {
  display: block;
  width: 200px;
  height: 400px;
  overflow: auto;
  float: right;
  margin: 0 10px;
  -webkit-border-top-left-radius: 20px;
  -webkit-border-bottom-left-radius: 20px;
  -moz-border-radius: 20px 0 0 20px;
  border-radius: 20px 0 0 20px;
  padding: 25px; }

footer {
  width: 100%;
  clear: both; }

h1 {
  margin: 0 20px 10px 10%;
  padding-top: 10px; }

article h2 {
  border-top: 2px solid rgba(142, 137, 129,.5);
  padding: 20px 0; }

article nav h2 {
  border-top: none;
  padding: 0; }

aside h3 {
  border: 1em double rgb(142, 137, 129);
  -webkit-border-image: url(../_images/
  ➥ border-02.png) 27 round;
  -moz-border-image: url(../_images/border-02
  ➥ .png) 27 round;
  border-image: url(../_images/border-02.png)
  ➥ 27 round; }

.byline {
  margin: 0 10% 10px 20%; }
```

3. 각 면의 패딩값을 개별적으로 설정하려면 하나부터 네 개까지 값을 입력하면 된다.

   ▶ 값을 하나만 지정하면 전체 면에 패딩을 설정한다.

   ▶ 값을 두 개 지정하면 상/하, 좌/우 면에 패딩을 설정한다.

   ▶ 값을 세 개 지정하면 상단, 좌/우면(동일값), 하단 패딩을 설정한다.

   ▶ 값을 네 개 지정하면 상단, 우측, 하단, 좌측 순으로 패딩을 설정한다.

4. 마진과 마찬가지로 패딩도 박스의 모든 면(상단, 우측, 하단, 좌측)에 대해 개별적으로 설정할 수 있다.

   padding-right: 10px;

TIP 엘리먼트 주변에 보더가 없거나 엘리먼트 뒤에 배경색이 없다면 마진을 설정해 패딩과 동일한 시각 효과를 줄 수 있고 박스 모델의 크기 계산과 관련한 문제도 피할 수 있다(13장의 '인터넷 익스플로러 박스 모델 해결'을 참고하자).

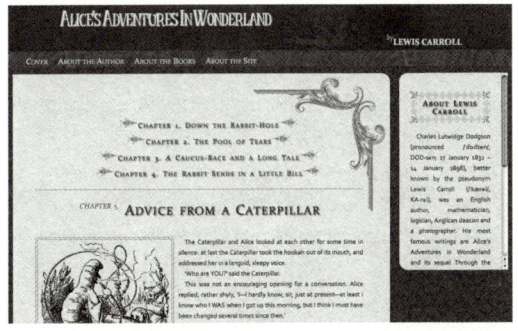

Ⓐ 코드 10.1에 적용한 코드 10.12의 결과 화면. 패딩을 추가하니 마침내 전체 디자인이 제대로 살아나고 페이지를 열었을 때 내용도 한 눈에 들어오고 내비게이션도 쉬워졌다.

박스 속성 275

곧 추가될 기능

앞으로 CSS와 관련해 새로 추가될 속성과 기능에 주목해 보자. 새로 추가될 속성에는 다음과 같은 것들이 있다.

텍스트 오버플로우. (이 장에서) overflow 속성을 사용하면 엘리먼트 내에 콘텐츠를 다 보여줄 수 있을 만큼 공간이 충분하지 않을 때 콘텐츠(텍스트 및 기타)를 처리하는 방법을 지정할 수 있었다. text-overflow 속성은 주어진 공간에 다 들어가지 못하는 텍스트를 처리할 방법을 지정하는 속성으로서 텍스트가 이어진다는 것을 나타내는 생략 부호 등을 사용할 수 있게 해 준다.

박스 크기. 박스가 실제로 차지하는 공간은 너비/높이에 패딩과 보더를 더한 값을 기준으로 계산된다. 박스 크기 속성을 사용하면 박스 크기를 계산하는 방식을 수정해 보더부터 보더까지의 거리를 박스 크기로 설정할 수 있다.

리사이즈. 박스를 사용자가 리사이즈할 수 있게 해 주는 속성이다. 이 속성은 사용자가 많은 값을 입력해야 하는 폼 필드 텍스트 등에 특히 유용하다.

멀티 컬럼 레이아웃. 가장 기대되는 기능 중 하나인 멀티 컬럼 레이아웃은 플로팅 방식을 대체해 마침내 디자이너들이 더 유연한 레이아웃 그리드를 만들 수 있게 해 줄 것이다.

애니메이션. 트랜지션 및 변형과 더불어 어도비 플래시에 견줄 수 있는 진정한 애니메이션 속성이 웹 브라우저에도 곧 추가될 것이다. 이미 사파리, 파이어폭스, 오페라에는 구현된 속성이다.

정리하며...

1. 세 개의 블록 엘리먼트를 만든다. <div> 태그를 사용하고 각 태그에 고유 ID를 주고 동일 클래스를 적용한다.

2. 각 블록의 너비와 높이를 300px로 설정한다. 하지만 크기를 지정하더라도 콘텐츠, 보더, 배경이 없기 때문에 블록은 여전히 보이지 않을 것이다.

3. 각 엘리먼트에 보더를 추가한다. 보더 스타일이나 너비를 지정할 때는 클래스를 활용하고 ID를 사용해 각 박스에 서로 다른 색상을 추가한다.

4. 박스에 마진을 추가한다. 박스는 서로 조금씩 구분돼야 하지만 마진이 계속 쌓이지 않는다는 점을 기억하자. 마진은 항상 가장 큰 (상단 또는 하단) 마진이 대신 사용된다.

5. 세 박스에 플로팅을 모두 추가한다. 브라우저 창이 적절한 크기로 열려 있다면 이제 박스가 세로로 정렬될 것이다.

6. 세 박스에 모두 텍스트를 추가한다. 텍스트를 많이 추가하면 텍스트가 오버플로우되는 것을 확인한다.

7. 각 박스에 대해 오버플로우 처리 방식을 지정한다. 각 박스에 서로 다른 오버플로우 방식을 시도해 본다.

8. 박스에 패딩을 추가한다. 패딩에 맞게 박스 크기가 늘어나지만 텍스트의 너비와 높이는 그대로 유지되는 것을 확인한다.

11
시각 형태 속성

픽셀을 완벽히 맞춘 디자인을 적용하든 유연한 디자인을 적용하든 엘리먼트 위치 조정은 좋은 디자인의 핵심 요소다. CSS를 활용해 디자인의 마진과 패딩을 제어하는 법은 앞에서 이미 배웠다(10장). 그런데 CSS를 활용하면 창에서 엘리먼트 위치를 정확히 (절대 또는 고정 위치) 지정하거나 문서 내의 다른 엘리먼트를 기준으로(상대적으로) 위치를 잡을 수 있다. 또 창의 엘리먼트 가시성을 설정해 엘리먼트를 보이게 하거나 감출 수 있고 투명하게 하거나 양면을 잘라낼 수도 있다.

　이 장에서는 CSS를 사용해 엘리먼트를 쌓아두거나 나란히 배치하는 등의 HTML 엘리먼트의 위치 지정 방식을 살펴본다.

이 장에서 다루는 내용

창과 문서 이해	283
위치 유형 설정	285
엘리먼트의 위치 설정	290
객체의 3D 공간 배치	292
엘리먼트의 가시성 설정	294
엘리먼트의 가시 영역 잘라내기	296
CSS3의 새 기능 – 엘리먼트 불투명도 설정 ★	298
CSS3의 새 기능 – 엘리먼트 섀도우 설정 ★	300
정리하며...	302

코드 11.1 11장의 HTML5 코드는 앞 장과 비슷하지만 아티클 하단에 "gallery"라는 엘리먼트가 새로 추가됐다. 이 코드에서는 5, 6, 7, 8, 9, 10장의 CSS 파일과 더불어 이 장에서 개발할 visualformatting-properties.css CSS 파일을 불러온다.

```
<!-- HTML5 -->
<!DOCTYPE html>
<html lang="en">
<head>
<meta charset="utf-8">
<title>Alice's Adventure's In Wonderland | Chapter 4</title>
<link href="../_css/font-properties.css" type="text/css" rel="stylesheet">
<link href="../_css/text-properties.css" type="text/css" rel="stylesheet">
<link href="../_css/color-background-properties.css" type="text/css" rel="stylesheet">
<link href="../_css/list-table-properties.css" type="text/css" rel="stylesheet">
<link href="../_css/ui-generatedcontent-properties.css" type="text/css" rel="stylesheet">
<link href="../_css/box-properties.css" type="text/css" rel="stylesheet">
<link href="../_css/visualformatting-properties.css" type="text/css" rel="stylesheet">
<!--[if IE ]>
  <script src="_script/HTML5forIE.js" type="text/javascript"></script>
<![endif]-->
</head>
<body id="chapter6" class="book aaiw section">
<header class="page">
<h1>Alice's Adventures In Wonderland</h1>
<p class="byline">by <span class="author">Lewis Carroll</span></p>
<nav class="global">
  <ul>
    <li><a href="" target="_self">Cover</a></li>
    <li><a href="" target="_self">About the Author</a></li>
    <li><a href="" target="_self">About the Books</a></li>
    <li><a href="" target="_self">About the Site</a></li>
  </ul>
</nav>
</header><article><!-- Article -->
<nav>
  <ol class="toc top">
    <h2><a href="" target="_self">Down the Rabbit-Hole</a></h2>
    <h2><a href="" target="_self">The Pool of Tears</a></h2>
    <h2><a href="" target="_self">A Caucus-Race and a Long Tale</a></h2>
    <h2><a href="" target="_self">The Rabbit Sends in a Little Bill</a></h2>
    <h2><a href="" target="_self">Advice from a Caterpillar</a></h2>
  </ol>
</nav>

<h2><strong>CHAPTER 6.</strong> Pig and Pepper</h2>

<figure>
<img src="../_images/AAIW-illos/alice22a.png" alt="alice15a" width="300" height="440">
<figcaption>
Alice was just beginning to think to herself, 'Now, what am I to do with
this creature when I get it home?'
```

코드 11.1 계속

```html
</figcaption>
</figure>

<p>
For a minute or two she stood <strong>looking at the house</strong>, and wondering what
to do next, when suddenly a footman in livery came running out of the
wood&mdash;(she considered him to be a footman because he was in livery:
otherwise, judging by his face only, she would have called him a
fish)&mdash;and rapped loudly at the door with his knuckles. It was opened
by another footman in livery, with a round face, and large eyes like a
frog; and both footmen, Alice noticed, had powdered hair that curled all
over their heads. She felt very curious to know what it was all about,
and crept a little way out of the wood to listen.
</p>
<div class="gallery">
<figure id="f1">
  <img src="../_images/AAIW-illos/alice20a.png" alt="alice15a">
</figure>
<figure id="f2">
  <img src="../_images/AAIW-illos/alice21a.png" alt="alice15a">
</figure>
<figure id="f3">
  <img src="../_images/AAIW-illos/alice22a.png" alt="alice15a">
</figure>
</div>

<nav>
<ol class="toc continued">
  <h2><a href="" target="_self">A Mad Tea-Party</a></h2>
  <h2><a href="" target="_self">The Queen's Croquet-Ground</a></h2>
  <h2><a href="" target="_self">The Mock Turtle's Story</a></h2>
  <h2><a href="" target="_self">The Lobster Quadrille</a></h2>
  <h2><a href="" target="_self">Who Stole the Tarts?</a></h2>
</ol>
</nav>
<br>
</article>

<aside>
<h3>About Lewis Carroll</h3>
<h4>From <cite>Wikipedia</cite></h4>
<p>Charles Lutwidge Dodgson...</p>
</aside>

<footer class="page">
<nav class="global">
  <ul>
```

코드 11.1 계속

```
    <li><a href="" target="_self">Cover</a></li>
    <li><a href="" target="_self">About the
    ⤷ Author</a></li>
    <li><a href="" target="_self">About the
    ⤷ Books</a></li>
    <li><a href="" target="_self">About the
    ⤷ Site</a></li>
  </ul>
</nav>
</footer>
</body>
</html>
```

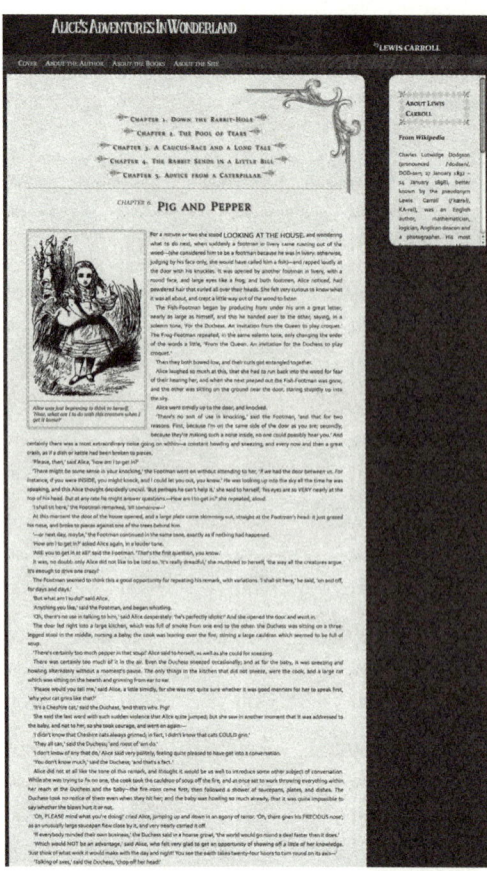

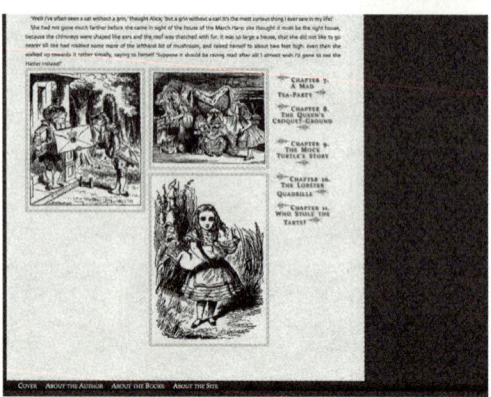

🅐 visualformatting-properties.css CSS 파일을 적용하기 전의 페이지 모습. 하단에 있는 이미지 갤러리가 조금 어색해 보이는 걸 확인할 수 있다. 이 장이 끝날 때쯤엔 이런 문제가 모두 해결돼 있을 것이다.

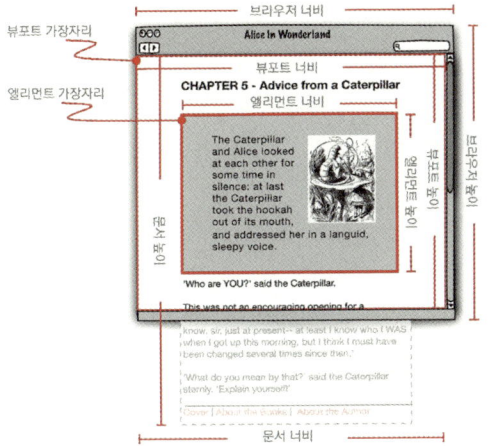

Ⓐ 나머지 콘텐츠를 보려면 세로 스크롤이 조금 필요한 문서를 보여주는 브라우저 창

창과 문서 이해

웹 페이지(또는 문서)는 브라우저 창의 뷰포트 안에서 보여진다. 물론 뷰포트보다 문서가 클 때는 스크롤이 사용되기는 하지만 사용자에게 보여주는 내용은 모두 이러한 뷰포트 영역에 들어간다.

물론 (각각 자체 뷰포트를 통해 문서를 보여주는) 여러 창을 열 수도 있고 화면에 보이는 창의 크기나 위치를 바꿀 수도 있고 iframe이라는 더 작은 뷰포트를 삽입할 수도 있다. 하지만 여러분이 보여주는 내용은 모두 브라우저 창 내에서 문서의 일부로 보여진다.

창에 포함된 엘리먼트와 마찬가지로 (10장의 '엘리먼트 박스의 이해' 참고) 창도 너비, 높이, 상단, 하단, 좌측면, 우측면을 갖고 있다. 실제로 브라우저 창은 웹 디자인의 최종 엘리먼트이자 다른 모든 엘리먼트의 부모로 이해할 수 있다 Ⓐ. 브라우저 창과 창에 들어 있는 문서에는 몇 가지 특징적인 부분이 있다.

- **브라우저 너비** 및 **높이**는 브라우저 컨트롤 및 기타 UI 요소를 포함한 전체 창의 크기를 나타낸다.

- **뷰포트**는 디스플레이 영역을 나타낸다. 모든 고정 위치 엘리먼트는 뷰포트 가장자리를 기준으로 상대 위치에 놓인다.

- **뷰포트 너비** 및 **높이**는 브라우저 창 뷰포트의 실제 디스플레이 영역을 나타낸다. 물론 실제 크기는 전체 창의 크기보다는 항상 작다. 일반적으로 필자가 '창'이라고 하면 이러한 뷰포트를 가리키는 것이다.

- **문서 너비** 및 **높이**는 가끔 렌더링된 너비 및 높이라는 용어로 부르기도 하며 바디 태그 내에 포함된 웹 페이지의 전체 크기를 나타낸다. 문서의 너비 및/또는 높이가 뷰포트 너비 및/또는 높이보다 크면 나머지 문서를 볼 수 있도록 스크롤바가 생긴다.

- **엘리먼트 가장자리**는 보더 내의 엘리먼트 가장자리를 나타낸다. 엘리먼트는 부모 엘리먼트도 위치가 정해진 경우 부모 엘리먼트의 가장자리를 기준으로 위치를 잡는다. 부모 엘리먼트의 위치가 정해지지 않았으면 엘리먼트가 문서의 가장자리를 기준으로 위치를 잡는다.

- **엘리먼트 너비** 및 **높이**는 콘텐츠 너비 및 높이(10장에서 설명)와 혼동해서는 안 된다. 엘리먼트 너비 및 높이는 콘텐츠 너비 및 높이에 보더와 패딩을 추가한 전체 공간을 말한다.

TIP 보통 가로 스크롤은 적절치 않기 때문에 문서 너비는 대부분 뷰포트 너비와 같다.

TIP 정상 흐름(normal flow)은 웹 페이지에 위치 지정을 하지 않았을 때 엘리먼트가 나타나는 위치를 말한다.

표 11.1 position 속성값

속성값	호환성
static	IE4, FF1, S1, C1, O4, CSS2
relative	IE4, FF1, S1, C1, O4, CSS2
absolute	IE4, FF1, S1, C1, O4, CSS2
fixed	IE7, FF1, S1, C1, O4, CSS2
inherit	IE7, FF1, S1, C1, O5, CSS2

Ⓐ 정적 엘리먼트는 그 자리에 그대로 있다.

위치 유형 설정

CSS 위치 지정을 사용하면 2D뿐 아니라 3D에서의 HTML 엘리먼트의 위치 지정, 잘라내기, 가시성 등의 여러 가지 속성을 설정할 수 있다. 하지만 엘리먼트 위치 지정을 처리하는 방법을 먼저 선언해야 한다.

엘리먼트는 네 가지 위치 값 static, relative, absolute, fixed(표 11.1) 중 하나를 가질 수 있다. 위치 값은 엘리먼트를 문서에 위치시킬 때 브라우저가 엘리먼트를 어떻게 처리할지를 브라우저에게 알려준다.

엘리먼트의 위치를 설정하는 것 외에 다른 위치 관련 속성으로는 다음과 같은 것들이 있다.

- **스택 순서**는 절대 및 고정 위치 엘리먼트에 사용할 수 있으며 3D 공간에서 엘리먼트를 움직일 수 있게 해 준다.

- **가시성**은 불투명도를 0으로 설정해 엘리먼트의 콘텐츠를 숨길 수 있는 속성이지만 엘리먼트 자체는 숨기지 않는다.

- **잘라내기**는 측면을 '잘라내' 콘텐츠의 일부 영역을 숨기는 데 사용한다.

정적 위치 지정

기본적으로 엘리먼트는 절대, 상대, 고정 위치를 지정하지 않으면 문서에서 정적으로 위치를 잡는다. 다음 절에서 설명할 상대 위치 엘리먼트와 마찬가지로 정적 엘리먼트는 하나씩 차례로 문서에 배치된다. 하지만 정적 위치 지정은 정적 엘리먼트의 위치를 명시적으로 지정하거나 위치를 새로 지정할 수 없고 잘라내거나 가시성을 바꿀 수 없다는 점에서 차이가 있다Ⓐ.

상대 위치 지정

상대 엘리먼트는 가만히 둘 경우 엘리먼트가 놓일 위치를 기준으로 엘리먼트의 위치를 정한다. 상대 위치를 지정한 엘리먼트는 문서의 정상 흐름 위치를 기반으로 위치를 조절한다. 하지만 상대 엘리먼트가 차지하는 공간은 빈 공간으로 보인다 **B**.

절대 위치 지정

절대 위치 지정은 문서의 정상 흐름으로부터 엘리먼트를 가져오며 공백을 남기지 않는다. 이 방식으로 위치를 지정한 엘리먼트는 x와 y 좌표를 사용해 가장 최근에 위치를 지정한 부모 엘리먼트의 가장자리 또는 위치를 지정한 부모가 없을 경우 바디를 기준으로 정확한 위치를 잡는다 **C**.

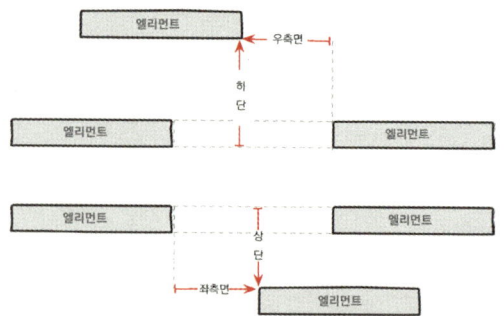

B 상대 위치 엘리먼트는 가만히 둘 경우 엘리먼트가 위치할 특정 면(상단, 우측, 하단, 및/또는 좌측면)을 기준으로 위치가 조절된다. 음수 값을 사용하면 엘리먼트가 반대 방향으로 움직이지만 이때도 기준이 되는 면은 동일하다.

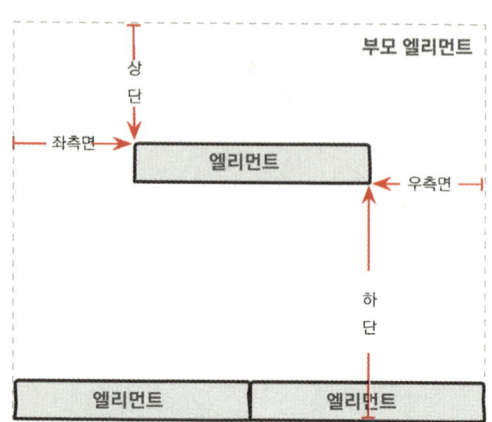

C 절대 위치 엘리먼트는 정상 흐름에서 제거되며 부모 엘리먼트의 면(또는 위치 지정한 부모가 없을 경우 문서의 면)을 기준으로 위치를 잡는다.

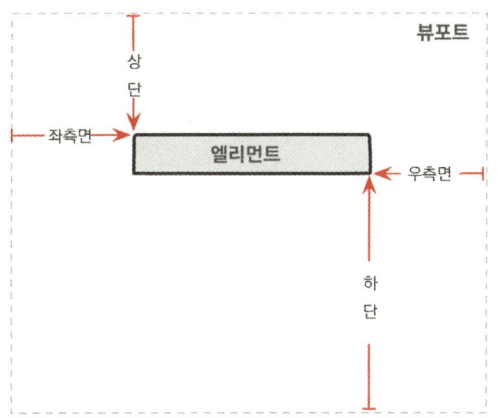

D 고정 위치 엘리먼트는 항상 뷰포트의 가장자리를 기준으로 위치를 잡는다.

코드 11.2 visualformatting-properties.css : 코드 11.1에 적용하면 CSS에서 어사이드에 절대 위치를 추가하고 갤러리 그림은 갤러리 자체를 기준으로 상대 위치를 지정하며 푸터는 고정 위치가 적용된다 E. 여기서는 5장부터 계속 문제가 됐던 공백 문제를 해결하기 위해 〈strong〉 태그에 상대 위치를 지정하는 스타일도 추가했다.

```
/*** CSS3 VQS | Chapter 11 |
    visualformatting-properties.css ***/
aside {
  position: absolute; }

strong {
  position: relative; }

footer {
  position: fixed; }

footer ul {
  position: relative; }

div.gallery {
  position: relative; }

div.gallery figure {
  position: absolute; }
```

고정 위치 지정

엘리먼트의 위치를 (부모가 아니라) 창에 고정하는 방식은 뷰포트 가장자리를 기준으로 항상 고정된 위치에 엘리먼트가 놓이는 점을 제외하고 절대 위치 지정과 동일하다. 뷰포트에서 문서가 스크롤되면 고정 엘리먼트는 초기 위치에 그대로 머물며 나머지 문서를 따라 스크롤되지 않는다. 이 방식을 활용하면 나머지 콘텐츠와 함께 스크롤되지 않고 화면에 고정적으로 보이는 엘리먼트를 만들 수 있다 D.

엘리먼트의 위치 유형 설정

1. 스타일 선언 목록에 position 속성을 추가한다. CSS 규칙의 선언 영역이나 HTML 태그의 style 어트리뷰트에 position을 입력하고 이어서 콜론 (:)을 입력한다(코드 11.2).

   position:

E 코드 11.1에 적용한 코드 11.2의 결과 화면. (실제 위치를 지정하지는 않고) 위치 유형을 설정했지만 여전히 엘리먼트가 엉망으로 보인다. 이번에는 고정된 푸터가 페이지 상단에 보인다. 또한 〈strong〉 태그를 사용한 텍스트가 아래 보인다. 이렇게 되는 이유는 주변 텍스트를 기준으로 폰트 크기를 늘렸기 때문이다. 이 문제는 다음 절에서 해결할 것이다.

2. 위치 지정 방식을 지정한다.

   `relative;`

   다음 중 하나를 선택해 위치 유형 값을 입력한다.

   - **static** 콘텐츠를 정상적으로 흘러가게 한다. 하지만 엘리먼트에 아무런 위치 속성도 설정할 수 없다.

   - **relative** 마찬가지로 엘리먼트를 정상적으로 흘러가게 하지만 top, left, right, bottom 속성에 설정한 값을 사용해 정상적인 위치를 기준으로 조절된 위치를 설정할 수 있게 해 준다.

   - **absolute** 엘리먼트를 가장 최근에 위치 지정한 부모 엘리먼트의 가장자리를 기준으로 위치시킨다. 이런 부모 엘리먼트에는 문서의 바디 또는 위치가 지정된 부모 엘리먼트로서 자식 엘리먼트를 갖고 있는 엘리먼트가 해당된다.

   - **fixed** 페이지에 있는 다른 콘텐츠나 부모 엘리먼트와 상관없이 엘리먼트를 뷰포트의 가장자리를 기준으로 위치시킨다. 절대 위치를 지정한 엘리먼트와 달리 창이 스크롤될 때 고정 엘리먼트는 나머지 콘텐츠가 움직이더라도 뷰포트상에서 제자리를 그대로 지킨다.

   - **inherit** 바로 전 부모 엘리먼트의 위치 유형을 사용한다. 위치 설정된 부모가 없으면 정적 위치를 기본으로 사용한다('위치 유형 상속' 사이드바 참고).

위치 유형 상속

inherit은 위치를 지정하는 또 다른 지정 방식이다. 이 속성값을 사용하면 엘리먼트가 기본 static 값을 재정의해서 부모의 위치 유형을 그대로 사용한다. 하지만 이 속성은 사용이 까다로울 수 있다. 자식의 위치 타입이 부모에 의존하기 때문에 부모의 위치 유형을 바꿀 경우 레이아웃이 크게 바뀔 수 있기 때문이다.

TIP 절대 위치와 상대 위치 엘리먼트는 부모 엘리먼트에서 아무런 공간도 차지하지 않는다. 따라서 이미지 같은 엘리먼트에 절대 위치를 지정하면 이미지의 너비 및 높이가 부모 콘텐츠의 너비 및 높이에 포함되지 않는다.

TIP 위치 지정한 다른 엘리먼트 내에서 엘리먼트의 위치를 지정할 수도 있다. 예를 들어 절대 위치를 지정한 부모 내에서 자식 엘리먼트의 상대 위치를 지정하거나 절대 위치를 지정한 부모 내에서 자식 엘리먼트의 절대 위치를 설정할 수도 있다.

TIP 브라우저가 웹 페이지 바디에 기본 마진을 추가하는 것과 이러한 기본 마진값이 브라우저마다 다르다는 사실을 기억하자. 이런 문제를 해결하려면 엘리먼트 위치를 일관되게 유지할 수 있도록 바디 태그에 마진을 별도로 설정해야 한다. 브라우저 리셋을 사용하는 것과 관련한 상세 정보는 12장을 참고하자.

TIP 반올림 문제로 인해 브라우저마다 지정한 위치가 달라질 수 있다. 따라서 보통 가장 근접한 정수로 반올림한 '깨끗한' 숫자를 사용하는 게 가장 좋다.

TIP 엘리먼트의 위치 유형이 static이 아닌 다른 유형으로 설정되면 자바스크립트나 기타 스크립트 언어를 사용해 엘리먼트를 움직이고 클립을 수정하고, 스택 순서, 숨김, 보여주기 처리를 할 수 있다.

TIP fixed 위치 유형을 처리하지 못하는 브라우저에서는 기본적으로 위치 유형으로 static을 사용한다.

엘리먼트의 위치 설정

위치가 지정된 모든 엘리먼트는 네 측면을 기준으로 엘리먼트를 위치시킬 상단값, 우측값, 하단값, 좌측값(표 11.2, 표 11.3)을 갖고 있다. 이때 상대 엘리먼트는 자체 가장자리를 기준으로 위치가 조절되고 절대 엘리먼트는 부모의 가장자리를 기준으로 위치가 조절된다. 아울러 고정 엘리먼트는 뷰포트의 가장자리를 기준으로 위치 조절된다.

엘리먼트의 위치 지정

1. 위치 유형을 지정한다. 이와 관련한 세부 내용은 이 장의 '위치 타입 설정' 절을 참고하자.

2. CSS 선언 목록에 위치를 지정할 면의 속성명을 추가한다. left, right, top, bottom을 CSS 규칙에 입력하고 이어서 콜론(:)을 입력한다(코드 11.3)

   top:

3. 위치를 지정한다.

   120px;

   엘리먼트의 위치 조절값에 대한 값을 입력한다. 이때 입력값으로는 다음 중 하나를 사용할 수 있다.

   ▶ 120px, 2.3em, 1.25cm 같은 길이 값

   ▶ 유연한 위치 조절값을 설정하는 1% 같은 퍼센트 값

   ▶ 절대 위치를 설정할 경우 브라우저가 값을 계산하고, 절대 위치가 아닐 경우 값이 0이 되는 auto

> **TIP** top, right, bottom, left 선언을 포함시킬 필요는 없지만 포함시키지 않으면 auto로 처리된다.

표 11.2 top과 left 속성값

속성값	호환성
<length>	IE4, FF1, S1, C1, O4, CSS2
<percentage>	IE4, FF1, S1, C1, O5, CSS2
auto	IE4, FF1, S1, C1, O5, CSS2
inherit	IE4, FF1, S1, C1, O5, CSS2

표 11.3 bottom과 right 속성값

속성값	호환성
<length>	IE5, FF1, S1, C1, O4, CSS2
<percentage>	IE5, FF1, S1, C1, O4, CSS2
auto	IE5, FF1, S1.3, C1, O4, CSS2
inherit	IE4, FF1, S1, C1, O5, CSS2

코드 11.3 visualformatting-properties.css : 코드 11.1에 적용하면 이 CSS에서 뷰포트의 하단에 푸터를 위치시킨다 (게다가 고정시킨다). 아울러 어사이드는 사용하기 편한 화면 우측 상단 구석에 위치하며 갤러리 이미지에는 위치 조절값이 조금 적용된다. 또 강조 텍스트는 텍스트 기준선이 주변 텍스트에 맞게 조절된다. 결과가 훨씬 좋아진 것을 볼 수 있을 것이다 Ⓐ.

```
/*** CSS3 VQS | Chapter 11 |
→ visualformatting-properties.css ***/

aside {
  position: absolute;
  right: 1%;
  top: 120px; }

strong {
  position: relative;
  top: -.15em; }

footer {
  position: fixed;
  bottom: 0;
  left: 0; }

footer ul {
  position: relative;
  top: 10px; }

div.gallery {
  position: relative; }

div.gallery figure {
  position: absolute; }

div.gallery figure.f1 {
  left: 0;
  top: 0; }

div.gallery figure.f2 {
  left: 150px;
  top:50px; }

div.gallery figure.f3 {
  left: 300px;
  top: 100px; }
```

TIP 음수 값을 입력하면 아래나 오른쪽 대신 왼쪽이나 위로 콘텐츠를 움직일 수 있다.

TIP 절대 위치를 지정하지 않은 자식 엘리먼트는 항상 부모 엘리먼트를 따라 움직인다.

TIP 같은 엘리먼트에 top/left와 bottom/right 위치를 설정하면 어떻게 될까? 결과는 브라우저마다 다르다. 인터넷 익스플로러는 기본적으로 top, left 위치를 사용한다. 하지만 대부분의 나머지 브라우저는 설정한 값을 수용할 수 있게 width나 height가 지정되지 않은 엘리먼트의 크기를 조정하게 된다.

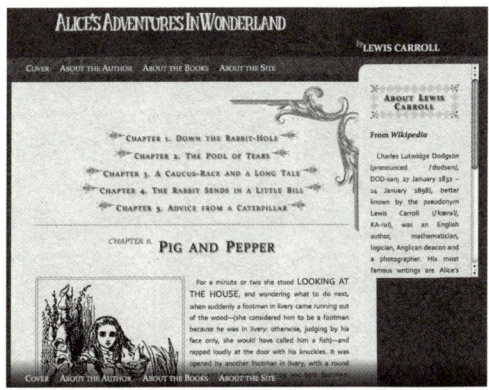

Ⓐ **코드 11.1에 적용한 코드 11.3의 결과 화면.** 페이지가 이제야 비로소 모양을 갖추기 시작했다. 강조 텍스트가 단락의 나머지 부분과 정렬된 것을 볼 수 있다 Ⓑ.

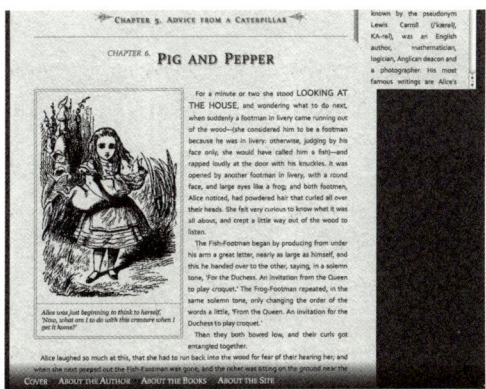

Ⓑ 스크롤을 하더라도 푸터가 화면 바닥에 그대로 있는 걸 볼 수 있다.

객체의 3D 스택

화면은 2차원 공간이지만 위치를 지정하는 엘리먼트에는 상대 스택 순서를 사용해 3차원을 부여할 수 있다.

위치를 지정한 엘리먼트에는 0부터 시작해 숫자를 1, 2, 3으로 늘려가면서 스택 순서를 지정해 부모 및 형제를 기준으로 HTML에서 보이는 엘리먼트 순서를 정할 수 있다. 이때 높은 숫자를 지정받는 엘리먼트는 낮은 숫자를 배정받은 엘리먼트보다 위에 보인다. 이러한 시스템을 z-index(표 11.4)라고 한다. 엘리먼트에 z-index 번호를 부여하면 부모 엘리먼트에 속하는 다른 엘리먼트와 관련해 3D 관계를 설정할 수 있다.

엘리먼트의 콘텐츠가 서로 겹치면 z-index가 높은 엘리먼트가 z-index가 낮은 엘리먼트보다 위에 올라온다 Ⓐ. z-index는 엘리먼트의 부모가 아니라 항상 형제 엘리먼트에 대한 상댓값이다.

z-index의 기본 순서는 z-index 속성값을 설정해 재정의할 수 있다.

표 11.4 z-index 속성값

속성값	호환성
⟨number⟩	IE4, FF1, S1, C1, O3.5, CSS2
auto	IE4, FF1, S1, C1, O3.5, CSS2
inherit	IE4, FF1, S1, C1, O3.5, CSS2

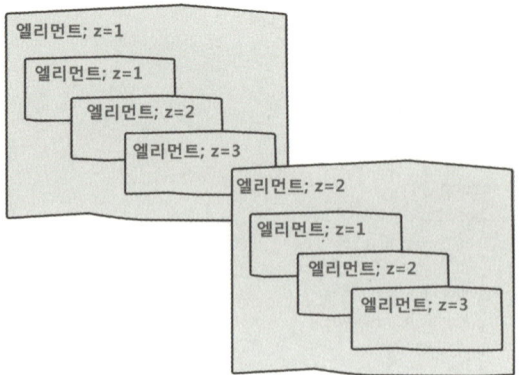

Ⓐ -index 순서는 형제 엘리먼트에 대한 상댓값이다.

엘리먼트의 z-index 정의

1. 위치 타입을 지정한다. 자세한 내용은 이 장의 '위치 유형 설정'을 참고하자(코드 11.4).

2. CSS 규칙에 z-index 속성을 추가한다. 앞에서와 동일한 선언 블록에 z-index를 입력하고 이어서 콜론(:)을 입력한다.

   `z-index:`

코드 11.4 visualformatting-properties.css : 코드 11.1에 적용하면 이 CSS는 갤러리 이미지의 스택 순서를 반대로 적용하고 푸터의 스택 순서를 충분히 높게 지정해 뷰포트에 있는 다른 엘리먼트보다 푸터가 위로 올라오게 한다 **B**

```
/*** CSS3 VQS | Chapter 11 |
→ visualformatting-properties.css ***/

aside {
  position: absolute;
  right: 1%;
  top: 120px; }

strong {
  position: relative;
  top: -.15em; }

footer {
  position: fixed;
  bottom: 0;
  left: 0;
  z-index: 99; }

footer ul {
  position: relative;
  top: 10px; }

div.gallery {
  position: relative; }

div.gallery figure {
  position: absolute; }

div.gallery figure.f1 {
  left: 0;
  top: 0;
  z-index: 3; }

div.gallery figure.f2 {
  left: 150px;
  top:50px;
  z-index: 2; }

div.gallery figure.f3 {
  left: 300px;
  top: 100px;
  z-index: 1; }
```

3. 스택 순서 값을 지정한다. 양수 또는 음수 값(소수점은 사용할 수 없다) 또는 0을 입력한다.

   3;

   이 단계에서는 엘리먼트의 z-index를 형제 엘리먼트를 기준으로 설정한다. 이때 0은 같은 레벨을 의미한다.

   또는 auto를 사용해 브라우저가 엘리먼트의 z-index 순서를 판단하게 할 수도 있다.

   z-index로 음수 값을 사용하면 엘리먼트가 부모보다 훨씬 아래에 놓이게 된다.

B z-index 변경 **C** 전

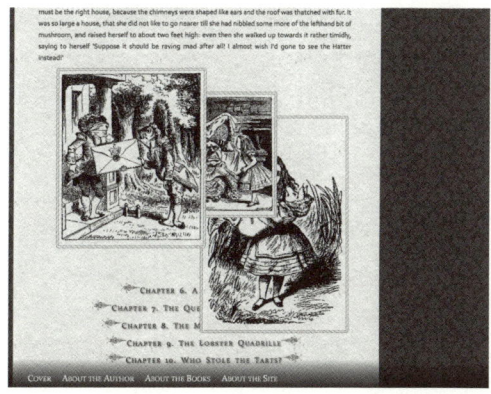

C 코드 11.1에 코드 11.4를 적용한 결과 화면. z-index 값을 수정하면서 갤러리 이미지의 순서가 반대로 됐다.

엘리먼트의 가시성 설정

visibility 속성은 엘리먼트가 창에서 보이는지 여부를 나타낸다. visibility 속성이 hidden(표 11.5)으로 설정되면 엘리먼트는 보이지 않지만 여전히 문서에서 공간을 차지하고 엘리먼트가 있는 자리에는 빈 사각형이 나타난다 Ⓐ.

엘리먼트의 가시성 설정

1. 위치 유형을 설정한다. 더 자세한 내용은 이 장의 '위치 유형 설정'을 참고하자.

2. CSS에 visibility 속성을 추가한다. 엘리먼트의 CSS 선언 블록에 visibility를 입력하고 이어서 콜론(:)을 입력한다(코드 11.5).
   visibility:

3. 엘리먼트의 가시성 처리 방식을 입력한다.
   hidden;
   이 속성의 값으로는 다음 중 하나를 사용할 수 있다.
   - **hidden** 화면에서 문서가 최초 렌더링될 때 엘리먼트를 보이지 않게 한다.
   - **visible** 엘리먼트를 보이게 한다.
   - **inherit** 엘리먼트가 부모 엘리먼트의 가시성을 상속하게 한다.

표 11.5 visibility 속성값

속성값	호환성
hidden	IE4, FF1, S1, C1, O4, CSS2
visible	IE4, FF1, S1, C1, O4, CSS2
inherit	FF1, S1, C1, O3.5, CSS2

Ⓐ 숨겨진 엘리먼트가 더는 보이지 않지만 이 그림에서는 점선을 통해 숨겨진 엘리먼트의 위치를 볼 수 있다(실제로 이런 점선이 보이는 것은 아니다).

코드 11.5 visualformatting-properties.css : 코드 11.1에 적용하면 이 CSS에서는 이제 푸터에서 내비게이션을 항상 볼 수 있기 때문에 헤더 내비게이션을 감춘다. 걱정하지 않아도 된다. 상단 내비게이션은 나중에 다시 복원할 것이다 ❸.

```css
/*** CSS3 VQS | Chapter 11 |
visualformatting-properties.css ***/

header navigation {
  visibility: hidden; }

aside {
  position: absolute;
  right: 1%;
  top: 120px; }

strong {
  position: relative;
  top: -.15em; }

footer {
  position: fixed;
  bottom: 0;
  left: 0;
  z-index: 99; }

footer ul {
  position: relative;
  top: 10px; }

div.gallery {
  position: relative; }

div.gallery figure {
  position: absolute; }

div.gallery figure.f1 {
  left: 0;
  top: 0;
  z-index: 3; }

div.gallery figure.f2 {
  left: 150px;
  top:50px;
  z-index: 2; }

div.gallery figure.f3 {
  left: 300px;
  top: 100px;
  z-index: 1; }
```

TIP 비슷한 속성처럼 보이기는 하지만 visibility는 display 속성(10장)과 큰 차이가 있다. display가 none으로 설정되면 엘리먼트가 문서에서 없어지고 엘리먼트가 차지하는 공간도 남지 않는다. 하지만 visibility 속성을 사용하면 붕대를 감고 있는 투명인간처럼 빈 공백이 그대로 남게 된다.

TIP 보통 display:none은 엘리먼트를 보여주거나 감추는 드롭다운 메뉴나 팝업 텍스트 같은 자바스크립트 효과에 사용한다. 이 속성을 사용하면 엘리먼트가 제거되기 때문에 불필요하게 엘리먼트가 페이지 레이아웃을 방해하는 것을 막을 수 있다.

TIP 필자는 인쇄 스타일 시트를 만들 때는 내비게이션 같은 엘리먼트를 감추도록 display:none을 사용할 것을 권장한다.

TIP 숨겨진 엘리먼트의 단점 중 하나는 웹 검색 엔진이나 시각 장애인들이 사용하는 스크린 리더기가 엘리먼트를 읽지 못한다는 점이다. 콘텐츠를 감출 때는 감출 콘텐츠가 검색 엔진에 노출돼야 하는 핵심 콘텐츠는 아닌지 꼭 확인한다.

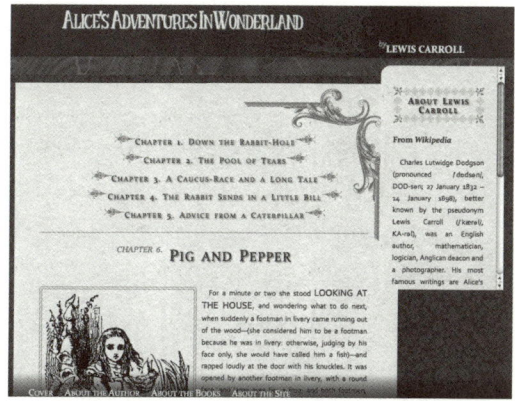

❸ **코드 11.1에 적용한 코드 11.5의 결과 화면.** 이제 헤더 내비게이션이 사라졌지만 그렇다고 아예 없어진 것은 아니다.

엘리먼트의 가시 영역 잘라내기

엘리먼트의 크기를 제어하는 엘리먼트의 너비 및 높이 설정(10장 참고)과 달리 절대 또는 고정 위치의 엘리먼트를 잘라내면 엘리먼트의 콘텐츠 가운데 얼마만큼을 보여줄지 지정할 수 있다(표 11.6). 이때 가시 영역으로 지정하지 않은 부분은 여전히 그대로 남지만 브라우저에서 공백으로 처리하기 때문에 사용자는 이 영역을 볼 수 없게 된다 Ⓐ.

표 11.6 clip 속성값

속성값	호환성
rect (\<top\> \<right\> \<bottom\> \<left\>)	IE5.5, FF1, S1, C1, O7, CSS2
auto	IE5.5, FF1, S1, C1, O7, CSS2
inherit	IE5.5, FF1, S1, C1, O7, CSS2

엘리먼트의 잘라낼 영역 지정

1. 위치 유형을 지정한다. 자세한 내용은 이 장의 '위치 유형 설정'을 참고하자.

2. 선언 목록에 clip 속성을 추가한다. 코드 11.6에 보이는 대로 clip 속성명을 입력하고 이어서 콜론(:)을 입력한다.

    clip:

3. 잘라낼 사각형 영역을 지정한다. rect를 입력해 클립 모양을 사각형으로 정의하고, 여는 괄호((), 공백으로 구분한 네 값, 닫는 괄호()), 세미콜론(;)을 차례로 입력한다.

    rect(50px 250px 250px 50px);

    이때 숫자 값은 각각 클립 영역의 top, right, bottom, left 길이를 나타낸다. 이들 값은 모두 지정된 측면이 아니라 엘리먼트의 기준점(좌측 상단 구석)으로부터의 거리 값이다.

    각 값으로는 길이 값 또는 브라우저가 클립 크기(보통 100%)를 판단하게 하는 auto를 사용할 수 있다.

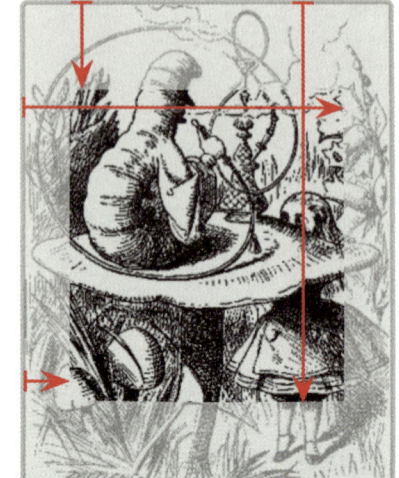

Ⓐ clip 속성에 사용한 top, right, bottom, left 값을 기준으로 중간 영역을 잘라낸다. 투명 영역은 보이지 않게 된다.

코드 11.6 visualformatting-properties.css : 코드 11.1에 적용하면 이 CSS에서는 갤러리에 있는 그림의 가장자리를 숨겨주고 썸네일을 일정한 크기로 생성한다 ⓑ.

```
/*** CSS3 VQS | Chapter 11 |
↪ visualformatting-properties.css ***/

header navigation {
  visibility: hidden; }

aside {
  position: absolute;
  right: 1%;
  top: 120px; }

strong {
  position: relative;
  top: -.15em; }

footer {
  position: fixed;
  bottom: 0;
  left: 0;
  z-index: 99; }

footer ul {
  position: relative;
  top: 10px; }

div.gallery {
  position: relative; }

div.gallery figure {
  position: absolute;
  clip: rect(50px 250px 250px 50px); }

div.gallery figure.f1 {
  left: 0;
  top: 0;
  z-index: 3; }

div.gallery figure.f2 {
  left: 150px;
  top:50px;
  z-index: 2; }

div.gallery figure.f3 {
  left: 300px;
  top: 100px;
  z-index: 1; }
```

TIP 엘리먼트의 콘텐츠와 함께 엘리먼트의 보더, 패딩도 함께 잘리지만 마진은 잘리지 않는다.

TIP 현재로서는 잘라낼 영역으로 사각형만 사용할수 있다.

TIP auto를 사용하면 잘라내지 않은 본래 상태로 엘리먼트가 복원된다. 하지만 사파리와 크롬에서는 외곽선이나 박스 섀도우를 잘라낸 외곽 가장자리까지만 영역을 복원한다.

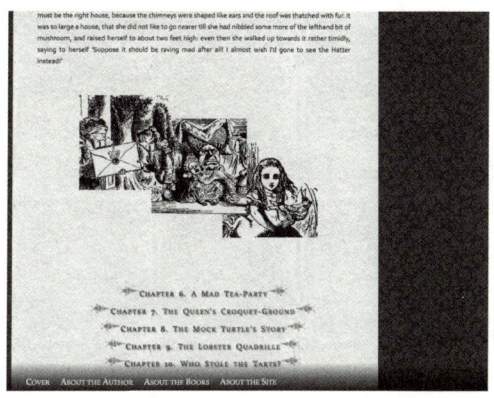

ⓑ **코드 11.1에 적용한 코드 11.6의 결과 화면.** 이제 갤러리가 일정한 크기의 썸네일로 구성됐다. 나중에 이러한 썸네일을 전체 크기로 여는 법을 배울 것이다.

CSS3의 새 기능 – 엘리먼트의 불투명도 설정★

CSS3의 기능 중 가장 먼저 나왔고 가장 폭넓게 구현된 기능 중 하나는 엘리먼트의 불투명도를 완전 불투명에서부터 투명 또는 그 중간값으로 설정하는 기능이다 Ⓐ. 하지만 브라우저마다 불투명도를 구현하는 방식은 서로 다르다.

예를 들어 다른 W3C 호환 브라우저들이 단순히 opacity 속성(표 11.7)을 추가한 데 반해 인터넷 익스플로러에서는 W3C CSS 구문을 구현하지 않고 자체 filter 기능 위에 해당 기능을 추가했다. 인터넷 익스플로러는 다른 브라우저의 코드를 무시하므로 엘리먼트의 불투명도를 제어할 때는 CSS 규칙에 두 선언을 모두 사용하면 된다.

엘리먼트의 불투명도 설정

1. CSS 선언 목록에 IE 필터 속성을 추가한다. 윈도우에서 인터넷 익스플로러를 사용하는 사용자가 페이지 엘리먼트를 투명하게 볼 수 있도록 filter 속성명을 선언 영역에 입력하고 이어서 콜론(:)을 입력한다(코드 11.7).

   `filter:`

2. 인터넷 익스플로러에서 사용할 불투명도를 지정한다.

   `alpha(opacity=75);`

   alpha()를 코드에 추가해 필터 정의와 사용할 필터 값을 추가한다. 이때 opacity 다음에 나오는 0(완전 투명)부터 100(완전 불투명) 사이의 값을 갖는 알파 값을 제외하고는 여기 나온 코드를 바꾸지 않고 그대로 쓰는 게 좋다. 세미콜론(;)을 사용해 선언을 끝마친다.

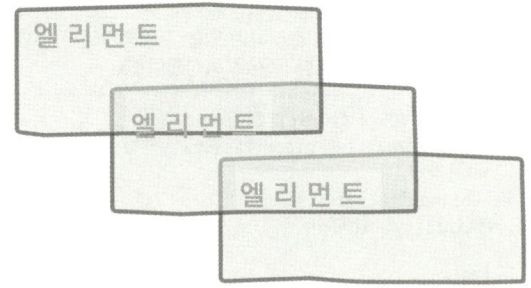

Ⓐ 불투명도를 바꾸면 엘리먼트를 통과해 아래에 놓인 엘리먼트를 볼 수 있다.

표 11.7 opacity 속성값

속성값	호환성
<alphavalue>	FF1, S1.3, C1, O9, CSS2
inherit	FF1, S1.3, C1, O9, CSS2

TIP 불투명도는 누적된다. 따라서 불투명도가 0.5로 지정된 엘리먼트가 불투명도가 0.5인 엘리먼트 안에 있다면 누적된 불투명도는 0.25가 된다.

코드 11.7 visualformatting-properties.css : 이 CSS를 코드 11.1에 적용하면 썸네일이 서로 겹치더라도 아래에 놓인 썸네일이 어떤 썸네일인지 볼 수 있다 Ⓑ.

```css
/*** CSS3 VQS | Chapter 11 |
↪visualformatting-properties.css ***/
header navigation {
  visibility: hidden; }
aside {
  position: absolute;
  right: 1%;
  top: 120px; }

strong {
  position: relative;
  top: -.15em; }

footer {
  position: fixed;
  bottom: 0;
  left: 0;
  z-index: 99; }

footer ul {
  position: relative;
  top: 10px; }

div.gallery {
  position: relative; }

div.gallery figure {
  position: absolute;
  clip: rect(50px 250px 250px 50px);
  filter: alpha(opacity=0.75);
  opacity: .5; }

div.gallery figure.f1 {
  left: 0;
  top: 0;
  z-index: 3; }

div.gallery figure.f2 {
  left: 150px;
  top:50px;
  z-index: 2; }

div.gallery figure.f3 {
  left: 300px;
  top: 100px;
  z-index: 1; }
```

3. CSS에 opacity 속성을 추가한다. 엘리먼트의 불투명도를 제어하기 위해 opacity를 입력하고 이어서 콜론(:)을 입력한다.

   `opacity:`

4. 불투명도를 지정한다. 엘리먼트의 불투명도에 대한 알파 값을 입력한다. 이 값은 0.0(완전 투명)부터 1.0(완전 불투명)까지 입력할 수 있다.

   `0.75;`

   아울러 inherit을 사용하면 엘리먼트가 부모 엘리먼트와 같은 불투명도를 갖게 할 수 있다. 부모의 불투명도가 0.75일 경우 inherit를 사용하면 자식 엘리먼트도 부모에 대해 이미 설정한 75% 불투명도에 추가해 75%만큼 줄인 값을 불투명도로 갖게 된다.

TIP 불투명도는 전체 엘리먼트 및 엘리먼트의 모든 자식에 적용되고 자식 엘리먼트에서 재정의할 수 있는 방법이 없다. 하지만 두 형제 엘리먼트의 불투명도를 별도 설정한 다음 엘리먼트의 순서를 위아래로 지정할 수는 있다.

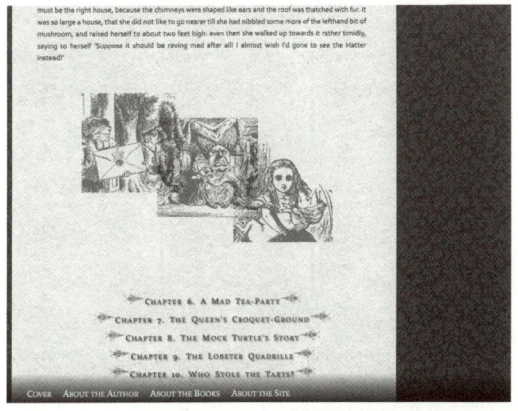

Ⓑ **코드 11.1에 적용한 코드 11.7의 결과 화면.** 이번에는 썸네일이 반투명해졌다. 이 효과를 마우스 오버 시 엘리먼트를 다시 불투명하게 만드는 상호작용 효과와 함께 사용하면 좋은 효과를 얻을 수 있다.

CSS3의 새 기능 – 엘리먼트 섀도우 설정 ★

텍스트 섀도우(6장)와 마찬가지로 위치 지정과 상관없이 화면의 엘리먼트 박스에도 하나 이상의 드롭 섀도우를 추가할 수 있다 **A**. 하지만 '섀도우'라는 말 자체에는 다소 오해의 소지가 있다. 밝은 색을 비롯해 원하는 색상을 얼마든지 사용해 글로우 효과 등을 만들 수 있기 때문이다.

엘리먼트 섀도우 설정

1. CSS 규칙에 박스 섀도우 속성을 추가한다. box-shadow 속성명을 입력하고 이와 함께 모질라 및 웹킷 브라우저 확장 속성도 포함시킨 다음 콜론(:)을 입력한다(코드 11.8).

   ```
   -webkit-box-shadow:
   -moz-box-shadow:
   box-shadow:
   ```

2. 섀도우 위치 조정값, 블러, 초크, 색상, 인셋을 지정한다.

   ```
   1px 1px 5px 1px rgba(0,0,0,.25) inset
   ```

   엘리먼트의 섀도우 처리 방식(오른쪽부터 왼쪽)을 지정할 때는 다음 키워드나 값(표 11.8)을 입력한다.

   ▶ **x 및 y 위치 보정값**은 박스를 기준으로 한 상대 위치를 설정한다. 양수 값은 섀도우를 아래, 오른쪽으로 위치 조절하고 음수 값은 섀도우를 위, 왼쪽으로 움직인다. 이 값들은 필수 값이다.

   ▶ **blur** 길이 값은 섀도우의 번짐과 퍼짐을 강하게 하는 양수 값이다. 이 값이 클수록 섀도우도 더 커지고 밝아진다. 이 값은 선택 사항으로서 설정하지 않으면 기본값으로 0이 지정된다.

   ▶ **spread** 길이 값은 가끔 초크라고도 하며 섀도우가 없어지는 시작점을 지정하는 데 사용하

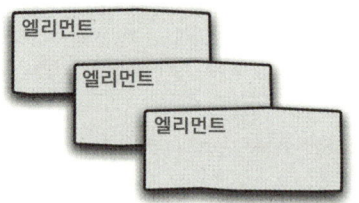

A 섀도우를 적용하면 깊이와 질감을 살릴 수 있다.

표 11.8 box-shadow 속성값

속성값	호환성
inset	FF3.5, S3, C2, O10.5, CSS3
<x-offset>	FF3.5, S3, C2, O10.5, CSS3
<y-offset>	FF3.5, S3, C2, O10.5, CSS3
<blur>	FF3.5, S3, C2, O10.5, CSS3
<spread>	FF3.5, S3, C2, O10.5, CSS3
<color>	FF3.5, S3, C2, O10.5, CSS3

코드 11.8 visualformatting-properties.css : 코드 11.1에 적용하면 이 CSS에서는 아티클에 드롭 섀도우를 추가하고 어사이드에는 드롭 섀도우와 내부 섀도우를 추가한다. 아울러 갤러리 이미지에도 드롭 섀도우를 추가하지만 갤러리 이미지는 현재 잘라낸 상태라 섀도우가 보이지 않는다 **B**.

```css
/*** CSS3 VQS | Chapter 11 |
  visualformatting-properties.css ***/

header nav {
  visibility: hidden; }

article {
  -webkit-box-shadow: rgba(0,0,0,.7) 5px 5px
  15px;
  -moz-box-shadow: 5px 5px 10px rgba(0,0,0,.7);
  box-shadow: 5px 5px 10px rgba(0,0,0,.7); }

aside {
  position: absolute;
  right: 1%;
  top: 120px;

-webkit-box-shadow: 1px 1px 5px 1px
  rgba(0,0,0,.25) inset, 3px 3px 15px
  rgba(0,0,0,.5);
```

코드 11.8 계속

```
-moz-box-shadow: 1px 1px 5px 1px
→ rgba(0,0,0,.25) inset, 3px 3px 15px
→ rgba(0,0,0,.5);
box-shadow: 1px 1px 5px 1px rgba(0,0,0,.25)
→ inset, 3px 3px 15px rgba(0,0,0,.5); }
strong {
  position: relative;
  top: -.15em; }
footer {
  position: fixed;
  bottom: 0;
  left: 0;
  z-index: 99; }
footer ul {
  position: relative;
  top: 10px; }
figure {
  -webkit-box-shadow: rgba(0,0,0,.7) 5px 5px
→ 10px;
  -moz-box-shadow: 5px 5px 10px rgba(0,0,0,.7);
  box-shadow: 5px 5px 10px rgba(0,0,0,.7); }
div.gallery {
  position: relative; }
div.gallery figure {
  position: absolute;
  clip: rect(50px 250px 250px 50px);
  filter: alpha(opacity=0.75);
  opacity: .5; }
div.gallery figure.f1 {
  left: 0;
  top: 0;
  z-index: 3; }
div.gallery figure.f2 {
  left: 150px;
  top:50px;
  z-index: 2; }
div.gallery figure.f3 {
  left: 300px;
  top: 100px;
  z-index: 1; }
```

TIP x/y 위치 보정값 다음에 값을 하나만 지정하면 해당 값이 spread가 아니라 blur로 처리된다.

는 양수 값이다. 섀도우가 없어지는 시작점 이전의 섀도우 영역을 더 어둡게 하는 효과가 있다. 이 값은 선택 사항이며, 지정하지 않으면 기본값으로 0이 사용된다.

▶ **color** 값은 7장에서 설명한 표준 색상 값 중 하나를 사용할 수 있다. 이 값은 선택 사항이며, 지정하지 않으면 기본값으로 transparent가 사용돼 섀도우가 보이지 않게 된다.

▶ **inset** 섀도우가 엘리먼트의 가장자리 내에 나타나게 해서 안쪽 섀도우를 만든다. 이 값은 선택 사항이다.

3. 필요에 따라 더 많은 섀도우를 추가한다.

   , 3px 3px 15px rgba(0,0,0,.5);

   엘리먼트 아래 또는 엘리먼트 내에 섀도우를 여러 개 만들 때는 원하는 수만큼 섀도우 코드를 반복해서 사용하면 된다. 이때 각 섀도우 정의는 콤마(,)로 구분하며, CSS 규칙을 끝마칠 때는 항상 세미콜론(;)을 사용하는 것을 잊지 말아야 한다.

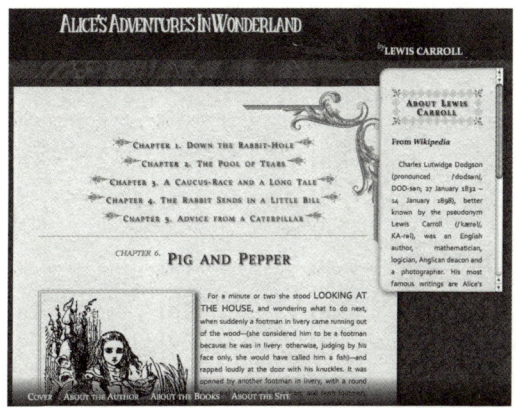

ⓑ **코드 11.1에 적용한 코드 11.8의 결과 화면.** 섀도우가 추가되면서 실제 책의 페이지를 보는 것 같은 질감과 두께감이 살아났다.

정리하며...

1. 10장에서 만든 세 개의 박스를 사용해 위치 유형을 설정한다. 첫 번째 박스를 절대 위치, 두 번째 박스를 상대 위치, 세 번째 박스를 고정 위치로 설정한다.

2. 각 박스의 위치를 설정한다. 각 박스에 같은 값을 사용하고 위치 유형을 서로 다르게 지정할 경우 위치 값이 어떤 영향을 받는지 확인한다.

3. z-index를 설정한다. 박스가 서로 겹치게 한 다음 z-index를 설정해 박스가 위로 올라오도록 수정한다.

4. 각 박스의 불투명도를 설정한다. 색상이 어떻게 합쳐져 보이는지 확인한다.

5. 각 박스에 박스 섀도우를 추가한다. 여러 섀도우를 적용해 보고 바깥쪽과 안쪽 섀도우를 적용해 본다. 이 과정을 통해 글로우 효과를 만들어 본다.

12

변형 및 트랜지션 속성

물론 아직까지 변형 및 트랜지션 속성 사용과 관련해서는 논란의 여지가 있지만 자바스크립트를 사용하지 않고도 이런 효과를 엘리먼트에 줄 수 있다는 사실은 웹 디자이너와 개발자들에게는 희소식이라 할 수 있다. 이들 스타일은 다른 스타일과 마찬가지로 엘리먼트의 외양을 바꿀 뿐 아니라 시간 및 공간의 흐름에 따라 엘리먼트의 외양을 수정할 수 있다.

이 장에서 설명하는 스타일은 웹 표준만 따지자면 아주 최신 스타일에 해당한다. 물론 웹킷에서는 이런 형태의 스타일이 한두 가지 형태로 있었고 파이어폭스와 오페라에서도 이런 스타일을 채택했지만 이 스타일을 CSS3 표준으로 만드는 작업이 시작된 건 최근 몇 년 사이의 일이다. 이런 스타일을 사용할 때는 과거 브라우저에서도 자연스러운 결과가 나오도록 주의를 기울여야 하지만 필자는 한시라도 빨리 이런 스타일을 사용하는 법을 보여주고 싶은 마음뿐이다.

이 장에서 다루는 내용

CSS3의 새 기능 - 엘리먼트 변형★	307
CSS3의 새 기능 - 엘리먼트 상태 사이의 트랜지션 추가★	316
정리하며...	321

코드 12.1 12장에서 사용할 HTML5 코드는 앞 장과 비슷하다 Ⓐ. 이 코드에서는 5, 6, 7, 8, 9, 10, 11장의 CSS 파일과 더불어 이 장에서 작성할 transformationtransition-properties.css 파일을 불러온다.

```
<!-- HTML5 -->
<!DOCTYPE html>
<html lang="en">
<head>
<meta charset="utf-8">
<title>Alice's Adventure's In Wonderland | Chapter 7</title>
<link href="../_css/font-properties.css" type="text/css" rel="stylesheet">
<link href="../_css/text-properties.css" type="text/css" rel="stylesheet">
<link href="../_css/color-background-properties.css" type="text/css" rel="stylesheet">
<link href="../_css/list-table-properties.css" type="text/css" rel="stylesheet">
<link href="../_css/ui-generatedcontent-properties.css" type="text/css" rel="stylesheet">
<link href="../_css/box-properties.css" type="text/css" rel="stylesheet">
<link href="../_css/visualformatting-properties.css" type="text/css" rel="stylesheet">
<link href="../_css/transformation-transition-properties.css" type="text/css" rel="stylesheet">
<!--[if IE ]>
  <script src="_script/HTML5forIE.js" type="text/javascript"></script>
<![endif]-->
</head>
<body id="chapter7" class="book aaiw section">
<header class="page">
<h1>Alice's Adventures In Wonderland</h1>
<p class="byline">by <span class="author">Lewis Carroll</span></p>
<nav class="global">
  <ul>
    <li><a href="" target="_self">Cover</a></li>
    <li><a href="" target="_self">About the Author</a></li>
    <li><a href="" target="_self">About the Books</a></li>
    <li><a href="" target="_self">About the Site</a></li>
  </ul>
</nav>
</header>
<article><!-- Article -->
<nav>
  <ol class="toc top">
    <h2><a href="" target="_self">Down the Rabbit-Hole</a></h2>
    <h2><a href="" target="_self">The Pool of Tears</a></h2>
    <h2><a href="" target="_self">A Caucus-Race and a Long Tale</a></h2>
    <h2><a href="" target="_self">The Rabbit Sends in a Little Bill</a></h2>
    <h2><a href="" target="_self">Advice from a Caterpillar</a></h2>
    <h2><a href="" target="_self">Pig and Pepper</a></h2>
  </ol>
</nav>
<h2><strong>CHAPTER 7.</strong> A Mad Tea-Party</h2>
<figure>
<img src="../_images/AAIW-illos/alice26a.png" alt="alice15a">
<figcaption>
"Twinkle, twinkle, little bat!<br/>
```

코드 12.1 계속

```
How I wonder what you're at!"
</figcaption>
</figure>
<p>
There was a table set out under a tree in front of the house, and the
March Hare and the Hatter were having tea at it: a Dormouse was sitting
between them, fast asleep, and the other two were using it as a
cushion, resting their elbows on it, and talking over its head. 'Very
uncomfortable for the Dormouse,' thought Alice; 'only, as it's asleep, I
suppose it doesn't mind.'
</p>
<div class="gallery">
<figure id="f1">
  <img src="../_images/AAIW-illos/alice24a.png" alt="alice15a">
</figure>
<figure id="f2">
  <img src="../_images/AAIW-illos/alice25a.png" alt="alice15a">
</figure>
<figure id="f3">
  <img src="../_images/AAIW-illos/alice27a.png" alt="alice15a">
</figure>
</div>
<nav>
<ol class="toc continued">
  <h2><a href="" target="_self">The Queen's Croquet-Ground</a></h2>
  <h2><a href="" target="_self">The Mock Turtle's Story</a></h2>
  <h2><a href="" target="_self">The Lobster Quadrille</a></h2>
  <h2><a href="" target="_self">Who Stole the Tarts?</a></h2>
</ol>
</nav>
</article>
<aside>
<h3>About Lewis Carroll</h3>
<h4>From <cite>Wikipedia</cite></h4>
<p>Charles Lutwidge Dodgson,...</p>
</aside>
<footer class="page">
<nav class="global">
  <ul>
    <li><a href="" target="_self">Cover</a></li>
    <li><a href="" target="_self">About the Author</a></li>
    <li><a href="" target="_self">About the Books</a></li>
    <li><a href="" target="_self">About the Site</a></li>
  </ul>
</nav>
</footer>
</body>
</html>
```

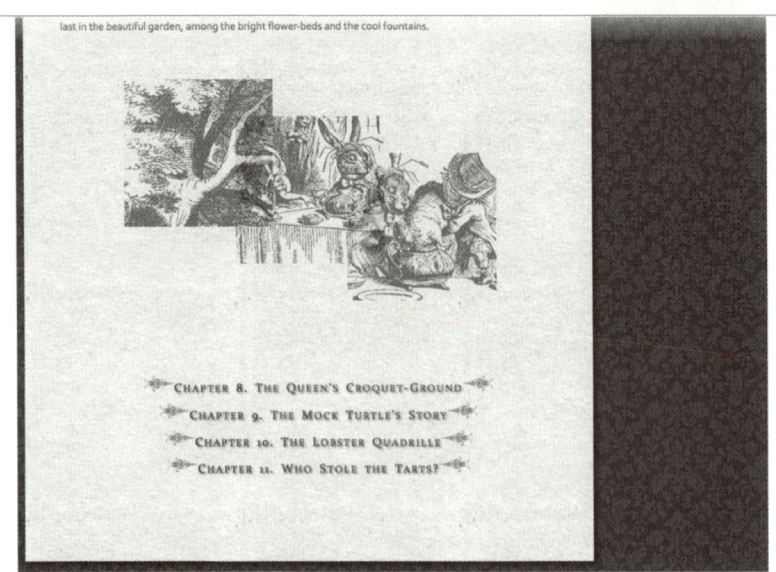

Ⓐ transformation-transitionproperties.css 파일을 적용하기 전의 페이지 모습. 이미지 갤러리의 모습이 그리드처럼 보이는 것을 확인할 수 있다.

표 12.1   2D transform 속성값

속성값	호환성
rotate(‹angle›)	FF3.5, S3.1, C5, O10.5, CSS3
rotateX(‹angle›)	FF3.5, S3.1, C5, O10.5, CSS3
rotateY(‹angle›)	FF3.5, S3.1, C5, O10.5, CSS3
scale(‹num×2›,)	FF3.5, S3.1, C5, O10.5, CSS3
scaleX(‹number›)	FF3.5, S3.1, C5, O10.5, CSS3
scaleY(‹number›)	FF3.5, S3.1, C5, O10.5, CSS3
skew(‹angle×2›,)	FF3.5, S3.1, C5, O10.5, CSS3
skewX(‹angle›)	FF3.5, S3.1, C5, O10.5, CSS3
skewY(‹angle›)	FF3.5, S3.1, C5, O10.5, CSS3
translate(‹length×2›,)	FF3.5, S3.1, C5, O10.5, CSS3
translateX(‹length›)	FF3.5, S3.1, C5, O10.5, CSS3
translateY(‹length›)	FF3.5, S3.1, C5, O10.5, CSS3
matrix(‹various×6›,)	FF3.5, S3.1, C5, O10.5, CSS3

표 12.2   transform-origin 속성값

속성값	호환성
‹percentage›	FF3.5, S3.1, C5, O10.5, CSS3
‹length›	FF3.5, S3.1, C5, O10.5, CSS3
‹keyword›	FF3.5, S3.1, C5, O10.5, CSS3

CSS3의 새 기능 – 엘리먼트 변형★

변형은 약간의 속임수다. 물론 변형을 적용하면 엘리먼트를 회전하고, 크기를 조절하고, 구부리고, 움직여서 사각형 레이아웃을 벗어난 멋진 디자인을 만들 수 있다. 표 12.1(2D), 표 12.2(3D)에 있는 각 변형 '값'은 그 자체로 속성이며 각자 괄호 값들을 가질 수 있다. 하지만 이런 변형값들은 transform 속성과 연관되며 우리는 transform 속성을 항상 사용해야 한다.

변형값에는 사용할 수 있는 세 가지 기본값 타입이 있다.

- **각도**(Angle)는 각도(90deg), 그래드(100grad), 라디언(1.683rad)으로 정의할 수 있다. 음수 값 및 360deg보다 큰 값을 사용할 수는 있지만 양수 값으로 변환된다.

- **숫자**(Number)는 정수 또는 소수점 값으로 양수와 음수 모두 가능하다. 숫자는 주로 곱셈값으로 사용된다.

- **길이**는 이 책의 소개에서 설명한 길이 값이다. 이런 값에는 상댓값(em, px, %)이나 절대 값(in, mm, cm)을 사용할 수 있다.

많은 변형 속성값들은 콤마로 구분해 여러 괄호 값을 지정할 수 있다.

scale(2,1.65)

보통 둘 또는 세 값은 X, Y, Z축을 나타낸다. 값을 하나만 사용하면 세 축에 모두 해당 값을 사용한다.

대부분의 고급 CSS3 속성과 마찬가지로 변형 속성도 현재 모질라, 웹킷, 오페라를 포함한 브라우저에서 확장 스타일을 통해 구현돼 있다.

2D 변형

현재 가장 안정적이고 폭넓게 사용할 수 있는 변형 스타일은 2차원 변형이므로 이것부터 살펴보는 게 좋겠다 Ⓐ.

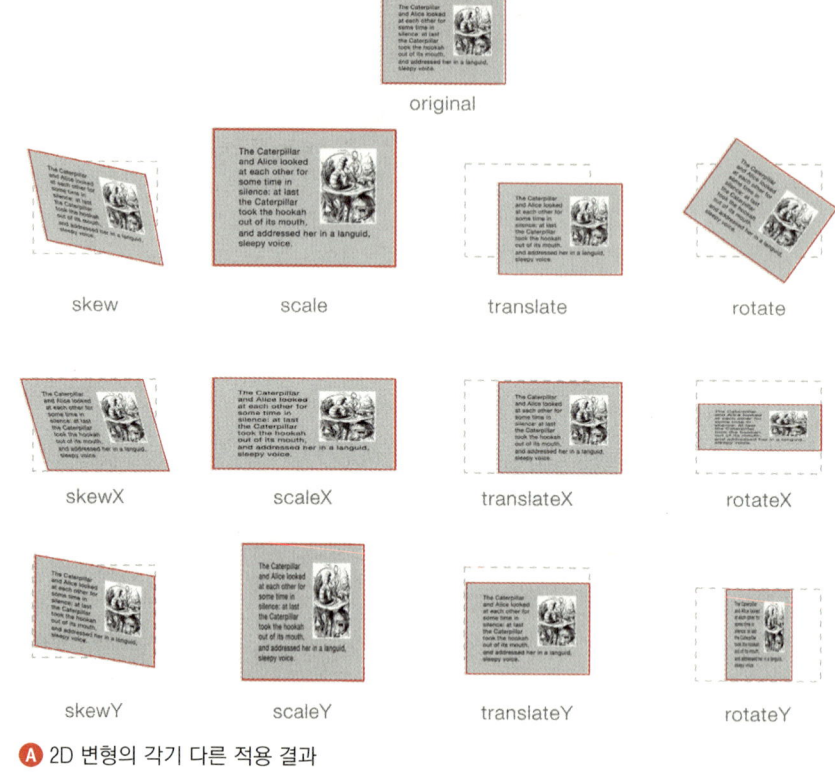

Ⓐ 2D 변형의 각기 다른 적용 결과

코드 12.2 transformation-transition-properties.css : 코드 12.1에 적용하면 조금 경쾌한 느낌을 주도록 어사이드를 기울이고 이미지가 들어 있는 격자의 틀을 없앤다 ❸ ❹. 브라우저 호환성을 최대한 확보하려면 코드 네 줄이 모두 필요하다는 점을 참고하자.

```
/*** CSS3 VQS | Chapter 12 | transformation-
  transition-properties.css ***/

aside {
  -webkit-transform: rotate(-2deg);
  -moz-transform: rotate(-2deg);
  -o-transform: rotate(-2deg);
  transform: rotate(-2deg); }

div.gallery figure {
  width: auto;
  -webkit-transform-origin: left 25%;
  -moz-transform-origin: left 25%;
  -o-transform-origin: left 25%;
  transform-origin: left 25%; }

#f1 {
  -webkit-transform: scale(.75) rotate(10deg);
  -moz-transform: scale(.75) rotate(10deg);
  -o-transform: scale(.75) rotate(10deg);
  transform: scale(.75) rotate(10deg); }

#f2 {
  -webkit-transform: scale(.75) rotate(-8deg);
  -moz-transform: scale(.75) rotate(-8deg);
  -o-transform: scale(.75) rotate(-8deg);
  transform: scale(.75) rotate(-8deg); }

#f3 {
  -webkit-transform: scale(.75)rotate(3deg);
  -moz-transform: scale(.75)rotate(3deg);
  -o-transform: scale(.75) rotate(3deg);
  transform: scale(.75) rotate(3deg); }
```

엘리먼트의 2D 변형 추가

1. 웹킷, 모질라, 오페라, 표준 CSS에 대한 transform 속성을 추가한다.

    `-webkit-transform:`
    → `-moz-transform:`
    → `-o-transform:`
    → `transform:`

   이때 정확한 순서는 중요하지 않지만 표준 CSS가 항상 가장 나중에 와야 한다(코드 12.2).

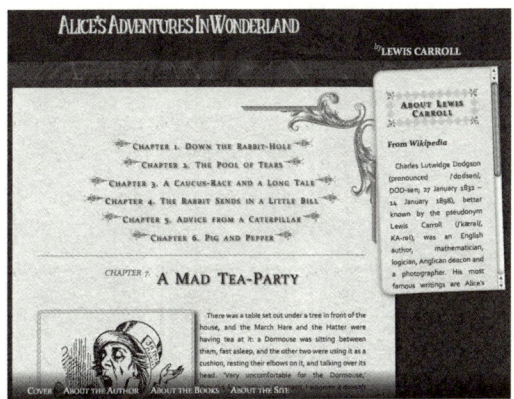

❸ 페이지 상단에서 어사이드에 각도를 조금 지정해 공책 같은 느낌을 줬다.

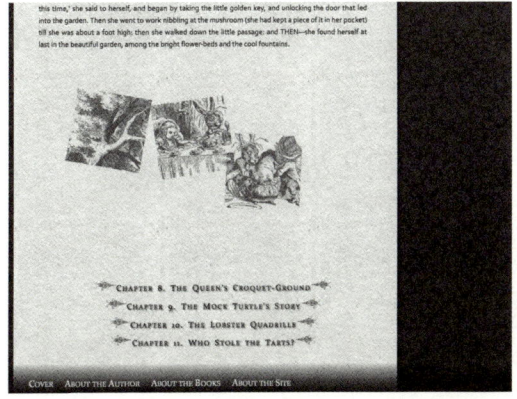

❹ 페이지 하단에서 사진 갤러리를 조금 흐트러지게 했다.

2. 변형 유형과 값을 지정한다.
   rotate(-2deg);
   각 속성에 대해 관련 괄호 값과 함께 같은 변형값 (표 12.1)을 추가한다.

   ▶ **rotate()**는 엘리먼트를 회전시킬 각도를 지정한다. 양수 값은 엘리먼트를 시계 방향으로 회전시키고 음수 값은 엘리먼트를 반시계 방향으로 회전시킨다.

   ▶ **rotateX()** 또는 rotateY()는 엘리먼트를 X나 Y축 기준으로 회전시킬 각도를 지정한다. 양수 값은 엘리먼트를 시계 방향으로 회전시키고 음수 값은 엘리먼트를 반시계 방향으로 회전시킨다.

   ▶ **scale(), scaleX(), scaleY()**는 너비(X) 및/또는 높이(Y)에 곱할 숫자 값을 지정한다. 양수 값은 엘리먼트의 크기를 증가시킨다. 음수 값도 크기를 증가시키지만 축을 중심으로 엘리먼트를 반전시킨다. 1보다 작은 소수점 숫자를 사용하면 크기가 줄어든다.

   ▶ **skew(), skewX(), skewY()**는 엘리먼트의 X 및/또는 Y축을 따라 엘리먼트를 왜곡시킬 각도를 지정한다. 양수 값은 위와 왼쪽 방향으로 왜곡하고 음수 값은 아래와 오른쪽 방향으로 왜곡한다.

   ▶ **translate(), translateX(), translateY()**는 엘리먼트의 X축 및/또는 Y축을 따라 엘리먼트를 위치 조절할 길이 값을 지정한다. 양수 값은 엘리먼트를 아래, 오른쪽으로 움직이고 음수 값은 위, 왼쪽으로 움직인다.

   ▶ **matrix()**는 3x3 값 행렬로 앞의 변형 속성들을 단독으로 또는 조합해 사용할 수 있는 단축 속성이다.

표 12.3 transform-origin 키워드 값

Value
left
right
top
bottom
center

브라우저 확장 속성도 결국 사라지게 될까?

그렇다. 브라우저 확장 속성도 언젠가는 사라질 것이다. 브라우저가 CSS 속성의 표준 W3C 구문을 구현하고 나면 보통 브라우저는 차기 브라우저 버전이 두 번 더 나올 때까지는 기존 확장 속성을 계속 지원한다. 물론 이런 관행이 엄격하게 굳어진 원칙은 아니다. 표준 CSS 구문이 정의된 후에 브라우저 확장 속성 목록의 제일 하단에 표준 CSS 구문을 놓는 것도 이 때문이다. 이렇게 하면 브라우저가 표준 CSS 구문을 지원할 경우 표준 CSS 구문을 사용할 수 있기 때문이다.

3. 필요에 따라 더 많은 변형값을 추가한다.
   `transform: scale(.75) rotate(3deg);`
   공백으로 구분해 여러 개의 변형값을 적용할 수도 있다.

4. 변형 중심이 엘리먼트의 중심이 아닐 경우 변형 중심을 지정한다.
   `-webkit-transform-origin: 0, 25%;`
   `-moz-transform-origin: 0, 25%;`
   `-o-transform-origin: 0, 25%;`
   `transform-origin: 0, 25%;`

기본적으로 모든 변형은 엘리먼트의 가운데를 중심으로 사용한다. 따라서 회전 변형은 엘리먼트의 가운데를 중심으로 엘리먼트를 회전시킨다.

이런 기본 동작을 바꾸려면 transform() 속성과 함께 중점 위치를 나타내는 X, Y 위치에 대한 값을 하나 또는 둘을 지정해야 한다. 이때 값으로 백분율, 길이 값 또는 키워드(표 12.3)를 사용할 수 있다. 값을 하나만 지정하면 이 값이 X와 Y 좌표에 모두 사용된다. 양수 값은 중점을 엘리먼트의 위쪽, 좌측으로 옮기고 음수 값은 중점을 엘리먼트의 중심으로부터 아래쪽, 우측으로 옮긴다.

3D 변형

이 책을 쓰고 있는 현 시점 기준으로 3D 변형은 사파리와 크롬에서만 지원한다. 물론 파이어폭스의 새 버전이 출시되면 이런 상황도 얼마든지 바뀔 수 있다. 결론부터 말하자면 필자는 iPhone, iPod 터치, iPad용 애플리케이션이나 웹 페이지처럼 사용자가 이런 3D 변형을 지원하는 브라우저만 사용하는 환경이 아니라면 3D 변형의 사용을 권장하지 않는다. 하지만 이와 별개로 이 속성을 사용한다면, 이 표준은 현재 W3C에서 개발 진행 중이므로 미래 호환성을 위해서는 확장 속성과 함께 표준 CSS3 구문도 포함시켜야 한다.

엘리먼트 3D 변형

1. CSS 선언에 변형 스타일을 추가하고 스타일을 지정한다.

   -webkit-transform-style: flat;
   transform-style: flat;

   transform-style을 변형할 엘리먼트에 추가한다 (코드 12.3). 이 스타일 속성은 부모에 대해 자식 엘리먼트를 평평하게 놓을지 별도 3D 공간에서 처리할지를 지정하는 속성이다.

2. 투영점 스타일 속성을 CSS 선언에 추가하고 투영점 값을 지정한다.

   -webkit-perspective: 500;
   perspective: 500;

   perspective는 나중에 설명한 perspective()와 비슷하게 동작하지만 엘리먼트 자체가 아니라 엘리먼트의 위치 지정된 자식에 투영점을 적용하는 데 사용한다(표 12.5).

코드 12.3 transformation-transition-properties.css : 코드 12.1에 적용하면 Webkit 전용 3D 변형을 사용한 코드 12.2의 변형 스타일을 대체한다. 다른 브라우저에서는 여전히 ❶처럼 보이지만 웹킷 브라우저에서는 결과가 ❷처럼 보이게 된다.

```css
/*** CSS3 VQS | Chapter 12 | transformation-
  transition-properties.css ***/

aside {
  -webkit-transform: rotate(-2deg);
  -moz-transform: rotate(-2deg);
  -o-transform: rotate(-2deg);
  transform: rotate(-2deg); }

div.gallery figure {
  width: auto;
  -webkit-transform-origin: left 25%;
  -moz-transform-origin: left 25%;
  -o-transform-origin: left 25%;
  transform-origin: left 25%;
  -webkit-transform-style: flat;
  transform-style: flat;
  -webkit-perspective: 5000;
  perspective: 5000;
  -webkit-perspective-origin: 25% 25%;
  perspective-origin: 25% 25%;
  -webkit-backface-visibility: visible;
  backface-visibility: visible; }

#f1 {
  -webkit-transform: perspective(250)
    scale3d(.75,.5,1) rotate3d(5,4,2,-10deg);
  -moz-transform: scale(.75) rotate(10deg);
  -o-transform: scale(.75) rotate(10deg);
  transform: scale(.75) rotate(10deg); }

#f2 {
  -webkit-transform: perspective(250)
    scale3d(.5,.75,1.5) rotate3d(-3,10,-8,18deg);
  -moz-transform:scale(.75) rotate(-8deg);
```

표 12.4 transform-style 속성값

속성값	호환성
flat	S3.1, C5, CSS3
preserve-3d	S3.1, C5, CSS3

표 12.5 perspective 속성값

속성값	호환성
<number>	S3.1, C5, CSS3
none	S3.1, C5, CSS3

코드 12.3 계속

```
  -o-transform: scale(.75) rotate(-8deg);
  transform: scale(.75) rotate(-8deg); }

#f3 {
  -webkit-transform: perspective(250)
→ scale3d(1,.5,.75) rotate3d(3,6,10,20deg);
  -moz-transform: scale(.75)rotate(3deg);
  -o-transform: scale(.75) rotate(3deg);
  transform: scale(.75) rotate(3deg); }

#f1:hover, #f2:hover, #f3:hover {
  opacity: 1;
  -webkit-transform: rotate(0);
  -moz-transform: rotate(0);
  -o-transform: rotate(0);
  transform: rotate(0);
  cursor: pointer;
  clip: auto;
  z-index: 9999; }
```

3. CSS 선언에 perspective-origin 속성을 추가하고 값을 하나 또는 둘을 지정한다.

   -webkit-perspective-origin:
   → 25% 25%;
   → perspective-origin: 25% 25%;

   사용자가 엘리먼트의 자식들을 보는 X, Y 위치(표 12.6)를 지정하기 위해 perspective-origin 속성에 값을 하나 또는 두 개 사용해 perspective 속성(transform 값이 아니다)의 원점을 지정한다. perspective-origin 속성에 사용하는 키워드는 transform-origin 키워드와 동일하다(표 12.3).

4. backface-visibility 속성을 CSS 선언에 추가하고 값을 하나 지정한다.

   -webkit-backface-visibility: visible;
   backface-visibility: visible;

   backface-visibility 속성은 두 엘리먼트가 (카드처럼) 서로 등을 마주하고 위치해 함께 뒤집어야 하는 경우처럼 특별한 경우에 사용한다. 이 속성을 사용하면 rotateZ 또는 rotate3D(표 12.7)를 사용해 뒤집힌 엘리먼트의 뒷면을 숨겨준다.

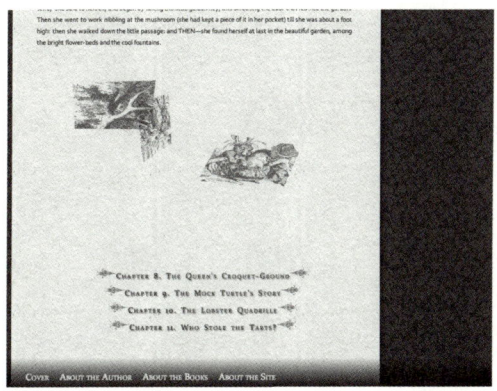

Ⓓ 이제 웹킷 브라우저에서는 썸네일이 3D 공간에서 회전한 모습으로 보인다.

표 12.6 perspective-origin 속성값

속성값	호환성
\<percentage\>	S3.1, C5, CSS3
\<length\>	S3.1, C5, CSS3
\<keyword\>	S3.1, C5, CSS3

표 12.7 backface-visibility 속성값

속성값	호환성
visible	S3.1, C5, CSS3
hidden	S3.1, C5, CSS3

5. 다른 브라우저의 확장 속성을 사용해 CSS 선언에 변형 속성을 추가한다.

   -webkit-transform:
   -moz-transform:
   -o-transform:
   transform:

   3D 변형은 값만 다를 뿐 2D 변형과 동일한 속성을 사용한다.

6. 투영점을 설정한다.

   perspective(250)

   3차원 변형을 적용하려면 심도를 나타내는 3차원 perspective 속성을 엘리먼트에 정의해야 한다. 값은 0부터 시작하고 값이 낮을수록 3D 시점이 부각되고 값이 클수록 3D 시점 효과는 줄어든다.

7. 변형값을 추가한다.

   scale3d(.75,.5,1)
   → rotate3d(5,4,2,-10deg);

   각 브라우저의 고유 속성에 대해서도 관련 괄호값과 함께 같은 변형값을 추가한다(표 12.8).

   ▶ **rotate3d()**는 X, Y, Z축을 정의할 세 숫자를 필요로 하고 세 축을 기준으로 엘리먼트를 회전시킨다. 양수 값은 엘리먼트를 시계 방향으로 회전시키고 음수 값은 엘리먼트를 반시계 방향으로 회전시킨다.

   ▶ **rotateZ()**는 엘리먼트를 Z축을 따라 회전시킬 각을 지정한다. 양수 값은 엘리먼트를 시계 방향으로 회전시키고 음수 값은 엘리먼트를 반시계 방향으로 회전시킨다.

표 12.8 3D transform-style 속성값

속성값	호환성
perspective(⟨number⟩)	S3.1, C5, CSS3
rotate3d(⟨number×3⟩,⟨angle⟩)	S3.1, C5, CSS3
rotateZ(⟨angle⟩)	S3.1, C5, CSS3
translate3d(⟨length×3⟩,)	S3.1, C5, CSS3
translateZ(⟨length⟩)	S3.1, C5, CSS3
scale3d(⟨number×3⟩,)	S3.1, C5, CSS3
scaleZ(⟨length⟩)	S3.1, C5, CSS3
matrix3d(⟨various×16⟩)	S3.1, C5, CSS3

> **디자인 개선에 대한 짧은 생각**
>
> 한 가지만 강조하겠다. 스타일이 브라우저 호환이 되지 않는다면(즉, 일반 브라우저에서 모두 사용할 수 없다면) 절대로 스타일에 의존해 웹 사이트 기능을 만들지 말자.
>
> 아직 이해 못하는 독자들을 위해 한 번 더 얘기한다. 브라우저 호환이 되지 않는 스타일이라면 웹 사이트 기능이 해당 스타일에 의존하는 일이 없게 해야 한다.
>
> 하지만 이와 별개로 트랜지션 같은 스타일을 사용해 디자인을 개선하고 사용자 경험을 향상시키는 것은 여전히 권장할 만하다. 다만 이런 스타일을 볼 수 없는 사용자의 사용성이 희생되게 해서는 안 된다는 것이다. 설사 트랜지션이 없더라도 사용자가 작업을 끝마칠 수만 있다면 이런 스타일의 사용은 충분히 납득할 수 있다.

- **scale3d()**는 너비(X) 및/또는 높이(Y), 엘리먼트의 심도(Z)에 곱할 곱셈 인자 세 개를 필요로 한다. 양수 값은 엘리먼트의 크기를 증가시킨다. 음수 값은 크기를 증가시키지만 축을 기준으로 엘리먼트를 반전시킨다. 1보다 작은 소수점 숫자는 크기를 줄인다.
- **scaleZ()**는 엘리먼트의 깊이(Z)에 대한 곱셈 인자로 사용할 숫자 값을 지정한다. 양수 값은 엘리먼트의 크기를 증가시킨다. 음수 값은 엘리먼트의 크기를 증가시키지만 축을 기준으로 엘리먼트를 반전시킨다. 1보다 작은 소수점 숫자는 크기를 줄인다.
- **translate3d()**는 엘리먼트의 X, Y, 및/또는 Z축을 따라 엘리먼트 위치를 조절할 세 길이 값을 필요로 한다. 양수 값은 아래, 오른쪽 및 (더 커지도록) 전방으로 위치를 움직이고 음수 값은 위, 좌측 및 (더 작아지도록) 후방으로 위치를 움직인다.
- **translateZ()**는 엘리먼트의 Z축을 기준으로 엘리먼트 위치를 조절할 길이 값을 지정한다. 양수 값은 전방으로 위치를 움직이고 음수 값은 후방으로 위치를 움직인다. X 및 Y 값과 달리 퍼센트 값은 Z축에 사용할 수 없다.
- **matrix3d()**는 16개의 값으로 이루어진 4x4 행렬로서 앞의 변형값들을 단독으로 또는 조합해서 단축값으로 사용할 수 있게 해 준다.

TIP 필자도 3D 변형에서 각 변형값이 하는 일을 파악하는 과정이 다소 어지럽다고 느낀다. 처음 보기에 직관적이지 않아 보이더라도 걱정하지는 말자. 다양하게 실험하다 보면 모호했던 내용이 명확하게 이해될 것이다.

CSS3의 새 기능 – 엘리먼트 상태 간의 트랜지션 추가★

사용자들은 화면에서 변화나 움직임을 보고 싶어하지만 CSS와 HTML에는 상호작용을 디자인할 수 있는 기능이 거의 없고 설사 있는 기능들도 지금까지는 아래처럼 단순히 온/오프 수준이었다.

- 링크는 한 색상으로 지정하거나 다른 색상으로 지정할 수 있다.
- 텍스트 필드는 한 크기나 다른 크기로 지정할 수 있다.
- 사진은 투명하거나 불투명하다.

과거에는 한 상태에서 다음 상태 사이의 중간 상태가 없었다. 트랜지션이 전혀 없었던 것이다.

이런 제약 탓에 대부분의 웹 페이지 느낌은 투박했고 엘리먼트의 움직임이나 변화는 우아하지 못했다.

우리에게 필요한 건 페이지에 빠르고 쉽고 간편하게 트랜지션을 추가하는 기능이다. 바로 이런 기능을 CSS 트랜지션이 해 줄 수 있다.

어떤 것을 트랜지션할 수 있나?

새로운 CSS3 속성을 비롯해 거의 모든 CSS 속성에는 시간 흐름에 따라 한 스타일에서 다른 스타일로 변화를 줄 수 있는 색상, 길이, 위치 요소가 있다.

표 12.9에는 사용 가능한 CSS 속성들과 트랜지션할 수 있는 값들이 정리돼 있다. 이 가운데 한 가지 예외 속성으로 box-shadow가 있다.

트랜지션이 일어나려면 3장에서 배운 링크나 동적 의사 클래스를 사용해 엘리먼트에 상태 변화가 있게 해야 한다. 트랜지션은 시간 흐름에 따라 서로 다른 엘리먼트 상태에 스타일 변화를 주는 식으로 동작한다. 예를 들어 엘리먼트의 기본 상태 색상값은 호버 상태의 색상값이 되기까지 색상 스펙트럼에 있는 중간 색상값들을 거치게 된다 Ⓐ.

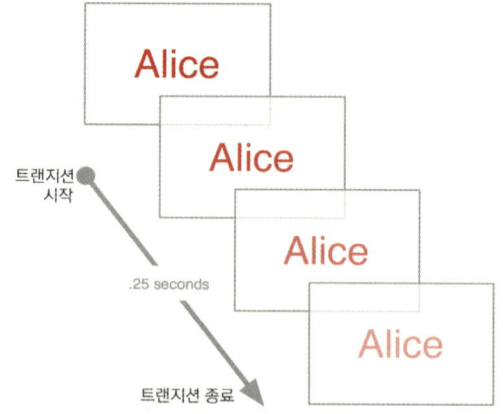

Ⓐ 즉시 바뀌는 게 아니라 시간이 흐름에 따라 서서히 바뀌는 트랜지션. 마치 영화의 프레임을 이어 놓은 것 같다.

표 12.9 사용할 수 있는 CSS 속성들

CSS 속성	트랜지션 대상값	CSS 속성	트랜지션 대상값
background-color	색상	margin-right	길이
background-image	그라디언트 전용	margin-top	길이
background-position	퍼센트 값, 길이	max-height	길이, 퍼센트 값
border-bottom-color	색상	max-width	길이, 퍼센트 값
border-bottom-width	길이	min-height	길이, 퍼센트 값
border-color	색상	min-width	길이, 퍼센트 값
border-left-color	색상	opacity	숫자
border-left-width	길이	outline-color	색상
border-right-color	색상	outline-offset	정수
border-right-width	길이	outline-width	길이
border-spacing	길이	padding-bottom	길이
border-top-color	색상	padding-left	길이
border-top-width	길이	padding-right	길이
border-width	길이	padding-top	길이
bottom	길이, 퍼센트 값	right	길이, 퍼센트 값
color	색상	text-indent	길이, 퍼센트 값
crop	사각 영역	text-shadow	섀도우
font-size	길이, 퍼센트 값	top	길이, 퍼센트 값
font-weight	숫자	transform	숫자, 각도, 너비
grid-*	다양함	vertical-align	키워드, 길이, 퍼센트 값
height	길이, 퍼센트 값	visibility	가시성
left	길이, 퍼센트 값	width	길이, 퍼센트 값
letter-spacing	길이	word-spacing	길이, 퍼센트 값
line-height	숫자, 길이, 퍼센트 값	z-index	정수
margin-bottom	길이	zoom	숫자
margin-left	길이		

상태 사이의 트랜지션 효과 추가

1. transition 속성을 추가한다.

   ```
   -webkit-transition:
   -moz-transition:
   -o-transition:
   transition:
   ```

   웹킷, 모질라, 오페라 브라우저 확장 속성과 함께 표준 CSS3 속성을 추가한다. 이때 표준 속성을 목록의 최하단에 둔다(코드 12.4).

2. 각 트랜지션에 대한 값을 추가한다.

   ```
   color .25s ease-in transform
   → .25s ease-in-out 0
   ```

   이때 값은 다음 값 중 하나를 선택한다(표 12.10).

   ▶ **표 12.11의 transition 속성**. 이 표를 보면 어떤 CSS 속성에 영향을 줄 수 있는지 알 수 있다.

표 12.10 transition 단축 속성값

속성값	호환성
\<transition-property\>	FF4, S3.1, C5, O10.5, CSS3
\<transition-duration\>	FF4, S3.1, C5, O10.5, CSS3
\<transition-delay\>	FF4, S3.1, C5, O10.5, CSS3

표 12.11 transition 속성값

속성값	호환성
\<CSSPropertytransition\>*	FF4, S3.1, C5, O10.5, CSS3
none	FF4, S3.1, C5, O10.5, CSS3
all	FF4, S3.1, C5, O10.5, CSS3

*표 12.9

코드 12.4 transformation-transition-properties.css : 코드 12.1에 적용하면 색상, 불투명도, 변형에 트랜지션이 적용돼 결과가 순식간에 바뀌는 게 아니라 서서히 바뀐다 Ⓑ.

```css
/*** CSS3 VQS | Chapter 12 | transformation-
→ transition-properties.css ***/
* {
  -webkit-transition: color .25s ease-in,
  → opacity .5s ease, -webkit-transform
  → .25s ease-in-out 0;
  -moz-transition: color .25s ease-in,
  → opacity .5s ease, -moz-transform .
  → 25s ease-in-out 0;
  -o-transition: color .25s ease-in,
  → opacity .5s ease, -o-transform .25s
  → ease-in-out 0;
  transition: color .25s ease-in, opacity
  → .5s ease, transform .25 ease-in-out 0; }

aside {
  -webkit-transform: rotate(-2deg);
  -moz-transform: rotate(-2deg);
  -o-transform: rotate(-2deg);
  transform: rotate(-2deg); }

div.gallery figure {
  width: auto;
  -webkit-transform-origin: left 25%;
  -moz-transform-origin: left 25%;
  -o-transform-origin: left 25%;
  transform-origin: left 25%;
  -webkit-transform-style: flat;
  transform-style: flat;
  -webkit-perspective: 5000;
  perspective: 5000;
  -webkit-perspective-origin: 25% 25%;
  perspective-origin: 25% 25%;
  -webkit-backface-visibility: visible;
  backface-visibility: visible; }

#f1 {
  -webkit-transform: perspective(250)
  → scale3d(.75,.5,1) rotate3d(5,4,2,-10deg);
  -moz-transform: scale(.75) rotate(10deg);
```

코드 12.4 ·계속

```
  -o-transform: scale(.75) rotate(10deg);
  transform: scale(.75) rotate(10deg); }

#f2 {
  -webkit-transform: perspective(250)
→ scale3d(.5,.75,1.5) rotate3d(-3,10,-8,18deg);
  -moz-transform:scale(.75) rotate(-8deg);
  -o-transform: scale(.75) rotate(-8deg);
  transform: scale(.75) rotate(-8deg); }

#f3 {
  -webkit-transform: perspective(250)
→ scale3d(1,.5,.75) rotate3d(3,6,10,20deg);
  -moz-transform: scale(.75)rotate(3deg);
  -o-transform: scale(.75) rotate(3deg);
  transform: scale(.75) rotate(3deg); }

#f1:hover, #f2:hover, #f3:hover {
  opacity: 1;
  -webkit-transform: rotate(0);
  -moz-transform: rotate(0);
  -o-transform: rotate(0);
  transform: rotate(0);
  cursor: pointer;
  clip: auto;
  z-index: 9999; }
```

▶ **기간** 기간은 트랜지션이 시작부터 끝까지 걸리는 시간을 보통 초단위로 설정한다(표 12.12). 이 값은 선택 사항이며, 지정하지 않으면 기본값인 0이 지정된다.

▶ **시간 함수** 시간 함수는 트랜지션 진행에 따른 트랜지션 속도를 정의하는 함수(표 12.13)다. 이 값은 필수 값은 아니며, 설정하지 않으면 기본값인 linear이 지정된다.

▶ **지연 시간** 지연 시간은 트랜지션이 시작하기 전에 얼마동안 멈출지를 지정한다(표 12.14). 이 값은 선택 사항이며, 설정하지 않으면 기본값인 0이 지정된다.

표 12.12 transition-duration 속성값

속성값	호환성
\<time\>	FF4, S3.1, C5, O10.5, CSS3

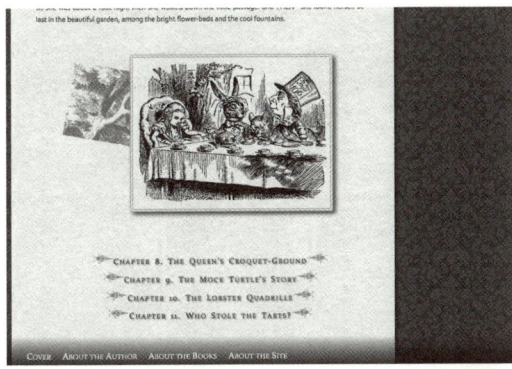

B 사용자가 이미지에 마우스를 올리면 시간 흐름에 따라 이미지가 트랜지션되며 썸네일 위치에서 전체 크기로 보일 때까지 애니메이션이 진행된다. 예제에는 회전, 색상, 투명도 애니메이션을 적용했다.

표 12.13 transition-timinig-function 속성값

시간 함수	동작 방식
cubic-bezier(\<numberx4\>,)	X와 Y값을 0과 1사이로 지정해 정의한 3차 베지어 곡선의 모양이 시간 함수로 사용된다.
linear	등속도
ease	점진적인 감속
ease-in	가속
ease-out	감속
ease-in-out	가속 후 감속

표 12.14 트랜지션 지연값

지연값	호환성
\<time\>	FF4, S3.1, C5, O10.5, CSS3

3. 필요에 따라 더 많은 트랜지션을 추가한다.

   ```
   , opacity .5s ease, transform
   ↪ .25 ease-in-out 0;
   ```

   콤마를 구분자로 사용하면 원하는 개수만큼 트랜지션을 추가할 수 있다. transform 값에 대해 트랜지션을 설정할 때는 예제에서 사용한 것처럼 올바른 브라우저 확장 속성도 함께 사용하도록 주의해야 한다.

   TIP 이 예제에서는 트랜지션 단축 속성을 사용하지만 이들 속성은 모두 transition-property, transition-duration, transition-timing-function, transition-delay 속성을 사용해 개별적으로 설정할 수 있다. 물론 이들 속성을 설정할 때는 표준 CSS 버전뿐 아니라 나머지 세 브라우저 확장 속성값도 함께 지정해야 하므로 코드의 양이 크게 늘어난다. 하지만 이 방식을 활용하면 특정 값을 쉽게 재정의할 수 있다.

> **기본 트랜지션**
>
> 필자는 공통 선택자에 기본 트랜지션을 추가해 화면의 모든 엘리먼트에 해당 스타일을 적용했다. 이렇게 하면 디자인 전반에 일관된 트랜지션을 적용할 수 있고 한 곳에서만 트랜지션을 적용하므로 코드의 양도 줄일 수 있다. 아울러 필요한 곳에서만 트랜지션을 재정의하기도 쉽다.
>
> 이런 식으로 공통 선택자를 사용할 때의 문제점은 페이지의 모든 엘리먼트에 스타일을 적용하게 돼서 렌더링이 느려진다는 것이다. 하지만 필자가 경험한 바로는 크고 복잡한 페이지라도 이런 속도 저하가 거의 없거나 전혀 없었다.

정리하며...

1. 11장에서 만든 코드를 기반으로 세 엘리먼트에 2D 변형을 추가한다. 여러 가지 변형 스타일과 값을 적용해 보고 효과를 확인한다.

2. 3D 변형을 추가로 적용한다. 이제 엘리먼트가 마치 페이지 위에 떠 있는 것처럼 보일 것이다.

3. 각 엘리먼트에 색상 트랜지션을 추가한다. 색상 트랜지션에는 대조된 두 색상 사이의 값을 사용하고 최소 1초 이상 트랜지션이 진행되게 한다.

13
CSS 문제 해결

굳이 입에 발린 말을 하진 않겠다. CSS도 버그가 있고 비일관성이 있으며 문제를 찾아내고 해결하기까지 몇 시간이 걸리는 멍청한 기능들이 있다. 하지만 이런 문제들을 해결할 수 있는 도구가 없는 건 아니다. 이 장에서는 가장 흔히 저지를 수 있는 문제들을 살펴보고 가장 중요한 해결책 및 모든 브라우저에 일관된 기본 스타일을 보여줄 수 있는 실전 활용법을 살펴보겠다.

이 장에서 다루는 내용

인터넷 익스플로러 관련 CSS 문제 해결	324
인터넷 익스플로러 박스 모델 수정	333
CSS 리셋	335
플로팅 수정	340

인터넷 익스플로러 관련 CSS 문제 해결

두말할 나위 없이 웹 페이지를 코딩할 때, 특히 CSS3를 사용할 때 부딪치는 대부분의 문제나 제약은 인터넷 익스플로러와 관련돼 있다. 가끔 IE 요소라고도 하는 이러한 제약은 표준을 준수하면서 파이어폭스, 사파리, 오페라 및 기타 브라우저 사용자층을 무시하고 싶지 않은 웹 디자이너들에게는 골칫거리다('점진적인 개선을 활용한 디자인' 사이드바 참고).

현재 인터넷 익스플로러 버전은 시대에 뒤처져 있다. 가장 최신 버전(IE8)도 CSS2만 간신히 지원하며 그 이전 버전에서는 CSS 지원이 훨씬 미흡하다. 하지만 가장 큰 문제는 쿼크 모드의 IE6, IE7, IE8을 지원해야 하는 경우다(이 장의 '쿼크 모드란?' 사이드바 참고).

이 책을 읽을 때쯤 나와 있을 IE9에서는 CSS3와 HTML5 호환성을 완벽하게 지원해서 이런 관행을 모두 바꾸기로 했다(1장의 'CSS3와 인터넷 익스플로러 9의 약속' 참고). 하지만 IE9가 기존 IE 브라우저들을 모두 대체할 때까지 얼마나 걸릴지는 아무도 장담할 수 없다. 현실적으로는 당분간 인터넷 익스플로러에 맞게 디자인을 수정하는 코드를 추가할 수밖에 없는 것이다.

다행히 이에 대한 해결책은 의도적이든 그렇지 않든 인터넷 익스플로러 자체에서 찾을 수 있다.

쿼크 모드란?

인터넷 익스플로러의 초기 버전에서 CSS 구현체는 버그투성이었고 표준에 벗어난 방식으로 동작했으며 W3C 표준을 명백히 잘못 이해한 결과물이었다. 인터넷 익스플로러 6과 이후 버전에서는 이러한 '쿼크'를 대부분 수정했지만 웹 브라우저가 갑자기 표준 호환쪽으로 바뀌면 기존 웹 사이트가 망가질 수 있다.

이에 대한 해결책은 독타입을 변환해 디자이너들이 기존 쿼크를 지원할지 표준을 지원할지 또는 둘 사이의 하이브리드 버전을 지원할지 지정하게 하는 것이었다.

이론상으로 모드를 설정하기 위해 할 일은 독타입을 선언하는 것밖에 없다.

- **쿼크 모드** - 페이지가 표준 호환 페이지가 아니거나 페이지에 과도기(transitional) 독타입이 사용된 것을 브라우저가 감지할 때 사용된다. 기본적으로 페이지를 IE6 방식으로 렌더링한다.
- **엄격 모드** - 특정 브라우저에서 정의한 표준을 사용하고 엄격한 독타입을 사용한다.
- **준표준 모드** - 파이어폭스, 사파리, 오페라(버전 7.5와 이후 버전)에는 테이블 셀의 가로 크기를 제외한 모든 CSS2 표준을 사용하는 세 번째 모드가 있다.

밑줄 핵

핵(hack)이란 원래 동작하지 않는 게 정상이지만 특정 상황에서 동작해서 특정 문제를 해결하는 데 사용할 수 있는 코드를 말한다. 일부 핵에서는 인터넷 익스플로러에서만 동작하는 CSS 코드를 포함하는 방법을 사용하지만 필자가 사용하기 가장 쉽다고 판단하는 방식은 밑줄 방식이다.

점진적인 개선을 활용한 디자인

모든 브라우저를 똑같이 만들지 않았다는 건 분명한 사실이다. 그럼 왜 모든 웹 사이트에서 모든 브라우저를 똑같이 처리해야 할까? 수년간 웹 디자이너들은 최소한의 공통 분모(IE)상에서 디자인을 적용하고 모든 브라우저에서 동일한 사용자 경험을 제공해야 한다는 믿음하에 사용 가능한 신기능들을 모두 무시했다.

왜 그랬을까?

사이트가 효과적으로 동작하고 특정 브라우저에서 잘 보이기만 한다면 왜 새로운 기능을 이용해보려고 하지 않을까? 왜 새로운 기능을 볼 수 없는 사용자들을 최대한 배려하면서 사용자 경험을 개선하는 점진적인 기능 개선 디자인을 활용하지 못했을까? 이 질문은 지난 수년간 웹디자이너들 사이에 논란이 됐던 질문이다.

점진적인 개선 기능을 사용하지 않은 가장 큰 이유는 클라이언트의 기대 때문이다. 웹 디자인에 대해 체계적으로 배우지 못한 대부분의 클라이언트는 자신들이 돈을 지불해 개발한 사이트가 다른 브라우저에서는 잘 보이다가 왜 유독 인터넷 익스플로러에서는 잘 안 보이는지 이해하지 못한다.

하지만 필자는 이런 클라이언트에게 조금만 상황 설명을 해 주면 클라이언트를 이해시킬 수 있다는 사실을 깨달았다. 이런 클라이언트에게는 점진적인 개선 기능과 관련해 다음과 같은 사실을 알려주면 된다.

1. **개발이 더 빠르다** – 둥근 모서리, 드롭 섀도우, 기타 효과를 만들기 위해 이미지를 여러 장 붙이는 데 시간을 낭비하지 않아도 코드 몇 줄을 추가하면 이 모든 게 해결된다.
2. **관리 비용이 저렴하다** – 이미지를 다시 작업하고 다시 잘라내고 다시 배포하는 것보다 코드를 변경하는 게 비용이 훨씬 더 적게 든다.
3. **결과가 더 좋다** – 스타일은 브라우저의 내장 기능이므로 직접 추가한 이미지보다 더 정확하게 보인다.

이런 설명을 해도 클라이언트가 의견을 굽히지 않는다면 점진적인 개선을 활용할 때의 예산과 그렇지 않을 때의 예산을 비교해서 보여주자. 보통 이 정도만 하면 웬만큼 고집 있는 클라이언트를 설득하는 데 문제가 없다.

밑줄 핵은 CSS 선언 앞에 있는 밑줄을 처리하는 실수를 활용해 퀵크 모드의 인터넷 익스플로러 전용 CSS 코드를 포함시키는 가장 간단한 방법이다. CSS 표준에 따르면 밑줄로 시작하는 모든 선언은 마치 주석을 사용한 것처럼 무시된다. 하지만 마이크로소프트가 인터넷 익스플로러 초기 버전을 만들었을 때는 마이크로소프트에서 이러한 표준을 이해하지 못해 퀵크 모드의 인터넷 익스플로러에서는 모두 이러한 CSS 선언을 사용할 수 있게 됐다 Ⓐ. 이런 실수를 활용하면 퀵크 모드에 사용할 CSS 재정의를 다른 브라우저가 해석하지 않게 할 수 있다.

IE 밑줄 방식 사용

1. 표준 호환 선언을 CSS 규칙에 추가한다. 이 코드는 다른 브라우저용 디자인에 사용할 코드를 말한다(코드 13.1).

   max-width: 980px;
   → min-width: 640px;
   → width: 100%

2. 선언 앞에 밑줄(_)을 사용해 IE 전용 선언을 추가한다. 이 값은 IE 퀵크 모드를 사용하는 모든 브라우저에 대해 해당 속성의 기존값을 재정의한다.

   _width: 800px;

TIP 밑줄 방식은 IE에서 스타일을 설정하고 테스트할 때 빠르고 간편하게 활용할 수 있지만 좋은 코딩 방식은 아니다. 필자는 개발할 때만 이 방식을 활용하고 핵 코드를 IE 조건 CSS에 둘 것을 권장한다.

IE 전용 CSS

_width: 800px;
밑줄

Ⓐ 밑줄 방식을 사용하는 일반 구문. 밑줄과 같은 줄에 있는 CSS는 퀵크 모드의 인터넷 익스플로러를 제외한 다른 브라우저에서는 모두 무시된다.

코드 13.1 표준 호환 브라우저는 브라우저 너비 Ⓑ 에 따라 640px부터 980px까지의 범위를 사용하는 반면 IE6에서는 max/min 너비를 지원하지 않아서 캐스케이딩에 따라 항상 800px만 사용한다 Ⓒ. 이 원칙은 다른 속성이나 값을 적용할 때도 똑같이 적용된다.

```
<!DOCTYPE html>
<html dir="ltr" lang="en-US">
  <head>
    <meta charset="utf-8">
    <title>Alice's Adventures in Wonderland</title>
    <style type="text/css">
      p {
        padding: 10px;
        margin: 10px auto;
        max-width: 980px;
        min-width: 640px;
        width: 100%
        _width: 800px;
        outline: 1px solid red;
        _border: 1px solid red; }
    </style>
  </head>
  <body>
    <p>Suddenly she came,...</p>
    <p>Alice opened the,....</p>
    <p>There seemed to,...</p>
  </body>
</html>
```

Suddenly she came upon a little three-legged table, all made of solid glass; there was nothing on it except a tiny golden key, and Alice's first thought was that it might belong to one of the doors of the hall; but, alas! either the locks were too large, or the key was too small, but at any rate it would not open any of them. However, on the second time round, she came upon a low curtain she had not noticed before, and behind it was a little door about fifteen inches high: she tried the little golden key in the lock, and to her great delight it fitted!

Alice opened the door and found that it led into a small passage, not much larger than a rat-hole: she knelt down and looked along the passage into the loveliest garden you ever saw. How she longed to get out of that dark hall, and wander about among those beds of bright flowers and those cool fountains, but she could not even get her head though the doorway; 'and even if my head would go through,' thought poor Alice, 'it would be of very little use without my shoulders. Oh, how I wish I could shut up like a telescope! I think I could, if I only know how to begin.' For, you see, so many out-of-the-way things had happened lately, that Alice had begun to think that very few things indeed were really impossible.

There seemed to be no use in waiting by the little door, so she went back to the table, half hoping she might find another key on it, or at any rate a book of rules for shutting people up like telescopes: this time she found a little bottle on it, ('which certainly was not here before,' said Alice,) and round the neck of the bottle was a paper label, with the words 'DRINK ME' beautifully printed on it in large letters.

ⓑ 파이어폭스에서 본 코드 13.1의 결과 화면. 창 너비에 따라 너비가 커지거나 작아진다.

Suddenly she came upon a little three-legged table, all made of solid glass; there was nothing on it except a tiny golden key, and Alice's first thought was that it might belong to one of the doors of the hall; but, alas! either the locks were too large, or the key was too small, but at any rate it would not open any of them. However, on the second time round, she came upon a low curtain she had not noticed before, and behind it was a little door about fifteen inches high: she tried the little golden key in the lock, and to her great delight it fitted!

Alice opened the door and found that it led into a small passage, not much larger than a rat-hole: she knelt down and looked along the passage into the loveliest garden you ever saw. How she longed to get out of that dark hall, and wander about among those beds of bright flowers and those cool fountains, but she could not even get her head though the doorway; 'and even if my head would go through,' thought poor Alice, 'it would be of very little use without my shoulders. Oh, how I wish I could shut up like a telescope! I think I could, if I only know how to begin.' For, you see, so many out-of-the-way things had happened lately, that Alice had begun to think that very few things indeed were really impossible.

There seemed to be no use in waiting by the little door, so she went back to the table, half hoping she might find another key on it, or at any rate a book of rules for shutting people up like telescopes: this time she found a little bottle on it, ('which certainly was not here before,' said Alice,) and round the neck of the bottle was a paper label, with the words 'DRINK ME' beautifully printed on it in large letters.

ⓒ 인터넷 익스플로러 6에서 본 코드 13.1의 결과 화면. 페이지가 거의 같아 보이지만 실제로는 outline이 아니라 border를 사용하며, 창에 따라 동적으로 크기가 바뀌지 않는다.

IE 조건문 CSS

인터넷 익스플로러(유독 인터넷 익스플로러에서만)는 다른 브라우저에서 무시하는 조건문(만약 이렇다면... 이렇게 한다)을 해석할 수 있다 ⓓ. 이를 활용하면 특정 인터넷 익스플로러 버전에 최적화된 CSS를 링크할 수 있다.

인터넷 익스플로러에 사용할 조건 스타일 설정

1. 표준 호환 CSS를 추가한다. 이 CSS는 문서의 헤드에서 `<style>` 태그를 사용해 포함하거나 `<link>` 태그 또는 `@import` 규칙을 사용해 불러온다(코드 13.2).

   `<style type="text/css">...</style>`

2. 조건문 주석을 추가하고 대상으로 삼는 IE 버전을 지정한다. HTML 주석 내에 if문을 대괄호 안에 사용한 다음 CSS를 재정의할 인터넷 익스플로러 버전을 지정한다.

   `<!--[if lte IE 8]>`

   표 13.1에는 대상 브라우저 또는 브라우저 버전 범위에 대해 사용할 수 있는 논리적인 연산자들이 정리돼 있다.

   단순히 IE만 사용하면 해당 CSS가 모든 인터넷 익스플로러 버전에서 사용된다. 공백 뒤에 숫자를 추가하면 특정 버전 번호를 지정할 수 있다. 예를 들어 IE 6을 사용하면 CSS가 독타입과 상관없이 인터넷 익스플로러 6에서만 사용된다.

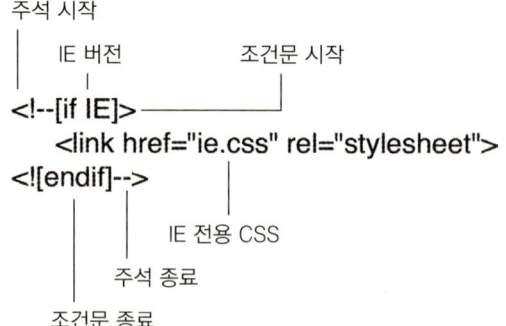

ⓓ 조건문의 일반 구문. 주석 사이에 들어간 내용은 특정 버전의 인터넷 익스플로러에서만 사용된다.

표 13.1 IE 조건문

IE	특정 IE 버전
lt IE ⟨version⟩	지정한 버전보다 낮은 버전
lte IE ⟨version⟩	지정한 버전 이하의 버전
IE ⟨version⟩	지정한 버전
gte IE ⟨version⟩	지정한 버전 이상의 버전
gt IE ⟨version⟩	지정한 버전보다 높은 버전

TIP IE9에서는 HTML5과 CSS3 호환성을 약속하고 있으므로 필자는 IE 조건문을 'lte IE 8'로 지정할 것을 권장한다. 이렇게 하면 인터넷 익스플로러 8이하의 버전에만 해당 CSS가 적용되기 때문이다.

TIP 물론 인터넷 익스플로러 버전별로 서로 다른 코드를 추가할 수도 있지만 이러한 링크나 임포트 개수는 최소한으로 두는 게 좋다. 외부 파일을 더 많이 불러올수록 웹 페이지가 로드되는 시간이 더 길어지기 때문이다.

3. 브라우저 버전(들)에 맞는 IE 전용 CSS를 추가한다. 이 값은 표준 CSS에 지정한 해당 속성값을 재정의한다. 이 값은 `<style>` 태그를 사용해 문서의 헤드에 추가할 수도 있고 `<link>` 태그나 @import 규칙을 사용해 불러올 수도 있다.

   `@import url(ie-fix.css);`

4. 조건 주석을 닫는다. 대괄호 안에 endif를 사용해 조건 주석을 닫는다.

   `<![endif]-->`

코드 13.2 이번에는 12장의 최종 HTML **E**에 인터넷 익스플로러에 맞춘 특정 CSS 링크가 포함됐다(코드 13.3). 이 CSS는 브라우저가 IE8 이하 버전일 때만 추가된다 **F G**. library.css 파일(아래 코드는 나와 있지 않음)은 5장부터 12장까지의 CSS를 모두 한 파일로 합친 파일이다.

```
<!-- HTML5 -->
<!DOCTYPE html>
<html dir="ltr" lang="en">
<head>
<meta http-equiv="Content-Type" content="text/html; charset=UTF-8" />
<title>Alice's Adventures in Wonderland</title>
<link href="../_css/library.css" type="text/css" media="all" rel="stylesheet">
  <!--[if lte IE 8 ]>
    <script src="../_script/HTML5forIE.js" type="text/javascript"></script>
    <link href="../_css/ie-fix.css" type="text/css" media="all" rel="stylesheet">
  <![endif]-->
</head>
<body id="chapter07" class="book aaiw chapter">
<header class="page">
<h1>Alice's Adventures In Wonderland</h1>
<p class="byline">by <span class="author">Lewis Carroll</span></p>

<nav class="global">
  <ul>
    <li><a href="" target="_self">Cover</a></li>
    <li><a href="" target="_self">About the Author</a></li>
    <li><a href="" target="_self">About the Books</a></li>
    <li><a href="" target="_self">About the Site</a></li>
  </ul>
</nav>
```

Code 13.2 계속

```
</header>
<article><!-- Article -->
<nav>
  <ol class="toc top">
    <h2><a href="" target="_self">Down the Rabbit-Hole</a></h2>
    <h2><a href="" target="_self">The Pool of Tears</a></h2>
    <h2><a href="" target="_self">A Caucus-Race and a Long Tale</a></h2>
    <h2><a href="" target="_self">The Rabbit Sends in a Little Bill</a></h2>
    <h2><a href="" target="_self">Advice from a Caterpillar</a></h2>
    <h2><a href="" target="_self">Pig and Pepper</a></h2>
  </ol>
</nav>
<h2><strong>CHAPTER 7.</strong> A Mad Tea-Party</h2>
<figure>
<img src="../_images/AAIW-illos/alice26a.png" alt="alice15a">
<figcaption>
"Twinkle, twinkle, little bat!<br/>
How I wonder what you're at!"
</figcaption>
</figure>
<p>
There was a table set out under a tree in front of the house, and the
March Hare and the Hatter were having tea at it: a Dormouse was sitting
between them, fast asleep, and the other two were using it as a
cushion, resting their elbows on it, and talking over its head. 'Very
uncomfortable for the Dormouse,' thought Alice; 'only, as it's asleep, I
suppose it doesn't mind.'
</p>
<div class="gallery">
<figure id="f1">
  <img src="../_images/AAIW-illos/alice24a.png" alt="alice15a">
</figure>
<figure id="f2">
  <img src="../_images/AAIW-illos/alice25a.png" alt="alice15a">
</figure>
<figure id="f3">
  <img src="../_images/AAIW-illos/alice27a.png" alt="alice15a">
</figure>
</div>
<nav>
<ol class="toc continued">
  <h2><a href="" target="_self">The Queen's Croquet-Ground</a></h2>
  <h2><a href="" target="_self">The Mock Turtle's Story</a></h2>
  <h2><a href="" target="_self">The Lobster Quadrille</a></h2>
  <h2><a href="" target="_self">Who Stole the Tarts?</a></h2>
```

Code 13.2 계속

```
</ol>
</nav>
<br>
</article>
<aside>
<h3>About Lewis Carroll</h3>
<h4>From <cite>Wikipedia</cite></h4>
<p>Charles Lutwidge Dodgson,...</p>
</aside>
<footer class="page">
<nav class="global">
  <ul>
    <li><a href="" target="_self">Cover</a></li>
    <li><a href="" target="_self">About the
    ↪ Author</a></li>
    <li><a href="" target="_self">About the
    ↪ Books</a></li>
    <li><a href="" target="_self">About the
    ↪ Site</a></li>
  </ul>
</nav>
</footer>
</body>
</html>
```

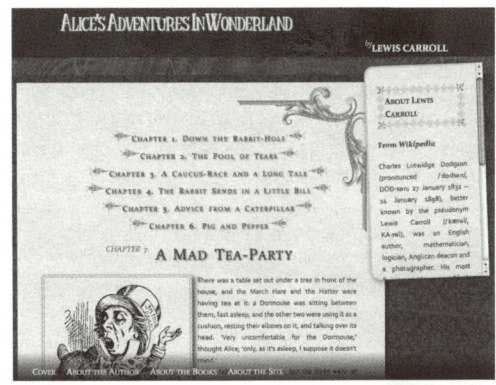

🅔 파이어폭스에서 본 코드 13.2의 결과 화면

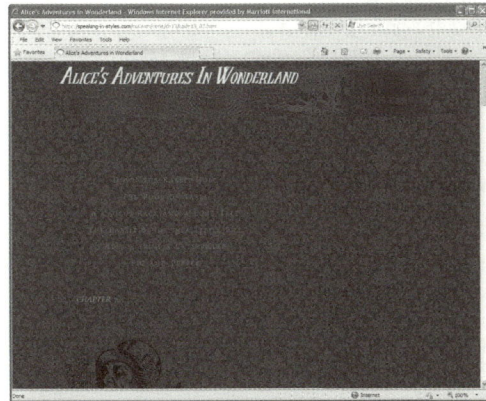

🅕 인터넷 익스플로러 7에서 본 코드 13.2의 결과 화면

🅖 인터넷 익스플로러에 맞게 IE 핵(코드 13.3)을 적용한 후 인터넷 익스플로러 7에서 본 코드 13.2의 결과 화면

코드 13.3 ie-fix.css : 인터넷 익스플로러에서 페이지가 최대한 잘 보이게끔 library.css의 스타일을 재정의하기 위해 사용한 스타일. 이 스타일에서는 폰트 크기를 조금 늘리고 여러 배경을 단일 배경으로 변경하고 색상을 알파 값이 없는 색상으로 설정하고, IE 박스 모드에 맞게 너비와 높이도 수정하고 있다. 가장 중요한 수정 사항은 새로 추가된 HTML 엘리먼트들을 모두 블록 레벨로 설정하는 부분이다.

```
/*** CSS3 VQS | Chapter 13 | ie-fix.css ***/

/*** font properties ***/

body { font-size: 110%; }

/*** color & background properties ***/
header.page {
  background: rgb(102,0,0)
  → url(../_images/bg-book-spine-title.png)
  → no-repeat center top;
  height: 130px; }
article {
  background: rgb(242, 237, 217)
  → url(../_images/paper-01.jpg) repeat 0 0; }
article h2 strong {
  color: rgb(135,127,107); }
td {
  background-color: rgb(235,235,235); }
.byline {
  color: rgb(248, 240, 227); }
.byline .author {
  color: rgb(248, 240, 227); }

/*** list & table properties ***/
td {
  background-color: rgb(235,235,235); }

/*** box properties ***/
article,aside,canvas,details,dialog,
→ eventsource,figure,footer,header,hgroup,
→ mark,menu,meter,nav,output,progress,section,
→ time,video { display: block; }
```

코드 13.3 계속

```
header li {
  visibility: visible;
  float: left; }
figure {
  border: 6px double rgb(142, 137, 129); }
figcaption {
  border-top: 2px solid rgb(142, 137, 129);
  width: 100%; }
aside {
  width: 300px;
  height: 450px; }
aside h3 {
  padding: 5px;
  border: 6px double rgb(142, 137, 129); }

/*** visual formatting properties ***/
aside {
  position: relative;
  top: 10px; }

/*** transforamtion & transition properties
→ ***/
```

인터넷 익스플로러 박스 모델 문제 해결

모든 엘리먼트는 마진, 보더, 패딩 및 너비와 높이를 갖는 콘텐츠로 이루어진 사각형 '박스'다. 하지만 우리가 지금 하고 있는 건 웹 디자인이다. 그리고 웹 디자인은 그렇게 간단하지 않다.

그렇다. 문제는 모든 브라우저가 박스를 같은 방식으로 정의하지 않는다는 데서 시작한다. 이번에도 주범은 IE6이다.

CSS를 사용해 만든 W3C의 박스 정의에서는 이미지나 기타 객체가 보이는 너비와 높이가 콘텐츠 영역의 너비와 높이만을 나타낸다고 명시하고 있다. 하지만 엘리먼트가 차지하는 전체 영역은 콘텐츠 영역에 패딩 및 보더 크기를 더한 영역이 된다. 따라서 너비는 다음과 같이 계산할 수 있다.

(콘텐츠) 너비 + 왼쪽 패딩 + 오른쪽 패딩 + 왼쪽 보더 + 오른쪽 보더 = (전체) 너비

아쉽게도 인터넷 익스플로러 5.5까지는 패딩과 보더를 포함한 값을 너비와 높이 값으로 정의했다. 이로 인해 콘텐츠의 너비와 높이를 판단할 때는 패딩과 보더의 크기를 **빼줘야** 한다.

(전체) 너비 – 왼쪽 패딩 – 오른쪽 패딩 – 왼쪽 보더 – 오른쪽 보더 = (콘텐츠) 너비

따라서 다음과 같은 CSS 코드가 있을 때

```
#object1 {
border: 5px solid #000;
padding: 10px;
width: 100px;
}
```

W3C 표준을 따르는 브라우저(파이어폭스, 사파리, 오페라)는 콘텐츠 영역을 100 픽셀 너비로 설정하지만 전체 너비는 130 픽셀이 된다 .

100 + 5 + 5 + 10 + 10 = 130

그에 반해 인터넷 익스플로러 5.5 및 이전 버전의 IE에서는 엘리먼트의 전체 너비(보더에서 보더까지의 너비)를 100 픽셀로 설정하고 콘텐츠 너비를 70 픽셀로 줄인다 .

100 - 5 - 5 - 10 - 10 = 70

이것 자체도 문제지만 이후 상황은 더 안 좋아진다.

인터넷 익스플로러 6 이후부터는 W3C 표준을 따라 이 문제를 해결했다. 하지만 페이지에 과도기 독타입 정의(DTD)를 사용하거나(여전히 빈번히 사용된다) 브라우저가 인식하지 못하는(HTML5 같은) DTD를 사용하면 IE6과 IE7이 박스 모델의 '쿼크' 버전으로 돌아간다. 안타깝게도 여러분의 사이트는 생각보다 자주 IE의 쿼크 모드로 보이게 될 것이다.

그렇다면 이 상황에서 좋은 웹 디자이너가 할 일은 뭘까? 다음과 같은 해결책이 있다.

- 크기가 정해진 엘리먼트에는 보더 및/또는 패딩을 사용하지 않는다. 설사 사용하더라도 정확한 픽셀 레이아웃을 기대하지 않는다. 이 해결책은 대부분 현실적인 해결책이 되지 못하지만 간단한 사이트에는 적용이 가능하다.

- 엄격한 DTD를 적용해 브라우저가 표준 호환 박스 모델을 사용하게 한다. 보통 이 방식을 사용하면 아주 사소한 오류 하나만 발생하더라도 브라우저가 쿼크 모드로 되돌아가고 전체 디자인이 망가지기 때문에 이 방식은 현실적이지 못하다.

- IE 기술 중 하나(주로 조건문 주석)를 활용해 인터넷 익스플로러에 맞는 '동일' 너비 및/또는 높이 코드를 개별 적용한다.

 CSS 박스 모델을 사용한 박스. 콘텐츠 영역이 100 픽셀이고 패딩과 보더를 추가한 전체 너비는 130픽셀이다.

 익스플로러의 박스 모델에는 너비를 처리하는 방식이 따로 있다. 이로 인해 전체 너비는 100픽셀이 되고 콘텐츠 영역은 70픽셀로 줄어든다.

TIP 현재 이러한 두 박스 모델 중 사용할 박스 모델을 선택할 수 있게 해 주는 새로운 CSS3 속성(box-sizing)은 아직 개발 중이다.

CSS 리셋

2장에서는 브라우저 기본 스타일을 배웠다. 브라우저 개발자들이 HTML 태그에 적용되는 기본 스타일을 설정한 사실을 떠올려보자. 이로 인해 수많은 웹 사이트의 디자인이 기본 적용된다. 디자이너와 개발자는 브라우저 제조사의 디자인을 그대로 사용해 콘텐츠를 바로 보여줄 수 있다. 그런데 모든 브라우저가 같은 기본 스타일을 사용하는 건 아니다. CSS 리셋은 브라우저 기본 디자인의 적용 범위 수준을 결정하고 '천편일률적인' 디자인을 막기 위해 개발됐다.

정확한 CSS 리셋은 디자인 필요에 따라 선택 가능하다. 필자는 CSS 리셋을 간단히 지정하고 필요할 때만 특정 태그에 스타일을 추가하는 방법을 즐겨 쓴다. 하지만 일부 스타일은 일관되지 못하거나 (필자가 보기에는) 대부분의 브라우저에서 형편 없이 설정된 경우가 많다.

주요 CSS 속성을 (보통 none 또는 0으로) 재정의하면 몇 가지 장점이 있다.

- **나쁜 스타일을 줄일 수 있다.** 브라우저 제조사에서 추가한 이상하고 눈에 거슬리는 스타일을 없애거나 동작하지 않는 스타일을 제거할 수 있다. 일례로 폼 필드처럼 포커스 상태의 항목을 강조할 때 외곽선을 사용하는 것을 예로 들 수 있다. 물론 키보드로 이동할 때 이러한 강조선이 유용하기는 하지만 이런 부분은 여러분이 직접 디자인하는 게 맞다.

- **기본 디자인을 제거한다.** 디자인을 시작할 시작점을 설정할 수 있다. 브라우저가 페이지의 외양을 마음대로 정하게 하기보다는 여러분이 디자인 주도권을 쥐는 것이다.

- **브라우저 스타일의 일관성을 유지한다.** 다양한 브라우저 타입과 버전에 동일한 스타일 값을 사용한다. 브라우저마다 기본 스타일 값이 조금씩 다르기 때문에 리셋을 잘 활용하면 사용자의 브라우저와 상관없이 스타일 일관성을 최대한 유지할 수 있다.

CSS 리셋을 사용하려면 CSS 코드 최상단에 원하는 코드를 추가하기만 하면 된다. 나머지 작업은 코드가 다 알아서 해 준다.

간단한 CSS 리셋

스타일을 리셋하는 가장 쉬운 방법은 코드 13.4처럼 공통 선택자를 사용해 모든 태그에 적용할 기본 스타일을 설정하는 것이다. CSS 리셋은 최대한 간단히 적용해야 한다는 점에 주의하자. 코드 13.5도 같은 일을 하지만 공백과 줄바꿈을 모두 제거했다.

이렇게 하면 대부분의 주요 스타일을 금방 리셋할 수 있지만 한 가지 단점이 있다. IE6에서는 공통 선택자를 인식하지 못한다는 점이다. IE6 지원 문제가 걸린다면 선택자 목록에 모든 HTML 태그를 포함시켜야 한다. 공통 선택자를 사용할 때의 장점으로는 간단명료함뿐 아니라 새로 추가하는 HTML 태그에도 선택자가 항상 적용된다는 점을 들 수 있다.

코드 13.4 cssreset-simple.css : 이 CSS에서는 공통 선택자를 사용해 마진, 패딩, 보더, 외곽선, 줄 두께, 세로 정렬, 텍스트 장식 같은 몇 가지 주요 속성의 브라우저 기본값을 리셋하고 있다.

```
/*** CSS3 VQS | Chapter 13 |
   cssreset-simple.css ***/
* {margin: 0;
   padding: 0;
   border: 0;
   outline: 0;
   line-height: 1.4em;
   vertical-align: baseline;
   text-decoration: none; }
```

코드 13.5 cssreset-simple.css : 코드 13.4와 같은 코드지만 줄 바꿈과 공백을 모두 제거해 코드를 압축했다.

```
/*** CSS3 VQS | Chapter 13 |
   cssreset-simple.css ***/
*{margin:0;padding:0;border:0;outline:0;
   line-height:1.4em;vertical-align:
   baseline;text-decoration:none;}
```

YUI2: 리셋 CSS

야후에서는 HTML 엘리먼트 기본 스타일의 비일관성을 모두 제거하고 중화시키는 YUI2: 리셋 CSS를 개발했다. 이를 활용하면 모든 브라우저에서 일관된 스타일을 적용할 수 있는 기반을 마련할 수 있고, 배포 문서의 표현을 빌리자면, 여러분의 의도를 명시적으로 선언할 수 있는 튼튼한 기초를 마련할 수 있다.

이 CSS 리셋(코드 13.6)을 사용하면 특정 HTML 태그의 스타일을 처리하고 스타일을 맞출 수 있을 뿐 아니라 폰트 크기, 폰트 두께, 인용 부호 사용과 관련한 문제도 해결된다.

링크는 *developer.yahoo.com/yui/reset/*이다.

코드 13.6 cssreset-YUI2.css : 야후에서 개발한 YUI2 리셋 스타일은 특정 브라우저의 기본 스타일을 재정의하는 작업을 더 확실히 처리해 준다.

```css
/*** CSS3 VQS | Chapter 13 | cssreset-YUI2.css ***/
body,div,dl,dt,dd,ul,ol,li,h1,h2,h3,h4,h5,h6,pre,form,fieldset,input,textarea,p,blockquote,th,td {
  margin:0;
  padding:0; }
table {
  border-collapse:collapse;
  border-spacing:0; }
fieldset,img {
  border:0; }
address,caption,cite,code,dfn,em,strong,th,var {
  font-style:normal;
  font-weight:normal; }
ol,ul {
  list-style:none; }
caption,th {
  text-align:left; }
h1,h2,h3,h4,h5,h6 {
  font-size:100%;
  font-weight:normal; }
q:before,q:after {
  content:''; }
abbr,acronym {
  border:0; }
```

에릭 마이어의 리셋

야후에서 CSS 리셋을 내놓자 이에 대한 응답으로 유명 웹 디자이너인 에릭 마이어 또한 CSS 리셋 스크립트를 발표했다. 그의 블로그에 따르면 에릭 마이어에게는 야후의 CSS 코드가 어느 부분에서는 과도하고 어느 부분에서는 부족해 보였다고 한다. 이 스크립트(코드 13.7)는 타이포그래피 관련 스타일을 리셋하는 데 유용하다.

링크는 *meyerweb.com/eric/tools/css/reset/*이다.

TIP 모든 태그에 스타일을 전역으로 적용하면 브라우저 렌더링 엔진에 부담을 준다. 이러한 내용은 모든 태그에 적용되는 공통 선택자(*) 사용과 관련한 반론이 제기될 때도 자주 언급된다. 하지만 필자는 이러한 속도 저하가 정확히 어느 정도인지 보여주는 데이터를 한 번도 본 적이 없고 복잡한 페이지에서 자체 테스트해 보더라도 속도가 현저히 저하되는 걸 한 번도 본 적이 없다.

코드 13.7 cssreset-ericmeyer.css : 에릭 마이어가 개발한 이 리셋 스크립트는 야후 리셋보다 훨씬 단순하다.

```
/*** CSS3 VQS | Chapter 13 |
 cssreset-ericmeyer.css ***/

/* v1.0 | 20080212 */
html, body, div, span, applet, object, iframe,
h1, h2, h3, h4, h5, h6, p, blockquote, pre,
a, abbr, acronym, address, big, cite, code,
del, dfn, em, font, img, ins, kbd, q, s, samp,
small, strike, strong, sub, sup, tt, var,
b, u, i, center,
dl, dt, dd, ol, ul, li,
fieldset, form, label, legend,
table, caption, tbody, tfoot, thead, tr, th,
td {
  margin: 0;
  padding: 0;
  border: 0;
  outline: 0;
  font-size: 100%;
  vertical-align: baseline;
  background: transparent;
}
body {
  line-height: 1;
}
ol, ul {
  list-style: none;
}
blockquote, q {
  quotes: none;
}
blockquote:before, blockquote:after,
q:before, q:after {
  content: '';
  content: none;
}
/* remember to define focus styles! */
:focus {
  outline: 0;
}
/* remember to highlight inserts somehow! */
ins {
  text-decoration: none;
}
del {
  text-decoration: line-through;
}
/* tables still need 'cellspacing="0"' in the
 markup */
table {
  border-collapse: collapse;
  border-spacing: 0;
}
```

대체 어떤 스타일을 리셋해야 할까?

디자이너 입장에서 필자는 타이포그래피 대부분과 박스 스타일을 리셋한 다음 여러분이 지정한 스타일을 기본 스타일로 지정할 것을 권장한다. 브라우저가 스타일의 방향을 결정하게 두지 않는 것 외에 스타일 리셋이 필요한 또 다른 이유는 브라우저마다 각기 다른 스타일 기본값을 사용한다는 데 있다.

- 패딩, 보더, 마진 – 특히 이런 스타일은 브라우저별로 크게 다르기 때문에 디자이너가 리셋해야 하는 주요 스타일에 해당한다.
- 텍스트 밑줄 – 텍스트에 밑줄을 사용할 때는 절대 text-decoration 속성을 사용하지 말자. 필자는 심지어 링크라 하더라도 밑줄을 사용해서 시각적으로 지저분해진 것 이외에 별다른 디자인 효과를 보여주는 걸 한 번도 본 적이 없다. 밑줄을 사용하는 대신 border-bottom을 사용하면 비슷한 효과를 주면서도 두께, 색상, 밑줄의 라인 스타일 등 더 섬세한 디자인이 가능하다.
- 줄 간격 – 텍스트 줄 간격의 기본값은 1em으로 이 말은 텍스트가 숨쉴 공간이 거의 없다는 뜻이 된다. 모든 텍스트는 적어도 1.4em 정도의 여유는 둬야 한다.
- 외곽선 – 외곽선은 일부 브라우저에서 포커스가 위치할 때 폼 필드 같은 엘리먼트를 강조하기 위해 사용한다. 물론 이런 디자인 아이디어 자체는 좋지만 외곽선의 성격은 브라우저가 아니라 여러분이 디자인하는 게 맞다.
- 세로 정렬 – 세로 정렬은 다루기 까다롭고 좀처럼 기대한 대로 동작하지 않는다. 세로 정렬을 설정하는 가장 좋은 방법은 세로 정렬을 기준선과 일치시키고 상대 위치를 지정해 엘리먼트를 직접 위아래로 움직이는 것이다.
- 기타 – 여기서 설명한 스타일은 모두 기본 스타일이지만 실제 대부분의 CSS 리셋은 이 범위를 벗어난다. 이러한 기타 스타일은 주로 특정 태그 구현체에서 발생하는 문제를 해결할 때 리셋한다.

플로팅 문제 해결

CSS에는 원래 기능으로 만들었지만 지저분한 버그가 하나 있다. 바로 블록 레벨 엘리먼트를 블록 레벨 엘리먼트 내에서 플로팅하면 자식 엘리먼트가 부모의 공간을 하나도 차지하지 않는 문제다 Ⓐ. 오해하지는 말자. 자식 엘리먼트는 여전히 여러분이 생각하는 웹 페이지상에 그대로 있다. 문제는 배경이나 보더를 부모에 추가하면 마치 자식이 없는 것처럼 박스가 합쳐진다는 점이다. 이러한 버그는 컬럼을 설정하려고 할 때 특히 성가신 버그다.

이런 '기능'을 해결하고 부모가 버려진 자식 엘리먼트들을 모두 받아들이도록 강제하는 여러 가지 해결책이 개발됐지만 Ⓑ 이 중 두 가지 해결책이 가장 안정적이다. 첫 번째 해결책은 HTML 구조를 활용하는 것이고 두 번째 해결책은 순수 CSS만 활용하는 해결책이다.

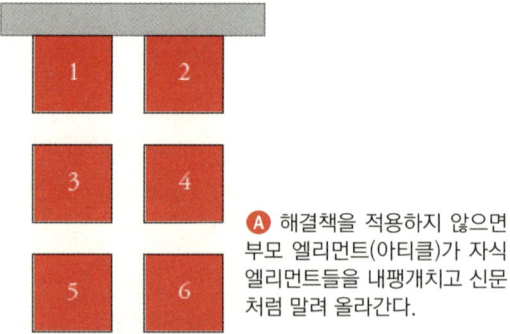

Ⓐ 해결책을 적용하지 않으면 부모 엘리먼트(아티클)가 자식 엘리먼트들을 내팽개치고 신문처럼 말려 올라간다.

Ⓑ 해결책을 적용하면 부모가 자식 엘리먼트들을 보호하기 위해 제 자리를 지킨다.

줄바꿈 태그를 사용하면 모든 문제가 해결된다

플로팅 엘리먼트의 문제는 해당 엘리먼트가 문서의 정상 흐름을 벗어나게 되면서 엘리먼트의 바닥을 지정하는 엘리먼트가 아무것도 남지 않게 된다는 점이다. 이런 문제를 해결하려면 (플로팅 자식들이 모두 나온 다음) 엘리먼트의 바닥에서 플로팅을 제거하면 된다. 이렇게 하면 엘리먼트가 자연스러운 크기로 되돌아 온다.

코드 13.8 줄바꿈 태그에 clearfix 스타일을 활용하려면 플로팅을 제거하고 부모에 다시 고정되도록 부모 엘리먼트의 하단에 새로운 엘리먼트 구조(br 태그)를 추가해야 한다.

```html
<!DOCTYPE html>
<html dir="ltr" lang="en-US">
  <head>
    <meta charset="utf-8">
    <title>Alice's Adventures in Wonderland</title>
    <style type="text/css">
      article {
        padding: 10px;
        background-color: rgb(204,204,204);
        border: 1px solid rgb(153,153,153);
        display: block;
        width: 150px; }
      .object {
        float: left;
        display: block;
        text-align: center;
        line-height: 50px;
        color: rgb(255,255,255);
        background-color: rgb(255,0,0);
        border: 1px solid rgb(153,0,0);
        margin: 10px;
        width: 50px;
        height: 50px; }
      .clearfix {
        clear: both; }
    </style>
    <!--[if lte IE 8 ]>
      <script src="../_script/HTML5forIE.js" type="text/javascript"></script>
    <![endif]-->
  </head>
  <body>
    <article>
      <div class="object">1</div>
      <div class="object">2</div>
      <div class="object">3</div>
      <div class="object">4</div>
      <div class="object">5</div>
      <div class="object">6</div>
      <br class="clearfix">
    </article>
  </body>
</html>
```

clearfix 적용

1. CSS에 clearfix라는 클래스를 생성한다. 이 클래스에는 모든 플로팅을 제거하기 위한 선언이 하나 들어간다(코드 13.8).

   `.clearfix { clear: both; }`

2. clearfix 클래스를 플로팅 엘리먼트를 포함하는 모든 부모 엘리먼트 하단의 줄바꿈 태그에 추가한다. 이 클래스는 플로팅을 제거하므로 이제 엘리먼트는 자연스러운 높이를 유지하게 된다.

   `<br class="clearfix">`

TIP 여기서는 플로팅 박스의 문제를 해결하기 위한 용도로 clearfix를 사용했지만 이 클래스는 플로팅을 제거해야 하는 곳이면 어디서나 사용할 수 있다.

TIP 이보다 훨씬 복잡한 clearfix 클래스도 있을 수 있다. 하지만 이 방식은 아래에서 설명하는 더 좋은 방식으로 대체할 수 있다.

오버플로우 해결책

부모 엘리먼트가 합쳐지는 걸 방지하는 또 다른 방법은 아주 간단하고 중요해 보이지 않아서 깜박 잊고 놓치기 쉬운 속성이다. 엘리먼트의 높이를 되살리려면 엘리먼트에 overflow를 설정하면 된다. 이걸로 끝이다. 엘리먼트의 오버플로우는 그냥 기본값인 auto로 설정하면 된다. 이렇게 하면 엘리먼트는 자식들을 모두 수용할 수 있는 공간을 계속 차지하게 된다.

오버플로우 해결책 적용

1. 높이가 합쳐지는 엘리먼트에 대해 overflow 속성을 추가한다. 부모가 정상적인 높이를 다시 갖게 하는 이 속성값은 기본값인 auto를 포함해 원하는 대로 설정할 수 있다(코드 13.9).

    overflow: auto;

2. 플로팅 자식을 갖는 부모 엘리먼트를 설정한다. 부모 엘리먼트에 overflow 선언이 들어 있는 한 이제 높이가 합쳐질 일은 없다.

    <aside>...</aside>

> **TIP** 블록에서 가로(가로는 쉽다) 및 세로로 숫자를 가운데 정렬하기 위해 필자가 사용한 트릭을 눈치챈 독자들도 있을 것이다. 가로 정렬에는 text-align: center 스타일을 사용했다. 세로 정렬에는 line-height를 박스의 높이와 똑같이 설정하는 방식을 사용했다. 텍스트가 한 줄일 경우 이 방식을 활용하면 항상 엘리먼트의 세로 중심에 텍스트를 정렬할 수 있다.

코드 13.9 오버플로우 해결책을 사용할 때는 오버플로우 속성을 부모의 스타일에 추가하기만 하면 모든 게 정상적으로 동작한다.

```html
<!DOCTYPE html>
<html dir="ltr" lang="en-US">
  <head>
    <meta charset="utf-8">
    <title>Alice's Adventures in Wonderland</title>
    <style type="text/css">
      article {
        padding: 10px;
        background-color: rgb(204,204,204);
        border: 1px solid rgb(153,153,153);
        width: 150px;
        display: block;
        overflow: auto; }
      .object {
        float: left;
        text-align: center;
        line-height: 50px;
        color: rgb(255,255,255);
        background-color: rgb(255,0,0);
        border: 1px solid rgb(153,0,0);
        margin: 10px;
        width: 50px;
        height: 50px; }
    </style>
    <!--[if lte IE 8 ]>
      <script src="../_script/HTML5forIE.js" type="text/javascript"></script>
    <![endif]-->
  </head>
  <body>
    <article>
      <div class="object">1</div>
      <div class="object">2</div>
      <div class="object">3</div>
      <div class="object">4</div>
      <div class="object">5</div>
      <div class="object">6</div>
    </article>
  </body>
</html>
```

14
핵심 CSS 기법

모든 웹 디자이너들이 CSS 기술을 적용할 때 꼭 알아둬야 하는 핵심 기법들이 몇 가지 있다. 이러한 CSS 기법은 거의 표준으로 굳어진 것으로 대부분의 웹 디자인에서 핵심 CSS 기법으로 사용된다.

이러한 CSS 핵심 기법들을 살펴보고 이를 활용한 컬럼 생성, 메뉴 스타일 적용, 드롭다운 메뉴, CSS 스프라이트 사용법을 알아보자.

이 장에서 다루는 내용

플로팅을 사용한 멀티컬럼 레이아웃 생성	346
링크와 내비게이션 스타일	350
CSS 스프라이트의 활용	354
CSS 드롭다운 메뉴의 생성	357

코드 14.1 이 장에서 사용할 HTML5 코드 ④. 컬럼과 메뉴를 좀 더 쉽게 적용할 수 있게 5-12장에서 사용한 코드를 조금 수정했다.

```
<!DOCTYPE html>
<html dir="ltr" lang="en-US">
 <head>
   <meta charset="utf-8">
   <title>Alice's Adventures in Wonderland</title>
 </head>
 <link href="code14_02.css" rel="stylesheet" media="all">
 <link href="code14_03.css" rel="stylesheet" media="screen">
 <link href="code14_04.css" rel="stylesheet" media="screen">
 <link href="code14_05.css" rel="stylesheet" media="screen">
 <link href="code14_06.css" rel="stylesheet" media="print">
 <body id="chapter01" class="book aaiw chapter">
   <header class="site">
     <h1>Alice's Adventures In Wonderland</h1>
     <p class="byline">by <span class="author">Lewis Carroll</span></p>
   </header>
   <section>
   <nav class="toc">
     <ul class="menu" >
       <li>Table of Contents</li>
       <ol class="drop">
         <li><a href="ch01.html">Down the Rabbit-Hole</a></li>
         <li><a href="ch02.html">The Pool of Tears</a></li>
         <li><a href="ch03.html">A Caucus-Race and a Long Tale</a></li>
         <li><a href="ch04.html">The Rabbit Sends in a Little Bill</a></li>
         <li><a href="ch05.html">Advice from a Caterpillar</a></li>
         <li><a href="ch06.html">Pig and Pepper</a></li>
         <li><a href="ch07.html">A Mad Tea Party</a></li>
         <li><a href="ch08.html">The Queen's Croquet-Ground</a></li>
         <li><a href="ch09.html">The Mock Turtle's Story</a></li>
         <li><a href="ch10.html">The Lobster Quadrille</a></li>
         <li><a href="ch11.html">Who Stole the Tarts?</a></li>
         <li><a href="ch12.html">Alice's Evidence</a></li>
       </ol>
     </ul>
   </nav>
     <article>
       <header class="page"><h2>Chapter 1. <strong>Down The Rabbit-Hole</strong></h2></header>
       <p>
       Alice was beginning <a href="" target="_self">to get very tired</a> of sitting by her sister
       ↪ on the
       bank, and of having nothing to do: once or twice she had peeped into the
       book her sister was reading, but it <a href="" target="_self">had no pictures or
       ↪ conversations</a> in
       it, 'and what is the use of a book,' <a href="" target="_self">thought Alice</a> 'without
       ↪ pictures or
```

코드 14.1 계속

```
      conversation?'
    </p>
   </article>
   <aside>
     <h3>About Lewis Carroll</h3>
     <h4>From <cite>Wikipedia</cite></h4>
     <p>Charles Lutwidge Dodgson,...</p>
   </aside>
  </section>
  <footer class="site">
   <h4>
     THE MILLENNIUM FULCRUM EDITION 3.0
   </h4>
  </footer>
 </body>
</html>
```

A 스타일을 적용하기 전의 웹 페이지(코드 14.1). 콘텐츠가 모두 수직으로 쌓여 있다.

플로팅을 사용한 멀티컬럼 레이아웃 생성

페이지 레이아웃을 적용할 때 가장 자주 사용하는 방식은 두 개 이상의 컬럼으로 구성된 그리드를 사용하는 것이다 Ⓐ. 이 방식을 사용하면 같은 가로 평면상에 다양한 정보와 기능을 다중 컬럼으로 보여 줄 수 있으므로 화면을 효율적으로 활용하고 스크롤도 없앨 수 있다.

꼭 이런 작업 용도로 사용하는 속성은 아니지만 float 속성(10장에서 설명)은 현재 대부분의 현대 웹 디자인에서 컬럼 구조의 그리드를 생성하는 표준 방식으로 사용된다. 보통 가로 또는 세로로 쌓이는 블록 레벨 엘리먼트를 양 옆으로 '플로팅'시키면 이러한 그리드 효과를 만들 수 있다 Ⓑ.

CSS를 사용한 멀티컬럼 레이아웃 설정

1. layout.css라는 외부 CSS 파일(코드 14.2)을 생성한다.
   layout.css
   이 파일에는 그리드 생성에 필요한 CSS가 포함되며 코드 14.1에 있는 HTML과 연결된다.

2. 콘텐츠의 너비를 정의할 규칙을 추가한다. 이 과정에서는 보통 아티클이 추가될 영역뿐 아니라 사이트의 헤더, 푸터 너비를 함께 정의해야 한다. 너비는 디자인 필요에 따라 결정할 수 있지만 많은 웹 페이지에서는 980 픽셀을 주로 사용한다.
   header.site, section,
   → footer.site {...}

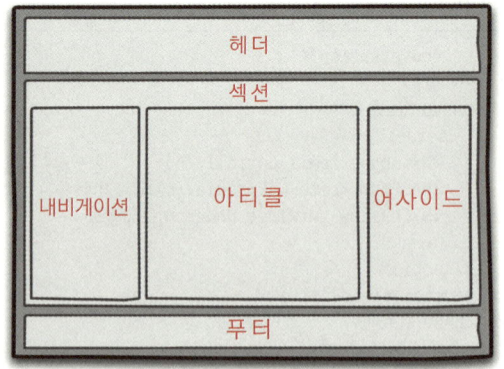

Ⓐ 바깥쪽 섹션 엘리먼트 내에 있는 세 개의 컬럼을 보여주는 페이지의 기본 골격.

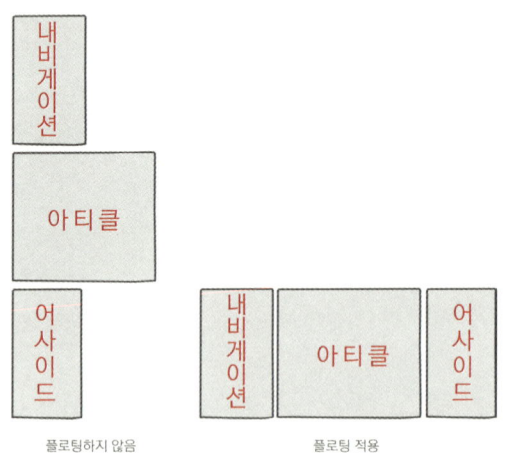

Ⓑ 플로팅을 적용하면 컬럼이 옆으로 차례대로 플로팅된다.

코드 14.2 layout.css : 코드 14.1에 적용하면 컬럼을 생성한다 ⓒ. 간단한 CSS 리셋뿐 아니라 레이아웃 코드에서 전체 페이지의 너비를 설정하고 각 컬럼의 너비 및 패딩을 설정한다(너비가 고정된 페이지일 경우 이 값은 페이지 전체 너비와 항상 일치해야 한다). 이어서 세 컬럼에 플로팅을 적용해 컬럼이 세로로 쌓이지 않고 가로로 플로팅되게 한다.

```css
/*** CSS3 VQS | Chapter 14 | layout.css ***/

/* CSS Simple Reset
---------------------------------------------------------- */

*{margin:0;padding:0;border:0;outline:0;line-height:1.4em;vertical-align:baseline;text-decoration:none;}


/* Layout
---------------------------------------------------------- */
header, nav, section, article, aside, footer {
  display: block; /* Sets HTML5 elements to block */
  overflow: hidden; /* Fixes Child Float Problem */ }

body {
  background-color: rgb(153,153,153);
  font: normal 1em/1.4em Perpetua, Constantia, times, "times new roman", serif; }

header.site, section, footer.site {
  width: 980px;
  clear: both;
  margin: 0 auto; }

section {
  background: rgb(204,204,204); }

nav, article, aside {
  float: left; }

nav {
  width: 235px;
  _width: 205px;     }

article {
  padding: 0 20px;
  background: rgb(255,255,255);
  width: 470px;
  _width: 430px;   }

aside {
  padding: 0 20px;
  width: 135px;
  _width: 95px;    }

ul {
  list-style: none;
  margin: 1em; }
```

Alice's Adventures In Wonderland

by Lewis Carroll

Table of Contents
1. Down the Rabbit-Hole
2. The Pool of Tears
3. A Caucus-Race and a Long Tale
4. The Rabbit Sends in a Little Bill
5. Advice from a Caterpillar
6. Pig and Pepper
7. A Mad Tea Party
8. The Queen's Croquet-Ground
9. The Mock Turtle's Story
10. The Lobster Quadrille
11. Who Stole the Tarts?
12. Alice's Evidence

Chapter 1. Down The Rabbit-Hole

Alice was beginning to get very tired of sitting by her sister on the bank, and of having nothing to do: once or twice she had peeped into the book her sister was reading, but it had no pictures or conversations in it, 'and what is the use of a book,' thought Alice 'without pictures or conversation?'

So she was considering in her own mind (as well as she could, for the hot day made her feel very sleepy and stupid), whether the pleasure of making a daisy-chain would be worth the trouble of getting up and picking the daisies, when suddenly a White Rabbit with pink eyes ran close by her.

There was nothing so VERY remarkable in that; nor did Alice think it so VERY much out of the way to hear the Rabbit say to itself, 'Oh dear! Oh dear! I shall be late!' (when she thought it over afterwards, it occurred to her that she ought to have wondered at this, but at the time it all seemed quite natural); but when the Rabbit actually TOOK A WATCH OUT OF ITS WAISTCOAT-POCKET, and looked at it, and then hurried on, Alice started to her feet, for it flashed across her mind that she had never before seen a rabbit with either a waistcoat-pocket, or a watch to take out of it, and burning with curiosity, she ran across the field after it, and fortunately was just in time to see it pop down a large rabbit-hole under the hedge.

In another moment down went Alice after it, never once considering how in the world she was to get out again.

The rabbit-hole went straight on like a tunnel for some way, and then dipped suddenly down, so suddenly that Alice had not a moment to think about stopping herself before she found herself falling down a very deep well.

Either the well was very deep, or she fell very slowly, for she had plenty of time as she went down to look about her and to wonder what was going to happen next. First, she tried to look down and make out what she was coming to, but it was too dark to see anything; then she looked at the sides of the well, and noticed that they were filled with cupboards and book-shelves; here and there she saw maps and pictures hung upon pegs. She took down a jar from one of the shelves as she passed; it was labelled 'ORANGE MARMALADE', but to her great disappointment it was empty: she did not like to drop the jar for fear of killing

About Lewis Carroll
From *Wikipedia*
Charles Lutwidge Dodgson (pronounced /ˈdɒdsən/, DOD-sən; 27 January 1832 – 14 January 1898), better known by the pseudonym Lewis Carroll (/ˈkærəl/, KA-rəl), was an English author, mathematician, logician, Anglican deacon and a photographer. His most famous writings are Alice's Adventures in Wonderland and its sequel Through the Looking-Glass, as well as the poems "The Hunting of the Snark" and "Jabberwocky", all examples of the genre of literary nonsense. He is noted for his facility at word play, logic, and fantasy, and there are societies dedicated to the

ⓒ 코드 14.1에 적용한 코드 14.2의 결과 화면. 컬럼이 이제 가로로 줄지어 있어서 세 컬럼을 한 번에 모두 볼 수 있다.

3. 컬럼에 float 속성을 설정한다. 대부분의 컬럼은 float:left를 사용하지만 필요에 따라 float:right 또는 둘을 조합해 사용할 수도 있다.
   nav, article, aside {...}

4. 컬럼 너비를 설정한다. 이 너비를 설정하기 전까지 컬럼은 부모 엘리먼트(section)의 전체 너비까지 펼쳐지고 옆으로 플로팅되지 않는다. 이때 추가로 마진과 패딩도 설정하는 게 좋다. 물론 패딩을 사용한다면 인터넷 익스플로러의 박스 모델 문제를 겪을 수 있다(12장 참고). 따라서 패딩을 사용한다면 (여기서 필자가 한 것처럼) 밑줄 방식을 사용하거나 12장에서 설명한 더 바람직한 방식인 조건 스타일을 사용해야 한다.
   nav {...}, article {...}, aside {...}

TIP 필자는 오차 범위를 감안해 보통 플로팅 엘리먼트 사이에 1내지 5픽셀 또는 1내지 2%의 여유 공간을 더 둔다. 물론 이런 오차 범위가 1픽셀밖에 차이가 안 나는 경우도 있다. 하지만 디자인에 적용할 정확한 오차 범위를 파악할 때는 여러 브라우저와 여러 창에서 디자인을 테스트해 봐야 한다.

TIP 여기서는 컬럼을 세 개만 사용했지만 원하는 개수만큼 컬럼을 추가할 수 있다. 이때는 float 속성을 사용한 <aside>나 <div> 엘리먼트를 추가하고 컬럼을 조절하기만 하면 된다.

링크 스타일과 내비게이션

링크가 없으면 웹은 아무것도 아니다. 많은 디자이너들이 링크에 적용된 기본 브라우저 스타일에 만족한다. 하지만 이런 기본 스타일 링크는 지루할 뿐더러 전역 내비게이션이든 콘텐츠 링크든 상관없이 모든 페이지를 똑같이 만들어 버린다.

의사 클래스를 사용해 링크에 스타일을 적용하는 법은 4장에서 이미 다뤘다. 하지만 내비게이션의 느낌을 더 살리려면 상황에 따라 링크에 스타일을 부여해야 한다.

내비게이션과 링크의 스타일 적용

1. links.css(코드 14.3)라는 외부 CSS 파일을 생성한다. 이 파일에는 코드 14.1의 링크 유형에 스타일을 적용할 CSS가 들어간다.

2. 기본 링크 스타일을 지정한다. links.css 파일에 앵커 태그에 대한 규칙 및 :link, :visited, :hover, :active 상태에 대한 규칙을 추가한다.

   ```
   a {...}
   a:link {...}
   a:visited {...}
   a:hover {...}
   a:active {...}
   ```

   필자는 텍스트 장식을 'none'으로 설정해 예쁘지 않은 밑줄을 제거할 것을 권장한다. 이렇게 하면 필요한 곳에 border-bottom 속성을 사용해 링크 밑줄을 추가할 수 있다.

단순 링크를 넘어선 accesskey를 통한 접근성 개선

웹 사이트를 방문하는 대부분의 사용자는 마우스를 사용하지만 마우스를 효과적으로 사용하지 못하거나 아예 사용할 수 없는 잠재 사용자도 많이 있다. 키보드나 음성 인식 시스템을 사용해 웹을 이동하는 이런 사용자를 위해서는 주요 링크에 accesskey 어트리뷰트를 추가해야 한다.

```
<a href="index.html"
    accesskey="h">Home (h)</a>
```

이 링크는 사용자가 H 키를 누를 때 포커스를 받기 때문에 사용자는 엔터키를 눌러(또는 음성을 통해) 페이지에 접근할 수 있다.

코드 14.3 links.css : 코드 14.1의 링크 스타일. 모든 링크(a) 엘리먼트에 기본 링크 스타일을 적용하고 단락 내 링크와 내비게이션에 사용하는 링크에는 특수 스타일을 적용했다 Ⓐ.

```css
/*** CSS3 VQS | Chapter 14 | links.css ***/
/* Default Link Styles
------------------------------------------------------------ */
a {
  text-decoration: none; }
a:link {
  color: rgb(204,0,0); }
a:visited {
  color: rgb(153,0,0); }
a:hover {
  color: rgb(255,0,0); }
a:active {
  color: rgb(0,255,255); }

/* Contextual Link Styles
------------------------------------------------------------ */
p a {
  font-style: italic;
  font-size: 1.2em;}

p a:link, p a:visited {
  border-bottom: 1px dotted rgb(255,153,153); }

p a:hover, p a:active {
  background-color: rgb(255,235,235);
  border-bottom: 1px solid rgb(255,102,102); }

/* Navigation Link Styles
------------------------------------------------------------ */
nav.toc .menu a {
  display: block;
  text-decoration: none;
  padding: 10px;
  width: 100%;
  height:100%; }

nav.toc .menu a:link, nav.toc .menu a:visted {
  color: rgb(153,0,0); }

nav.toc .menu a:hover {
  color: rgb(255,255,255);
  -webkit-transition: color .25s ease;
  -moz-transition: color .25s ease;
```

3. 단락, 리스트, 테이블 등에 사용할 특정 하이퍼텍스트 링크 스타일을 지정한다. 단락 내의 링크는 다른 텍스트로 둘러싸여 있기 때문에 좀 더 강조해야 한다.

   p a {...}
   p a:link {...}
   p a:visited {...}
   p a:hover {...}
   p a:active {...}

   색상뿐 아니라 다른 텍스트보다 링크를 돋보이게 할 수 있는 방법으로는 다음과 같은 것들이 있다.

   ▶ border-bottom을 사용해 밑줄 스타일, 두께, 색상 스타일을 적용한 밑줄 방식

   ▶ 링크 텍스트에 추가 스타일과 두께를 지정하는 이탤릭 또는 볼드 스타일

   ▶ 강조 효과를 주는 배경색 또는 이미지(이 장의 'CSS 스프라이트의 활용' 참고)

   ▶ 큰 글자 크기의 스타일 적용

4. 내비게이션 링크 스타일을 지정한다. 내비게이션 링크는 CSS가 없더라도 링크가 리스트 내에 보이도록 거의 대부분 리스트로 설정한다(13장에서 배운 점진적인 디자인 개선을 기억하자).

   nav ol {...}

   이 스타일은 내비게이션 링크에 적용한 기본 스타일이지만 아직 메뉴 스타일 적용은 끝난 게 아니다. 메뉴 스타일 적용은 다음 두 절에서 자세히 살펴보겠다.

Code 14.3 계속

```
-o-transition: color .25s ease;
transition: color .25s ease; }
nav.toc .menu a:active {
color: rgb(153,0,0); }

nav.toc ul {
list-style: none;
margin: 0;
padding: 0; }

nav.toc .menu {
display: block;
position: relative;
height: auto;
width: 230px;
background-color: rgb(235,235,235);
cursor: pointer; }

nav.toc .menu:hover {
background: rgb(0,0,0);
color: rgb(255,255,255);
}

nav.toc .menu li {
font-weight: bold;
padding: 5px;
margin: 5px 0; }

nav.toc .menu .drop {
display: block;
background-color: rgb(235,235,235);
position: relative;
width: auto; }
```

Ⓐ links.css(코드 14.3) 스타일을 추가한 웹 페이지(코드 14.1)를 보여준다. 단락 내의 하이퍼텍스트 링크와 메뉴의 내비게이션 링크가 이제 더 분명해졌다.

CSS 스프라이트의 활용

CSS 스프라이트 기법을 활용하면 동적 의사 클래스를 사용해 버튼, 메뉴, 기타 UI 컨트롤에 사용할 서로 다른 상태가 포함된 단일 이미지를 만들 수 있다. 이 파일에는 버튼을 구성하는 개별 스프라이트를 모두 집어넣고 서로 충돌하지 않도록 개별 스프라이트 사이에 충분한 간격을 둬야 한다. 이렇게 한 다음 이 이미지를 엘리먼트의 배경으로 사용하고 배경 위치 속성(음수 값을 사용하면 배경을 위 및/또는 왼쪽으로 움직인다)을 활용하면 스프라이트의 올바른 위치를 잡을 수 있다. 이때 이미지는 하나만 로드하면 되므로 브라우저가 서버 호출을 한 번만 해서 사이트 속도가 개선된다.

예를 들어 앞 절의 메뉴에서 포인터 아이콘을 옵션 오른쪽에 두면 새로운 페이지를 로드한다는 것을 보여줄 수 있으므로 좋을 것이다. 스프라이트에는 세 가지 동적 상태에 대한 세 가지 버전의 아이콘이 모두 들어가야 한다.

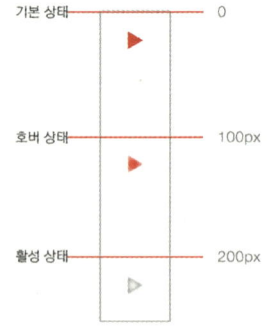

Ⓐ sprite-pointer.png : 화살표에 대한 여러 상태를 보여주는 데 사용할 이미지. 더 빠르고 정확하게 아이콘을 변경할 수 있도록 아이콘 사이의 간격을 일정하게 설정했다.

CSS 이미지 롤오버 추가

1. 서로 다른 동적 상태의 아이콘이 들어 있는 이미지를 생성한다. 이때 필요한 동적 상태(예제에서는 기본, 호버, 활성 상태)에 대한 아이콘을 개별 생성하고 각 아이콘 사이에 작은 간격을 둬서 분리한 후 Ⓐ 이름을 sprite-pointer.png로 지정한다. 보통 각 동적 상태 사이의 간격은 기억하기 쉽게 규칙적으로 정하는 게 좋다. 예를 들어 필자는 각 아이콘의 상단 사이 간격을 100 픽셀로 설정했다.

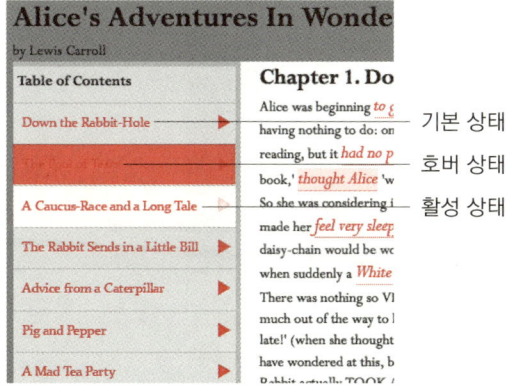

기본 상태
호버 상태
활성 상태

Ⓑ sprites.css(코드 14.4) 스타일이 적용될 때의 웹 페이지(코드 14.1)를 보여준다.

2. sprites.css(코드 14.4)라는 외부 CSS 파일을 생성한다. 이 파일에는 코드 14.1의 메뉴 스타일을 적용하는 데 필요한 CSS가 들어간다.

3. 컨트롤로 사용할 엘리먼트에 스프라이트를 추가한다.

   nav.toc .menu .drop li {...}

4. 배경 이미지가 반복되지 않게 설정한다. 제대로 된 모양이 나오도록 필요에 따라 가로 위치를 좌우로 지정한 다음 세로 위치를 위(음수 값), 아래(양수 값)로 조절해야 한다.

   background: transparent
   url('../_images/sprite-pointer.
   png') no-repeat right 8px;

이때 스프라이트는 링크로 활용되지만, 여기서는 위치 조절이 쉽다는 이유로 리스트 엘리먼트를 사용해 스프라이트를 추가했다. 하지만 스프라이트는 링크, 리스트, 기타 다른 엘리먼트에 모두 적용할 수 있다.

코드 14.4 sprites.css : 웹 페이지(코드 14.1)에 적용하면 이 코드에서는 그래픽 화살표를 메뉴에 추가하고 사용자가 메뉴를 사용할 때 시각적인 상호작용을 제공해 링크 스타일을 더 돋보이게 한다 Ⓑ.

```
/*** CSS3 VQS | Chapter 14 | sprites.css ***/

/* CSS Sprites
------------------------------------------------------------ */

nav.toc .menu .drop li {
  font-weight: normal;
  margin: 0;
  padding: 0;
  border-top: 1px solid rgb(204,204,204);
  background: transparent url('../_images/sprite-pointer.png') no-repeat right 0;  }

nav.toc .menu .drop li:hover {
  background-color: rgb(102,0,0);
  background-position: right -100px; }

nav.toc .menu .drop li:active {
  background-color: rgb(255,255,255);
  background-position: right -200px; }
```

5. 상태에 따라 배경 이미지를 위아래로 움직인다. 모든 링크 상태(:link, :visited, :hover, :active, :focus)에 대한 규칙을 추가하고 background-position 속성을 사용해 정확히 위치 조절값을 설정하고 각 상태를 보여준다.

   ```
   nav.toc .menu .drop li:hover {...},
   nav.toc .menu .drop li:active
   {...}
   ```

   예를 들어 방문한 상태는 다음과 같이 지정할 수 있다.

   ```
   background-position: right -100px;
   ```

   이렇게 하면 방문한 버튼 상태만 보이게 된다 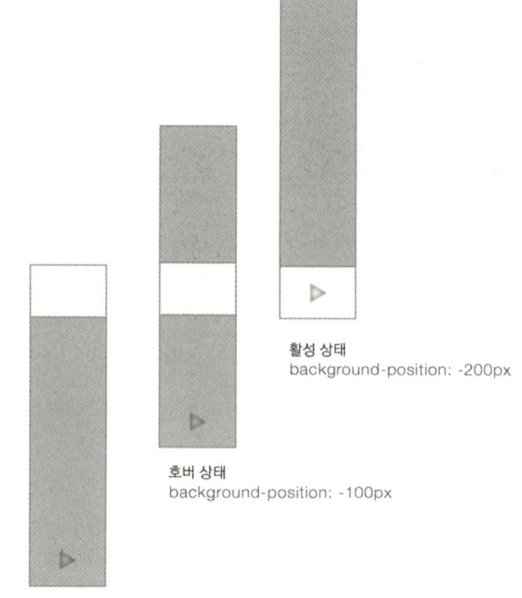. 물론 원하는 다른 스타일 변화를 줄 수도 있다. 이 예제에서 필자는 배경색도 함께 바꿨다.

TIP CSS 스프라이트(또는 스프라이트라는 이름 자체)에 대한 발상은 메모리와 속도가 관건이었던 초기 비디오 게임 시절에 유래한 개념이다. 시스템 제한을 극복하기 위해 비디오 게임 제작사들은 수천 개의 작은 그래픽을 사용해 게임을 격자 모양으로 배치하고 큰 이미지에서 필요 없는 부분을 제외한 필요한 부분만 보여주는 방식을 사용했다.

TIP 여기서는 단순한 예제를 사용했지만 수십, 수백 또는 그 이상의 이미지를 단일 스프라이트에 모두 둬서 서버 요청을 줄이고 사이트 속도를 개선할 수도 있다.

활성 상태
background-position: -200px

호버 상태
background-position: -100px

기본 상태
background-position: 0

C 엘리먼트의 높이가 설정되면 배경 이미지의 일부만 보이고 나머지는 감춰진다. 엘리먼트 내의 배경 위치를 변경하면 마치 이미지가 바뀐 것 같은 모습이 나타난다.

CSS 드롭다운 메뉴의 생성

드롭다운 메뉴를 사용하면 지저분한 내비게이션을 줄이고 좁은 공간에 많은 링크를 보여줄 수 있다. 드롭다운 메뉴는 보통 자바스크립트 영역이라고 생각하기 쉽지만 약간의 CSS만으로도 얼마든지 만들 수 있다.

순수 CSS 드롭다운 메뉴 만들기

1. dropmenu.css(코드 14.5)라는 외부 CSS 파일을 생성한다. 이 파일에는 코드 14.1의 메뉴 스타일을 적용할 CSS가 들어간다.

코드 14.5 menu.css : 웹 페이지(코드 14.1)에 적용하면 이 CSS에서는 메뉴 라벨🅐만 제외하고 메뉴를 모두 합친다. 마우스를 메뉴 라벨에 올리면 메뉴가 전체 높이로 펼쳐진다🅑.

```
/*** CSS3 VQS | Chapter 14 | dropmenu.css ***/

/* Drop Menu
---------------------------------------------------------------- */

nav.toc .menu .drop {
  overflow: hidden;
  height: 0;
  opacity: 0; }

nav.toc .menu:hover>.drop {
  height: auto;
  opacity: 1;
  -webkit-transition: opacity .25s linear;
  -moz-transition: opacity .25s linear;
  -o-transition: opacity .25s linear;
  transition: opacity .25s linear;  }
```

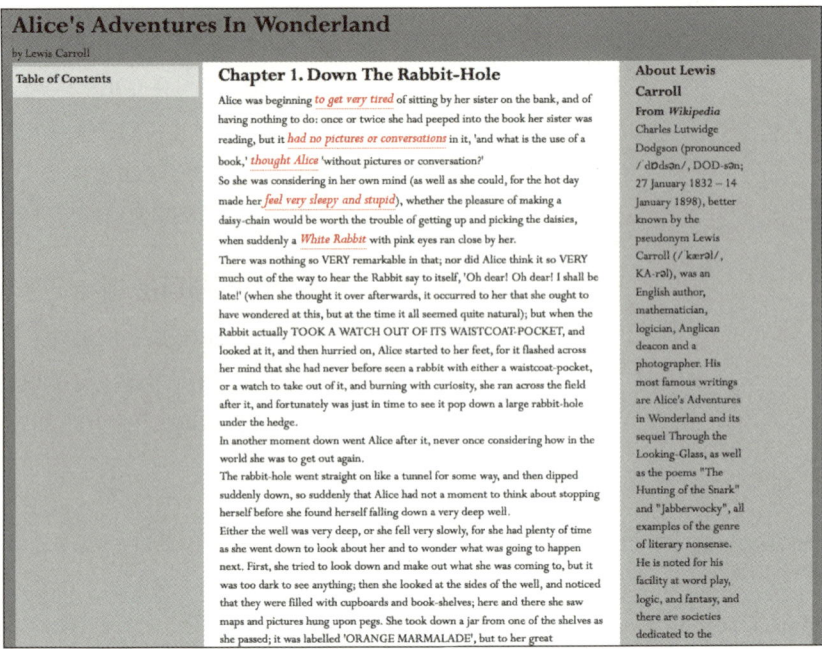

Ⓐ 코드 14.1에 적용한 코드 14.5의 결과 화면. 처음에는 메뉴가 안 보인다 Ⓑ.

Ⓑ 사용자가 메뉴 헤더 위에 마우스를 올리면 드롭다운 메뉴가 펼쳐지고 사용자가 메뉴를 선택할 수 있게 된다.

> ### 지저분한 내비게이션 방지하기
>
> 필자가 대다수 웹 사이트에서 느끼는 가장 큰 불만은 체계적이지 않은 링크가 너무 많이 사용됐다는 점이다. 독자들도 창이 끝날 때까지 이어지는 긴 링크 목록이 사용된 사이트들을 본 적이 있을 것이다. 이러한 링크는 디자인을 지저분하게 만들며 내비게이션에 도움도 안되는 링크들로 소중한 화면 공간을 낭비하는 꼴이다.
>
> 웹 서핑을 하는 사용자들은 시간을 내서 전체 웹 페이지를 찬찬히 보는 경우가 거의 없다. 대부분 관련 정보에만 관심이 있다. 하지만 사람이 한 번에 처리할 수 있는 정보에는 한계가 있다. 웹 페이지가 어수선하면 사용자는 수십 또는 수백 개의 링크를 확인해 원하는 정보를 보는 법을 알아내야 한다.
>
> 사용자가 페이지의 내용을 쉽게 확인하기 위해 디자이너들이 도와줄 수 있는 일들, 예를 들어 리스트에 링크를 조직화하고 필요할 때까지 하위 링크를 감추는 등의 일은 웹 사이트의 사용성을 개선한다. 드롭다운, 슬라이드, 숨김 메뉴 등은 페이지 구조를 개선하고 지저분한 내비게이션을 막는 효과적인 방법들이다.

2. 드롭다운 메뉴를 숨긴다. 메뉴를 보여주려면(메뉴를 아래로 "드롭다운"해서 펼치려면) 먼저 숨겨야 한다. 메뉴 높이를 0으로 지정하고 오버플로우를 `hidden`으로 한 후 불투명도를 완전 투명으로 설정해 메뉴를 완전히 숨긴다.

   `nav.toc .menu .drop {...}`

3. 사용자의 마우스 포인터가 올라올 때 드롭다운 메뉴가 나타나도록 설정한다. 제목과 상단 영역을 포함해 마우스가 메뉴 영역 위에 조금이라도 올라오면 높이를 `auto`로, 불투명도를 불투명으로 설정한다. 이때 열리는 효과를 좀 더 강조하기 위해 트랜지션 효과를 함께 사용하는 것도 좋다.

   `nav.toc .menu:hover>.drop {...}`

TIP 0부터 메뉴의 전체 높이까지 진행되는 트랜지션을 사용해 메뉴가 펼쳐지게 하면 멋진 효과가 난다. 메뉴의 정확한 크기를 알고 있다면 이런 트랜지션을 사용할 수 있지만 실제 동적인 웹 사이트에서는 메뉴의 정확한 크기를 알기가 쉽지 않다.

TIP 이 예제에서는 자식 선택자를 사용하기 때문에 IE6에서는 예제가 동작하지 않는다. 따라서 IE6에서는 (조건 CSS를 통해 `display`와 `opacity`를 설정함으로써) 메뉴를 보여주거나 다른 내비게이션 정렬 방식을 사용해야 한다.

15
스타일 시트 관리

페이지를 예쁘게 만드는 CSS를 작성하는 것만으로는 부족하다. 최고의 웹 페이지를 만들려면 읽기 쉽고, 관리하기 쉽고, 빨리 로드되는 깨끗한 코드를 작성해야 한다.

스타일 시트를 관리하려면 잘 조직화된 코드를 만들고 CSS 라이브러리와 프레임워크를 사용해야 하며 스타일 시트 링크를 최적화하고 CSS 유효성 검증을 거친 다음 코드를 최소화하도록 코드 압축을 해야 한다.

이 장에서는 이러한 목표들을 여러분이 인식하는 데 도움을 주고 이 책을 통해 필자가 제시한 모범 개발 방식을 검토하는 것으로 내용을 마무리하겠다.

이 장에서 다루는 내용

읽기 쉬운 스타일 시트 작성	362
CSS 라이브러리와 프레임워크	367
스타일 시트 전략	368
CSS 코드 문제 해결	372
파이어버그와 웹 인스펙터를 활용한 CSS 디버깅	376
CSS 코드 유효성 검증	381
CSS 최소화	382
32가지 CSS 모범 개발 방식	385

읽기 쉬운 스타일 시트 작성

웹 페이지를 렌더링할 때 CSS 코드를 해석하는 건 컴퓨터지만 이런 CSS를 생성하고 편집하는 건 여러분 같은 사람의 몫이다. 개발 중에는 쉽게 코드가 지저분해지므로 CSS 규칙 사이의 상호 관계, 캐스케이딩 순서, 심지어 수정할 CSS 위치조차 파악하기 어려울 수 있다.

작업 기간 동안 코드를 잘 정리하면 실제로 시간을 절약할 수 있다. 다음 권고사항들을 따라 개발 기간 동안 최대한 코드 가독성을 높이고 배포하기 전에 코드를 깔끔하게 유지하자.

소개 및 목차를 작성한다

제목, 사이트명, 버전, 수정일, 사용법, 기타 메모 등의 기본 정보(코드 15.1)를 담은 소개를 CSS 상단에 둔다. 추가로 일부 개발자들은 스타일 시트의 조직 구조를 개략적으로 볼 수 있는 목차를 삽입하기도 한다.

색상, 폰트, 기타 상수를 정의한다

때로는 디자인에 사용한 값들을 모두 따라가기가 쉽지 않다. CSS에 상수를 사용한다는 게 이상해 보이기는 하지만 이러한 상수를 활용하면 문서에서 위치 참조를 쉽게 할 수 있다. 색상과 타입 용어 목록을 생성하면 더 일관성 있고 매력적인 디자인을 하는 데 도움이 된다(코드 15.2).

코드 15.1 외부 CSS 파일에 소개 및 목차를 추가한 예제. 목차에 보이는 파일 계층구조가 페이지 구조를 기반으로 한다는 점을 주목하자.

```
/*----------------------------------------------------------------

# 기본 스타일 시트
파일명: default.css
사이트: speakinginstyles.com
버전: 1.1
최종 수정일: 09/11/10 [added gallery view, jct]
작성자: Jason Cranford Teague (jct)
설명: Default styles to be applied to all pages in the site
## 목차
* HTML 선택자 (기본)
    ** 헤더
    ** 바디
    ** 리스트
    ** 폼
    ** 테이블
* 내비게이션
    ** 메뉴
    ** 바로가기 링크
    ** 푸터
* 콘텐츠
    ** 어사이드
        *** 우측 어사이드
        *** 좌측 어사이드
    ** 아티클
        *** 블록 인용
        *** 단락
        *** 리스트
        *** 테이블
    ** 주석
* 푸터

----------------------------------------------------------------*/
```

코드 15.2 색상이나 폰트 스택 같은 상수 값은 참조하기 쉽게 페이지 상단에 정의하는 게 좋다.

```
/*----------------------------------------------------------------

## 색상 용어
dark gray: rgb(51, 51, 85)
red: rgb(255, 15, 34)
white: rgb(235,235,355)
blue: rgb(0, 0, 102)
## 폰트 용어
header: diavlo, "gill sans", helvetica, arial, sans-serif
body: baskerville, georgia, times, "times new roman", serif
aside: "gill sans", helvetica, arial, sans-serif

----------------------------------------------------------------*/
```

영역 헤더를 사용한다

영역 헤더와 분할선은 CSS 주석일 뿐이지만 CSS 구조를 조직화하고 특정 CSS 규칙 그룹을 찾는 데 유용하게 활용할 수 있다. 목차를 만들었다면 목차의 구조를 그대로 반영해 영역을 구분할 것을 권장한다. 이 예제(코드 15.3)에서는 별표를 사용해 영역 레벨을 나타냈다.

@rule을 상단에 둔다

@로 시작하는 모든 CSS 규칙(@media, @font-face, @import)은 외부 스타일 시트나 임베디드 스타일 시트에서 다른 CSS보다 상단에 두는 게 좋다. 이렇게 하는 데에는 CSS 규칙을 쉽게 찾기 위한 이유도 있고 해당 규칙 중 대부분이 상단에 두지 않을 경우 제대로 동작하지 않는다는 이유도 있다.

코드 15.4 영역 분할선을 사용해 CSS 파일의 구조를 나눈다. 이때 CSS 구조가 목차와 일치하게 만든다.

```
/* HTML 선택자
----------------------------------------------------------------*/
/** HTML 선택자 | 헤더
----------------------------------------------------------------*/
/* 콘텐츠
----------------------------------------------------------------*/
/** 콘텐츠 | 어사이드
----------------------------------------------------------------*/
/*** 콘텐츠 | 어사이드 | 우측 어사이드
----------------------------------------------------------------*/
/*** 콘텐츠 | 어사이드 | 좌측 어사이드
----------------------------------------------------------------*/
/** 콘텐츠 | 아티클
----------------------------------------------------------------*/
```

조직 스키마를 선택한다

조직 패턴은 일관된 방식을 사용하고 이를 고수해야 한다. 이어지는 설명은 스타일 시트를 어떻게 조직화 할지 알려주기 위한 방법은 아니다(이 방법은 여러분의 상황에 따라 다르다). 다만 스타일을 조직화할 때 고려할 점들을 몇 가지 정리한 것이다.

- **선택자 타입을 조직화한다.** HTML 선택자부터 시작하고 이어서 ID, 클래스 순으로 조직화한다.

- **페이지 구조를 기준으로 조직화한다.** 부모 태그를 기반으로 CSS 규칙 그룹을 정한다. 이 방식은 페이지 구조가 더 강화된 HTML5에서 훨씬 더 효과적이다. 이 방식은 페이지의 서로 다른 위치에 같은 규칙을 적용해야 할 때 단점이 있다. 코드 중복은 바람직하지 않으므로 이런 규칙은 별도 영역으로 분리하는 게 가장 좋다.

- **목적에 따라 조직화한다.** 스타일을 적용할 엘리먼트를 기준으로 규칙 그룹을 정한다. 엘리먼트가 페이지의 어디에 위치하는지에 따라 스타일 그룹을 정하는 대신 페이지 콘텐츠, 모듈, 기능, 기타 특정 사용 용도(헤더, 타이포그래피, 광고, 아티클, 어사이드, 레이아웃 그리드 등)를 기준으로 스타일 그룹을 정한다.

- **알파벳 순으로 조직화한다.** 말 그대로 선택자를 알파벳 순으로 나열한다. 개인적으로 필자는 이 방식을 한 번도 사용해 본 적은 없지만 일부 개발자들이 이 방식을 사용한다는 얘기는 들었다. 필자가 보기에 이런 식으로 스타일을 조직화하는 일 자체가 작업량이 꽤 많다. 게다가 나중에 캐스케이딩 스타일을 재정의해야 하는데 알파벳 순서가 맞지 않을 수 있는 문제가 있다.

이들 방식 중 하나를 사용하거나 여러 방식을 조합해 사용하거나 여러분만의 방식을 사용하자. 이때 핵심은 일관성이다.

CSS 구체성을 활용한 계층구조 적용

선택한 전체 구조 스키마와 상관없이 CSS 구체성(4장에서 설명)을 활용하면 CSS 규칙에 자연스러운 계층구조를 만들 수 있다(코드 15.4). 선택자의 구체성을 활용해 CSS 규칙을 조직화하면 CSS 규칙을 찾고 문제를 추적하기도 훨씬 쉬워진다.

코드 15.4 구체성 계층구조 순서대로 작성한 CSS 규칙. CSS 규칙을 따라가기가 한결 쉬워졌다.

```
article {,...}
article .intro {,...}
article .intro figure {,...}
article .intro figure figcaption {,...}
article .intro p {,...}
article .intro p em {,...}
article .intro p:firstline {,...}
```

ⓐ 인기 있는 CSS 프레임워크 중 하나인 블루프린트의 홈페이지.

CSS 라이브러리와 프레임워크

CSS 라이브러리는 웹 사이트 전체 및 여러 웹 사이트에서 사용할 수 있는 공통 스타일 모음을 말한다. 이러한 라이브러리에는 CSS 리셋, 일반 타이포그래피, 일반 트랜지션 스타일, 기타 일관성이 필요한 스타일 요소들이 들어 있다.

CSS 프레임워크는 많은 테스트를 거치고 정교하게 작성된 CSS 코드를 웹 사이트에 바로 배포할 수 있게 해 주는 미리 개발된 CSS 라이브러리를 말한다. 보통 CSS 프레임워크는 무료이며 관심 있는 사람들이 자원해서 관리하는 커뮤니티를 통해 제공된다.

간단한 웹 사이트에서는 프레임워크의 코드를 대부분 사용하지 않으므로 프레임워크가 오히려 독이 될 수 있다. 하지만 중간 규모의 사이트만 하더라도 프레임워크를 사용하면 시간을 크게 절약할 수 있다.

인기 있는 CSS 프레임워크 중 일부를 정리하면 다음과 같다.

- **블루프린트**(Blueprint) - 견고한 레이아웃 그리드, 타이포그래피 스타일 및 인쇄 페이지에 사용할 스타일 시트를 제공한다 ⓐ. www.blueprintcss.org에서 받을 수 있다.

- **이매스틱**(Emastic) - em을 사용해 탄력적인 레이아웃을 만들어 준다. code.google.com/p/emastic에서 받을 수 있다.

- **타이포그리드피**(Typogridphy) - 960px 너비의 12x16 컬럼 그리드를 사용하고 강력한 세로 레이아웃 느낌을 전달하는 타이포그래피 스타일을 사용한다. csswizardry.com/typogridphy에서 받을 수 있다.

- **YUI 그리드** - 야후의 CSS 그리드 프레임워크로 고정 레이아웃과 유연한 레이아웃을 제공한다. developer.yahoo.com/yui/grids에서 받을 수 있다.

스타일 시트 전략

라이브러리, 프레임워크, 사이트 전체 CSS가 정해졌다면 배포를 위한 최선의 전략을 선택해야 한다. 이때 모든 스타일을 하나 이상의 외부 스타일 시트에 작성하고 `<link>`나 `@import` 코드를 사용해 웹 문서에 스타일을 적용하는 작업 방식은 아무리 강조해도 지나치지 않는다.

이때 두 가지 상반된 우선순위가 있다.

- 파일 크기를 되도록 줄인다. 파일 크기가 크면 클수록 파일을 다운로드하는 시간은 늘어난다. 물론 단순 텍스트이므로 실제로 파일 크기가 문제가 되려면 텍스트의 길이가 상당히 길어야 하지만 이런 문제는 곧잘 일어난다.
- 링크와 불러오기 개수를 되도록 줄인다. 외부 CSS 파일에 대한 링크와 불러오기가 많을수록 서버 호출이 늘어나고 페이지 로딩이 늦어진다.

파일 크기는 스타일 시트를 여러 외부 파일로 나눈 다음 필요한 곳에서 스타일을 링크하면 줄일 수 있지만 이렇게 하면 링크가 늘어난다. 또 단일 CSS 파일에 모든 스타일을 담을 수도 있지만 이렇게 하면 파일의 크기가 매우 커진다. 따라서 여러분이 할 일은 두 해결책 사이에서 균형점을 찾는 것이다. 이를 해결하기 위한 몇 가지 방식을 소개하면 다음과 같다.

전체 통합 방식

전체 통합 방식에서는 모든 스타일을 하나의 마스터 스타일 시트에 모두 포함시킨다. 이 방식을 사용할 때는 수백 또는 수천 줄의 코드를 뒤적이는 일이 빈번하므로 목차를 활용해 코드를 잘 조직화되고 읽기 쉽게 만드는 게 핵심이다 **A**.

장점 여러 파일을 다운로드하는 것보다 한 파일을 다운로드하는 게 빠르며 다운로드 후에는 다른 곳에

A 전체 통합 방식에서는 HTML 문서에서 CSS가 모두 들어있는 거대한 CSS 파일 하나만 링크한다.

서 해당 파일을 사용할 수 있게 파일이 캐시된다. 아울러 모든 코드가 한 곳에 있으므로 페이지가 올바른 스타일에 접근할지 여부를 걱정하지 않아도 된다.

단점 이 방식을 사용하면 파일 크기가 커져서 페이지 로딩 시간이 길어지고 렌더링 시간이 더 걸릴 수 있다. 추가로 파일의 관리 및 수정이 더 어려워진다.

분할 정복 방식

분할 정복 방식을 사용하면 페이지 단위로 필요한 여러 스타일 시트를 여러 번 링크한다. 먼저 모든 페이지에서 사용할 전역 스타일 파일을 링크하고 이어서 해당 페이지에서만 사용하는 스타일을 링크한다. 예를 들어 메인 페이지에서만 특별한 회전 처리 모듈을 사용한다면 이 모듈은 전역 파일로 들어가지 않고 홈페이지와 관련한 별도 CSS 파일이나 일반 컴포넌트의 CSS 파일 일부로 들어가면 된다 **B**.

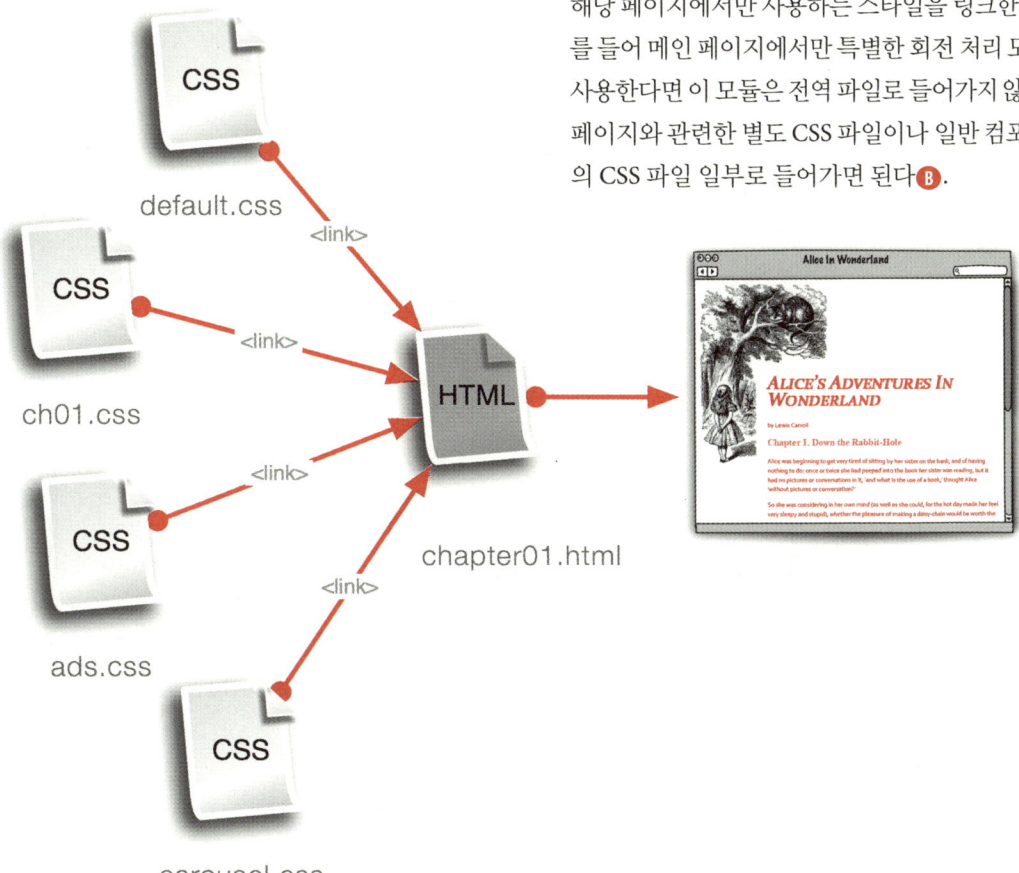

B 분할 정복 방식에서는 CSS를 여러 파일로 분리하고 관련 페이지에서만 CSS를 적용한다.

장점 필요한 스타일만 로드하도록 스타일 시트를 분리·조합할 수 있고 불필요한 파일 크기를 줄일 수 있다. 더불어 파일을 잘 조직화하기만 한다면 보통 이 방식이 편집하기가 더 쉽다.

단점 파일이 여러 개라는 건 여러 번의 서버 호출이 있다는 뜻으로 다운로드가 느려짐을 의미한다. 더불어 파일이 여러 개라면 관리하기가 어렵고 예상치 못한 방식으로 캐스케이딩 순서가 충돌할 수도 있다.

합체 방식

합체 방식은 @import를 사용해 관련 CSS 파일을 라이브러리부터 가져온다. 그럼 HTML 문서에서는 외부 파일을 하나만 링크하면 된다 ⓒ.

장점 분할 정복 방식과 비슷하지만 링크를 하나만 사용하므로 필요에 따라 스타일을 추가하고 삭제하기가 더 쉽다. 스타일이 여러 HTML 파일로 흩어져 있지 않고 모두 한 CSS 파일에 위치하기 때문이다.

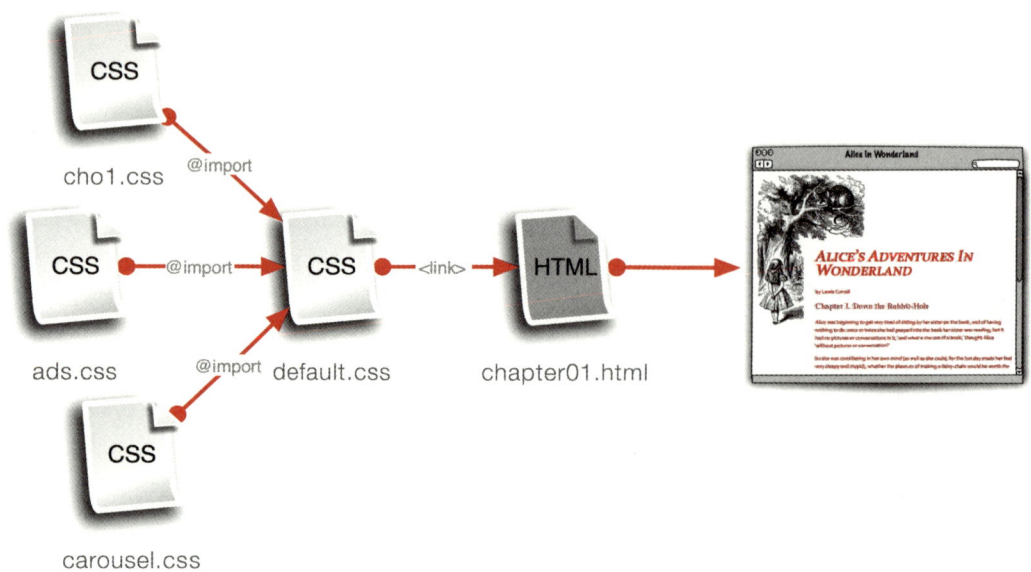

ⓒ 합체 방식에서는 @import 규칙을 사용해 스타일 시트 뭉들을 만들고 이를 HTML 문서와 연결한다.

단점 분할 정복 방식과 비슷하지만 더 안 좋다. 이 방식은 @import를 사용하면 종종 외부 스타일 시트가 동시에 로드되지 못한다는 사실이 알려지기 전까지는 CSS 전략으로 큰 인기를 얻었다. 하지만 이 방식을 사용하면 CSS가 한 번에 하나씩 로드되므로 로딩 속도가 느려진다. 그뿐만 아니라 불러온 스타일 시트가 브라우저에 보이기 전에 링크된 부모 스타일 시트가 로드되기 때문에 이 방식을 사용하면 새로운 스타일이 로드되는 시점에 페이지가 다시 렌더링되기도 한다.

동적 방식

동적 방식은 CSS 코딩 기술뿐 아니라 서버 사이드 코드 작성 기술도 함께 활용한 방식이다. 서버 스크립트를 활용하면 @import가 잔뜩 들어 있는 CSS 파일을 가지고 배포 시 서버에서 한 파일로 CSS 파일들을 병합할 수 있다 **D**.

장점 합체 방식의 편리함과 파일 크기가 작다는 장점에다 전체 통합 방식이 주는 속도상의 장점을 합친 장점을 제공한다.

단점 이 책의 범위를 벗어난 서버 사이드 코딩 지식이 필요하다. 더 자세한 사항은 서버 관리자나 개발자에게 물어보자.

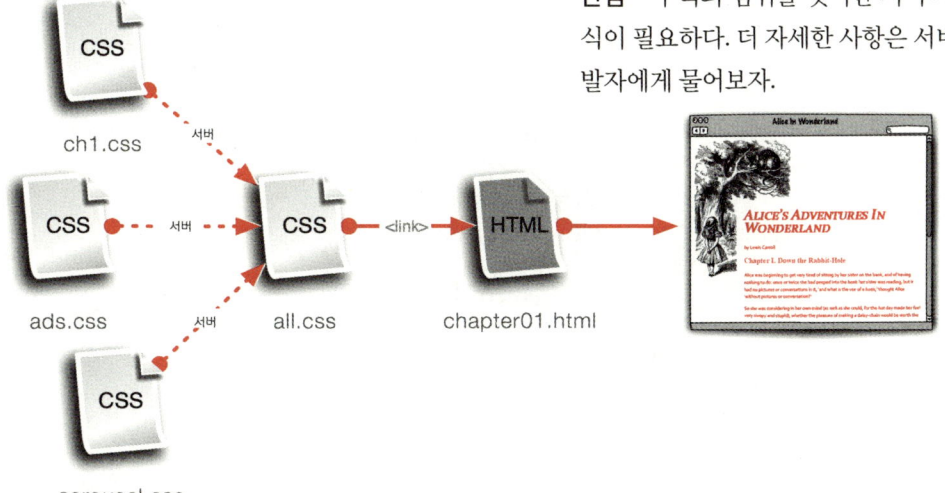

D 동적 방식에서는 서버에서 HTML 문서 관련 CSS를 단일 CSS 파일 번들로 만드는 기법을 활용한다.

CSS 코드 문제 해결

때로는 충분히 주의를 기울여 스타일 시트 규칙을 작성했음에도 브라우저에서 확인하면 아무것도 안 보일 때가 있다. 또는 페이지 콘텐츠가 뒤죽박죽으로 보이는 일도 자주 있다. 하지만 걱정하지 않아도 된다. 이런 일은 누구나 겪는 일이다. 절망에 빠져서 값비싼 노트북 컴퓨터를 창 밖으로 던져버리기 전에 먼저 아래 나온 권고사항들을 찬찬히 읽어보자.

다음과 같은 질문을 자문해보자.

스타일 시트 규칙이 동작하지 않는 데에는 여러 가지 원인이 있을 수 있다. 이들 원인 중 대부분은 쉽게 파악할 수 있다. Ⓐ에는 흔히 만날 수 있는 실수들을 정리했다.

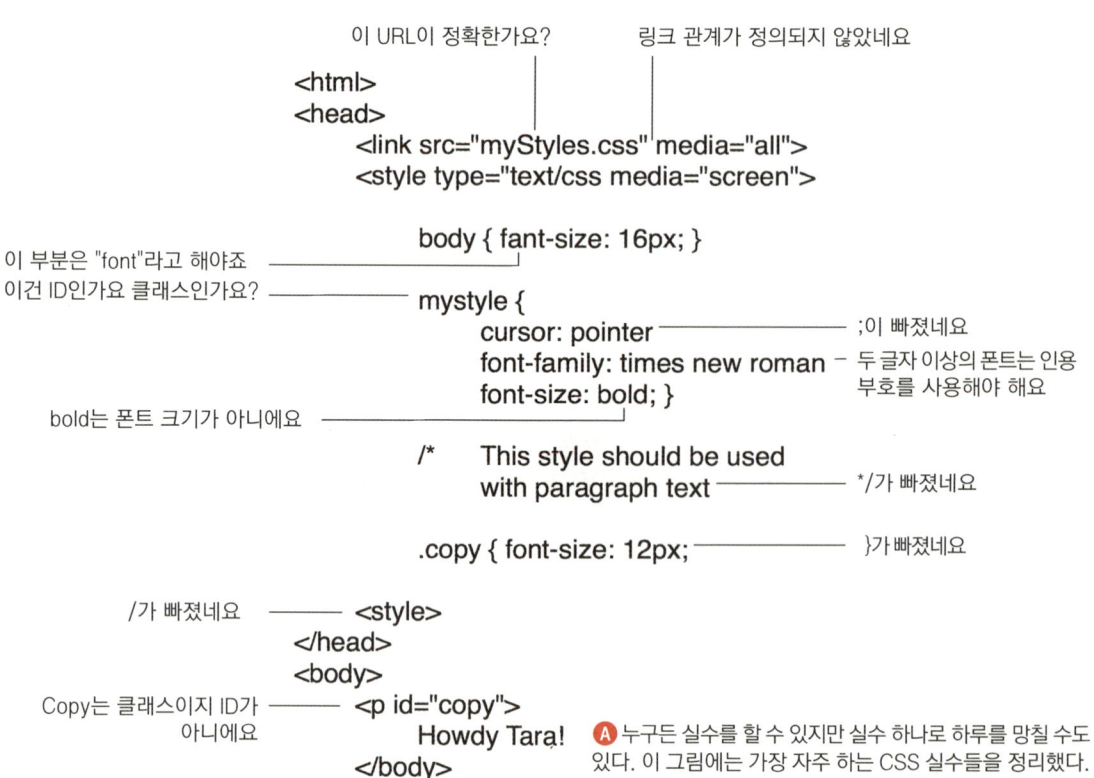

Ⓐ 누구든 실수를 할 수 있지만 실수 하나로 하루를 망칠 수도 있다. 이 그림에는 가장 자주 하는 CSS 실수들을 정리했다.

- **세미콜론을 빼먹진 않았나?** 선언 끝에 세미콜론을 빼먹으면 전체 규칙이 제대로 동작하지 않는다.
- **링크 관계를 빼먹지 않고 설정했나?** rel 속성을 빼먹으면 많은 브라우저에서 외부 스타일 시트를 불러오지 못한다.
- **중괄호를 사용해 선언을 열고 닫았나?** 그렇지 않았다면 어떤 일이 일어날지 예측할 수 없다.
- **여러 줄 주석 태그를 확실히 닫았나?** 그렇지 않았다면 나머지 CSS가 주석으로 처리된다(3장의 'CSS에 주석 추가' 참고).
- **선택자에 오타가 있진 않나?** 클래스나 ID를 시작하는 점이나 숫자 기호(#)를 빼먹었다면 선택자가 제대로 동작하지 않는다.
- **클래스를 ID랑 섞거나 ID를 클래스랑 섞지는 않았나?** 필자도 선택자를 ID로 설정했다고 생각하지만 실제로는 클래스로 설정한 경우가 가끔 있다.
- **속성에 오타가 있지는 않나?** 속성에 있는 오타 하나로 전체 규칙이 제대로 동작하지 않을 수도 있다.
- **사용한 값을 해당 속성에서 지원하나?** 부적절한 값을 사용하면 CSS 규칙이 동작하지 않거나 예기치 못한 동작을 일으킨다.
- **테스트 중인 브라우저에서 해당 속성이 동작하나?** 이 질문은 특히 CSS3 속성을 사용할 때 중요하다. 사용 중인 브라우저에서 해당 속성이 동작하는지 여부는 부록 A를 꼭 확인하자.

- CSS 규칙이 헤드에 있다면 <style> 태그를 제대로 사용했나? <style> 태그에 오타가 있으면 지정한 정의가 하나도 동작하지 않는다. 아울러 미디어 타입을 설정하면 스타일은 해당 미디어의 결과에만 영향을 준다. 따라서 미디어 타입을 인쇄로 설정하면 스타일이 화면에 보이는 콘텐츠에 영향을 주는 것을 막을 수 있다(3장 '외부 스타일 - 전체 웹 사이트 차원의 스타일 추가' 참고).

- 스타일 시트를 링크하거나 불러온다면 올바른 파일을 조회하고 있나? 파일의 정확한 경로를 확인한다. 아울러 외부 CSS 파일에는 <style> 태그나 기타 비CSS 코드가 들어가지 않도록 주의한다(3장의 '외부 스타일 - 전체 웹 사이트 차원의 스타일 추가' 참고).

- 같은 태그에 대해 여러 개의 서로 상충된 규칙이 적용되진 않았나? 캐스케이딩 순서를 확인한다(4장의 '캐스케이딩 순서의 판단' 참고).

여기까지 했는데도 여전히 문제가 해결되지 않는다면 다음과 같은 방법을 시도해 보자

앞의 문제들을 모두 살펴봤는데도 코드가 여전히 동작하지 않는다면 시도해 볼 방법이 몇 가지 더 있다.

- **선언을 !important로 만든다.** 때로는 선언이 서로 충돌해 어디서 문제가 발생하는지 추적하기 어려울 수 있다. !important를 선언에 추가(4장의 '!important 선언 지정' 참고)하면 제대로 된 선언일 경우 페이지에 바로 적용할 수 있다.

- **규칙을 삭제하고 다시 입력한다.** 잘못된 점을 찾지 못할 때는 코드를 아예 처음부터 다시 입력하면 이따금씩 문제가 해결되기도 한다.

- **같은 코드를 다른 브라우저 및/또는 다른 운영체제에서 테스트한다.** 속성에 버그가 있어서 여러분의 브라우저에서 안 보일 가능성도 있다. 또는 브라우저가 해당 태그에서 해당 속성을 사용하는 것을 막을 수도 있다.

- **포기하고 돌아선다.** 물론 농담이다. 하지만 가끔은 15분 정도 휴식 시간을 갖고 문제를 다시 보는 게 도움이 될 때도 있다.

- **그래도 해결이 안 된다면...** 디자인에 다른 해결책을 사용한다.

파이어버그와 웹 인스펙터를 활용한 CSS 디버깅

대부분의 웹 디자이너는 개발 시 파이어폭스, 사파리, 크롬에서 작업한다. 세 브라우저 모두 코드를 분석하고 편집할 수 있는 훌륭한 애드온과 내장 도구를 갖고 있다. 파이어폭스에서는 파이어버그라는 애드온에서 이런 기능을 제공하고 사파리와 크롬에서는 웹킷에서 제공하는 웹 인스펙터를 통해 이런 기능을 제공한다.

두 툴 모두 보고 있는 웹 페이지의 CSS와 HTML을 실시간 편집하는 기능을 제공해 실제 버전에 영향을 주지 않고 로컬 컴퓨터의 코드를 수정하고 디버깅할 수 있게 해 준다. 물론 각 툴의 장점은 각기 다르지만 CSS 작업 시 두 툴에서 공통으로 제공하는 핵심 기능을 정리하면 다음과 같다.

- **엘리먼트 강조**. 화면에서 엘리먼트에 마우스를 롤오버하면 HTML 코드에서 엘리먼트가 강조되고, HTML 코드에 마우스를 롤오버하면 화면 엘리먼트가 강조된다.
- **엘리먼트에 적용된 모든 규칙 확인 기능**. 엘리먼트를 선택하면 재정의되거나 취소된 선언을 비롯해 적용된 CSS 코드를 모두 볼 수 있다.
- **선언을 켜고 끄는 기능**. 디자인에 미치는 영향을 확인할 수 있도록 선언을 활성화하거나 비활성화 할 수 있다.
- **속성 및 속성값 수정**. 선언을 활성화하고 비활성화하는 것 외에 선언을 직접 수정하거나 규칙에 선언을 추가할 수도 있다.
- **에러 확인**. 발생한 모든 HTML 또는 CSS 에러를 보여준다.

파이어폭스의 파이어버그

파이어폭스의 파이어버그 플러그인 툴은 사실상 모든 웹 디자이너가 사용하는 표준 툴이 됐다 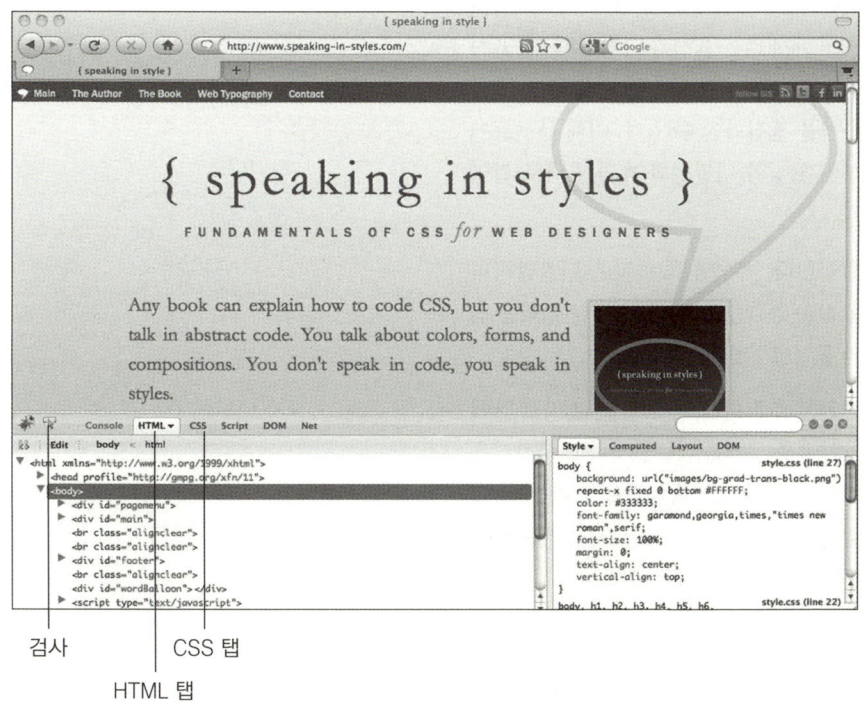. 이 플러그인은 파이어폭스 애드온 웹 사이트나 파이어버그 웹 사이트인 **getfirebug.com**(윈도우/맥)에서 직접 다운로드할 수 있다.

파이어버그 시작하기

1. **파이어버그 패널을 연다.** 테스트할 웹 페이지로 이동하고 브라우저 창의 우측 하단에 있는 파이어버그 아이콘을 클릭하거나 보기>**Firebug**를 선택한다.

A 파이어폭스의 파이어버그

2. **CSS를 본다.** CSS 탭을 클릭해 CSS만 살펴보거나 HTML 탭을 클릭해 HTML과 CSS를 나란히 볼 수 있다. 필자는 주로 HTML과 나란히 보는 방식으로 작업한다.

3. **엘리먼트를 검사한다.** 검사 버튼을 클릭하고 검사할 화면 엘리먼트를 클릭한다. 엘리먼트에 마우스를 올려 놓으면 엘리먼트 박스 마진과 패딩에 색상이 입혀지고 엘리먼트의 외곽선이 표시된다. 파이어버그에서는 HTML 코드에서도 엘리먼트를 강조하고 적용된 모든 CSS를 함께 보여준다. 취소선이 그어진 선언은 다른 선언에 의해 재정의되어 적용되지 않은 선언을 나타낸다. 편집할 엘리먼트를 선택하려면 엘리먼트를 클릭하면 된다.

4. **선언을 끈다.** 선언의 속성명 옆에 마우스를 가져다 대면 사용하지 않음 표시가 나타난다. 이 표시를 클릭하면 속성을 비활성화할 수 있고 다시 클릭하면 속성을 활성화할 수 있다. 이때 뷰포트에서는 속성의 활성화/비활성화 효과를 바로 확인할 수 있다.

5. **선언을 편집한다.** 속성명 또는 값을 더블클릭하면 새로운 값을 입력할 수 있다. 수정한 변화는 입력과 거의 동시에 확인할 수 있다.

6. **새로운 선언을 추가한다.** 새로운 선언 바로 앞에 나올 선언의 우측 공백을 더블클릭하고 속성명을 입력한 다음 탭을 누르고 속성값을 입력한다. 이때 세미콜론(;)은 입력하지 않는다. 수정사항은 입력과 동시에 바로 확인할 수 있다.

사파리와 크롬의 웹 인스펙터

사파리와 크롬은 둘 다 웹 인스펙터라는 내장 웹 개발 툴을 갖고 있다. 이 툴을 활용하면 CSS와 HTML을 빠르게 분석하고 편집할 수 있다 **B**. 사파리와 크롬은 윈도우 및 맥 OS X에서 사용 가능하다.

www.apple.com/safari (윈도우/맥)
www.google.com/chrome (윈도우/맥)

웹 인스펙터 시작하기

1. 사파리의 개발자 메뉴를 활성화한다. 브라우저의 환경설정(사파리>환경설정...)을 열고 고급 탭을 선택한 다음 "개발자 메뉴"를 선택한다.

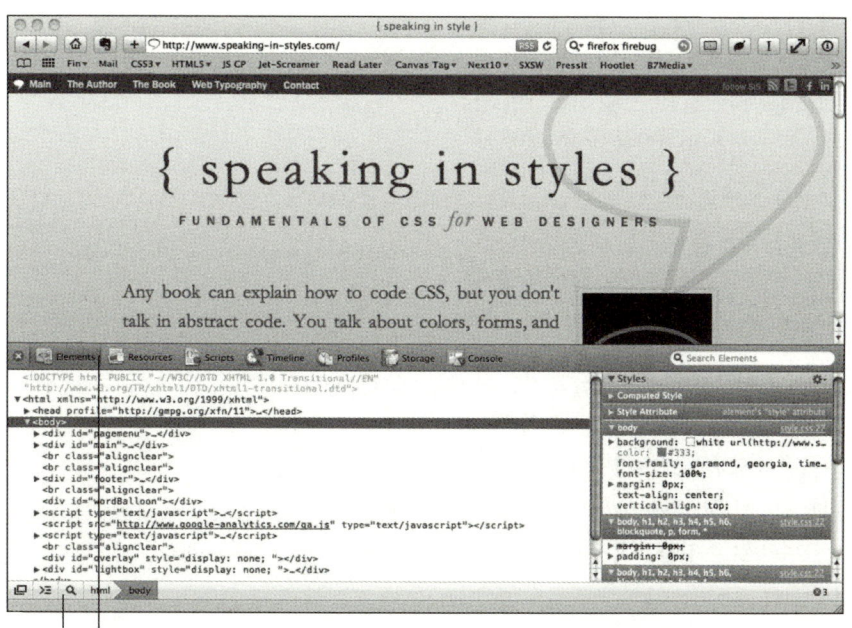

검사   엘리먼트 탭

B 사파리의 웹 인스펙터. 보이는 모습은 크롬과 거의 동일하다.

스타일 시트 관리   379

2. **웹 검사 패널을 연다.** 살펴볼 웹 페이지로 이동하고 사파리에서 개발자용 > 웹 인스펙터 보기를 선택하거나 크롬에서 보기 > 개발자 정보 > 개발자 도구를 선택한다.

3. **CSS를 확인한다.** 엘리먼트 탭을 클릭하면 HTML 과 CSS를 나란히 볼 수 있다.

4. **엘리먼트를 검사한다.** 검사 아이콘(돋보기)을 클릭하고 화면에서 검사할 엘리먼트를 클릭한다. 엘리먼트 위에 마우스를 올리면 엘리먼트의 마진과 패딩을 따라 엘리먼트 박스 외곽선이 보인다. 웹 인스펙터에서는 HTML 코드와 적용된 CSS도 모두 강조한다. 취소선이 그어진 선언은 다른 선언이 재정의해서 적용되지 않는 선언을 의미한다. 엘리먼트를 편집하려면 엘리먼트를 클릭하면 된다.

5. **선언을 끈다.** CSS 선언에 마우스를 갖다 대면 오른쪽 옆에 체크박스가 나타난다. 체크박스의 체크를 해제하면 선언을 비활성화할 수 있다. 선언을 다시 활성화할 때는 체크박스를 선택하면 된다. 뷰포트에서는 선언을 활성화하고 비활성화하는 효과를 바로 확인할 수 있다.

6. **선언을 편집한다.** 수정할 선언을 더블클릭하고 필요한 대로 수정한다. 수정 효과는 입력과 거의 동시에 확인할 수 있다.

7. **새로운 선언을 추가한다.** 새로운 선언을 추가할 선언 바로 앞에 있는 선언의 오른쪽 공백을 더블클릭해서 새로운 선언을 입력하고 속성명과 속성값을 입력한다. 이때 세미콜론(;)은 포함시키지 않는다. 엔터키를 누르면 바로 수정한 내용을 볼 수 있다.

TIP (옮긴이) 사파리 버전에 따라서는(사파리 5.0.4)에서는 이 메뉴가 '개발자용 > 웹 속성 보기'에 들어 있을 수도 있다.

TIP 이때 페이지를 다시 불러오면 수정한 내용이 모두 사라지므로 주의해야 한다.

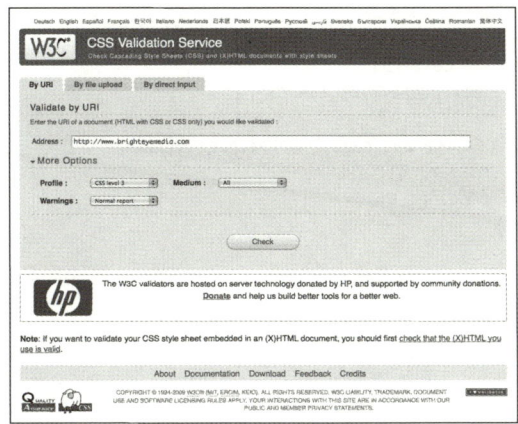

Ⓐ W3C의 유효성 검증 사이트

CSS 코드의 유효성 검증

W3C에서는 css-validatorⒶ라는 사이트를 제공해 CSS 코드가 W3C 표준에서 정한 요구사항을 모두 준수하는지 체크할 수 있게 해 준다.

W3C의 CSS 유효성 검증기 활용

1. W3C 유효성 검증 웹 사이트를 방문하려면 웹 브라우저에 jigsaw.w3.org/css-validator를 입력한다.

2. CSS 유효성 검증 방식을 선택한다. (URI를 통해) URL을 입력할 수도 있고 폼(텍스트 영역)에 CSS 코드를 직접 입력할 수도 있고 (파일 업로드를 통해) 파일을 업로드할 수도 있다. 이 예제에서는 URL 전송 방식을 사용했다.

3. 웹 사이트 또는 스타일 시트의 URL을 입력한다. 필자는 스타일 시트의 정확한 URL을 입력하는 방식을 권장한다.

4. 기다린다. 유효성 검증은 몇 초가 걸릴 수 있다. 유효성 검증을 마치면 에러 및 CSS와 관련한 예상 문제점을 담은 리포트를 받게 된다.

TIP 브라우저를 통해 코드 결과를 보여줄 때 꼭 유효한 CSS만을 사용하는 것은 아니지만 유효성 검증을 활용하면 코드 에러를 찾기가 한결 쉽다.[1]

1_ (옮긴이) 다소 오해의 소지가 있을 수 있는데 유효하지 않은 CSS를 사용해도 상관없다는 얘기가 아니라 이를테면 IE 핵(hack)처럼 CSS에는 다른 브라우저와 호환되지 않는 유효하지 않는 (무시되는) CSS도 들어갈 수 있다는 의미다.

CSS 최소화

읽기 쉬운 CSS를 만들면 편집과 코드 관리가 쉽지만 CSS에 들어 있는 수많은 주석, 공백, 줄바꿈은 결국 파일 크기 부담을 늘린다. 아울러 여러분이 아무리 좋은 코더라 하더라도 최적화를 하다 보면 선택자를 정렬하고 병합할 여지는 얼마든지 있다.

사이트를 웹에 배포하기 전에 파일 크기를 줄이고 싶다면 CSS 코드의 최소화 버전을 만들면 된다. CSS 파일의 원래 크기에 따라 이 과정을 통해 파일 크기가 크게 줄어들 수도 있다.

하지만 그렇다고 해서 읽기 쉬운 CSS 버전을 아예 삭제해서는 안 된다. 이 버전은 수정할 때를 대비해 항상 보관해야 한다.

코드를 최소화하는 것은 가능하지만 이 과정에서 많은 실수가 일어날 수 있다. 다행히 일부 온라인 툴이 이 작업을 도와준다. 필자가 가장 선호하는 툴은 Minify CSS의 CSS 압축 & 최소화 툴이다 Ⓐ.

코드 15.5 최소화 이전의 CSS 코드

```css
/*** CSS3 VQS | Chapter 10 |
 box-properties.css ***/

body, header.page, footer.page {
  margin: 0;
  padding: 0;
}

navigation.global {
  display: block;
}

navigation.global li {
  display: inline;
  margin-right: 10px;
  padding-right: 10px;
}

article {
  width: 65%;
  min-width: 560px;
  max-width: 980px;
  float: left;
  margin: 0 10px;
  -webkit-border-top-right-radius: 20px;
  -moz-border-radius-topright: 20px;
  border-top-right-radius: 20px;
  border-top: 10px transparent solid;
  border-right: 10px transparent solid;
  padding: 80px 50px;
}

figure {
  display: block;
  width: 300px;
  float: left;
  margin: 0 10px 10px 0;
  border: 6px double rgba(142, 137, 129,.5);
  -webkit-border-radius: 5px;
  -moz-border-radius: 5px;
  border-radius: 5px;
}

figcaption {
  display:block;
  padding: 10px;
  border-top: 2px solid rgba(142, 137, 129,.5);
}
```

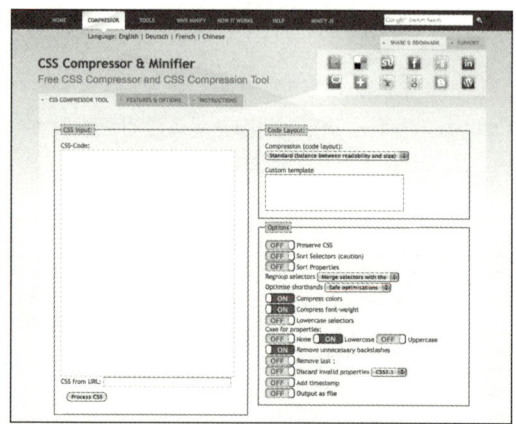

Ⓐ Minify CSS 압축 툴 페이지는 www.minifycss.com/css-compressor에 있다.

코드 15.5 계속

```
  padding: 10px;
}
aside {
  display: block;
  width: 200px;
  height: 400px;
  overflow: auto;
  float: right;
  margin: 0 10px;
  -webkit-border-top-left-radius: 20px;
  -webkit-border-bottom-left-radius: 20px;
  -moz-border-radius: 20px 0 0 20px;
  border-radius: 20px 0 0 20px;
  padding: 25px;
}

footer {
  clear: both;
}

h1 {
  margin: 0 20px 10px 10%;
  padding-top: 10px;
}

article h2 {
  border-top: 2px solid rgba(142, 137, 129,.5);
  padding: 20px 0;
}

article navigation h2 {
  border-top: none;
  padding: 0;
}

aside h3 {
  border: 1em double rgb(142, 137, 129);
  -webkit-border-image: url(../_images/
   ↪ border-02.png) 27 round;
  -moz-border-image: url(../_images/border-02
   ↪ .png) 27 round;
  border-image: url(../_images/border-02.png)
   ↪ 27 round;
}

.byline {
  margin: 0 10% 10px 20%;
}
```

CSS 최소화

1. **Minify CSS 사이트를 방문한다.** CSS 코딩을 끝마치고 웹에 올릴 준비가 끝났다면 브라우저를 사용해 www.minifycss.com/css-compressor를 방문한다.

2. **CSS 코드를 로드한다.** 폼 필드에 CSS 코드를 직접 붙이거나 CSS 코드(코드 15.5)를 불러올 수 있는 URL을 입력한다. 예제에 사용한 코드는 10장에서 가져왔다.

3. **옵션을 선택한다.** 원하는 효과를 얻을 때까지 여러 가지 옵션을 시도해 본다. 하지만 이때 파일 크기를 가능한 한 줄이는 게 목적이라는 사실을 염두에 둔다. 옵션에서는 결과를 복사할지, 별도 CSS 파일로 만들지 여부도 선택할 수 있다.

4. **CSS를 처리한다.** 코드를 첨부한 필드 아래에 있는 Process CSS 버튼을 클릭한다. 몇 초가 지나면 유효하지 않은 속성이 발견됐다는 메시지 목록이 보일 것이다. 이 목록 아래에 다운로드하거나 복사할 수 있는 코드가 제공된다(코드 15.6).

   CSS3를 사용할 경우 아직 최소화 툴에서 해당 속성을 지원하지 않으므로 몇 가지 유효하지 않은 속성이 나타나게 된다.

5. **테스트하고 테스트하고 또 테스트한다!** 코드의 압축 정도에 따라 코드가 많이 바뀔 수도 있고 적게 바뀔 수도 있다. 하지만 이와 상관없이 코드가 바뀌었으므로 동작 방식이 달라질 수 있다. 새로운 CSS 코드를 적용할 때 문제가 생긴다면 다른 설정을 사용해 다시 한 번 코드 최소화를 시도해 본다.

코드 15.6 앞의 코드를 최소화한 결과 코드

```
/* CSSTidy 1.3: Wed, 11 Aug 2010 22:03:32
-0500 */.byline{margin:0 10% 10px 20%}
article{-moz-border-radius-topright:20px;-
webkit-border-top-right-radius:20px;border-
right:10px transparent solid;border-top:10px
transparent solid;border-top-right-
radius:20px;float:left;margin:0 10px;max-
width:980px;min-width:560px;padding:80px
50px;width:65%}article h2{border-top:2px solid
rgba(142,137,129,.5);padding:20px 0}article
navigation h2{border-top:none;padding:0}
aside{-moz-border-radius:20px 0 0 20px;-
webkit-border-bottom-left-radius:20px;-webkit-
border-top-left-radius:20px;border-radius:20px
0 0 20px;display:block;float:right;height
:400px;margin:0 10px;overflow:auto;paddi
ng:25px;width:200px}aside h3{-moz-border-
image:url(../_images/border-02.png) 27
round;-webkit-border-image:url(../_images/
border-02.png) 27 round;border:1em double
#8e8981;border-image:url(../_images/border-02.
png) 27 round}body,header.page,footer.
page{margin:0;padding:0}figcaption{border-
top:2px solid rgba(142,137,129,.5);displa
y:block;padding:10px}figure{-moz-border-
radius:5px;-webkit-border-radius:5px;border:6px
double rgba(142,137,129,.5);border-radius:5px
;display:block;float:left;margin:0 10px 10px
0;width:300px}footer{clear:both}h1{margin:0
20px 10px 10%;padding-top:10px}navigation.
global{display:block}navigation.global
li{display:inline;margin-right:10px;padding-
right:10px}
```

32가지 모범 개발 방식

이 책 전반을 통해 필자는 다양한 팁, 권고 사항, 제안 사항을 보여줬다. 필자도 책에 사용한 모든 코드가 필자 스스로 제시한 충고를 충실히 따르게 하려고 노력했지만 효과적인 예제를 만드는 과정에서 간혹 모범 개발 방식에 어긋난 방식을 사용하기도 했다. 따라서 혼란을 피하기 위해 여기서는 CSS에서 가장 중요한 32가지 모범 개발 방식과 더불어 추가 정보를 찾아보기 쉽게 상호 참조를 함께 수록했다.

1. **값이 0인 경우를 제외하고 항상 단위를 명시한다.** 다음 식은 쉽게 이해할 수 있다.

   0px = 0in = 0em = 0cm = 0% = 0mm = 0

   0은 언제나 0이므로 어떤 0인지 정의하지 않아도 된다.

   책 소개에 있는 '이 책에 사용된 단위'를 참고하자.

2. **구조를 먼저 잡고 표현을 나중에 한다.** 일부 디자이너들은 먼저 HTML 구조를 정하지도 않은 상태에서 페이지 디자인부터 시작하는데, 이는 마치 골격도 세우지 않은 집의 옆면을 만드는 것과 같다. 2장의 'HTML5 구조의 동작 원리'를 참고하자.

3. **독타입을 지정한다.** 요즘은 말하지 않아도 DTD는 기본으로 사용하지만 DTD가 없는 HTML 문서는 표지가 없는 책과 같다. 안에 어떤 내용이 들어 있는지 알 수 없을뿐더러 전체 완성도도 떨어진다. 2장의 'HTML5 구조의 동작 원리'를 참고하자.

4. **모든 스타일은 외부 스타일로 관리한다.** 웹 사이트를 최대한 수정하기 쉽게 만들려면 최종 스타일은 항상 외부 스타일 시트에 지정해야 하고 절대 헤드나 인라인으로 직접 임베드해서는 안 된다. 개발 시에는 임베드와 인라인 스타일도 괜찮지만 배포 전에는 모두 외부 스타일 시트로 스타일을 옮겨야 한다.

    3장의 '전체 웹 사이트에 대한 외부 스타일 추가'를 참고하자.

5. **외부 스타일 시트의 수를 최소한으로 유지한다.** 이 말은 앞의 원칙과 상반되는 것 같지만 외부 스타일 시트 하나하나는 모두 웹 서버에 대한 호출이고 모든 웹 서버 호출은 페이지 로딩을 느리게 한다. 이는 `<link>`를 사용하든 `@import`를 사용하든 마찬가지다.

    3장의 '전체 웹 사이트에 대한 외부 스타일 추가'를 참고하자.

6. **`<head>`에 스타일 링크를 두고 `<body>`에는 절대 두지 않는다.** HTML 문서 `<body>`에 있는 스타일은 웹 페이지가 보이기 전까지는 적용되지 않으므로 `<body>`에 있는 스타일은 페이지 렌더링 시 스타일이 적용될 때 페이지가 깜박이게 만든다. 이런 결과는 성가실뿐더러 매력적이지도 않다.

    3장의 '전체 웹 사이트에 대한 외부 스타일 추가'를 참고하자.

7. **HTML 문서에 스타일을 추가할 때는 링크를 사용하고 다른 스타일 시트에 스타일을 추가할 때는 `@import`를 사용한다.** 과거 인터넷 익스플로러 버전에서는 `<head>`에 있는 스타일을 마치 `<body>`에 있는 스타일처럼 불러와서 페이지가 렌더링될 때 화면이 깜박이게 한다.

3장의 '전체 웹 사이트에 대한 외부 스타일 추가'를 참고하자.

8. **HTML 엘리먼트의 기본 스타일을 포함시킨다.** 브라우저 기본 스타일로 디자인하지 않는다. CSS 재정의를 사용해 일부 값을 리셋하되 디자인에서 사용할 HTML 엘리먼트에 대해서는 가능한 한 기본 스타일을 항상 정의한다.

   3장의 'HTML 태그 (재)정의'를 참고하자.

9. **일반 클래스명을 사용한다.** 클래스는 페이지를 통틀어 재사용되며 종종 다른 엘리먼트와 병합돼 수정되기도 한다. 클래스명이 값을 기반으로 할 경우 값이 바뀌면 클래스명에 혼동이 올 수 있다.

   3장의 '재사용 가능한 클래스의 정의'를 참고하자.

10. **구체적인 ID명을 사용한다.** ID는 HTML 문서당 한 번만 사용하므로 ID명은 사용하는 대상을 명확히 지정할 수 있는 이름을 사용해야 한다.

    3장의 '고유 ID 정의'를 참고하자.

11. **바디 태그나 모든 페이지에 고유 클래스명이나 ID를 추가한다.** 이렇게 하면 모든 페이지를 고유 식별할 수 있으므로 다른 페이지와 상관없이 페이지 스타일을 적용할 수 있다.

    페이지 영역에 클래스를 추가하거나 사이트에서 해당 페이지를 구분할 수 있는 다른 정의를 추가할 수도 있다. 이렇게 하면 같은 외부 파일에서 페이지에 따라 선택적으로 스타일을 추가할 수 있으므로 외부 스타일 시트 개수를 줄일 수 있다.

    3장의 '재사용 가능한 클래스의 정의'와 '고유 ID 정의'를 참고하자.

12. **클래스를 분리하고 조합한다.** 태그에 있는 동일 클래스 속성에 공백으로 구분해 여러 클래스명을 지정하면 여러 클래스를 단일 엘리먼트에 적용할 수 있다. 이렇게 하면 특정 필요에 따라 새로운 클래스를 만들지 않고 클래스들을 병합할 수 있다.

    3장의 '재사용 가능한 클래스의 정의'를 참고하자.

13. **CSS 규칙을 선택자 목록으로 병합한다.** CSS 속성과 값이 같은 엘리먼트들은 단일 CSS 규칙으로 합칠 수 있다.

    3장의 '동일 스타일을 사용하는 엘리먼트 정의'를 참고하자.

14. **폼 엘리먼트, 버튼, 기타 UI 엘리먼트에는 동적 스타일을 사용한다.** 폼 필드, 폼 버튼 같은 여러 엘리먼트는 마우스 오버나 버튼 클릭, 폼 필드 선택과 같은 시점에 시각적인 피드백을 제공하는 여러 동적 상태를 갖고 있다. 이러한 상태의 스타일도 지정하는 것을 빼먹지 말자.

    4장의 '의사 클래스의 사용'을 참고하자.

15. **@media 규칙 및 미디어 쿼리를 사용해 기기에 특화된 페이지를 만든다.** 모든 브라우저에서 사용할 수 있는 건 아니지만 미디어 쿼리를 사용하면 아이폰과 같은 각종 모바일 브라우저를 구분해 최적화된 맞춤형 브라우저 경험을 전달할 수 있다.

    4장의 '미디어 쿼리'를 참고하자.

16. **클래스나 ID보다는 CSS 구체성을 선호하되 필요한 경우에만 CSS 구체성을 활용한다.** CSS 구체성을 활용하면 클래스나 ID를 사용해 명시적으로 엘리먼트를 식별하지 않더라도 엘리먼트에 선택적으로 스타일을 적용할 수 있다. 물론 클래스와 ID도 유용하지만 페이지 구조의 유연성 측면에서는 제약이 있다. 엘리먼트에 클래스나 ID

를 추가하기 전에 상황에 맞는 스타일을 사용할 수 있는지 확인한다.

한편 많은 스타일을 좀 더 보편적으로 적용해야 할 때는 지나치게 제한적인 상황에만 적용할 수 있는 구체적인 스타일을 만들지 말아야 한다.

4장의 '문맥에 따른 스타일 정의'를 참고하자.

17. **!important를 사용하지 않는다.** !important 값은 강력한 도구다. 이 값을 사용하면 스타일을 강제 사용하고 캐스케이딩 순서를 재정의한다. 이 말은 스타일을 다시 재정의하기가 매우 어려워진다는 뜻이다. 개발 과정에서 !important를 사용했더라도 사이트에 배포하기 전에는 이를 제거해야 한다.

    4장의 '!important 선언 지정'을 참고하자.

18. **불필요하고 반복적인 선언을 피한다.** 스타일 시트는 기존에 설정한 값에 전혀 영향을 주지 않는 중복 속성과 값으로 쉽게 지저분해진다. 속성값은 한 번 설정하면 자식 엘리먼트로 캐스케이딩된다는 사실을 기억하자.

    예를 들어 바디에 폰트 크기를 설정했다면 특정 엘리먼트가 다른 폰트 크기를 사용하지 않는 한 폰트 크기를 다시 설정할 필요가 없다. 필자는 엘리먼트 앞뒤로 같은 폰트 크기를 사용한 경우를 자주 봤다. 스타일을 설정하기 전에는 부모에 같은 스타일이 이미 설정되지는 않았는지 항상 확인한다.

    4장의 '캐스케이딩 순서의 판단'을 참고하자.

19. **폰트 크기는 상대 크기를 사용한다.** 물론 때로는 픽셀 같은 크기를 사용하는 게 더 쉬울 수 있지만 em 같은 상대 크기를 사용하면 페이지 크기에 따라 텍스트 크기를 균일하게 조정할 수 있고 타이포그래피의 느낌도 더 좋아진다.

    5장의 '폰트 크기 설정'을 참고하자.

20. **단축 속성을 선호한다.** font 같은 단축 속성을 사용하면 한 속성에서 여러 값들을 설정할 수 있다. 이렇게 하면 코드의 양을 줄일 수 있을 뿐 아니라 유사한 속성값을 한 곳에 모아두기 때문에 코드를 편집하기도 더 쉽다.

    5장의 '여러 폰트 값 일괄 설정'을 참고하자.

21. **색상값은 RGB를 사용한다.** 물론 색상값은 RGB보다는 16진수 값을 더 많이 보겠지만 코드 관점에서 보면 RGB보다 16진수를 선호할 이유가 전혀 없다. RGB 값은 읽고 이해하기 쉬울뿐더러 이제는 RGBA를 사용해 투명 색상도 설정할 수 있으므로 필자는 항상 RGB를 사용할 것을 권장한다.

    7장의 '색상값 선택'을 참고하자.

22. **인터페이스 크롬에 배경 이미지나 배경 스타일을 사용한다.** <img> 태그는 사진, 그림, 삽화 같은 이미지 콘텐츠에 사용해야 한다. 크롬은 배경, 버튼, 기타 UI 컨트롤 인터페이스의 시각 요소를 구성한다. <img> 태그를 사용해 이러한 크롬을 추가하는 대신 인터페이스 크롬은 배경 이미지를 사용해 추가해야 한다. 이렇게 하면 수정하기도 쉽고 HTML 코드를 건드리지 않고도 디자인 작업을 다시 할 수 있다.

    7장의 '배경 이미지 정의'을 참고하자.

23. **CSS 스프라이트를 사용한다.** CSS 스프라이트는 각 상태를 나타내기 위해 위치를 바꾸는 한 개의 파일을 사용해 서로 다른 동적 상태 이미지를 보여줄 때 사용할 수 있다. CSS 스프라이트는 여러 이미지보다 불러오는 속도가 빠르며 상태가 변경될 때 깜박임도 없다.

    14장의 'CSS 스프라이트의 활용'을 참고하자.

24. **배경 그라디언트로는 CSS를 사용한다.** 이제 단순 그라디언트는 대부분의 브라우저에서 지원하며 배경으로 사용할 수 있다. 이러한 배경을 이미지로 보여주기보다는 CSS 그라디언트를 사용하는 게 좋다.

    7장의 '배경색 그라디언트'를 참고하자.

25. **깨끗한 상태에서 작업을 시작한다.** CSS 리셋을 활용하면 여러 브라우저에서 쉽게 디자인할 수 있는 깨끗한 상태를 만들 수 있다.

    13장의 'CSS 리셋'을 참고하자.

26. **패딩보다는 마진을 선호한다.** 인터넷 익스플로러 및 박스 모델 문제 탓에 패딩은 너비나 높이가 지정된 엘리먼트에 문제를 일으킬 수 있다. 선택할 수 있다면 마진을 사용하자.

    13장의 '인터넷 익스플로러 관련 CSS 문제 해결'을 참고하자.

27. **개발할 때 파이어폭스, 크롬 및/또는 사파리에서 코드를 테스트하고 인터넷 익스플로러에 맞게 코드를 수정한다.** 물론 아직까지 IE가 브라우저 시장에서 왕좌를 차지하고 있지만 웹 표준에 맞게 사이트를 개발하고 IE에 맞게 사이트 스타일을 수정하는 게 IE에 먼저 맞추고 웹 표준 쪽으로 수정하는 것보다 훨씬 쉽다.

    13장의 '인터넷 익스플로러 관련 CSS 문제 해결'을 참고하자.

28. **모든 링크 상태의 스타일을 지정한다.** 많은 디자이너들이 기본 링크 상태 및 호버 상태에만 스타일을 지정한다. 하지만 방문한 상태, 활성 상태에 대한 스타일을 지정하면 사용자가 링크를 클릭할 때 사용자에게 시각적인 피드백을 제공할 수 있다.

    14장의 '링크 스타일과 내비게이션'을 참고하자.

29. **주석을 사용해 메모를 관리하고 코드, 특히 상수를 조직화한다.** 메모를 사용하면 특히 전체 디자인에서 일관되게 사용하는 색상이나 폰트 값 같은 디자인 변경사항을 기록하기 쉽다. 또 메모는 특정 영역을 찾아보기 쉽게 코드 영역을 구분할 때도 사용할 수 있다.

    이 장의 '읽기 쉬운 스타일 시트 작성'을 참고하자.

30. **코드를 조직화하기 위해 CSS 구체성을 활용한다.** CSS 구체성은 스타일에만 좋은 게 아니다. CSS 구체성은 코드의 외곽선 같은 형식을 생성하고 코드를 찾기 쉽게 하며 관련 엘리먼트를 찾는 데도 활용할 수 있다.

    이 장의 '읽기 쉬운 스타일 시트 작성'을 참고하자.

31. **@import보다 `<link>`를 선호한다.** 물론 둘 모두 웹 문서에 스타일 시트를 적용하는 데 사용할 수 있지만 테스트 결과를 보면 대부분의 브라우저에서 임포트한 스타일보다는 링크한 스타일 시트를 더 빠르게 다운로드하는 것을 알 수 있다. 이 사실은 @import가 외부 스타일 시트 내에 있을 때도 똑같이 적용된다. 이 경우 자식 스타일 시트가 로드되기 전에 부모의 외부 스타일 시트가 로드돼야 하기 때문이다.

    이 장 앞에 있는 '스타일 시트 전략'을 참고하자.

32. **배포 전에 CSS를 최소화한다.** 짧고 간결한 코드는 다운로드 속도를 빠르게 하고 이를 통해 사용자 경험이 개선된다. 사이트를 개발할 때는 코드를 가능한 한 읽기 쉽게 만드는 것이 좋다. 하지만 사이트에 배포할 때는 모든 공백, 줄바꿈, 코드의 주석을 지워도 상관없다.

    이 장 앞에 있는 'CSS 최소화'를 참고하자.

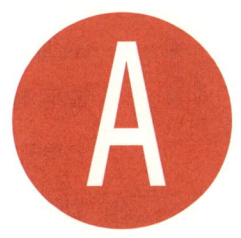

CSS 빠른 참조표

이 책에서는 새로운 속성을 소개할 때마다 해당 속성의 값과 더불어 속성을 지원하는 첫 번째 브라우저 버전을 표로 정리해서 보여줬다. 하지만 속성을 빠르게 참조할 때 정말 필요한 건 '이 속성이 지금 동작하나?' 내지는 '시장에 나와 있는 주요 브라우저에서 동작하나?'다. 또 속성의 기본값이 무엇이고 어떤 엘리먼트에 속성을 쓸 수 있는지, 자식 엘리먼트가 속성을 상속하는지 여부도 빨리 알아야 한다. 이런 정보를 한 눈에 확인하고 싶다면 더 이상 다른 곳을 찾지 않아도 된다.

이 부록에서 다루는 내용

기본 선택자	394
의사 클래스	395
의사 엘리먼트	395
텍스트 속성	396
폰트 속성	397
색상 및 배경 속성	398
리스트 속성	399
테이블 속성	399
UI 및 동적 콘텐츠 속성	400
박스 속성	401
시각 형태 속성	404
변형 속성(-webkit-, -moz-, -o-)	405
트랜지션 속성(-webkit-, -moz-, -o-)	406

이 책에서 소개한 CSS 속성들은 아래 표에 모두 정리돼 있다. 하지만 실제 동작하는 속성만 빠르게 검색할 수 있게끔 특정 브라우저에서 사용할 수 있는지 여부를 기호로 표시했다.

- ■ **사용 가능**　지원하는 속성이다. 주로 사용 중인 브라우저의 모든 버전에서 지원함을 의미한다.
- ◆ **최근 사용 가능**　이 속성값을 지원하지 않는 브라우저를 여전히 많이 사용하고 있음을 의미한다.
- ○ **사용 불가능**　현재 이 브라우저의 어떤 버전에서도 지원하지 않음을 의미한다.

브라우저 범례

IE	인터넷 익스플로러
FF	파이어폭스
S	사파리
C	크롬
O	오페라

표에 사용된 값 범례

모두 적용　속성이 모든 HTML 태그에 적용된다.

블록에 적용　속성이 블록 태그에만 적용된다.

인라인에 적용　속성이 인라인 태그에만 적용된다.

상속여부 - 예　스타일이 자손 엘리먼트에도 적용된다.

상속여부 - 아니오　스타일이 자손 엘리먼트에는 적용되지 않는다.

기본값　볼드체로 표기한 값은 속성의 기본값이다.

IE9는 어떻게 정리할까?

이 책을 쓰고 있는 현 시점 기준으로 IE9는 아직 공개적으로 배포되지 않았고 여전히 베타 상태다. IE9에서는 CSS3를 더 폭넓게 지원한다고 약속했지만 공개하기 전까지는 최종 지원 범위를 정확히 알 수 없다. 필자는 IE9가 배포되는 시점에 맞춰 이 책의 웹 사이트 지원 페이지에 아래 표를 수정한 결과를 올려놓을 생각이다(www.speaking-in-styles.com/css3vqs).

표 A.1 기본 선택자

타입	이름	IE	FF	S	C	O
a	HTML	■	■	■	■	■
.class	클래스	■	■	■	■	■
#id	ID	■	■	■	■	■
a b	문맥	■	■	■	■	■
a * b	공통	◆	■	■	■	■
a > b	자식	◆	■	■	■	■
a + b	인접 형제	◆	■	■	■	■
a ~b	일반 형제	◆	■	■	■	■
[ATTR]	어트리뷰트	◆	■	■	■	■

표 A.2 의사 클래스

이름	IE	FF	S	C	O
:active	◆	■	■	■	■
:hover	■	■	■	■	■
:focus	◆	■	■	■	■
:link	■	■	■	■	■
:target	○	■	■	■	■
:visited	■	■	■	■	■
:root	○	■	■	■	■
:empty	○	■	■	■	■
:only-child	○	■	■	■	■
:only-of-type	○	■	■	■	■
:first-child	○	■	■	■	■
:nth-child(n)	○	■	■	■	■
:nth-of-type(n)	○	■	■	■	■
:nth-last-of-type(n)	○	■	■	■	■
:last-child	○	■	■	■	■
:first-of-type	○	■	■	■	■
:last-of-type	○	■	■	■	■
:lang()	○	■	■	■	■
:not(s)	○	■	■	■	■

표 A.3 의사 엘리먼트

이름	IE	FF	S	C	O
:first-letter, ::first-letter	■	■	■	■	■
:first-line, ::first-line	■	■	■	■	■
:after, ::after	◆	■	■	■	■
:before, ::before	◆	■	■	■	■

표 A.4 폰트 속성

이름	값	적용	상속 여부	IE	FF	S	C	O
font	<font-style>	전체	예	■	■	■	■	■
	<font-variant>			■	■	■	■	■
	<font-weight>			■	■	■	■	■
	<font-size>			■	■	■	■	■
	<font-height>			■	■	■	■	■
	<font-family>			■	■	■	■	■
	<visitor styles>			■	■	■	■	■
font-family	<family-name>	전체	예	■	■	■	■	■
	serif			■	■	■	■	■
	sans-serif			■	■	■	■	■
	cursive			■	■	■	■	■
	fantasy			■	■	■	■	■
	monospace			■	■	■	■	■
font-size	<length>	전체	예	■	■	■	■	■
	<percentage>			■	■	■	■	■
	smaller			■	■	■	■	■
	larger			■	■	■	■	■
	xx-small			■	■	■	■	■
	x-small			■	■	■	■	■
	small			■	■	■	■	■
	medium			■	■	■	■	■
	large			■	■	■	■	■
	x-large			■	■	■	■	■
	xx-large			■	■	■	■	■
font-size-adjust	**none**	전체	아니오	○	■	○	○	○
	<number>			○	■	○	○	○
font-style	**normal**	전체	예	■	■	■	■	■
	italic			■	■	■	■	■
	oblique			■	■	■	■	■
font-variant	**normal**	전체	예	■	■	■	■	■
	small-caps			■	■	■	■	■
font-weight	**normal**	전체	예	■	■	■	■	■
	bold			■	■	■	■	■
	lighter			■	■	■	■	■
	bolder			■	■	■	■	■
	100-900			■	■	■	■	■

표 A.5 텍스트 속성

이름	값	적용 대상	상속 여부	IE	FF	S	C	O
letter-spacing	**normal**	전체	예	■	■	■	■	■
	\<length\>			■	■	■	■	■
line-height	**normal**	블록	예	■	■	■	■	■
	\<length\>			■	■	■	■	■
	\<percentage\>			■	■	■	■	■
	\<number\>			■	■	■	■	■
text-align	**auto**	블록	예	■	■	■	■	■
	left			■	■	■	■	■
	right			■	■	■	■	■
	center			■	■	■	■	■
	justify			■	■	■	■	■
	inherit			■	■	■	■	■
text-decoration	**none**	전체	예	■	■	■	■	■
	underline			■	■	■	■	■
	overline			■	■	■	■	■
	line-through			■	■	■	■	■
text-indent	**\<length\>**	블록	예	■	■	■	■	■
	\<percentage\>			■	■	■	■	■
text-shadow	**none**	전체	예	○	■	■	■	◆
	\<color\>			○	■	■	■	◆
	\<x-offset\>			○	■	■	■	◆
	\<y-offset\>			○	■	■	■	◆
	\<blur\>			○	■	■	■	◆
text-transform	**none**	전체	예	■	■	■	■	■
	capitalize			■	■	■	■	■
	uppercase			■	■	■	■	■
	lowercase			■	■	■	■	■
vertical-align	**baseline**	인라인	아니오	■	■	■	■	■
	super			■	■	■	■	■
	sub			■	■	■	■	■
	\<relative\>			■	■	■	■	■
	\<length\>			■	■	■	■	■
	\<percentage\>			◆	■	■	■	■
white-space	**normal**	전체	예	■	■	■	■	■
	pre			■	■	■	■	■
	nowrap			■	■	■	■	■
word-spacing	**normal**	전체	예	■	■	■	■	■
	\<length\>			■	■	■	■	■

표 A.6 색상 및 배경 속성

이름	값	적용	상속여부	IE	FF	S	C	O
background-attachment	**scroll**	블록	아니오	■	■	■	■	■
	fixed			■	■	■	■	■
	local			○	■	■	■	○
background-color	**inherit**	전체	아니오	■	■	■	■	■
	<color>			■	■	■	■	■
background-image	**none**	전체	아니오	■	■	■	■	■
	<url>			■	■	■	■	■
background-position	**top**	전체	아니오	■	■	■	■	■
	left			■	■	■	■	■
	bottom			■	■	■	■	■
	right			■	■	■	■	■
	<length>			■	■	■	■	■
	<percentage>			■	■	■	■	■
background-repeat	**repeat**	전체	아니오	■	■	■	■	■
	repeat-x			■	◆	■	■	■
	repeat-y			■	■	■	■	■
	no-repeat			■	■	■	■	■
	space			○	◆	◆	◆	◆
	round			○	◆	◆	◆	◆
background-size -moz-background-size -webkit-background-size	**auto**	전체	아니오	○	◆	◆	◆	◆
	<length>			○	◆	◆	◆	◆
	<percentage>			○	◆	◆	◆	◆
	cover			○	◆	◆	◆	◆
	contain			○	◆	◆	◆	◆
background-clip -moz-background-clip -webkit-background-clip	**border-box**	전체	아니오	○	◆	◆	◆	◆
	padding-box			○	◆	◆	◆	◆
	padding			○	■	■	■	◆
	border			○	■	■	■	◆
	content			○	◆	◆	◆	◆
background-origin -moz-background-origin -webkit-background-origin	**border-box**	전체	아니오	○	◆	◆	◆	◆
	padding-box			○	◆	◆	◆	◆
	content-box			○	◆	◆	◆	◆
	padding			○	■	◆	◆	◆
	border			○	■	◆	◆	◆
	content			○	◆	◆	◆	◆
color	**inherit**	전체	예	■	■	■	■	■
	<color>			■	■	■	■	■

표 A.7 리스트 속성

이름	값	적용	상속 여부	IE	FF	S	C	O
list-style	<list-style-type>	리스트	아니오	■	■	■	■	■
	<list-style-position>			■	■	■	■	■
	<list-style-image>			■	■	■	■	■
list-stye-Image	**none**	리스트	예	■	■	■	■	■
	inherit			◆	■	■	■	■
	<url>			■	■	■	■	■
list-stye-position	**inside**	리스트	예	■	■	■	■	■
	outside			■	■	■	■	■
	inherit			◆	■	■	■	■
list-stye-type	**none**	리스트	예	■	■	■	■	■
	inherit			◆	■	■	■	■
	<bullet-name>			■	■	■	■	■

표 A.8 테이블 속성

이름	값	적용	상속 여부	IE	FF	S	C	O
border-spacing	**<length>**	테이블	예	■	■	■	■	■
	inherit			■	■	■	■	■
border-collapse	**separate**	테이블	예	■	■	■	■	■
	collapse			■	■	■	■	■
	inherit			■	■	■	■	■
caption-side	**top**	테이블	예	■	■	■	■	■
	bottom			■	■	■	■	■
	inherit			■	■	■	■	■
empty-cells	**show**	테이블	예	○	■	■	■	■
	hide			○	■	■	■	■
	inherit			○	■	■	■	■
table-layout	**auto**	테이블	아니오	■	■	■	■	■
	fixed			■	■	■	■	■
	inherit			■	■	■	■	■

표 A.9 UI 및 동적 콘텐츠 속성

이름	값	적용	상속 여부	IE	FF	S	C	O
content	**normal**	전체	아니오	◆	■	■	■	■
	none			◆	■	■	■	■
	\<string\>			◆	■	■	■	■
	\<url\>			◆	■	■	■	■
	\<counter\>			◆	■	■	■	■
	attr(\<selector\>)			◆	■	■	■	■
	open-quote			◆	■	■	■	■
	close-quote			◆	■	■	■	■
	no-open-quote			◆	■	■	■	■
	no-close-quote			◆	■	■	■	■
	inherit			◆	■	■	■	■
counter-increment	**none**	전체	아니오	◆	■	■	■	■
	\<counter-name\>			◆	■	■	■	■
	\<num\>			◆	■	■	■	■
	inherit			◆	■	■	■	■
counter-reset	**none**	전체	아니오	◆	■	■	■	■
	\<counter-name\>			◆	■	■	■	■
	\<num\>			◆	■	■	■	■
	inherit			◆	■	■	■	■
cursor	**auto**	전체	예	■	■	■	■	■
	\<url\>			■	■	■	■	○
	\<cursor-type-name\>			■	■	■	■	■
	none			■	■	■	■	■
quotes	none	전체	예	◆	■	■	■	■
	\<string\>			◆	■	■	■	■
	inherit			◆	■	■	■	■

표 A.10 박스 속성

이름	값	적용	상속 여부	IE	FF	S	C	O
border	<border-width>	전체	아니오	■	■	■	■	■
	<border-style>			■	■	■	■	■
	<border-color>			■	■	■	■	■
border-color	**transparent**	전체	아니오	■	■	■	■	■
	<color>			■	■	■	■	■
	inherit			■	■	■	■	■
border-image -moz-border-image -webkit-border-radius<offsetnumber>	**none**	전체	아니오	○	■	■	■	◆
	<url>			○	■	■	■	◆
				■	■	■	◆	○
	round			○	■	■	■	◆
	repeat			○	■	■	■	◆
	stretch			○	■	■	■	◆
border-radius -moz-border-radius -webkit-border-radius	<length>	전체	아니오	○	■	■	■	◆
	<percentage>			○	■	■	■	◆
border-style	**none**	전체	아니오	■	■	■	■	■
	dotted			■	■	■	■	■
	dashed			■	■	■	■	■
	solid			■	■	■	■	■
	double			■	■	■	■	■
	groove			■	■	■	■	■
	ridge			■	■	■	■	■
	inset			■	■	■	■	■
	outset			■	■	■	■	■
	inherit			■	■	■	■	■
border-width	**<length>**	전체	아니오	■	■	■	■	■
	thin			■	■	■	■	■
	medium			■	■	■	■	■
	thick			■	■	■	■	■
	inherit			■	■	■	■	■
clear	**none**	전체	아니오	■	■	■	■	■
	left			■	■	■	■	■
	right			■	■	■	■	■
	both			■	■	■	■	■
	none			■	■	■	■	■

표 A.10 박스 속성 (계속)

이름	값	적용	상속 여부	IE	FF	S	C	O
display	**normal**	전체	아니오	■	■	■	■	■
	block			■	■	■	■	■
	inline			■	■	■	■	■
	inline-block			■	■	■	■	■
	run-in			◆	■	■	■	■
	table			◆	■	■	■	■
	table-cell			◆	■	■	■	■
	table-footer-group			◆	■	■	■	■
	table-header-group			◆	■	■	■	■
	table-row			◆	■	■	■	■
	table-row-group			◆	■	■	■	■
	inline-table			◆	■	■	■	■
	none			■	■	■	■	■
	inherit			■	■	■	■	■
float	**none**	전체	아니오	■	■	■	■	■
	left			■	■	■	■	■
	right			■	■	■	■	■
height	**auto**	블록	아니오	■	■	■	■	■
	<length>			■	■	■	■	■
	<percentage>			■	■	■	■	■
	inherit			■	■	■	■	■
margin	**<length>**	전체	아니오	■	■	■	■	■
	auto			■	■	■	■	■
	<percentage>			■	■	■	■	■
max/min-height	**none**	블록	아니오	◆	■	■	■	■
	<length>			◆	■	■	■	■
	<percentage>			◆	■	■	■	■
	inherit			◆	■	■	■	■
max/min-width	**none**	블록	아니오	◆	■	■	■	■
	<length>			◆	■	■	■	■
	<percentage>			◆	■	■	■	■
	inherit			◆	■	■	■	■
outline	<outline-width>	전체	아니오	◆	■	■	■	■
	<outline-style>			◆	■	■	■	■
	<outline-color>			◆	■	■	■	■
outline-color	**transparent**	전체	아니오	◆	■	■	■	■
	<color>			◆	■	■	■	■
	inherit			◆	■	■	■	■

표 A.10 박스 속성 (계속)

이름	값	적용	상속 여부	IE	FF	S	C	O
outline-offset	**<length>**	전체	아니오	○	■	■	■	■
	inherit			○	■	■	■	■
outline-style	**none**	전체	아니오	◆	■	■	■	■
	dotted			◆	■	■	■	■
	dashed			◆	■	■	■	■
	solid			◆	■	■	■	■
	double			◆	■	■	■	■
	groove			◆	■	■	■	■
	ridge			◆	■	■	■	■
	inset			◆	■	■	■	■
	outset			◆	■	■	■	■
	inherit			◆	■	■	■	■
outline-width	**<length>**	전체	아니오	◆	■	■	■	■
	thin			◆	■	■	■	■
	medium			◆	■	■	■	■
	thick			◆	■	■	■	■
	inherit			◆	■	■	■	■
overflow	**visible**	블록	아니오	■	■	■	■	■
	hidden			■	■	■	■	■
	scroll			■	■	■	■	■
	auto			■	■	■	■	■
overflow-x/y	**visible**	블록	아니오	■	■	■	■	■
	hidden			■	■	■	■	■
	scroll			■	■	■	■	■
	auto			■	■	■	■	■
padding	**<length>**	전체	아니오	■	■	■	■	■
	<percentage>			■	■	■	■	■
width	**auto**	블록	아니오	■	■	■	■	■
	<length>			■	■	■	■	■
	<percentage>			■	■	■	■	■
	inherit			■	■	■	■	■

표 A.11 시각 형태 속성

이름	값	적용	상속 여부	IE	FF	S	C	O
bottom	**auto**	전체	아니오	■	■	■	■	■
	<percentage>			■	■	■	■	■
	<length>			■	■	■	■	■
	inherit			◆	■	■	■	■
box-shadow -moz-box-shadow -webkit-box-shadow	none	전체	아니오	○	◆	◆	◆	◆
	inset			○	◆	◆	◆	◆
	<x-offset>			○	◆	◆	◆	◆
	<y-offset>			○	◆	◆	◆	◆
	<blur>			○	◆	◆	◆	◆
	<spread>			○	◆	◆	◆	◆
	<color>			○	◆	◆	◆	◆
clip	**auto**	위치 지정 엘리먼트	아니오	■	■	■	■	■
	rect(<top> <right> <bottom> <left>)			■	■	■	■	■
	inherit			■	■	■	■	■
left	**auto**	위치 지정 엘리먼트	아니오	■	■	■	■	■
	<percentage>			■	■	■	■	■
	<length>			■	■	■	■	■
	inherit			◆	■	■	■	■
opacity	**<alphavalue>**	전체	아니오	○	■	■	■	■
	inherit			○	■	■	■	■
position	**static**	위치 지정 엘리먼트	아니오	■	■	■	■	■
	relative			■	■	■	■	■
	absolute			■	■	■	■	■
	fixed			◆	■	■	■	■
	inherit			◆	■	■	■	■
right	**auto**	위치 지정 엘리먼트	아니오	■	■	■	■	■
	<percentage>			■	■	■	■	■
	<length>			■	■	■	■	■
	inherit			◆	■	■	■	■
top	**auto**	위치 지정 엘리먼트	아니오	■	■	■	■	■
	<percentage>			■	■	■	■	■
	<length>			■	■	■	■	■
	inherit			◆	■	■	■	■
visibility	**visible**	위치 지정 엘리먼트	예	■	■	■	■	■
	hidden			■	■	■	■	■
	collapse			○	■	■	■	■
z-index	**auto**	위치 지정 엘리먼트	아니오	■	■	■	■	■
	<number>			■	■	■	■	■
	inherit			■	■	■	■	■

표 A.12 변형 속성 (-webkit-, -moz-, -o-)

이름	값	적용	상속 여부	IE	FF	S	C	O
backface-visibility	**visible**	전체	아니오	○	○	◆	◆	○
	hidden			○	○	◆	◆	○
perspective	**none**	전체	아니오	○	○	◆	◆	○
	<number>			○	○	◆	◆	○
perspective-origin	<percentage>	전체	아니오	○	○	◆	◆	○
	<length>			○	○	◆	◆	○
	<keyword>			○	○	◆	◆	○
transform	matrix(<angle>)	전체	아니오	○	◆	◆	◆	◆
	matrix3d(<variations×16>)			○	○	◆	◆	○
	perspective(<num>)			○	○	◆	◆	○
	rotate(<angle>)			○	◆	◆	◆	◆
	rotateX(<angle>)			○	◆	◆	◆	◆
	rotateY(<angle>)			○	◆	◆	◆	◆
	rotateZ(<angle>)			○	○	◆	◆	○
	rotate3d(<number×3>)			○	○	◆	◆	○
	scale(<num×2>)			○	◆	◆	◆	◆
	scaleX(<num>)			○	◆	◆	◆	◆
	scaleY(<num>)			○	◆	◆	◆	◆
	scaleZ(<length>)			○	○	◆	◆	○
	scale3d(num×3)			○	○	◆	◆	○
	skew(<angle×2>)			○	◆	◆	◆	◆
	skewX(<angle>)			○	◆	◆	◆	◆
	skewY(<angle>)			○	◆	◆	◆	◆
	translate(<length×2>)			○	◆	◆	◆	◆
	translateX(<angle>)			○	◆	◆	◆	◆
	translateY(<angle>)			○	◆	◆	◆	◆
	translateZ(<angle>)			○	○	◆	◆	○
	translate3d(<number×3>)			○	○	◆	◆	○
transform-origin	<percentage>	전체	아니오	○	◆	◆	◆	◆
	<length>			○	◆	◆	◆	◆
	<keyword>			○	◆	◆	◆	◆
transform-style	**flat**	전체	아니오	○	○	◆	◆	○
	preserve-3d			○	○	◆	◆	○

표 A.13 트랜지션 속성 (-webkit-, -moz-, -o-)

이름	값	적용	상속 여부	IE	FF	S	C	O
transition	<transition-property>	전체	아니오	○	◆	◆	◆	◆
	<transition-duration>			○	◆	◆	◆	◆
	<transition-delay>			○	◆	◆	◆	◆
transition-delay	**<time>**	전체	아니오	○	◆	◆	◆	◆
transition-duration	**<time>**	전체	아니오	○	◆	◆	◆	◆
transition-property	**none**	전체	아니오	○	◆	◆	◆	◆
	<CSSProperty>			○	◆	◆	◆	◆
	all			○	◆	◆	◆	◆
transition-timing-function	**linear**	전체	아니오	○	◆	◆	◆	◆
	ease			○	◆	◆	◆	◆
	ease-in			○	◆	◆	◆	◆
	ease-out			○	◆	◆	◆	◆
	ease-in-out			○	◆	◆	◆	◆
	cubic-bezier(<number×4>,)			○	◆	◆	◆	◆

HTML과 UTF 문자 인코딩

5장에서는 특수 HTML과 UTF 인코딩 문자를 사용해봤다. 이런 글자들은 키보드에서 찾기 어렵거나 사용 중인 폰트에 포함되지 않을 수 있다. 이런 글자들을 항상 제대로 보여주려면 웹 문서에서 해당 글자를 추가할 때 이번 부록에 수록한 코드를 사용해야 한다.

이 부록에서 다루는 내용

HTML과 UTF 문자 인코딩　　　　　408

표 B.1 HTML과 UTF 문자 인코딩

HTML	유니코드	글리프	설명
&lsquo;		'	왼쪽 작은따옴표
&rsquo;		'	오른쪽 작은따옴표
&sbquo		,	단일 low-9 따옴표
&ldquo;		"	왼쪽 큰따옴표
&rdquo;		"	오른쪽 큰따옴표
&bdquo;		„	이중 low-9 따옴표
&dagger;		†	단검
&Dagger;		‡	이중 단검
&permil;		‰	1/1000 표시
&lsaquo;		‹	단일 왼쪽 꺾쇠
&rsaquo;		›	단일 오른쪽 꺾쇠
&spades;		♠	검은색 스페이드
&clubs;		♣	검은색 클로버
&hearts;		♥	검은색 하트
&diams;		♦	검은색 다이아몬드
&oline;		‾	상단선
&larr;		←	왼쪽 화살표
&uarr;		↑	위쪽 화살표
&rarr;		→	오른쪽 화살표
&darr;		↓	아래쪽 화살표
&trade;		™	트레이드마크 기호
	&#09;		가로 탭
	&#10;		라인피드
	&#32;		공백
	&#33;	!	느낌표
&quot;	&#34;	"	이중 따옴표
	&#35;	#	숫자 기호
	&#36;	$	달러 기호
	&#37;	%	백분율 기호
&amp;	&#38;	&	앰퍼샌드
	&#39;	'	아포스트로피
	&#40;	(	왼쪽 괄호
	&#41;	)	오른쪽 괄호

표 B.1 HTML과 UTF 문자 인코딩 (계속)

HTML	유니코드	글리프	설명
	&#42;	*	별표
	&#43;	+	덧셈 기호
	&#44;	,	콤마
	&#45;	-	하이픈
	&#46;	.	마침표
&frasl;	&#47;	/	슬래시
	0 - 9	0-9	숫자 0-9
	&#58;	:	콜론
	&#59;	;	세미콜론
&lt;	&#60;	<	~보다 작은 기호
	&#61;	=	등호 기호
&gt;	&#62;	>	~보다 큰 기호
	&#63;	?	물음표
	&#64;	@	골뱅이
	A - Z	A-Z	대문자 A-Z
	&#91;	[	왼쪽 대괄호
	&#92;	\	역슬래시
	&#93;	]	오른쪽 대괄호
	&#94;	^	캐럿 기호
	&#95;	_	밑줄
	&#96;	`	보조 강세
	a - z	a-z	소문자 a-z
	&#123;	{	왼쪽 중괄호
	|	|	세로 바
	&#125;	}	오른쪽 중괄호
	&#126;	~	물결 기호
&ndash;	&#150;	-	대시
&mdash;	&#151;	—	긴 대시
			줄바꿈 방지 공백
&iexcl;	&#161;	¡	뒤집힌 느낌표
&cent;	&#162;	¢	센트 기호
&pound;	&#163;	£	파운드 기호
&curren;	&#164;	¤	일반 통화 기호

표 B.1 HTML과 UTF 문자 인코딩 (계속)

HTML	유니코드	글리프	설명
&yen;	&#165;	¥	엔화 기호
&brkbar;	&#166;	¦	나뉘어진 수직 바
&sect;	&#167;	§	절 기호
&uml;	&#168;	¨	움라우트
&copy;	&#169;	©	저작권 기호
&ordf;	&#170;	ª	여성 서수
&laquo;	&#171;	«	왼쪽 꺾인 괄호
&not;	&#172;	¬	부정
&shy;	&#173;		부드러운 하이픈
&reg;	&#174;	®	등록 상표
&macr;	&#175;	¯	마크론 강세
&deg;	&#176;	°	각도 기호
&plusmn;	&#177;	±	플러스 마이너스 기호
&sup2;	&#178;	²	위 첨자 2
&sup3;	&#179;	³	위 첨자 3
&acute;	&#180;	´	주 강세
&micro;	&#181;	µ	마이크로 기호
&para;	&#182;	¶	단락 기호
&middot;	&#183;	·	가운데 점
&cedil;	&#184;	¸	갈고리형 부호
&sup1;	&#185;	¹	위 첨자 1
&ordm;	&#186;	º	남성 서수
&raquo;	&#187;	»	오른쪽 꺾인 괄호
&frac14;	&#188;	¼	4분의 1
&frac12;	&#189;	½	2분의 1
&frac34;	&#190;	¾	4분의 3
&iquest;	&#191;	¿	거꾸로 된 물음표
&Agrave;	&#192;	À	보조 강세의 대문자 A
&Aacute;	&#193;	Á	주 강세의 대문자 A
&Acirc;	&#194;	Â	곡절 강세의 대문자 A
&Atilde;	&#195;	Ã	물결 기호의 대문자 A
&Auml;	&#196;	Ä	움라우트 대문자 A
&Aring;	&#197;	Å	고리가 있는 대문자 A

표 B.1 HTML과 UTF 문자 인코딩 (계속)

HTML	유니코드	글리프	설명
&AElig;	&#198;	Æ	대문자 AE
&Ccedil;	&#199;	Ç	갈고리형 부호가 있는 대문자 C
&Egrave;	&#200;	È	보조 강세 대문자 E
&Eacute;	&#201;	É	주 강세 대문자 E
&Ecirc;	&#202;	Ê	곡절 강세 대문자 E
&Euml;	&#203;	Ë	움라우트 대문자 E
&Igrave;	&#204;	Ì	보조 강세 대문자 I
&Iacute;	&#205;	Í	주 강세 대문자 I
&Icirc;	&#206;	Î	곡절 강세 대문자 I
&Iuml;	&#207;	Ï	움라우트 대문자 I
&ETH;	&#208;	Ð	아이슬란드 대문자 Eth
&Ntilde;	&#209;	Ñ	물결 대문자 N
&Ograve;	&#210;	Ò	보조 강세 대문자 O
&Oacute;	&#211;	Ó	주 강세 대문자 O
&Ocirc;	&#212;	Ô	곡절 강세 대문자 O
&Otilde;	&#213;	Õ	물결 대문자 O
&Ouml;	&#214;	Ö	움라우트 대문자 O
&times;	&#215;	×	곱셈 기호
&Oslash;	&#216;	Ø	슬래시 대문자 O
&Ugrave;	&#217;	Ù	보조 강세 대문자 U
&Uacute;	&#218;	Ú	주 강세 대문자 U
&Ucirc;	&#219;	Û	곡절 강세 대문자 U
&Uuml;	&#220;	Ü	움라우트 대문자 U
&Yacute;	&#221;	Ý	보조 강세 대문자 Y
&THORN;	&#222;	Þ	아이슬란드 대문자 THORN
&szlig;	&#223;	ß	독일어 소문자 샵
&agrave;	&#224;	à	보조 강세 소문자 a
&aacute;	&#225;	á	주 강세 소문자 a
&acirc;	&#226;	â	곡절 강세 소문자 a
&atilde;	&#227;	ã	물결 소문자 a
&auml;	&#228;	ä	움라우트 소문자 a
&aring;	&#229;	å	고리 소문자 a
&aelig;	&#230;	æ	소문자 ae

표 B.1 HTML과 UTF 문자 인코딩 (계속)

HTML	유니코드	글리프	설명
&ccedil;	&#231;	ç	갈고리형 부호가 있는 소문자 c
&egrave;	&#232;	è	보조 강세 소문자 e
&eacute;	&#233;	é	주 강세 소문자 e
&ecirc;	&#234;	ê	곡절 강세 소문자 e
&euml;	&#235;	ë	움라우트 소문자 e
&igrave;	&#236;	ì	보조 강세 소문자 i
&iacute;	&#237;	í	주 강세 소문자 i
&icirc;	&#238;	î	곡절 강세 소문자 i
&iuml;	&#239;	ï	움라우트 소문자 i
&eth;	&#240;	ð	아이슬란드 소문자 eth
&ntilde;	&#241;	ñ	물결 무늬 n
&ograve;	&#242;	ò	보조 강세 소문자 o
&oacute;	&#243;	ó	주 강세 소문자 o
&ocirc;	&#244;	ô	곡절 강세 소문자 o
&otilde;	&#245;	õ	물결 무늬 소문자 o
&ouml;	&#246;	ö	움라우트 소문자 o
&divide;	&#247;	÷	나눗셈 기호
&oslash;	&#248;	ø	슬래시 소문자 o
&ugrave;	&#249;	ù	보조 강세 소문자 u
&uacute;	&#250;	ú	주 강세 소문자 u
&ucirc;	&#251;	û	곡절 강세 소문자 u
&uuml;	&#252;	ü	움라우트 소문자 u
&yacute;	&#253;	ý	주 강세 소문자 y
&thorn;	&#254;	þ	아이슬란드 소문자 thorn
&yuml;	&#255;	ÿ	움라우트 소문자 y

찾아보기

기호 · 숫자

^ 99
, 62
; 11, 35
. 51, 54
{ } 38
* 59
/ 66
& 123
# 55
+ 76
= 37
> 74
~ 78
$ 99
2D transform 속성값 307
3D transform-style 속성값 314
16진수와 10진수 184
@font-face 킷 생성기 131
!important의 일반 구문 111
@import 규칙 41
@media 규칙 100, 106

ㄱ

고유 ID 정의 55
고유 접두어 12
고정 위치 지정 287

공백 55
공통 선택자 규칙의 일반 구문 59
공통 선택자 사용예 78
구두점 내어쓰기 176
@규칙 106
그룹 지정 62
글리프 119
글자 사이의 간격 조절 153
기본 선택자 34, 394
기본 트랜지션 320
꺾쇠 괄호 74

ㄴ

내비게이션 태그 28
너비 및 높이 값 252
넷스케이프 내비게이터 22

ㄷ

다운로드 가능한 웹폰트 127
단순 링크를 넘어선 accesskey를 통한 접근성 개선 350
단어 사이의 간격 조절 155
달러 기호 99
대체 어떤 스타일을 리셋해야 할까? 339
더하기 기호 76
독타입 27, 30, 324
동적 방식 371
둥근 모서리 설정 268
드래그앤드롭 25

드롭다운 메뉴 357
드롭 섀도우 160
드롭 캡 스타일 93
등호 기호 37
디버깅 376
디자인 개선에 대한 짧은 생각 315
딩뱃 122
따옴표 35

ㄹ

라이브러리 367
렌더링 엔진 4
리사이즈 276
리셋 335
리스트 속성 399
링크 및 동적 의사 클래스 81
링크 밑줄에 대한 생각 174
링크 스타일 선택 85
링크 태그 80
   링크 상태 80
   방문 상태 80
   호버 상태 80
링크 태그의 일반 구문 44

ㅁ

마진 병합 262
마침표 51, 54
마크업 언어 1, 17
마크업 없이 사용된 일반 텍스트 16
멀티 컬럼 레이아웃 276
멀티컬럼 레이아웃 346
명도 183
모노크롬 194

모범 개발 방식 385
   CSS 규칙을 선택자 목록으로 병합한다 388
   CSS 스프라이트를 사용한다 390
   <head>에 스타일 링크를 두고 <body>에는 절대 두지 않는다 386
   HTML 문서에 스타일을 추가할 때는 링크를 사용하고 다른 스타일 시트에 스타일을 추가할 때는 @import를 사용한다 386
   HTML 엘리먼트의 기본 스타일을 포함시킨다 387
   !important를 사용하지 않는다 389
   @import보다 <link>를 선호한다 392
   @media 규칙 및 미디어 쿼리를 사용해 기기에 특화된 페이지를 만든다 388
   값이 0인 경우를 제외하고 항상 단위를 명시한다. 385
   개발할 때 파이어폭스, 크롬 및/또는 사파리에서 코드를 테스트하고 인터넷 익스플로러에 맞게 코드를 수정한다 391
   구조를 먼저 잡고 표현을 나중에 한다 385
   구체적인 ID명을 사용한다 387
   깨끗한 상태에서 작업을 시작한다 391
   단축 속성을 선호한다 390
   독타입을 지정한다 385
   모든 링크 상태의 스타일을 지정한다 391
   모든 스타일은 외부 스타일로 관리한다 386
   바디 태그나 모든 페이지에 고유 클래스명이나 ID를 추가한다 387
   배경 그라디언트로는 CSS를 사용한다 391
   배포 전에 CSS를 최소화한다 392
   불필요하고 반복적인 선언을 피한다 389
   색상값은 RGB를 사용한다 390
   외부 스타일 시트의 수를 최소한으로 유지한다 386
   인터페이스 크롬에 배경 이미지나 배경 스타일을 사용한다 390

일반 클래스명을 사용한다 387
주석을 사용해 메모를 관리하고 코드, 특히 상수를
　　　조직화한다 392
코드를 조직화하기 위해 CSS 구체성을 활용한다 392
클래스나 ID보다는 CSS 구체성을 선호하되 필요한 경우에만
　　　CSS 구체성을 활용한다 388
클래스를 분리하고 조합한다 388
패딩보다는 마진을 선호한다 391
폰트 크기는 상대 크기를 사용한다 389
폼 엘리먼트, 버튼, 기타 UI 엘리먼트에는 동적 스타일을
　　　사용한다 388
모질라 그라디언트 188
문서 편집 25
문제 해결 324
물결 기호 78
미디어 14
미디어 쿼리값 100
미디어 쿼리 속성들 101
미디어 쿼리의 일반 구문 100
미디어 타입 104
밑줄 52, 88
밑줄 방식 326

ㅂ

박스 13
박스 속성 401
박스 외곽선 263
박스 크기 276
방문자 스타일 따라 하기 149
배경 13
배경 이미지 200
벡터 그래픽 18
변형 13

변형 속성 405
별표 59
보더 13
보더를 설정할 수 있는 기타 방법 267
보더 설정 265
보색 194
볼드체 142
부모 엘리먼트 70
분할 정복 방식 369
불투명도 14
뷰포트 102
브라우저 6
브라우저의 CSS 확장 속성 11
브라우저 확장 속성도 결국 사라지게 될까? 311
블러 160
블록 레벨 엘리먼트 20
블록 레벨 엘리먼트의 HTML 선택자들 20
블루프린트 367
비비에디트 42
빈 데이터 셀 처리 225
빗김꼴 141

ㅅ

상대 위치 지정 286
새로운 구조적 엘리먼트 25
색상 13
색상값 181
색상과 접근성 195
색상 및 배경 속성 398
색상을 추가하는 또 다른 방법들 184
색상 키워드 185
색상 팔레트 선택 191
색상 휠 194

색조 183
샌드박스 버전 12
섀도우 300
서구 문화권에서 사용하는 주요 색상과 의미 191
서로 구분된 링크 스타일 설정 82
선형 그라디언트 187
세미콜론 11, 35
속성: 값 형태 35
속성:값 형태 39
수학과 과학 166
숫자 기호 55
스키마 365
스타일 2
스타일 시트 362
스프라이트 354
슬래시 66
시각 형태 속성 404
시맨틱 웹 페이지 23

ㅇ

아티클 29
알파 채널 184
애니메이션 276
앰퍼샌드 123
어사이드 29
어트리뷰트 12
어트리뷰트 선택자 96
언어 진행 방향 28
엄격 모드 324
에릭 마이어의 리셋 338
엘리먼트 가계도 70
엘리먼트의 마진 260

엘리먼트의 캐스케이딩 우선순위 판단 113
  구체성 115
  미디어 타입 114
  부모로부터 상속한 스타일 115
  브라우저 기본 스타일 115
  사용자 스타일 113
  순서 115
  인라인 스타일 114
  중요도 114
오디오 및 비디오 미디어 재생기 25
오버플로우 제어 254
오버플로우 해결책 342
와일드카드 문자 59
왜 대체 폰트와 일반 폰트 패밀리를 포함시켜야 하나? 125
왜 최종 웹 사이트에서 인라인 스타일을 사용하지 말아야 하나? 37
외부 스타일 41
웃는 얼굴 @font-face 기법 130
워드프레스 37
월드 와이드 웹 컨소시움 1, 10
웹 기술의 세 가지 핵심 요소 8
웹 안전 폰트 126
웹 인스펙터 376
웹킷 그라디언트 189
웹 페이지의 기본 영역에 적용할 색상 192
웹 폰트 14, 123
웹폰트 서비스 업체 132
웹 폼 25
웹 표준 xxi
위치 유형 상속 289
윈도우 폰트 130
유효성 검증 381

음수 마진값 설정 260
의사 엘리먼트 92, 395
의사 엘리먼트 순서 87
의사 클래스 80, 395
    구조적 의사 클래스 80
    기타 의사 클래스 80
    동적 의사 클래스 80
    링크 의사 클래스 80
의존 ID 선택자 규칙의 일반 구문 55
의존 클래스 52
의존 클래스 선택자 규칙의 일반 구문 51
이매스틱 367
이탤릭체 18, 139
인라인 스타일 35
인라인 엘리먼트 19
인라인 엘리먼트의 HTML 선택자 19
인쇄용 스타일 지정 108
인터넷 익스플로러 9 14
일반 폰트 패밀리 120

ㅈ

자간과 커닝 154
자간의 설정 153
자바스크립트 8
자손 엘리먼트의 스타일 적용 72
자식 엘리먼트 70
작은따옴표 235, 239
전경색 196
전체 통합 방식 368
절대 위치 지정 286
점진적인 개선을 활용한 디자인 325
조합 선택자 71

주석 66
준표준 모드 324
줄바꿈 기호 67
줄바꿈 태그 340
중괄호 38
중첩 70
지저분한 내비게이션 방지하기 359
직계 자식 선택자 74

ㅊ

채도 183
최소화 382
취소선 174

ㅋ

캐럿 99
캐릭터셋 28, 119
캐스케이딩 순서 39, 113
캔버스 엘리먼트 25
커닝 154, 176
커서 타입 233
커스텀 불릿 217
코다 42
코드 문제 해결 372
콘텐츠 14
콘텐츠 관리 시스템 37
콤마 62
쿼크 모드 324
큰따옴표 235, 239
클래스명 52
클래스 선택자를 사용한 CSS 규칙 일반 구문 51

ㅌ

타원 모서리 설정 269
타이포그래피 117
타이포그리드피 367
테이블 보더 병합 223
테이블 속성 399
텍스트 13
텍스트 속성 397
텍스트 오버플로우 276
텍스트 줄 장식 176
트래킹 153
트랜지션 13, 316
트랜지션 속성 406
트랜지션 지연값 319

ㅍ

파이어버그 376
패딩 274
패턴 73
폰트 두께 속성값 142
폰트 두께 숫자 값 142
폰트 속성 396
폰트 스타일 속성값 139
폰트 스택 129
폰트와 폰트 패밀리 125
폰트 크기 값 133
폰트 파일 변환 131
폰트 패밀리 119
폰트 패밀리 값 124
표준 일반 마크업 언어 17
푸터 태그 29
프레임워크 367
프레임 태그 25

플로팅 문제 해결 340
플로팅 엘리먼트 257
픽토그램 122

ㅎ

하이퍼텍스트 마크업 언어 16
하이픈 52
합체 방식 370
핫스팟 233
핵 325
헤더 태그 3
형제 엘리먼트 76
화면 또는 인쇄용 폰트 크기 타입 선택 135

A

active 86
after 의사 엘리먼트 94
<article> 태그 72
<a> 태그 80

B

background-attachment 속성값 204
background-clip 속성값 206
back-ground-color 속성 198
background-image 속성값 201
background-origin 속성값 207
background-position 속성값 204
background-repeat 속성값 203
background-size 속성값 205
background 속성값 208
before 의사 엘리먼트 94
blink 174
body 태그 50

border-collapse 속성값 223

border-color 속성값 267

border-image 속성값 271

border-radius 속성값 268

border-radius 유사 속성 270

border-spacing 속성값 222

border-style 속성값 267

border-width 속성값 265

border 속성값 265

bottom과 right 속성값 290

box-shadow 속성값 300

C

capitalize 속성 159

caption-side 속성값 226

Cascading Style Sheets 3

clearfix 적용 341

clear 속성값 258

clip 속성값 296

CMS 37

ColorJack 195

content 속성값 234

counter-increment 속성값 236

counter-reset 속성값 236

CSS 1

CSS2 7

CSS3 1

CSS3와 인터넷 익스플로러 9의 약속 14

CSS3의 새 기능 표시 13

CSS-Positioning 7

CSS 규칙 9

   HTML 선택자 9

   ID 10

   클래스 9

CSS 규칙의 구성요소 11

   값 11

   선택자 11

   속성 11

CSS 리셋 18

CSS 브라우저 확장 속성 12

CSS 선언 35

CSS 위치 지정 7

CSS의 위력 8

currentcolor 키워드 182

cursor 속성값 232

D

default.css 103

Degraeve.com 195

display 속성값 248

<div> 태그 25, 54

E

empty-cells 속성값 225

<em> 태그 18

EOT 127

EULA 132

F

filter 속성 187

first-child 88

first-of-type 88

float 속성값 258

focus 86

font-family 속성 124

font-size-adjust 속성 136

Font Squirrel 131

font-stretch 속성 139

font-weight: bold 48

font-weight 속성 142

font 속성값 146

G

glyph 119

H

hover 86

href 속성 17

HSL 값 183

HTML 1

HTML5 1, 15

HTML5 구조의 동작 원리 26

HTML5 쉬바 30

HTML5와 XHTML5 비교 24

HTML과 UTF 문자 인코딩 408

HTML 문서 구조 17

    DocType 17

    바디 17

    헤드 17

HTML 문서 내에 위치한 CSS 스타일 태그의 일반 구문 38

HTML 속성 17

HTML 캐릭터 엔티티 123

HTML 태그를 적용한 동일 텍스트 콘텐츠 16

HyperText Markup Language 16

I

ID 선택자 규칙의 일반 구문 55

id 어트리뷰트 56

IE 조건문 CSS 328

iframe 25

inherit 값 110

inside 방식 218

iphone.css 103

ISO 8859-1 120

K

kerning 154

L

lang 90

last-child 88

last-of-type 88

layout.css 347

letter-spacing 속성 153

letter-spacing 속성값 153

line-breaking 속성 175

line-height 속성값 156

<link> 태그 41

list-style-image 속성값 217

list-style-position 속성값 218

list-style-type 속성값 216

list-style 불릿의 이름 216

list-style 속성값 219

LoVe HAte 87

M

margin 속성값 260

menu.css 357

N

not 91

nth-child(#) 88

nth-last-of-type(#) 88

nth-of-type(#) 88

O

OTF 127

outline 속성값 263

outside 방식 218

overflow 속성값 255

P

padding 값 110

padding 속성값 274

pictogram 122

position 속성값 285

<pre> 태그 169

print.css 103

Q

quotes 속성값 238

R

RGB 10진수 값 182

RGB 16진수 값 182

RSS 뉴스 리더 29

S

Scalable Vector Graphics 18

screen.css 106

SGML 17

<span> 태그 54

sprites.css 355

src 어트리뷰트 96

Standard Generalized Markup Language 17

stylesheet 44

style 속성 35

style 어트리뷰트 51

SVG 18, 128

T

table-layout 속성값 220

<td> 태그 223

text-align:justify 175

text-align 속성값 162

text-decoration 속성값 172

text-indent 속성 50

text-indent 속성값 167

text-justify 속성 175

text-outline 175

text-shadow 속성값 160

text-transform 속성값 158

text-wrap 속성 175

top과 left 속성값 290

transform-origin 속성값 307

transform-origin 키워드 값 311

transform() 속성 311

transition-duration 속성값 319

transition-timinig-function 속성값 319

transition 단축 속성값 318

transition 속성값 318

transparent 키워드 182

TTF 127

U

UI 및 동적 콘텐츠 속성 400

UTF-8 120

V

vertical-align 속성값 164

viewport 104

visibility 속성값 294

W

W3C 1, 10

W3C의 목표 10

westciv.com 190

WHATWG 23

white-space 속성값 169

WOFF 128

word-spacing 속성 155

X

XHTML 22

XHTML2의 문제점 23

XHTML5 24

XML 22

XML Doctype 22

Y

YUI2: 리셋 CSS 337

YUI 그리드 367

Z

z-index 속성값 292